推鐙靜註鶡冠子
對座閒塗道德經

辛丑臘月吳高歌

鹖冠子甄論

杨兆贵 著

社会科学文献出版社
SOCIAL SCIENCES ACADEMIC PRESS (CHINA)

序

  《鹖冠子》是一部子书，自汉代迄唐初，学者都没有怀疑过它的真实性。柳宗元首先认为《鹖冠子·王鈇》抄自贾谊《鹏鸟赋》，并判断《鹖冠子》是伪书。自是以来，学者多支持柳说。然而长沙马王堆帛书出土后，学者发现《鹖冠子》有十多处与"马王堆《老子》乙本卷前佚书"意同或语同，认为《鹖冠子》是先秦或秦汉子书，其作者乃鹖冠子。自此以后，学界对这本书做了不少研究，迄今海内外出版了四本专著（都由博士学位论文修改而成），成果不少。杨兆贵同志自2000年以来，一直对《鹖冠子》进行研究，现汇集三十多万字，行将出版。这本书凝聚了他多年的心血。

  综览全书，有以下几个创新点。

  一是对《鹖冠子》逐篇进行考证。兆贵同志认为，《鹖冠子》自被认为是伪书后，自唐至宋，内容不断经人羼杂，篇数屡易，糅合了不同学派的思想，非一人一时所作，应该对它的每篇文章进行考证，这样才能正确把握每篇文章的主体思想、成篇年代，进而掌握《鹖冠子》整本书。本书根据不同时代思潮、思想学派的特点，就思想主体、成篇年代对《鹖冠子》中的十一篇逐篇分析，认为《鹖冠子》内有儒家、道家、兵家等不同作品。这修正了传统认为《鹖冠子》一书是道家作品的看法。

  同时，本书通过分篇研究，认为《鹖冠子》的成书年代上自战国晚期，下迄汉武初年。这一看法，与余嘉锡先生、刘咸炘先生所说的先秦子书非一人一时之作，而是一个思想流派的看法相吻合。是书对于余、刘两家之说做了新的补充认识，更坚其论。

  二是本书的一些看法有思想史研究的价值，比较新颖，可补前贤研究的不足。如研究《博选》篇一章探讨先秦帝道、王道、霸道、五至论，前贤多未研究。又如研究鹖冠子的理想政治论（五正论和成鸠氏之治），也是前贤多未深入研究之处。这两种理想说不仅是鹖冠子思想里最具本色的部分，而且在先秦思想史上也很特别。再如本书对《鹖冠子》中的"太一""气"等观念进行诠释，对中国古代思想史研究具有重要的意义。本书还对"元气"一词的出现进行讨论。"元气"是中国古代一个重要的思想观念，学者对此有不同的解读。比利时学者戴卡琳指出，《永乐大典》版《鹖冠子》没有"元气"一词，只有"元"字，反而"元气"一词在注释中常常出现，可能是注释者添入的。本书指出：如果今本《鹖冠子》中没有"元气"一词，但是"气"一词含有元气的意涵，那么"元气"说还是可以成立的。但如果《鹖冠子》真的没有元气论，那么，强调《鹖冠子》在思想史上的最大贡献是元气论，无疑不合书本原意，也不合思想史发展。最后，学界研究禅让说，通常认为是由儒家提倡的，本书《泰录》篇研究指出，该篇属于道家作品，且提出了禅让说。道家学派提出禅让说的史料，吉光片羽，弥足珍贵，提示我们该方面的研究仍有开拓的空间。

这部《鹖冠子甄论》，之所以能够取得这些学术成就，与作者将鹖冠子其人其书放在更为广阔的历史视野里认识颇有关系。除了不断地将对于是书的研究再深入之外，兆贵同志近年还陆续探讨了与此有较大关系的战国秦汉时代的重要人物与思想，如关于周公的"德"论和心性理论、孟子的内圣外王思想、老子学说的时代等问题，他还特别关注到清华简诸篇的研究，这些年发表了许多高质量的论文，为学术界所重视。他的研究不尚空谈，每一创见都建立在可靠的史料解析基础之上。南国学术正在崛起，兆贵同志的学术研究是为这崛起做出重要贡献的力量之一。我相信读过兆贵同志此书的学者，亦会有这样的看法。

晁福林

序于 2021 年初春奉命来北京师范大学珠海校区授课之时。

窗外鸟鸣宛转，应答唱和，正在欢庆新春之降临

目 录

绪 论 ………………………………………………………………… 001

上编 分篇研究

第一章 "五至"等论及其与秦代思潮的关系
　　——《博选》篇研究 ………………………………… 027
第二章 儒士处乱世,绝豫无由
　　——《著希》篇研究 ………………………………… 041
第三章 巩固君权:圣王施政及理想政治论
　　——《天则》篇研究 ………………………………… 053
第四章 儒家选贤服仁,一成王业说
　　——《道端》篇研究 ………………………………… 070
第五章 鹖冠子的军事思想
　　——《近迭》篇、《兵政》篇研究 …………………… 082
第六章 鹖冠子的理想政治论:成鸠氏之治
　　——《王铁》篇研究 ………………………………… 094
第七章 泰一政治理念与成篇于汉武帝时论
　　——《泰鸿》篇研究 ………………………………… 115
第八章 神圣的精神修养与禅让、传子并存说
　　——《泰录》篇研究 ………………………………… 126
第九章 《世兵》非抄袭《鵩鸟赋》辨,兼论用兵之道
　　——《世兵》篇研究 ………………………………… 140

第十章　鹖冠子的九道说与仁义观
　　——《学问》篇研究 ………………………………… 155
第十一章　解蔽知道，三才致胜
　　——《天权》篇研究 ………………………………… 167

下编　综合研究

第十二章　论鹖冠子与《鹖冠子》的关系 ……………………… 183
第十三章　《鹖冠子》的形上学与其在先秦汉初道家的地位 …… 221
第十四章　鹖冠子的理想政治论与其理论渊源 ………………… 254
结　论 ……………………………………………………………… 281

附录一　论《鹖冠子》与管子、《管子》的关系 ……………… 288
附录二　与汉学家葛瑞汉商榷《鹖冠子》书 …………………… 305
附录三　《鹖冠子》敦煌本上卷注研究 ………………………… 317
附录四　鹖冠子教育思想新论 …………………………………… 331
附录五　陆佃《鹖冠子解》思想研究 …………………………… 342

参考文献 …………………………………………………………… 361

后　记 ……………………………………………………………… 378

绪　论

一　研究缘起

自汉迄唐初，学者咸以《鹖冠子》为先秦子书。唐朝柳宗元首先认为《鹖冠子》抄自贾谊《鵩鸟赋》，遂断定《鹖冠子》为伪书。自是以来，由唐至明，学者多宗柳说。又或认为《鹖冠子》抄自《齐语》中有关管仲改革之记载，或以为《鹖冠子》抄自《国策》。《鹖冠子》为伪书几成定论。然自20世纪70年代长沙马王堆帛书出土以来，学者发现《鹖冠子》有18处与《黄帝书》[①]意同或语同，[②]遂一反柳氏以来的传统之见，或以为《鹖冠子》乃先秦子书，或以为乃汉代作品，其作者乃鹖冠子。现代学者以双重考证法，以为凡出土文献可与传世文献相互资证，以前认为是伪书者辄可断为可信者。此种方法乃治古史之妙方，兹《鹖冠子》与《黄帝书》有多处相同，可证明《鹖冠子》不是伪书。然仅就此而断定《鹖冠子》不为伪书，与传统学者因《鹖冠子》有些材料与其他文献相同而疑其抄袭、断其为伪书，方法如出一辙。每时代均有其学术风格、思想共同点与特征而迥异于其他时代者，此可资考证该时代之书与人之思想，故要客观地了解《鹖冠子》的真实情况，必要以通书综究与单篇考证相结合，把握《鹖冠子》作为思想学派成果的思想内蕴，并结合该时代学术风气与学

[①] 裘锡圭认为马王堆《老子》乙本卷前佚书最好称"马王堆《老子》乙本卷前佚书"或"《经法》等四篇"，才能反映古籍原貌（见裘氏《文史丛稿》，上海：上海远东出版社，1996，第89页）。李学勤《马王堆帛书与〈鹖冠子〉》（《江汉考古》1983年第2期）称其为《黄帝书》。本书为行文方便计，亦称《黄帝书》。

[②] 唐兰：《马王堆出土〈老子〉乙本卷前古佚书的研究——兼论其与汉初儒法斗争的关系》，《考古学报》1975年第1期。

者最关心的思想命题对其加以考察，如此，才能系统把握《鹖冠子》的思想与其所处的时代。①

经初步考证，《鹖冠子》作于战国末期迄汉武时期，其思想为先秦、秦汉思想史之一部分，属于子书。往昔先贤研究先秦、秦汉思想史，多谨慎使用材料，恐因使用假材料而得出错误结论。②故学者论撰先秦思想史，尤其是道家思想，多就《庄子》、《老子》、《黄帝书》、宋銒、尹文、慎到等加以论述，而对《鹖冠子》多付阙如。今《鹖冠子》所含内容多偏重阐述道家思想，且融会百家学说，研究该书一则可加深我们对先秦、秦汉道家思想发展的认识，了解这段时期道家思想嬗递演变的理路；二则可使我们了解先秦道家除了《庄子》《老子》《黄帝书》外，还有其他各具风格的分支；三则可使我们明白先秦学术发展到战国末期出现百家融合的具体情况（此时期学术出现融合趋势，诸子既批评百家学说，又吸收百家思想，同时倡导道论，荀子、韩非、邹衍和《吕氏春秋》即为代表③）。④就此而言，研究《鹖冠子》可开阔先秦、秦汉思想史研究的视野，也可丰富先秦道家的内涵。同时，先秦子书多为一学派思想之结纂，宗师及门下弟

---

① 抑可进而论研究伪书之价值。大抵被传统学者、《古史辨》学派视为伪书者，乃学者考察为某时代史志未记此书，或查今传本的篇章数目与该时代志所记不符，或查此书文句与后世书籍有相同者，辄论断其为伪书。然史志不能记载当时传世所有文籍，且文籍在流传过程中难免有后世注文掺入，或者抄写、刊刻者误抄、误注于正文之内。又古人著书引前贤时哲之文，大抵摘其大意，而不道明出处，此乃古人著书之例（详余嘉锡《古书通例》，上海：上海古籍出版社，1985）。学者因某书有以上问题而断其为伪书，则难免未深思之过。即使是伪书，伪造者必先搜索相关材料，因其思想而汇之于某篇，从这一角度看，则书名、篇名可以伪造，然其材料则可为真，且"伪造者"亦有收搜编纂材料之功。若研究者有只眼之见，可以使用此等材料，丰富该等材料所反映之时代与该时代思想之研究。此则所谓伪书也有其价值（梁启超：《古书真伪及其年代》，北京：中华书局，1955，第67~68页）。因此，对待所谓伪书，若谨慎地加以利用，或可收化腐朽为神奇之效。另外，研究古史当须知道古史事实与后世撰述之间有差异，屈万里依史料性质提出"后人述古之作"与"当时的原始资料"两个概念，甚有见识（屈万里：《屈万里先生文存》第1册，台北：联经出版事业股份有限公司，1985，第108~111页）。
② 郭沫若：《十批判书》，北京：东方出版社，1996，第2页。
③ 荀子强调礼治，批判先秦各家各派，而归宗于孔子；韩非重视法术权势，强调以政治力量领导学术；邹衍以阴阳学说重构宇宙，把人生安放在宇宙里；《吕览》以杂家形态包含各家学说。
④ 见钱穆《通表》，《先秦诸子系年考辨》，上海：上海书店，1992，第1~60页；陈启云《中国古代思想发展的认识论基础——先秦诸子哲学思想发展的三阶段》，《学丛》第4期，1996，第17~21页。

子的思想有传授与继承发展之别,后学中又有不同流派,其思想有前、后期之分,其义理有取舍之趣,一本子书即一学派之总汇。① 《鹖冠子》为一子书,作者当不只鹖冠子一人,作者不同,思想歧殊,如不同篇章的"天""道"之内涵即互有同异。可见《鹖冠子》本身思想丰富,亟待发掘。

《鹖冠子》曾被学者以两种截然不同的态度对待:它一度被视作伪书而被打入学术研究的冷宫;如今又获得青睐,为学者重视并加以研究。以下从几方面——《鹖冠子》的作者、思想、篇卷、是否为伪书与成书年代、注释与版本②——来综述古今中外学者对此书研究的情况。

二 研究回顾

(一)《鹖冠子》的作者与鹖冠子

传统学者多相信,《鹖冠子》的作者是与该书书名相同的人。书反映人,人表现在书中,要了解书,必先了解人。但是由于《鹖冠子》没有直接提及作者本人的生平事迹,学者多向壁玄想,由对鹖冠子生平的推测转而对他的行谊志趣进行批评。现代学者或通盘研究《鹖冠子》,并结合帛书《黄帝书》,对鹖冠子的生活年代、籍贯做研究,但是有些认识论断过勇,未足服人。兹从鹖冠子之姓氏、籍贯、生活年代、著书几个方面,评析学者的见解如下。

1. 关于鹖冠子的姓氏

学者一般认为鹖冠子以鹖为冠,因以鹖冠为氏。刘歆《七略》曰:

---

① 马达:《〈列子〉真伪考辨》,北京:北京出版社,2000,第445~452页。
② Carine Defoort, *The Pheasant Cap Master: He Guan Zi: A Rhetorical Reading*, State University of New York, Albany, 1997, pp. 13-102. 此外,比利时学者戴卡琳(Carine Defoort)从四方面——传记材料与对作者的期待、文献目录与对篇幅和类别统一性的期待、注释材料与对文体统一性的期待、文献材料与对文本统一性的期待——来探讨《鹖冠子》一书(见〔比利时〕戴卡琳《解读〈鹖冠子〉》,杨民译,沈阳:辽宁教育出版社,2000,第15~107页)。孙福喜从历代著录与传本情况,历代学者对《鹖冠子》的征引、述评与研究,历代学者对《鹖冠子》的注解,外国学者对《鹖冠子》的研究四方面详论,多有建树(见孙福喜《〈鹖冠子〉研究》,西安:陕西人民出版社,2002,第1~143页)。本章研究回顾所用材料多与两书相同,但是论述方法有异,各有所重。

"鹖冠子常居深山，以鹖为冠，故号冠子。"① 刘氏叙述鹖冠子生活的地方，并指出他号"冠子"的原因，但是没有指明他以"鹖冠"为氏。若如刘氏所言，鹖冠子常居深山，意味着他过着隐居的生活。至于他为什么要过隐居的生活，刘氏没有进一步说明。

关于鹖冠，应劭《汉官仪》说是"虎贲冠，插鹖尾"，董巴《汉舆服志》说得较详细："武冠，加双鹖尾为鹖冠，羽林、虎贲冠之，鹖鸡勇斗，死乃止，故赵武灵王以表武士，秦施用之。"② 《后汉书·舆服志下》有相同的记载，同时说："鹖者，勇雉也，其斗对，一死乃止。"③ 由于鹖具有勇猛直前、至死方休的特质，很符合武士精神，所以被用于武冠，以激励士气。同时，鹖冠作为赵武灵王时（前325～前299年在位）④ 赵国战士所戴的一种重要武盔，后来也被尚武的秦国所用。假如鹖冠子所戴的鹖冠也是军盔，那么他的"以鹖为冠"应和赵军所戴的鹖冠在形式、制作等方面有精粗轻重之别。他喜欢戴鹖冠，说明他可能对武冠有兴趣，具有尚武精神。《鹖冠子》中《近迭》《兵政》两篇记鹖冠子答庞子用兵之道，则知其谙于兵法。至于他是否与赵武灵王生活在同一时代，抑或与秦国有何关系，史载不明。一般隐士大都过着与世相隔的生活，不问世事，但是鹖冠子配戴武冠、缅怀尚武风气，似乎与一般隐士有些不同，这是有趣且耐人寻味的。

刘歆对鹖冠子的介绍极简略，没有说明他的姓名、籍贯、所居深山之名、生活年代，也没有说明他所掌握的材料的来源。班固的说法与刘歆相同。⑤ 其后应劭《风俗通义》说鹖冠子"以鹖为冠，因氏焉"，⑥ 明确指出鹖冠子的姓氏。但即使鹖冠子以鹖为氏，也不过是他隐居后的姓氏，而不

---

① 李昉等：《太平御览》卷六八五，北京：中华书局，1960，叶6。
② 李昉等：《太平御览》卷六八五，叶6。
③ 司马彪：《后汉书志》卷三〇《舆服下》，刘昭注补，北京：中华书局，1965，第3668页。
④ 《史记·六国年表》记赵武灵王在即位十九年（前307）初实行军事改革。《战国策·赵策》记他命令赵军胡服骑射，提高军队战斗力，并在公元前296年灭中山，后来攻破林胡、楼烦，建立云中郡、雁门郡，迫使林胡、楼烦北迁。赵武灵王时赵国强大，山东六国有力抗秦者只有赵（钱穆：《国史大纲》，北京：商务印书馆，1996，第79～80页）。这可说是对"赵武灵王以表武士"的一个注解。
⑤ 《汉书》卷三〇《艺文志》，北京：中华书局，1962，第1730页。
⑥ 应劭撰，王利器校注《风俗通义校注》，北京：中华书局，1981，第554页。

是他本来所有的。鹖冠是以事为氏,渊源可溯及春秋,① 然鹖冠子之生平、籍贯已难深考,则应劭也许以后人称鹖冠子已久,故以己意推测他的姓氏。袁淑《真隐传》认为鹖冠子"以鹖为冠,莫测其名,因服成号",②指出鹖冠子的称号由来是因他常戴鹖冠。他认为鹖冠子是称号,而非姓氏,也非人名,这与应劭的看法有别。以上这些记录,《鹖冠子》本身没有提供什么佐证。鄙意以《鹖冠子》与其主要作者鹖冠子名称相同,其例与先秦子书书名与作者之名多同相类。至于鹖冠子是否以鹖冠为姓氏,无从深考。

2. 关于鹖冠子的籍贯

学者研究思想与人物,尤注意地域文化的影响,认为产生于不同地域的文化特征殊异,对当地学术有相当的作用。《鹖冠子》产生于哪个地域,会影响其思想主体。传统学者基本上认为鹖冠子是楚人,如班固、应劭。但是班固所记未必全部符合史实。③ 现代学者多赞同班固之见,如李学勤、黄怀信就今本《鹖冠子·王铁》篇记鹖冠子语及柱国、令尹等楚国官名,判定鹖冠子是楚人。④ 两氏之说没有充分证据。鹖冠子可能颇好楚国制度、文化,且有研究,所以在论及理想国家时,把自己喜欢的制度设计为政府组织之一,未必一定是当地人才能想象出当地的制度。日本学者大形彻依《汉志》等认为鹖冠子乃战国末期的楚人。⑤ 葛瑞汉推断鹖冠子可能从楚国移居赵国,他的生活经历了几个阶段,这为《鹖冠子》的作者是单一个人

---

① 郑樵《氏族略》里有此氏,唯没有说明此氏源流。郑氏《略》重在记录春秋以来各氏,故推论应为春秋时之氏。见郑樵《通志略·氏族略》,王云五主编《国学基本丛书》第69册,台北:台湾商务印书馆,1968,第150页。
② 李昉等:《太平御览》卷五一〇,叶4。
③ 如《汉书·艺文志》认为《尚书序》是孔子所作:"《书》之所起远矣,至孔子纂焉,上断于尧,下讫于秦,凡百篇,而为之序,言其作意。"然后儒对此多有批评。现代学者如陈梦家《尚书通论(增订本)》(北京:中华书局,1985,第101~102页)考证《书序》有很多和金文、西周史相关的重要史料,认为它是秦汉之际解经者所作。可见,班固《汉志》所说未可尽信。
④ 见李学勤《〈鹖冠子〉与两种帛书》,《道家文化研究》第1辑,上海:上海古籍出版社,1992,第335页;黄怀信《〈鹖冠子〉源流诸问题》,《文献》2001年第4期,第34页。
⑤ 大形徹「『鹖冠子』——不朽の国家を幻想した隠者の書」『東方宗教』第59号、1982、43頁。

提供了最好的理由。① 孙福喜从鹖的分布推断鹖冠子可能由楚国到赵国，并长期居住在赵国深山中。②

学者因《鹖冠子》提及楚制、记庞子与鹖冠子的关系，认为他是楚人。如果依照这种思路，《王铁》篇也提及齐制，这虽然是其被指抄袭《齐语》管子军政改革措施之辞，③ 然而鹖冠子描绘的制度和管子的军政改革有同有异，④ 这样，他应该对齐国制度也有一定程度的了解，为什么不说他是齐国人？何况齐国自设置稷下学宫以来，便成为战国黄老学的重镇，⑤ 鹖冠子既是道家人物，难道与齐国文化关系不密切？鄙意卓越思想家之思想不囿于一国一地，必融会传统思想与并时百家新说于一炉，铸以新说，通体达用。鹖冠子应对齐、楚等国的政治、思想、文化有一定的了解，其学又出入百家，若必谓鹖冠子为楚人，实有证据不足之嫌。

3. 有关鹖冠子的生活年代

盖代有升降，学风随之更替，不同时代之学者所关心之思想重点有别。若鹖冠子生活年代明确，则于其时代之学风亦可有新识。惜《鹖冠子》于此未置一词，故考论鹖冠子生活年代只能凭借外证与内证。内证则就《鹖冠子》每篇思想主题、特定观念、所属学派等来论证其成篇年代，由此可论定《鹖冠子》乃为战国末期迄汉武时期的文篇汇编。

《真隐传》说鹖冠子"著书言道家事，马煖常师之，后显于赵，鹖冠子惧其荐己也，乃与煖绝"。⑥ 袁氏指出鹖冠子与"马煖"之间的关系，为学者研究鹖冠子提供了一条线索。《真隐传》疑误庞煖为马煖，盖《鹖冠子》只有庞煖、庞焕两人，没有马煖。李学勤据此材料断言马煖即庞煖，是战国末年的赵将，最显赫的功业是杀燕将剧辛。剧辛之死，据《史记·

---

① A. C. Graham, "A Neglected Pre-Han Philosophical Text: *Ho-kuan-tzu*," *Bulletin of the School of Oriental and African Studies*, Vol. 52, No. 3, 1989, p. 529.
② 孙福喜：《〈鹖冠子〉研究》，第145~148页。
③ 王应麟著，翁元圻注《困学纪闻》，北京：商务印书馆，1935，第905页。
④ 详《周氏涉笔》，引自马端临《文献通考》卷二一一，《景印文渊阁四库全书》（以下简称《四库全书》）第614册，台北：台湾商务印书馆，1986，第29页。有关该篇研究，详本书第六章。
⑤ 有关稷下学派与黄老学的关系，见于孔宝《稷下学风与百家争鸣》，《齐鲁学刊》2002年第6期。
⑥ 李昉：《太平御览》卷五一〇，叶4。

六国年表》在赵悼襄王三年（前242）。《鹖冠子》中《近迭》《度万》《王鈇》《兵政》《学问》等篇"庞子问鹖冠子"的"庞子"是庞煖。庞煖在赵悼襄王时自楚至赵，而师事鹖冠子还要早些，因此鹖冠子的活动年代应在赵惠文王、孝成王至悼襄王初年（前300～前240）。① 李说若成立，必须有条件：《鹖冠子》里所记的"庞子"确是庞煖，且庞煖必是庞焕。

自赵武灵王迄秦定乾坤，正是先秦学术思想的总结期。② 当时百家互有交锋，取长补短，③ 形成了貌似庞杂、实则兼收并蓄的学风，各家思想体系中难免混有其他学派学说的成分。假如鹖冠子生活在战国末期，大体也会在一定程度上受到这种学风的熏陶，陶铸成自己的思想体系，其中兼儒、道、法、兵等家学说，显得庞杂。这一点并不使人感到惊讶。至于他为何以道家思想为主，又如何融会百家学说，则有待探究。

4. 有关鹖冠子著书

传统学者一般认为先秦子书是由同名的思想家所写，故认为《鹖冠子》的作者只有一位，即鹖冠子。应劭首先说"鹖冠子著书"，④ 虽然没有明说著《鹖冠子》，但是言下之意甚明。其后袁淑在《真隐传》中也说鹖冠子著言道家事。然《鹖冠子》中只有《近迭》《度万》《王鈇》《兵政》《学问》五篇记庞子问鹖冠子云云，《世贤》篇记悼襄王问庞煖，《武灵王》篇记武灵王问庞焕，其他十二篇是论述文，未明言作者为谁，也未明言引谁人之语。且《鹖冠子》思想庞杂，篇与篇之间大有不同，⑤ 则《鹖冠子》不为鹖冠子一人所著可明矣。又，先秦子书未必全部由宗师手著，大都是门人弟子因平常接闻于师长而加以记载、汇编，有的还是经过几代弟子的编辑始成，并冠以宗师之名。子书虽冠以某思想家之名，但是该书未必全部记载其行谊、思想，同时还会记载其后学的不同思想流派。⑥《鹖冠子》应不例外。所以，我们要了解该书哪些内容反映鹖冠子的思想，哪

---

① 李学勤：《〈鹖冠子〉与两种帛书》，《道教文化研究》第1辑，第336页。
② 钱穆：《通表》三、四，《先秦诸子系年考辨》，第30、45页。
③ 陈启云：《从〈庄子〉书中有关儒家的材料看儒学的发展》，《中国文化与中国哲学（1987）》，北京：生活·读书·新知三联书店，1988，第98页。
④ 应劭撰，王利器校注《风俗通义校注》，第554页。
⑤ A. C. Graham, "A Neglected Pre-Han Philosophical Text: *Ho-kuan-tzu*," *Bulletin of the School of Oriental and African Studies*, Vol. 52, No. 3, 1989, pp. 500-503, 518-530.
⑥ 余嘉锡：《古书通例》，第25页。

些反映其后学甚至是其他学派的思想，以及后世编纂者与注释者怎样无意中把自己思想也混杂其中。

自汉代以来，学者对鹖冠子的姓氏、籍贯、生活年代、著作有种种推测，希望重构他的生平。① 许多学者有个共同的想法，即《鹖冠子》的作者就是鹖冠子，该书的作者只有一个。戴卡琳在批评以避讳、专名、影射等方法来研究作者后做了总结，颇有参考价值：

> （《鹖冠子》）作者在周朝和西汉都没有可靠的材料，而且也因为通常有一种趋势，总是要在文本背后探寻单一的作者。……我们将注意力从假定的作者移到文本自身。……具体地研究统一在什么地方，又究竟伸展多远，而不应是坚持或者放弃将《鹖冠子》一书归属于一个作者的问题。②

戴氏指出，由于《鹖冠子》本身没有可靠的材料可供学者研究鹖冠子生平，最好转移研究方向，从文本下手。这一看法很有道理，虽然文本没有提供材料，但是它是最好的也是唯一的途径。

综合学者研究，鄙意《鹖冠子》的作者不止一个，鹖冠子可能为其中之一，他的生平仍是个谜。《鹖冠子》有五篇记鹖冠子答庞子之问，或可由此对话而推断其所处年代，但是很难确切判定他必生活于战国末迄汉初。我们没有直接、充分的理据确定他的籍贯。他对齐、楚等地文化相当了解，学主黄老，出入百家，深谙兵法，可能与赵国有一些关系。《世贤》篇乃庞煖答悼襄王之篇，《武灵王》篇乃庞焕答武灵王之语，其他篇章属论文体，都没有提及鹖冠子。即使这些篇章的思想与鹖冠子思想一致，也不能径认，盖同派可有相同的思想。所以，研究《鹖冠子》，必须考证《鹖冠子》各篇的思想、成篇年代。

最后，引前贤对鹖冠子的评论，以见古人知人论世之概，亦由此见鹖

---

① 关于《鹖冠子》之作者，《宋史·艺文志四》"《鹖冠子》三卷"条下注："不知姓名。"的确，在今本《鹖冠子》里没有明载作者，后人的推测是有很大的臆测成分的。《宋史》史家这种事实求是的精神，符合孔子"知之为知之，不知为不知""多闻阙疑"的态度，值得嘉许。

② 〔比利时〕戴卡琳：《解读〈鹖冠子〉》，第31~33页。

冠子在前贤心目中的地位。韩愈在《读〈鹖冠子〉》中发出感叹："使其人遇时，援其道而施于国家，功德岂少哉？"① 韩氏认为鹖冠子具有政治才干、远见卓识，并且相信如果他能获得机会，在政治上大施拳脚、一展抱负，必然能建功立业，有益于家国。韩氏反佛崇儒、倡导道统，② 但是他似乎对黄老之士鹖冠子没有表现出不满之意，相反，他在读完《学问》篇中"贱生于无所用，中流失船，一壶千金"的文句后深致悲悯。看来，韩氏对鹖冠子多有共情。

高似孙发展了韩愈的看法，他在《子略》中对包括鹖冠子在内的春秋战国时期一批有志难伸而隐居山林之士的人格、志趣、遭遇做了推断，认为他们胸怀经营天下之大志，可惜不得其时，也不得其位，以致壮志难酬，空负理想。即使这样，仍欲匡济天下，念兹在兹，著作言志（此暗示《鹖冠子》为鹖冠子所著）。因有建功扬名之想，由此而有利害之心。但同时，他们的人生修养尚未达到最高的境界——孔子圣人境界。孟子称赞孔子行事合乎中道，无过不及，既适"时"，又把握"中"与"权"，"可以仕则仕，可以止则止，可以久则久，可以速则速"，为圣之集大成者（《孟子·万章下》）。然而这些隐士做不到，他们最好是"素贫贱，行乎贫贱"，不在其位，不谋其政，可是他们总是为建功扬名之想所动，意念之初动，已不纯粹。而且他们见闻浅陋，拘于山林，限制了思想精进，而囿于黄老刑名之流，不能臻入孔儒圣域。高氏对他们深表赞佩之意，也惋惜他们思想的限囿。③ 明代宋濂对鹖冠子的看法与韩愈同，谓"使其人遇时，其成功必如韩愈所云"。④ 宋氏也认为，鹖冠子若遇其时，则必有功于家国。可见，一些传统学者对鹖冠子给予了较高评价。

（二）《鹖冠子》思想研究

上文说过，一些学者把《鹖冠子》与鹖冠子视二为一，认为本书所反映的思想即是鹖冠子的思想。学者重谱鹖冠子生平，无非想由此推断他的学术渊源，进而将他定位，放在先秦思想史发展的一个环节中，以期丰富、修

---

① 韩愈：《读〈鹖冠子〉》，马其昶编《韩昌黎文集校注》，上海：上海古籍出版社，1986，第 38 页。
② 陈寅恪：《金明馆丛稿初编》，北京：生活·读书·新知三联书店，2001，第 319～329 页。
③ 高似孙：《子略》卷三，《四库全书》第 674 册，第 8 页。
④ 宋濂：《文宪集》卷二七，《四库全书》第 1224 册，第 52～53 页。

正、加深先秦思想史研究。

刘歆、班固把《鹖冠子》归类于道家，后代史志又把它归于黄老、权谋、刑名等类目下。① 基本上传统学者多视其为道家。下面举黄震的看法为代表。黄震以理学的角度来批评，本可发表一番宏论，然而，他只做了简单的评论：鹖冠子之言论害理，如"圣人贵夜行"，陈丁"畜者观其所予，贵者观其所举，贫者观其所取，贱者观其所与"与韩愈所称引的两句外，其他十五篇"无留良矣"。② "圣人贵夜行"出自《鹖冠子·夜行》篇，本篇主要阐明道不可见，不可名，而其中有象有信，所以圣人要效法道。这是道家论道的内容。朱熹对释、道有深入的研究，了解它们对儒学的影响，所以极力排斥。黄震继承朱子学，除了赞同前辈韩愈的看法，对《鹖冠子》其余部分的内容与价值则直接否定，连解释该书"无留良"的地方也没有，恐难以服人。也许黄震认为鹖冠子不是名家，浅陋粗鄙，不足为观，所以不值一辩？

《鹖冠子》学主黄老，兼容儒、墨、法、刑、名、术数、阴阳、五行，倡导法治，有不少洞见。以下从三个方面来简评现代学者的看法。

首先是道、一、气论。

中国学者认为《鹖冠子》继承《老子》道论且加以发挥。吴光认为《鹖冠子》所云"一"即"道"，两者较"气"高一范畴，"气"形成万物，是沟通"道"与万物之桥梁。"气"分阴阳，天地是由阴阳运动变化构成的。《鹖冠子》最重要的贡献是提出元气论，元气乃可言可名状的精微之气，是构成天地万物的基本物质元素。③ 丁原明意同吴氏。④ 谭家健认为"一"不是"道"，而是组成气的最精微的物质。⑤ 林冬子认为《鹖冠子》试图把"道"清晰化，探索自然世界的运行法则，且把此法则转化为人类社会秩序。⑥ 汉学家葛瑞汉指出，"一"到了战国末期已取代"道"成为形而上学的核心概念，《鹖冠子》所云之"一"包含天、地、人三道，

---

① 见〔比利时〕戴卡琳《解读〈鹖冠子〉》，第39~44页。
② 黄震：《黄氏日抄》卷五五，《四库全书》第708册，第28~29页。
③ 吴光：《黄老之学通论》，杭州：浙江人民出版社，1985，第158~161页。
④ 丁原明：《黄老学论纲》，济南：山东大学出版社，1997，第120页。
⑤ 谭家健：《〈鹖冠子〉试论》，《江汉论坛》1986年第2期。
⑥ 林冬子：《〈鹖冠子〉思想研究》，中央民族大学博士学位论文，2013，第29页。

"一"贯通同异、以同领异，故言"一"强调同，言"道"侧重异。《鹖冠子》所言之天地有别于形下义（天空、土壤），具有价值、道德、自然法三义。① 裴文睿认为《鹖冠子》所言天地包括自然秩序与社会秩序，天道是人道与自然秩序的根本，"一"为非道德的自然法；他褒扬儒家与黄老之法，反对法家之法。② 大形彻认为《鹖冠子》言"道"继承《老子》之说，其"道"不只指单一原理，而包含"一"与其他诸多概念；天不指自然天，而指有原理、规则之天。③ 可见，学者对"道""一"之关系仍有不同看法，有待深入研究。

学者依今本《鹖冠子》有"元气"两字，认为《鹖冠子》倡导元气论，然而也有学者指出，《永乐大典》版《鹖冠子》并没有"元气"一词，只有"元"字，反而"元气"一词在注释中常常出现，可能是由注释中窜入的。④ 当然，如果今本《鹖冠子》中没有"元气"一词，但是"气"含有元气的意蕴，那么元气说还是可以成立的。由此可见校勘版本对研究思想史具有重要的作用，且我们有必要重新探讨《鹖冠子》的气论。

另外从先秦气论发展来看，学者的看法仍值得商榷。张岱年指出，春秋时人认为凡阴阳风雨晦明都称为气。战国诸子多论及气，但应没有提出元气论。孟子对气有两种看法：一指受志所支配的体内之气，二指长期从道德修养累积而来的浩然之气。《庄子》内篇区分心与气，言心犹有人为之意，言气则纯属外界自然；外篇《知北游》篇提出"通天下一气"的命题，是气一元论。荀子把万物分成四等级，认为气是无生无知的，而有生有知之物皆有气，故气乃生命意识的基础。《吕氏春秋·应同》篇提出"与元同气"，尚无"元气"之名称。"元气"一词，屡见于汉代典籍，然始于何书，难以考定。《春秋繁露·王道》篇明确用了"元气"一词。

---

① A. C. Graham, "A Neglected Pre-Han Philosophical Text: *Ho-kuan-tzu*," *Bulletin of the School of Oriental and African Studies*, Vol. 52, No. 3, 1989, pp. 509 – 514; "The Way and the One in *Ho-kuan-tzu*," *Epistemological Issues in Classical Chinese Philosophy*, ed. by H. Lenk and G. Paul, New York: State University of New York, 1993, pp. 31 – 36.
② R. P. Peerenboom, "*Heguanzi* and Huang Lao Thought," *Early China*, No. 16, 1991, pp. 177, 181.
③ 大形彻「『鹖冠子』——不朽の国家を幻想した隠者の書」『東方宗教』第59号、1982、50 – 54頁。
④ 〔比利时〕戴卡琳：《解读〈鹖冠子〉》，第91页。

《鹖冠子·泰录》篇有"元气"一词,然本篇非先秦旧文。① 显然张氏未见《永乐大典》版本,故云《泰录》篇有"元气"。

其次是圣人观及其修养论等。

先秦诸子有其理想人格——圣人。诸子思想殊异,其圣人观不复相同,修养论也有差异。诸子有时视圣人与圣王为一,期冀理想君主(圣王)依其政见施政。学者认为《鹖冠子》也有其圣人观:或以圣人要法天地,虚静凝神,与道相合,可知天地之终始,应天地之变化;② 或以君主最重要乃任用贤人、掌握理势,圣人要与天地合一(如此则神),把自然法则应用于人事,最重要的是关心国家存亡,而非提高个人道德;③ 或以圣人是宇宙与社会的中心,是宇宙与社会交通的媒介,次序万物,先人于天地,使人、物更明智而有神、明。④ 如此,圣人治天下如运诸掌中。

葛瑞汉指出《鹖冠子》有三种乌托邦:一是《王鈇》篇所言的成鸠氏之治,依宇宙秩序建立专制统治,此近儒墨学说;二是《泰鸿》篇所言的九皇之治,《度万》篇所言的五治(神化、官治、教治、因治、事治),此融会道法学说;三是《备知》篇哀悼五帝三王战乱不休,破坏远古和平,幻想原始政府出现。⑤ 葛氏的观点有助我们了解今本《鹖冠子》并非一人所著,可能是不同学派理想的反映,是不同学派的纂集本。虽然葛氏强调《鹖冠子》的作者只有一人,其在不同时期写作了这本书,但其论据相对薄弱。⑥

最后是《鹖冠子》的政论与军事思想。

学者从不同角度总结了《鹖冠子》之军政思想。吴光总结,《鹖冠子》

---

① 张岱年:《中国古典哲学概念范畴要论》,北京:中国社会科学出版社,1987,第30~33页。
② 张成秋:《先秦道家思想研究》,台北:中华书局,1971,第327页。
③ 大形徹「『鹖冠子』——不朽の国家を幻想した隠者の書」『東方宗教』第59号、1982、48-55頁。
④ A. C. Graham, "A Chinese Approach to Philosophy of Value: Ho-kuan-tzu," *Unreason within Reason: Essays on the Outskirts of Rationality*, 1992, pp. 125-129; "The Way and the One in Ho-kuan-tzu," *Epistemological Issues in Classical Chinese Philosophy*, pp. 33-38.
⑤ A. C. Graham, "A Neglected Pre-Han Philosophical Text: Ho-kuan-tzu," *Bulletin of the School of Oriental and African Studies*, Vol. 52, No. 3, 1989, pp. 518-529.
⑥ 〔比利时〕戴卡琳:《解读〈鹖冠子〉》,第47~57页。

主张令出一原，尊君卑臣；治国文武交用，刑德兼施；任贤使能；重视兵道。① 谭家健认为其指出战争胜利在于顺道合人。② 曹旅宁认为《鹖冠子》反对君主世袭，提出"五至""三处"说，主张设立郡县以管理一统的天下，其思想渊源于黄老学派与楚国文化。③ 张成秋指出《鹖冠子》强调圣人效法天地，寡欲循理，保爱精神；君主端正神明，任用贤能，如此主逸臣劳，无为化民。同时，反对以智巧治民，强调防患未然，察微知著，乃为治国根本之道。④ 陈克明认为《鹖冠子》强调无为而无不为，宣传四海一家、神化、坐化，主张德刑兼施。⑤ 杜宝元认为《鹖冠子》与《老子》《庄子》关系密切，而无涉墨家。⑥ 丁原明认为《鹖冠子》是由道法结合向道与仁义礼法诸思想融会转化的中间环节，是由法天地而治向法制定而治转化的中间环节。⑦ Peerenboom 认为《鹖冠子》与《黄帝书》一样强调君德，如亲民如子、平均财富、仁义忠信、君臣精诚合作，圣人以自然法作为社会秩序的根本，以此治国。⑧ 大形彻认为《鹖冠子》的作者以国家会被消灭而感到不安为出发点，以思考国家能不朽为理想，主张君主无论智愚，择贤因任；圣人应关心国家存亡；不主动侵犯他国，思考保卫国家之道。神化、官治、教治、因治乃治国的理想方式，然不切实际，事治才有可能实行。⑨ 戴卡琳从措辞明理（rhetorical）角度来研究，讨论《鹖冠子》的政治背景和作者关心的君臣关系，以及关于天、地、道的言论，指出作者强调"所谓"这种语言的用法，以说服君主在施政时重视所用的名词，因其所言影响颇大，主张君主顺从天道模式而动。⑩ 杜晓认为鹖冠子

---

① 吴光：《黄老之学通论》，第 158～166 页。
② 谭家健：《〈鹖冠子〉试论》，《江汉论坛》1986 年第 2 期，第 58～60 页。
③ 曹旅宁：《〈鹖冠子〉述评》，《青海师范大学学报》1988 年第 4 期。
④ 张成秋：《先秦道家思想研究》，第 327～330 页。
⑤ 陈克明：《试论〈鹖冠子〉与黄老思想的关系》，《哲学史论丛》，长春：吉林人民出版社，1980，第 230～244 页。
⑥ 杜宝元：《〈鹖冠子〉研究》，《中国历史文献研究集刊》第 5 集，长沙：岳麓书社，1985，第 53～56 页。
⑦ 丁原明：《黄老学论纲》，第 119～124 页。
⑧ Peerenboom, "Natural Law in the Huang-Lao Boshu," *Philosophy East & West*, Vol. 40, No. 3, 1990, pp. 174–181.
⑨ 大形徹「『鶡冠子』——不朽の国家を幻想した隠者の書」『東方宗教』第 59 号、1982、45–58 頁。
⑩ 〔比利时〕戴卡琳：《解读〈鹖冠子〉》，第 111～232 页。

"泰一气论—大同之制"设想了一个贤、民基础上的理想新社会,提出"为之以民""上贤为天子"的学说。①

以上简介学界既有研究成果。其研究多集中在《鹖冠子》中的几篇,尤其是自《天则》至《泰鸿》,鲜能竟体通解全书。学者尚未解决一些问题。首先,《鹖冠子》并非全由鹖冠子撰写,《世贤》篇乃庞煖答悼襄王之文,《武灵王》篇乃庞焕答武灵王之文。《鹖冠子》非一人一时所著,此宜进一步加以讨论,只反驳柳宗元的说法还未足够。其次,《鹖冠子》一些篇章和一些文献文句相迭,如《王鈇》篇所述政治组织是否抄袭《齐语》管子军政改革之辞?《世兵》篇是否抄袭贾谊《鹏鸟赋》?《鹖冠子》本身在版本流传中出现不少问题,尚待进一步考证。另外,《鹖冠子》中的一些观念如"道""天""法""势"等内涵复杂,即使在同一篇中也存在名同实异的情况,尚需进一步研究。要研究得精细,最好由研究一个整体的文本转移到研究文本的各个篇章,甚至从以篇为单位的研究转移到对各篇中各个段落的研究,这样才能比较真实地反映《鹖冠子》的原本思想。②有学者谓《鹖冠子》乃西汉作品,盖《鹖冠子》鼓吹大一统。然孟子屡言王天下、定于一,《老子》也屡言圣人治天下,荀子主张以礼义统一天下,韩非主张以严刑峻法治天下,则战国时诸子已倡导一统天下,何必到炎汉?反而汉初士人多惩于秦用峻法速亡而交相呵法刑、倡仁治,《鹖冠子》倡导法、法治,则其大多篇章不会写成于汉,而当成于战国与秦代,断可知也。且《博选》《著希》两篇因避秦始皇之讳而改"正"为"端",则此两篇皆写成于秦代,而其思想酝酿成熟于战国中晚期。这些都有待进一步论证。

(三)《鹖冠子》篇卷问题

历代官志和私家对《鹖冠子》的篇卷记录不同,卷数、篇数因时益增,学者或因此指责,进而断定《鹖冠子》是伪书。为了便于讨论,我们先把汉代迄明代有关《鹖冠子》篇卷的记载罗列于下。

道家:《鹖冠子》一篇。

---

① 杜晓:《道法为民:〈鹖冠子〉研究》,北京:中国社会科学出版社,2021。
② 〔比利时〕戴卡琳:《解读〈鹖冠子〉》,第57页。

纵横家：《庞煖》二篇。自注："为燕将。"

兵权谋家：《庞煖》三篇。自注："右兵权谋十三家，二百五十九篇。省……《鹖冠子》……"（《汉书·艺文志》）①

道家：《鹖冠子》三卷。（《隋书·经籍志三》）②

道家：《鹖冠子》三卷。（《旧唐书·经籍志下》）③

道家：《鹖冠子》三卷。（《新唐书·艺文志三》）④

三卷十六篇。（唐《开元四库书目》）⑤

三卷十九篇（应为十六篇）。（韩愈《读〈鹖冠子〉》）⑥

十五篇。（王尧臣等《崇文总目》卷五）⑦

袁本：三卷十五篇。衢本：八卷五十一篇，经删除后为三卷十九篇。（晁公武《郡斋读书志》卷一一）⑧

三卷。（陈振孙《直斋书录解题》卷九）⑨

十九篇。（陆佃《鹖冠子解·序》）

四卷十五篇。（王应麟《汉书艺文志考证》）⑩

今本《博选》至《学问》分为四卷。（王应麟《玉海》）⑪

四卷十五篇。（王楙《野客丛书》）⑫

道家：《鹖冠子》三卷。（《宋史·艺文志四》）⑬

---

① 《汉书》，第1730、1739、1757页。
② 《隋书》，北京：中华书局，1973，第1001页。
③ 《旧唐书》，北京：中华书局，1975，第2029页。
④ 《新唐书》，北京：中华书局，1975，第1516页。
⑤ 转引自晁公武撰，孙猛校证《郡斋读书志校证》，上海：上海古籍出版社，1990，第484页。
⑥ 陆佃在《鹖冠子·序》中说："退之读此，云十有六篇者，非全书也。"陆佃是王安石弟子，当时韩文初出，当得其真。可见，韩愈所见的版本是十六篇。后人反据陆氏之言，把它改成十九篇。此见参考《四库全书总目·子部·杂家类》（《四库全书》第3册，第9页）。又，吕思勉《经子解题》的看法同（上海：华东师范大学出版社，1995，第197页）。
⑦ 王尧臣：《崇文总目》卷五，《四库全书》第674册，第8a页。
⑧ 《郡斋读书志》最初有两个版本，一为袁州本（1151年完成），一为衢本（1249年完成），见晁公武撰，孙猛校证《郡斋读书志校证》，第484页。
⑨ 陈振孙：《直斋书录解题》，上海：上海古籍出版社，1987，第289页。
⑩ 王应麟：《汉书艺文志考证》卷六，《四库全书》第675册，第11页。
⑪ 王应麟：《玉海》卷五三，《四库全书》第944册，第18页。
⑫ 王楙：《野客丛书》，北京：中华书局，1987，第331页。
⑬ 《宋史》，北京：中华书局，1985，第5180页。

八卷。①（马端临《文献通考》）

十五篇。②（宋濂《文宪集》）

由上可见：《汉志》和《隋志》、唐代目录书籍所载《鹖冠子》的卷（篇）数不同，且隋代以后，《鹖冠子》的卷数有三卷、四卷、八卷三种；自唐代以来，《鹖冠子》的卷数和篇数增多，篇数有十五篇、十六篇、十九篇之别。学者多就此问题讨论，现概述如下。

首先是关于《汉志》和《隋志》所载《鹖冠子》的卷数、篇数不同的讨论，以及《汉志》所载纵横家、兵家《庞煖》与《鹖冠子》篇卷的关系。学者或以为《隋志》里的《鹖冠子》三卷包括《汉志》中的《鹖冠子》一篇和兵家《庞煖》，或以为包括《鹖冠子》与纵横家《庞煖》二篇。前者如胡应麟认为包括兵家《庞煖》其中二篇；③沈钦韩认为包括《庞煖》三篇，顾实支持沈说。④这种看法是有问题的。一则《隋志》三卷内哪些内容属于《鹖冠子》，哪些内容属于《庞煖》，缺少证据，这样说很模糊，且近臆测。二则《汉志》纵横家《庞煖》二篇和兵家《庞煖》有什么关系尚不明确，两者在《汉志》例属互著，⑤然同名未必同实；⑥它们和《隋志》所载三卷的关系，学者也没有切实的解释。三则卷和篇概念未必相同，⑦两者在汉代混用，但是到了隋唐时代，篇卷有别，一般而言，卷的含量比篇大，包含了篇，那么《隋志》的三卷可能就不是《汉志》的三篇那般的含量。四则《鹖冠子》相关篇章所记的有庞子、庞煖、庞焕，三者是否为同一人，治学谨慎的学者尚未遽信，⑧若贸然把《世贤》

---

① 马端临：《文献通考》卷二一一，第27页。
② 宋濂：《文宪集》卷二七，《四库全书》第1224册，第53页。
③ 胡应麟：《少室山房笔丛》，北京：中华书局，1958，第403页。
④ 顾实：《汉书艺文志讲疏》，上海：上海古籍出版社，1987，第122～123、148、195页。
⑤ 张舜徽：《汉书艺文志释例》，载氏编《二十五史三编》第3分册，长沙：岳麓书社，1994，第749页。
⑥ 胡应麟：《少室山房笔丛》，第43、45页。
⑦ 有关篇、卷问题，刘家和《理雅各英译〈书经〉〈竹书纪年〉的文献考证》(《史学、经学与思想：在世界史背景下对中国古代历史文化的思考》，北京：北京师范大学出版社，2005，第179～180页）一文曾讨论《尚书》流传过程中出现篇、卷不同的问题，很值得参考。
⑧ A. C. Graham, "A Neglected Pre-Han Philosophical Text: *Ho-kuan-tzu*," *Bulletin of the School of Oriental and African Studies*, Vol. 52, No. 3, 1989, p. 500.

《武灵王》两篇当成是《汉志》兵家《庞煖》之篇，立论未免过勇。后者如梁玉绳，他认为纵横家《庞煖》二篇即是《鹖冠子》之《世贤》《武灵王》篇。① 王闿运认为隋代以前的人误把《鹖冠子》一篇和纵横家《庞煖》二篇合起来而为《隋志》三卷。② 问题是，纵横家《庞煖》二篇的具体内容是什么，恐怕不能确切知道。而且，即使《鹖冠子》内所记的庞煖之言是纵横家《庞煖》二篇的内容，也很可能是节本，并非《汉志》二篇之全部。

可见，学者解释《汉志》《隋志》卷篇不同的理据不足，由《汉志》到《隋志》所记篇章不同的具体经过也很难明了，③ 不必臆测。

其次，学者关于唐、宋、明三代有关《鹖冠子》篇数不同的讨论相对较少。鄙意如下。

第一，唐代目录所载的是十六篇，到了宋代，篇数才有十五与十九之别，且颇杂乱。当时晁公武看到的《鹖冠子》有八卷五十一篇，其中前三卷十三篇，与当时《墨子》传本相同；中间三卷十九篇，当中有韩愈所称引的《博选》《学问》两篇和柳宗元斥责的《世兵》篇；后两卷有十九篇，多引用汉代以后之事，都是后人杂乱附益的。他删去前后五卷，只存中卷十九篇，"庶得其真"，④ 可见当时《鹖冠子》颇混杂。也许它自被柳宗元指责为伪书以来，经好事者随意掺杂编纂，鱼目混珠。这可作为"晚进小生，不敢妄据此书"⑤ 的一个佐证。

第二，宋代篇数不同，可见当时《鹖冠子》的传本并未完全定型，也许有些篇章尚未被收入今本中；也许内容完全与今本相同，但是一些篇章尚未被分成今本的篇幅、篇数。王应麟《玉海》把当时传本《博选》至《学问》分为四卷，《汉书艺文志考证》说四卷十五篇。如果王氏所见与陆佃注本相同，那么，今本《鹖冠子》最后四篇（《世贤》《天权》《能天》《武灵王》）就不在书中，当是宋代以后的学者掺入的。《世贤》篇记赵悼

---

① 张舜徽：《汉书艺文志通释》，武汉：湖北教育出版社，1990，第175页。
② 王闿运：《题〈鹖冠子〉》，《湘绮楼全集》卷三，宣统庚戌（1910）上海国学扶轮社重刊，页8a~9a。
③ 大形徹「『鹖冠子』の成立」『大阪府立大学紀要』第31号、1983、5頁。
④ 晁公武撰，孙猛校证《郡斋读书志校证》，第483~484页。
⑤ 王楙：《野客丛书》，第332页。

襄王向庞煖问治国之政，庞氏提出"治于未乱"之旨；《天权》篇先论自然之道，而推之于用兵，多阴阳家言；《能天》篇言安危存亡，皆有自然之理，篇义与第四篇《天则》篇相发；《武灵王》篇记赵武灵王向庞煖询问兵事。① 其中，《武灵王》篇记庞煖之事，攸关鹖冠子的生活年代；《天权》《能天》两篇阐述自然之道，也是研究《鹖冠子》思想的重要篇章。如果这四篇在宋代都不属于《鹖冠子》，那么对于我们研究《鹖冠子》的思想与版本流传将有很大影响。如果王氏所见《鹖冠子》篇章次序与陆佃注本不同，篇幅长短也不同，内容与今本完全一样，那么，将为我们探求《鹖冠子》文本的写定时间提供线索。

（四）《鹖冠子》是否伪书与成书年代

唐代以前学者认为《鹖冠子》乃先秦子书。柳宗元始以《鹖冠子》为伪书，原因有二：其一，认为《鹖冠子·世兵》篇抄袭贾谊《鹏鸟赋》，文字优美，其他篇章"尽鄙浅言也"；其二《史记·伯夷列传》引贾谊《鹏鸟赋》之辞"贪夫殉财，烈士殉名，夸者死权"，而没有说是引自《鹖冠子》，假如当时有其书，博学如史迁，怎能没有了解呢？② 柳说的影响很大，后世学者对柳说有赞成与反对两种态度，兹简评如下。

赞成柳说的有晁公武、③ 陈振孙、④ 卢文弨、⑤ 胡玉缙、⑥ 钱穆、⑦ 黄云眉、⑧ 蒋伯潜⑨等，他们没有提出新证据。王应麟指出《博选》篇用《燕策》郭隗之言，《王铁》篇用《齐语》管子之言。⑩ 推王氏之说，《鹖冠子》成书年代晚于《国语》《国策》，所以《鹖冠子》有与两书相同的记载，就肯定是抄用两书，进而判断它是伪书。胡应麟从文风判断《鹖冠子》真伪，进而论定其成书年代。他从《鹖冠子》篇章芜紊杂乱、残逸断

---

① 四篇篇义见吕思勉《经子解题》，第 200～201 页。
② 柳宗元：《辩〈鹖冠子〉》，《柳河东集》，上海：上海人民出版社，1974，第 72 页。
③ 晁公武撰，孙猛校证《郡斋读书志校证》，第 484 页。
④ 陈振孙：《直斋书录解题》，第 289 页。
⑤ 卢文弨：《书〈鹖冠子〉后》，《抱经堂文集》卷一〇，《抱经堂丛书》，北京：直隶书局，民国 12 年（1923），第 5a、b 页。
⑥ 胡玉缙撰，王欣夫辑《四库全书总目提要补正》，上海：上海书店，1998，916 页。
⑦ 钱穆：《先秦诸子系年考辨》，第 447 页。
⑧ 黄云眉：《古今伪书考补正》，济南：齐鲁书社，1980，第 152～156 页。
⑨ 蒋伯潜：《诸子通考》，台北：中正书局，1975，第 437 页。
⑩ 王应麟著，翁元圻注《困学纪闻》，第 905 页。

缺的情况判断，认为它的部分内容经后人附会增益，以致难以读通其文义；然而另有部分篇章词气"瑰特浑奥"，这种文风绝非东汉人所能写出，因此推断"战国有其书，而后人据《汉志》补之"，有些篇章是后人挟古人之文而伪造的，有些"时有真者"。① 胡氏既不像柳氏勇于论断，认为《鹖冠子》是伪书，但是又没有明确指出哪些篇章属于真，哪些是后人补缀伪作。从文风来评点文献，在明代是一种风尚，归有光就辑编了评点《鹖冠子》之作，收在《诸子汇函》中。又，以文字优劣来评《鹖冠子》，渊源有自，柳宗元固以"鄙浅"视之，然刘勰在《文心雕龙》中称赞"鹖冠绵绵，亟发深言"。②《鹖冠子》文句绵绵，一气呵成，且含义深远，殆非一般作品可以比拟。刘氏精通文理，对《鹖冠子》如此称赞有加，而柳氏为一代文宗，却贬抑不已，是彼此对文学鉴赏与批评的标准不同，③抑或所见版本有异？还是就所读篇章不同，以致有如此不同的体会？惜乎古贤多未明言，无从论断。

  王槺、宋濂反对柳说，他们没有提出相反的证据，只是感慨《鹖冠子》被批评为鄙浅后，读者往往厌之而不再详究其义。张尧翼从文风认为《鹏鸟赋》抄自《鹖冠子》。④《四库提要》认为古人著书往往偶用旧文，古人引证亦往往偶随所见，如"谷神不死"，今见《老子》，而《列子》却说是《黄帝书》所引，因此不可以凭单文孤证就断定它是伪书。⑤ 四库馆臣驳之有理，可惜没有详加申论。吴光和谭家健继此反驳柳说。吴光认为不能以文字鄙浅或精深作为辨别书籍真伪的根据；文句有相同，也很难断言谁抄谁，如"水激则旱，矢激则远"见诸《鹖冠子》《鹏鸟赋》《吕氏春秋》《淮南子》。即使《鹖冠子》"剽窃"《国策》，只能说它晚出，不能断定它是伪书。又，不能以司马迁是否提及某书作为某书真伪的标准。《鹖冠子》篇数历代增多，原因之一是《汉志》著录者的省略，原因之二

---

① 胡应麟：《少室山房笔丛》，第 403、423、383 页。
② 刘勰著，范文澜注《文心雕龙注》，北京：人民文学出版社，1958，第 309 页。
③ 有关柳宗元的文学理论，详孙昌武《柳宗元传论》，北京：人民文学出版社，1982，第 61～67、193～231 页。有关刘勰的文学理论，详罗宗强《魏晋南北朝文学思想史》，北京：中华书局，1996，第 262～370 页。
④ 《子书二十八种》本《鹖冠子》，育文书局印行，宣统三年（1911），叶 2b。
⑤ 《四库全书总目》，《四库全书》第 3 册，第 543 页。

是后代目录家混淆。说《鹖冠子》是伪书的理由不能成立。① 谭家健认为《世兵》篇和《鵩鸟赋》两篇次序不一,《鵩鸟赋》文字技巧尤密致,符合后出转精的规律。鹖冠子生于郭隗之后,摘录《燕策》"帝者与师处"节入自己文章,本无可厚非;且该节是当时名言,《黄帝书·称》《韩诗外传》《新书》都引用,为什么《鹖冠子》不能引用呢?至于《鹖冠子》与《齐语》的关系,《周氏涉笔》② 已指出两者所述制度不同,所以《鹖冠子》参考过《国语》,而非抄袭《国语》。③ 孙福喜之见多同谭氏,并认为《世兵》篇有多处与《黄帝书》的文句相同,《黄帝书》在文帝三年(前177)抄写而成,则《鵩鸟赋》应征引《世兵》篇。④ 另有一些硕士学位论文研究《鹖冠子》的风格、用词特点等,可供参考。⑤

李学勤结合《黄帝书》从六方面证明《鹖冠子》成书于秦皇焚书之前:《博选》篇"五至"说与《燕策》郭隗之言都是对《黄帝书·称》篇相同文义的引申,《天则》篇"以相奇御"节和《王铁》篇"天度数之而行"节引自《道法》篇,《泰鸿》篇"天明三以定一"节引自《经法·论》篇,《道端》篇"四面"节引自《十六经·立命》篇,《度万》篇"五正"节引自《十六经·五正》篇。⑥ 李氏预设,《鹖冠子》必晚于《黄帝书》,《黄帝书》成书年代可以稽考。但是今本《鹖冠子》是本杂乱之书,一些篇章文句所反映的思想观念、写作的年代较诸《黄帝书》可能更早,或者二者在材料和思想上有共同来源。⑦ 如此,不可仓促判断《鹖冠子》必晚于《黄帝书》。

戴卡琳通过对《王铁》篇引用《国策》《国语》的考证,认为《王

---

① 吴光:《黄老之学通论》,第 151~156 页。
② 传世文献鲜有记载《周氏涉笔》。据全卫敏《周氏〈涉笔〉考》(《古籍整理研究学刊》2007 年第 1 期)考证,此书全名《西麓涉笔》,成书于南宋中晚期,作者为周端朝。
③ 谭家健:《〈鹖冠子〉试论》,《江汉论坛》1986 年第 2 期,第 57~58 页。
④ 孙福喜:《〈鹖冠子〉研究》,第 33~35 页。
⑤ 如李轩《〈鹖冠子〉词汇研究》(西北师范大学硕士学位论文,2015)研究《鹖冠子》的单音词、复音词;韩影《〈鹖冠子〉文学性研究》(山东师范大学硕士学位论文,2016,第 49~78 页)研究《鹖冠子》的文体、文学风格;刘丽琴《〈鹖冠子〉单音节实词同义词研究》(四川师范大学硕士学位论文,2018)研究《鹖冠子》中名词、动词、形容词同义词关系。
⑥ 李学勤:《〈鹖冠子〉与两种帛书》,《道家文化研究》第 1 辑,第 338~342 页。
⑦ 大形徹「『鹖冠子』の成立」『大阪府立大学紀要』第 31 号、1983、15-19 頁。

铁》篇如果没有这些段落则与《鹖冠子》全书保持协调一致,这些段落不应是原作者自行采用的。她通过对《世兵》篇与《鹏鸟赋》的比较,发现两者表现的思想不同:前者信赖圣人,要参透变化过程,了解包罗万象的秩序;后者哀叹宇宙变化无端,不可预测。另外,两者都引用了《庄子》的不同篇章(《齐物论》《骈拇》《刻意》《秋水》《徐无鬼》《则阳》《列御寇》)。《世兵》篇确引用《鹏鸟赋》,但不是鹖冠子本人所引,而是后人将此段落掺入《鹖冠子》。①

有关《鹖冠子》的成书年代,学者基本上持两说。一说,成书于战国末迄秦楚之际,如吴光、② 葛瑞汉、③ 大形彻、④ 戴卡琳⑤;更进一步者,曹旅宁、丁原明、黄怀信认为成书于战国末期,⑥ 李学勤、孙福喜认为在焚书前。另一说,成书于汉代。如陈克明认为在汉初;⑦ 杜宝元认为在武、昭之间;⑧ 王葆玹从西汉尊崇太一的国家宗教祭祀制度出发,认为《泰鸿》《泰录》成篇于西汉;⑨ 陵骞认为在战国末期与西汉之间。⑩ 陈氏认为黄老思想在汉初才形成,且《鹖冠子》又鼓吹大一统。然黄老学自战国中晚期已蔚然壮观,先秦诸子如孟、荀、韩等早已倡一天下,故陈说不可信。杜氏以为《鹖冠子》多集往昔文献,然考《鹖冠子》意有同《黄帝书》《老子》者,此乃黄老学对自然、人文社会的共同看法。⑪ 不以思想为考察对象而以与其他文献文同、意同之处来推断成书年代,难免失之过疏。故两

---

① 〔比利时〕戴卡琳:《解读〈鹖冠子〉》,第47、56、57、66~76页。
② 吴光:《黄老之学通论》,第157页。
③ A. C. Graham, "A Neglected Pre-Han Philosophical Text: *Ho-kuan-tzu*," *Bulletin of the School of Oriental and African Studies*, Vol. 52, No. 3, 1989, p. 529.
④ 大形彻「『鹖冠子』の成立」『大阪府立大学紀要』第31号、1983、23页。
⑤ 〔比利时〕戴卡琳:《解读〈鹖冠子〉》,第33页。
⑥ 见曹旅宁《〈鹖冠子〉述评》,《青海师范大学学报》1988年第4期,第77页;丁原明《黄老学论纲》,第24页;黄怀信《〈鹖冠子〉源流诸问题》,《文献》2001年第4期,第39页。
⑦ 陈克明:《试论〈鹖冠子〉与黄老思想的关系》,《哲学史论丛》,第231页。
⑧ 杜宝元:《〈鹖冠子〉研究》,《中国历史文献研究集刊》第5集,第60页。
⑨ 王葆玹:《西汉国家宗教与黄老学派的宗教思想》,《道家文化研究》第2辑,上海:上海古籍出版社,1992,第202~205页。
⑩ 陵骞:《读书札记一则——从包山楚简看〈鹖冠子〉成书的时代特征》,2011年8月20日,简帛网,http://www.bsm.org.cn/show_article.php?id=1553。
⑪ Peerenboom, "Natural Law in the Huang-Lao Boshu," *Philosophy East & West*, Vol. 40, No. 3, 1990, pp. 170-172.

说中宜以前一说较近事实。

（五）《鹖冠子》版本与注释

关于版本方面，葛瑞汉指出：《道藏》本正文和注文有空格，《四部丛刊》本虽然承自宋版，但是已在这些空格上填上文字。① 戴卡琳发现《群书治要》（节录《博选》《著希》《世贤》三篇）首先为《鹖冠子》分篇标题，引文较诸其他版本为佳；《永乐大典》（收录《泰录》篇）只有"元"，没有"元气"一词，反而陆佃注常提及元气，所以"元气"两字应是后人注文混入正文的；《道藏》本年代早，对缺文保留原貌，但有时缺乏该有之字；《四部丛刊》本与《道藏》本在文字相异处多意通上下文理；《子汇》本的异文比《道藏》本和《四部丛刊》本的尤佳，《道藏》本和《子汇》本所依据的版本应是《鹖冠子》祖本的两个编纂本。② 傅增湘1929年公布贞观三年敦煌手写本首尾两页，发现今本《博选》篇"人有五至"一段乃"四稽"之注，是注文混入正文。又，该本不标篇名，全卷约当今本八篇半；有佚名注者，应为隋代以前人。③ 另，何凤奇、王洪生有关唐代《鹖冠子》残卷本的论文，阎文儒有关唐代残卷《道端》篇的材料，都有助于校勘。④

敦煌手写本的注应是《鹖冠子》最早的注本，而注解全书的首先应是宋代陆佃，⑤ 详参本书附录五。

三　研究进路

通过以上对《鹖冠子》研究的回顾，我们可以发现，为了真实而全面

---

① A. C. Graham, "A Neglected Pre-Han Philosophical Text: *Ho-kuan-tzu*," *Bulletin of the School of Oriental and African Studies*, Vol. 52, No. 3, 1989, p. 498.
② 〔比利时〕戴卡琳：《解读〈鹖冠子〉》，第85~106页。
③ 见傅增湘《跋唐人〈鹖冠子〉上卷卷子》，《国立北平图书馆月刊》第3卷第6号，1929，第719页；王重民《敦煌古籍叙录》，北京：商务印书馆，1958，第180~181页。
④ 见何凤奇、王洪生《唐人写本〈鹖冠子〉残卷跋》，《文献》1987年第4期，第162~171页；阎文儒《关于唐代残卷〈鹖冠子〉及其他》，《文献》1987年第4期，第172~174页。
⑤ Vittinghoff, H. "Lu Tien," *Sung Biographies*, 4 Vols., ed. by H. Franke, Wieshaden: Steiner Verlag, 1976, pp. 687–691；孙福喜：《〈鹖冠子〉研究》，第80~90页；黄怀信：《〈鹖冠子〉源流诸问题》，《文献》2001年第4期，第44页。

地反映《鹖冠子》的整体思想、各篇的内在联系、学派归属、成书时代,学者曾尽了努力:诺宜伯切尔(Neugebauer)将《鹖冠子》的文体分成六组讨论,但忽视了各组间文字、观念的联系;① 葛瑞汉指出《鹖冠子》中的三种"理想国",并依术语、避讳、观念把其中九篇分为三组讨论,② 但忽略了术语同而其内涵未必同,一些篇章很难用纯道家或法家的观点来简单概括,且有九篇没有讨论。③ 所以,本书首先将分篇考证其思想和成篇年代,进而综论《鹖冠子》全书的义理与成书背景,并分疏该书一些重要思想观念之内涵,如此,庶几可以还《鹖冠子》以真实面貌。其次,将《鹖冠子》与并时的各学派思想观念相比较,如此可见《鹖冠子》的思想、学派、时代、学术渊源、观念嬗变。关于分篇考证思想、成篇年代,屈万里考定今文《尚书》诸篇著成年代采取的思路——文辞风格、字义演变、古礼制度、地理与疆域观念、思想观念、地方物产、由袭用早期《尚书》篇章推其晚出等④——对本书考证《鹖冠子》各篇成篇年代很有启发。

如此研究,可使《鹖冠子》各篇的思想、成篇时代得以真实反映,对于一些篇章中的部分段落与其他文献有相同文句而引起的对《鹖冠子》真伪的争论,可以取得较客观的解释,解决由传统学者所提出的悬而未决的问题,并阐释这些文句在原书篇章中的作用。

通过把握《鹖冠子》的思想与成书年代,厘清其定位,并透过它和其他子书在一些重要思想观念上的比较,明确《鹖冠子》在思想史上的地位,可以丰富先秦、秦汉道家思想的内涵,了解战国末期迄汉初出现的百家融合的具体情况。

---

① A. C. Graham, "A Neglected Pre-Han Philosophical Text: *Ho-kuan-tzu*," *Bulletin of the School of Oriental and African Studies*, Vol. 52, No. 3, 1989, pp. 502 – 503.
② A. C. Graham, "A Neglected Pre-Han Philosophical Text: *Ho-kuan-tzu*," *Bulletin of the School of Oriental and African Studies*, Vol. 52, No. 3, 1989, pp. 518 – 530.
③ 〔比利时〕戴卡琳:《解读〈鹖冠子〉》,第47~57页。
④ 陈志峰《屈万里先生对今文〈尚书〉著成年代之考定——兼论对疑古思潮之继承与修正》(《台大中文学报》第53期,第20~38页)归纳有几种方法,很有参考价值。

上 编
分篇研究

第一章 "五至"等论及其与秦代思潮的关系

——《博选》篇研究

《博选》篇写成于秦代，盖文中"端神明者也"的"端"乃避秦皇政之讳。① 作者提出五至论，希望君主以不同态度、礼数等招揽、对待五种不同才能之士，并以建功立德为标准来考核他们；如能吸引前三种贤士，则君逸臣劳，君主卫精养神，臻列帝王。作者依德、才高低把人才分为五等，不同于孔儒依德、礼分等人和社会。作者提出的天道观包含自然天、理万物之情，颇为新颖。他指出人的本质乐生恶死，说法接近荀子、韩非。可见，本篇虽然写成于秦代，然而总结、深化战国以来有关师、友之说与帝道、王道、霸道关系论，深受黄老学影响。以下试就这些思想观念来阐释本篇的思想内涵，并论证其非伪作。

一 五至论

本篇开宗明义，提出："王铁非一世之器者，厚德隆俊也。"（1a/4）②

---

① 关于本篇成篇年代，明代学者从文风判断它是战国作品，朱养纯称赞它"笔意高妙，当是《国策》以上文字，郭隗似祖此言"，杨慎称誉它"联属精绝，为六国竞士先鞭"（皆载《子书二十八种》本，叶1a）。顺此，则本篇的成篇年代当比战国郭隗时更早，宜是战国早期作品。吴光认为本篇"端"字避秦皇政之讳，故写成于秦代（《黄老之学通论》，第157页）。刘殿爵《秦讳初探》对秦讳及秦代书籍避讳问题有详细深入的研究，可证吴说可靠（《中国文化研究所学报》第19卷，1988）。陈伟主编《秦简牍合集：释文注释修订本》根据出土秦简如周家台秦简、里耶秦简、岳麓书院藏秦简记载，说明秦始皇二十六年、二十七年及秦二世元年不用讳"正"字而用"论"（武汉：武汉大学出版社，2016，第2~3页）。又，《鹖冠子》有些篇章用"端"或"正"，要看这两个字的具体含意，才能判断是否为避秦讳。

② 本书引用《鹖冠子》原文根据影明刻本《子汇》本，随文标注。

说明君主治理天下之方,最重要的莫过于尊崇有德有才之士,而非一味专任法制。陆佃解云:"夫专任法制,不以厚德将之,欲以持久,难哉。"(1a/5)可谓深得篇旨。

那么,怎样才是有德有才者呢?本篇提出五至:"权人有五至:一曰伯己,二曰什己,三曰若己,四曰厮役,五曰徒隶。"(1a/6-7)从德、才两方面,依其高低把士分成五等,相信此五者会对治理国家发挥不同程度的作用。因其德、才不一,作者建议君主对他们采取不同的态度:

> 北面而事之,则伯己者至;先趋而后息,先问而后默,则什己者至;人趋己趋,则若己者至;凭几据杖,指麾而使,则厮役者至;乐嗟苦咄,则徒隶之人至矣。(1b/5-9)

其一,君主对待五者的态度不同,可以反映出君主之贤愚,对国家是否有强烈的责任感。不同的君主对五者在富国强兵、称王立统的事业上所发挥的作用有不同程度的认识,故以不同的方式任用五者,治理成效也自然有别:"帝者与师处,王者与友处,亡主与徒处。"(1b/10-2a/1)这里首先把君主分成三种:帝者、王者、亡主。

其二,强调君主对五者的态度不同,关系到国家兴亡。国家兴亡系于君主对人才的态度:君主重贤则可一统天下,为帝为王;相反则为亡国之主。可见,五者对于治国发挥不同程度的作用,前三者有益于富国强兵,后两者则使国将不国。因此,五至论是希望明君重用前三者,疏远后两者,最多视他们为奴役即可,不要让他们参与政事,以免贻害无穷。只有重用前三者,才能国富兵强,一统天下。帝道、王道、霸道联提是战国思想的一个特征。[1]这里提及帝者、王者、亡主,理当涉及帝道、王道、霸道,而本篇没有论及霸道,可能是此时秦已统一天下,不必再提。

其三,要求君主重视士,强调士在政治上的重要性,这也是战国社会的一大特色。先秦之士多以道统传者自居,与以政统代表的君主相抗衡,并努力和王侯之间保持师友而非君臣的关系。[2]因此,作者提出"伯己"

---

[1] 胡家聪:《管子新探》,北京:中国社会科学出版社,1995,第12页。
[2] 余英时:《士与中国文化》,上海:上海人民出版社,1987,第51~68、103~104页。

"什己""若己",是把他们当成君主的师、友,强调作为师、友的士对君主治政起着不可替代的作用。敦煌本注云:"师可以潜移默化,养成帝德;友可以拾遗补阙,匡其王业。"① 可见士在君主称雄天下的过程中起着极其重要的作用。可见,本篇之"王鈇"旨在强调君主重用贤能,与《王鈇》篇所说的有所不同。②

本篇与《燕策》有相同记载,故学者指责它抄袭《燕策》而断其为伪书。③ 其实先秦至西汉的文献如《吴子·图国》、《黄帝书·称》、《国策·燕策》、《荀子·尧问》、《文子》之《道德》《微明》、《吕氏春秋·骄恣》、《韩诗外传》、《贾子·官人》及《说苑·君道》等都有相同或相近的记载,兹据此等材料略加说明,以证本篇非伪作,且五至论渊源有自。

首先是《战国策》。《燕策》记燕昭王(前311~前279年在位)为报齐国破燕杀父之仇,师事郭隗。郭氏说:"帝者与师处,王者与友处,霸者与臣处,亡国与役处。诎指而事之,北面而受学,则百己者至;先趋而后息,先问而后嘿,则什己者至;人趋己趋,则若己者至;冯几据杖,眄视指使,则厮役者之人至。若恣睢奋击,呴籍叱咄,则徒隶之人至矣。此古服道致士之法也。"④ 燕王听从郭氏之见,广开言路,尊贤使能,二十八年(前284)派乐毅率兵攻下齐国七十余城,仅遗莒、即墨,一雪父仇。可见燕王采纳此说以治国,的确有助于兴邦强兵。此段所记基本上与《博选》篇相同,不同者在于《燕策》说"霸者与臣处,亡国与役处","霸者"为《博选》篇所无。又"亡国与役处",《博选》篇说是"亡国与徒处",徒、役都是地位低下的被统治阶层。⑤《燕策》说这是"古服道致士之法",说明以不同方法罗致不同人士是自古以来的"服道"者所用之方。易言之,此法自古已有,非郭氏也非《博选》篇首倡。

服道致士之方,可上溯到商代仲虺。伪古文尚书《仲虺之诰》记仲虺劝谏成汤:"能自得师者王,谓人莫己若者亡。"⑥ 意思是成汤若能找到贤

---

① 傅增湘:《跋唐人〈鹖冠子〉上卷卷子》,《国立北平图书馆月刊》第3卷第6号,1929,第720页。
② 见本书附录二。
③ 王应麟著,翁元圻注《困学纪闻》,第905页。
④ 张清常、王延栋:《战国策笺注》,天津:南开大学出版社,1993,第777页。
⑤ 裘锡圭:《古代文史研究新探》,南京:江苏古籍出版社,1992,第400~401页。
⑥ 王弼注,孔颖达疏《周易正义》,北京:北京大学出版社,1999,第198页。

能，并事之为师，就能称王，一统天下；若自以为是，目空一切，商就会灭亡。仲虺是劝告成汤谦卑治理从夏桀手中取来的天下，有谦则成、骄则败之意。仲虺认为汤能得到贤士的帮助，一统天下便没有问题。看来，君主求贤与一统天下有密切的关系，贤能之士对君主一统天下有着重要作用。《仲虺之诰》虽是伪古文篇章，然先秦文献如《左传》《墨子》《荀子》等引用仲虺之言与"仲虺之志""仲虺之诰"共八次。① 可见，仲虺所说的师贤为王，应是事实。

其后吴起有进一步的看法。《吴子·图国》篇记吴起对魏武侯说，以前楚庄王（前613～前591年在位）担忧臣下没有比他高明的，希望得到贤人辅佐，"能得其师者王，能得其友者霸"。② 得师长之教，则可称王；得良友之佐，则可称霸。此句若诚为楚庄王所言，则王、霸之别春秋时已有之。然春秋人也重德、礼、刑之殊，如《左传》僖公二年记苍葛告晋文公曰："德以柔中国，刑以威四夷。"③ 成公九年记季文子告范文子云："德则不竞，焉盟何为？"④ 这都是小国对盟主国的告诫。春秋晚期，晋叔向在弭兵之盟时对赵文子说："夫霸王之势，在德不在先歃。"⑤ 重德重礼乃春秋时人之重要观念。⑥ 得师则王、得友则霸的观念，至战国时期才进一步得到发展。

写于战国初期的《黄帝书·称》篇⑦云："帝者臣，名臣，其实师也。王者臣，名臣，其实友也。霸者臣，名臣，其实[宾也。危者]臣，名臣，其实庸也。亡者臣，名臣，其实虏也。"⑧《称》篇此节偏重说明五种臣的不同级别，其次序先后为帝者之师、王者之友、霸者之宾、危者之庸、亡者之虏。庸、虏地位低下，为统治者服各种劳役，⑨ 与师、友的地

---

① 见刘起釪《尚书学史》，北京：中华书局，1989，第26～27页；陈梦家《尚书通论》，石家庄：河北教育出版社，2000，第14页。
② 李硕之、王式金：《吴子浅说》，北京：解放军出版社，1986，第59页。
③ 杨伯峻：《春秋左传注》，北京：中华书局，1981，第434页。
④ 杨伯峻：《春秋左传注》，第842页。
⑤ 《国语》，上海：上海古籍出版社，1978，第466页。
⑥ 小倉芳彦『中国古代政治思想研究：「左伝」研究ノート』青木書店、1970、64頁。
⑦ 唐兰《马王堆出土〈老子〉乙本卷前古佚书的研究——兼论其与汉初儒法斗争的关系》（《考古学报》1975年第1期）认为《黄帝书》成书于公元前400年。
⑧ 余明光：《黄帝四经与黄老思想》，哈尔滨：黑龙江人民出版社，1989，第322页。
⑨ 裘锡圭：《古代文史研究新探》，第369页。

位有天渊之别。这里可能有如此意涵：帝之师向君主出谋献策，使他成为帝（有帝道之君）；王之友辅佐君主，使他成为有王道之君；而亡臣无益于君，应斥其为虏。又此节把君主分成五种。该篇离楚庄王之言近两百年。

那么，郭隗所说服道云云，离《称》篇约百年，且偏重阐述君主重用贤士以期收到强国之效，内容重点与《称》篇有别而与《博选》篇意同，盖此两篇时代相近，学风已与《称》时有异。或谓《称》《燕策》《博选》乃对庄王所言之发挥，亦未尝不可。它们有共同的思想来源。①

战国末期，荀子后学在《荀子·尧问》② 中所言与《吴子·图国》基本相同："诸侯自为得师者王，得友者霸，得疑者存，自为谋而莫己若者亡。"③ 诸侯得师之助可为王，得友之助可称霸，自己能决疑可自存，自为谋划而左右没有比得上自己的则国家会灭亡。这里没有把亡臣说成是徒役。事实上，荀子也根据君主治理国家的不同政策，把国家分成王、霸、安存、危殆、灭亡五种。《荀子·王制》篇说："此五等者，不可不善择也，王、霸、安存、危殆、灭亡之具也。"④ 荀子就君主治政而使国家有不同的境况而论，没有就君主用五种不同人才而使国家有不同效果而论。这种看法受五至论影响，只是没有直接论及君主用人。

《文子》应写成于《老子》之后，因为该书不断引用、阐释《老子》文句。《老子》当写成于战国中晚期，与荀子年代相当，⑤ 则《文子》当

---

① 大形徹「『鶡冠子』の成立」『大阪府立大学紀要』第 31 号、1983、17 頁。
② 《荀子》并非全由荀子亲撰，张西堂《荀子真伪考》认为《大略》以下六篇晚出，宜是汉儒所采录之词（台北：明文书局，1994，第 138~151 页）。王先谦《荀子集解》认为，《大略》《宥坐》是荀子弟子集录荀卿之语（北京：中华书局，1988，第 485 页）。事实上，《大略》《宥坐》《子道》《法行》《哀公》《尧问》这六篇没有明言荀子之言行，当是荀子后学撰写。这较合古书通例。
③ 王先谦：《荀子集解》，第 548 页。
④ 王先谦：《荀子集解》，第 174 页。
⑤ 《老子》有几个不同版本，一是郭店简本，二是长沙马王堆帛书甲本、乙本，三是北大汉简本，四是通行本。郭店简本应是现存最早版本。笔者赞成《老子》文本经历了由简至繁的发展过程，通行本五千言最晚形成。见晁福林《论老子思想的历史发展》，《孔子研究》2002 年第 1 期；罗浩（Harold D. Roth）《郭店〈老子〉对文研究的方法论问题》，载〔美〕艾兰（Sarah Allan）、〔美〕魏克彬（Crispin Williams）原编《郭店老子——东西方学者的对话》，邢文编译，北京：学苑出版社，2002，第 80 页。另，通行本《老子》的成书年代应比《庄子》晚，见钱穆《庄老通辨》，台北：东大图书股份有限公司，1991，第 21~112 页。

写成于秦统一之前的战国末期。《道德》篇说："夫道者，小行之小得福，大行之大得福，尽行之天下服。服则怀之。故帝者天下之适也，王者天下之往也，天下不适不往，不可谓帝王。"① 该篇之"帝""王"应是同实异辞。《微明》篇指出："五帝贵德，三王用义，五伯任力。"该篇融合儒、道之说，"仁者人之所慕也，义者人之所高也。为人所慕，为人所高，或身死国亡者，不同于时也。故知义而不知世权者，不达于道也。"② 可见，该篇欣赏仁、义，但认为"道"比仁、义还高。作者以德、义、力来评定五帝、三王、五伯不同行事的性质：五帝以德治，是最理想帝王；其次三王以仁义治天下；最下五伯用武力。该篇又明确指出帝王、霸王、危国、治国、乱国、存国、亡国之别："帝王富其民，霸王富其地，危国富其吏，治国若不足，乱国若有余，存国困仓实，亡国困仓虚。"③ 这里提出国家的七种不同状态，此七分法可能受到《荀子·王制》五等分法影响。值得注意的是，这里只提帝、霸，而不分帝、王、霸，已具有强烈的战国色彩。④

《吕氏春秋·骄恣》篇说是李悝而非吴起谏魏武侯勿因谋事而当就自骄。李氏说，往昔楚庄王谋事而当，因臣下才能不如己而忧心忡忡，并说他自己听过仲虺之言"诸侯之德，能自为取师者王，能自取友者存，其所择而莫如己者亡"。⑤ 那么，楚庄王所说王霸之言又有前承了。

另，《吕氏春秋·观世》篇记周公旦曰："不如吾者，吾不与处，累我者也；与我齐者，吾不与处，无益我者也。惟贤者必与贤于己者处。"⑥ 最后一句陈奇猷解为"虽周公为贤者必与贤于己者处"，⑦ 很有道理。周公一向重视贤能，求贤若渴，深知贤人对巩固周王朝有重大的作用，《荀子·尧问》《史记·鲁世家》《说苑·敬慎》这三篇都强调周公既重用贤能，唯恐失去人才，又劝勉自己勿骄勿纵，对人不可骄慢。周公是大贤，一方

---

① 王利器：《文子疏义》，北京：中华书局，2000，第 219 页。
② 王利器：《文子疏义》，第 326 页。
③ 王利器：《文子疏义》，第 336 页。
④ 战国初期是争霸的局面，当时推崇霸业。后来六国称王，否定了周王独尊的共主地位。战国晚期合纵连横，齐、秦称帝，王的称号已不重要。见徐中舒《先秦史论稿》，成都：巴蜀书社，1992，第 224~266 页。
⑤ 陈奇猷：《吕氏春秋校释》，上海：学林出版社，1984，第 1404 页。
⑥ 陈奇猷：《吕氏春秋校释》，第 958 页。
⑦ 陈奇猷：《吕氏春秋校释》，第 962 页。

面希望多与比自己贤能的人相处,以不断提高自身;另一方面相信每个人各有专长,要慎择、举用他们,而不是因他们整体不如自己而慢易他们。① 否则,他何必"一沐三捉发,一饭三吐哺,起以待士,犹恐失天下之贤人"?(《鲁世家》)另外,《观世》篇强调不重用贤能,就会出现"王者不四,霸者不六,亡国相望"的结果;反之,就会出现"周之所封四百余,服国八百余""主贤世治,则贤者在上"的治境。② 这种看法隐含着"帝道、王道、霸道"之说。

到了汉代,韩婴、陆贾、贾谊、刘向仍继承此说。《韩诗外传》和《说苑》采缀前代同朝之言行,《外传》卷六依君主闻道术先后、闻道与否将其分为先生、后生、不生三种。韩婴称赞楚庄王能以臣下见解不如自己而担忧没有贤佐治国。庄王云:"能自取师者王,能自取友者霸,而与居不若其身者亡。"③ 此处强调王、霸之别在于君主得师还是得友。楚庄王说亡主是因他常和才德不如己的人在一起,居不处仁,故自取灭亡,这和本篇大意相同。《说苑·君道》篇所记基本上与《称》篇相同。④

陆贾《新语·辅政》也有相似的看法:"故杖圣者帝,杖贤者王,杖仁者霸,杖义者强,杖谗者灭,杖贼者亡。"⑤ 君主若重用圣人,则可以称帝;若重用贤者,则可以称王;若重用仁者,则可以称霸。可见陆氏认为,君主重用不同的人才,其统治天下的境界也就不同。他虽然没有说师友,但内涵与师友基本相同。

《贾子·官人》篇说君主对待不同德、才之士,礼节不同,指出官人有六等,即师、友、大臣、左右、侍御、厮役。君主待他们的礼节不同,则"与师为国者帝,与友为国者王,与大臣为国者伯,与左右为国者强,

---

① 杨兆贵:《先秦思想总结视域下的周公形象——论〈吕氏春秋〉对周公的评论》,《天中学刊》2019年第5期。
② 陈奇猷:《吕氏春秋校释》,第958页。
③ 魏达纯:《韩诗外传译注》,长春:东北师范大学出版社,1993,第208页。
④ 《说苑·君道》篇记燕昭王问郭隗,郭氏回答有关"帝者之臣,其名臣也,其实师也"云云和《称》篇相同,并指出燕王应以不同的态度招徕四至者(厮役、人臣、朋友、师傅),这样"上可以王,下可以霸"。燕王采纳郭氏建言,于是苏代、邹衍、乐毅、屈景来襄助,终于以弱燕打败强齐(刘向撰,向宗鲁校证《说苑校证》,北京:中华书局,1987,第16~17页)。
⑤ 王利器:《新语校注》,北京:中华书局,1986,第51页。

与侍御为国者若存若亡，与厮役为国者亡可立待也"。① 贾谊是在西汉大一统时代提出这种看法，其目的是改变起自草昧的汉帝对大臣的态度，让君王礼重大臣。这是他论政的一大贡献。② 由此看来，陆贾、贾谊提出帝、王、霸等，宜是继承先秦遗说。盖汉已是大一统之国，没有战国所谓王、霸之分，其所说帝、王之别是就国家统治达到不同理想阶段而言。

陆贾、韩婴、贾谊、刘向身处炎汉，仍强调师、友对君主治国的重要性，正说明这一观念为先秦秦汉思想家所重视，认为无论在分裂时代抑或是统一时期，它都具有重要的价值。又，此观念已为儒、道两家共同承认，③ 则《博选》篇强调此说，也属情理之事。

可见，自春秋迄秦汉，儒、道两家都相当肯定士在辅佐君主一统天下、建立王业的过程中所做出的贡献。他们把君主统治天下所能达到的境界，依其高低，分成帝、王、霸、亡主数等；依德、才高下把士人分成师、友、徒、隶数等。这种看法可以追溯到春秋德、礼、刑之殊说，并为诸子传承，成为彼时士人政论的一大特色。与此有密切关系的是，战国之际，各国力求一统天下，诸子提出帝道、王道、霸道说，两者相呼应。唯各学派的主张各有偏重，或强调君主重用师友，或强调师友之实际内涵。《博选》篇所提五至论则属于前者。可见，《博选》篇深受战国诸子帝、王说的影响。

二　功德赏罚与君逸臣劳论

本篇言："计功而偿，权德而言，王铁在此，孰能使营？"（2a/8）主张以功、德作为选拔臣下的两个重要手段，依功奖赏即开篇所云"程俊"，权德即"序德"。④ 这是君主考核臣下的方法，和商君、韩非只以功论奖甚

---

① 贾谊撰，阎振益、钟夏校注《新书校注》，北京：中华书局，2000，第292～293页。
② 钱穆：《国史大纲》，第143页。
③ 上博简《民之父母》、《礼记·孔子闲居》、《孔子家语·论礼》都提到"五至"，其内涵与《博选》篇不同：《民之父母》《孔子闲居》的"五至"都指物至、志至、礼至、乐至、哀至；《论礼》的"五至"指志至、《诗》至、礼至、乐至、哀至。可见，儒、道两家有相同的哲学用语，但内涵不同。
④ 参张金城《鹖冠子笺疏》，《国文研究所集刊》第19期，1975，第8页。

至重视严刑酷法以禁奸之说不同,① 和荀子主张君主以礼义提擢那些"积文学、正身行、能属于礼义"之贤能的看法也不同,② 而和黄老学重刑德之见相近。《黄帝书·十六经·观》篇云:"刑德皇皇,日月相望,以明其当。"③ 刑、德乃如日、月一样相依相随相照耀,缺一不可,两者相辅相成,且德治重于刑治,先德次刑。"先德后刑,顺于天","先德后刑以养生",盖"春夏为德,秋冬为刑",④ 春夏在前,秋冬在后,则治理国家也应先德后刑,先以道德来教化百姓,次则以刑罚惩治百姓。可见,《博选》篇重刑德的思想与《黄帝书》相近。

《博选》篇没有提出选贤任能的具体方法,只提出大原则而已。相对而言,《管子·立政》篇详细论述了选贤方法。它提出用贤标准:"一曰德不当其位,二曰功不当其禄,三曰能不当其官。"认为德与位、功与禄、能与官必相符合,易言之,名实须相副。《立政》篇从名实相合的角度来讨论贤人之德行、功绩、才能,较《博选》篇多了才能一项。另外,《立政》篇提出选贤任能要"贵其爵服,重其禄赏"和实行考核、重赏严刑。⑤

先秦黄老学派主张君主重用贤能,既要委以权力,又要时加考察,分清君臣的职责,这样才能做到君尊臣卑、君逸臣劳。《管子》的政论就主张如此。⑥《黄帝书》也有相同的看法,《经法》云:"执道者之观于天下也,无执也,无处也,无为也,无私也。"⑦ 所谓无为,是君主不需有任何私见,只要在既定的统治秩序下尽其职分,以刑名为尺度来统治即可。慎子对君逸臣劳阐述较详,《慎子·民杂》篇云:"大君不择其下,故足;不择其下,则易为下矣;易为下则莫不容,莫不容故多下;多下之谓太上。君臣之道:臣事事而君无事,君逸乐而臣任劳,臣尽智力以善其事,而君无与焉,仰成而已,故事无不治,治之正道也。"⑧ 慎子认为最贤明的君主

---

① 两者严刑、以刑去刑论,见郭沫若《十批判书》,第 339、396~398 页。
② 荀子尚贤论,见韦政通《荀子与古代哲学》,台北:台湾商务印书馆,1992,第 103~108 页。
③ 余明光:《黄帝四经与黄老思想》,第 284 页。
④ 余明光:《黄帝四经与黄老思想》,第 284 页。
⑤ 有关《鹖冠子》与《管子》的关系,详本书附录一。
⑥ 胡家聪:《管子新探》,第 100~101 页。
⑦ 余明光:《黄帝四经与黄老思想》,第 241 页。
⑧《慎子》,钱熙祚校,《诸子集成》第 5 册,北京:中华书局,1954,第 3~4 页。

要对臣下兼容并蓄，任用不同贤能，这样贤臣襄成大事，而君主不用事事劳心费神，为琐事所困扰，只需责成臣下成事即可，如此君逸臣劳。慎子没有明确提出名实相副之见，但应也有这样的意涵。《庄子·在宥》篇亦有相同看法："无为而尊者，天道也；有为而累者，人道也。主者，天道也；臣者，人道也。"① 特别推尊无为之天道，而不屑有为之人道，说两者"相去远矣"，其尊无为主道，亦有为臣道之见，较其他诸子尤甚。

《博选》篇同样强调君逸臣劳："君也者，端神明者也。"（1b/1）陆佃注"因人则逸，任己则劳"（1b/2），"无为而尊"（1b/1），其意君主无为而臣有为，君逸臣劳，如此君主的精神旺盛，养尊处优。这种看法和《管子》、慎子论君臣关系相同。② 反观孔儒论政，强调君主必用心政事，孔子告子路必"先之劳之"，益以无倦（《论语·子路》），正说明孔儒强调君主应有表率群伦而为国为民呕心沥血的风范，这和本篇政论也殊异。

综上，本篇主张君主以功、德来考核臣下，重用贤能，君逸臣劳，这些看法和孔孟有别，而富有黄老学色彩，尤其是和《黄帝书》《管子》一些篇章、慎子的君臣关系论有相同之处。

三　天论、人性论

本篇云："道凡四稽：一曰天，二曰地，三曰人，四曰命。"（1a/5-6）吴世拱认为此道乃王钺之道，即厚德之王道。此见恐不合原意。盖本篇谓道之可稽考在于天、地、人、命四者，并解释四者之内涵："所谓天者，物理情者也。所谓地者，常弗去者也。所谓人者，恶死乐生者也。所谓命者，靡不在君者也。"（1a/8-1b/1）这里不仅提出天地人三才观，而且把命视为与此三才同样重要的概念，可见作者对君命的重视，主张巩固君权。③ 三才

---

① 王先谦：《庄子集解》，北京：中华书局，1987，第98页。
② A. C. Graham, "A Neglected Pre-Han Philosophical Text: Ho-kuan-tzu," Bulletin of the School of Oriental and African Studies, Vol. 52, No. 3, 1989, p. 520.
③ 《鹖冠子》的《天则》《道端》两篇也强调巩固君权。《天则》篇认为君主要顺应天道，文武并用，尊重民智，亲贤远小，如此能防止君权旁落。《道端》篇主张君主任用儒家各种专才，可巩固君权。这两篇都强调君主修身进德，德化天下。《天则》篇富于道家色彩，然言巩固君权之意甚至较《博选》篇为详；《道端》篇为儒家作品。有关这两篇具体内容的研究，详本书第三章、第四章。

观在战国中期已蔚然成风，《黄帝书·经法·六分》、《管子》中的《宙合》《五辅》《内业》、《荀子·天论》、《易传》和《中庸》等皆有论述。以下分析本篇的天论与人性论。

(一) 天论

本篇云："天者，物理情者也。"（1a/8）学者有不同解释：吴世拱认为天乃能理顺物情，使万物各正性命者；张纯一认为天赋给物、理、情三者。[①] 此句敦煌本作"物理有情者"，《群书治要》作"理物情者也"。鄙意《群书治要》是唐代版本，最接近原意，当从此本。

先秦诸子对天的看法，或指其内涵为自然法则、自然界，或以之为人类文化、行为、制度的最终理论根源。[②] 诸子所言之物有几种含义：与心相对的身体或人形，人以外的周围环境和物质，等等。诸子很少言及"物情"或"物之情"，即使有，也多将天与"物情"分开。[③] 本篇说"天理物情"，是对天论的创见。天不只包括了自然天的运行规律，而且包括了总理万物之情。若情包含人情，则天包含了自然天、人情等方面；若情乃指物的本质，则天包括了自然天与万物之理。就思想观念发展而言，本篇的天论继承和总结了先秦儒、道两家的天论，并提出了新的看法。天已包括了宇宙万物，人类也不出其外。这样，天的地位比以前诸子所言更高。作者把天当成人类命运、政治理论的形上根据，则天与政治具有更大的权威性。

(二) 人性论

本篇云："所谓人者，恶死乐生者也。"（1a/10）强调人追求长寿。这一说法和《王铁》篇基本相同。《王铁》篇说："虎狼杀人……所欲同也。"（32a/6－8）该篇记鹖冠子之言，反映鹖冠子思想。鹖冠子认为人性自古相同，趋吉利避凶害。

---

① 参张金城《鹖冠子笺疏》，《国文研究所集刊》第19期，1975，第5页。
② 傅佩荣：《儒道天论发微》，台北：学生书局，1985，第27~147、218~261页。
③ 诸子很少提及"物情"一词，唯《列子·黄帝》篇"备知万物情态"、《管子·戒》篇"心不动，使四肢耳目，而万物情"。另，诸子提到"物之情"的，有《庄子·大宗师》篇"人之有所不得与，皆物之情也"、《在宥》篇"乱天之经，逆物之情"、《吕氏春秋·大乐》篇"是以知万物之情"、《正名》篇"足以知物之情、人之所获以生而已矣"，等等。凡"物情"或"物之情"皆指事物的本质。

本篇和孔孟强调杀身成仁不同，和庄子强调养生而不追求长生也有异，和荀子言性恶亦有差别。荀子从两个层次来论"性"。一层则性乃天生，是纯生理的需求，"性者，天之就也"（《荀子·性恶》），"不事而自然，谓之性"（《荀子·正名》），这里的"性"没有善恶之分；另一层是恶，乃由自然之性流出而不加节制，为恶的关键是其全由"顺是"所致："今人之性，生而有好利焉，顺是，故争夺生，而辞让亡焉；生而有疾恶焉，顺是，故残贼生，而忠信亡焉。"① "顺是"是顺自然之情而不以礼乐法度节制。荀子认为人性好利欲得，本篇认为人恶死乐生，两者可谓有相通处：要乐生恶死，必须能得到利、餍所欲，这样才会满足人的基本需求，才会认为生活下去有意义。唯荀子强调人性好利，并主张以礼乐治人性之恶，而本篇强调人性乐生，不必非要礼乐，所以希望君主治国要保持精神旺盛，这是两者的差别。

本篇的人性论和韩非的看法较近。韩非认为人"有生之实，有生之名"（《韩非子·八经》），有求生存的本能，而要求生存，先求保有自然生命（有生），进而求此生命的延续（养生）。② 继而，韩非揭露人性丑恶一面：人为了有生、养生，就放纵其性，凡有利于此则无所不为，不利于此则避之大吉。因此，人性具有全然求自利而罔顾他利的功利性，其表现为重利、好名、爱赏、喜威势、求安利，为避免危害而不择手段，为求得自保而千方百计避开刑罚，因此人只有自利心而没有利人之心。③ 韩非把一切人看成坏蛋，④ 视人性为一种只求自存的动物性。本篇不像韩非从反面揭露人性之恶，只是以客观的态度来说明人性乐生恶死。

可见，本篇言人性与孔、孟、庄不同，而与荀子、韩非的看法有相通处，但是不像韩非那样主张人性极恶。

四 《博选》篇与《吕氏春秋》的关系

通过上文论述，可知本篇提出五至论，主张君逸臣劳，强调刑德并

---

① 王先谦：《荀子集解》，第434页。
② 陈奇猷：《韩非子集释》，台北：世界书局，1991，第1028页。
③ 详细内容可参《韩非子》之《八经》《二柄》《奸劫弑臣》《亡征》《备内》《五蠹》诸篇。
④ 郭沫若：《十批判书》，第390页。

用，包含战国以来黄老学的政治思想，反映出战国思想文化的特色。本篇写作于秦代，这些思想与成书于秦代的《吕氏春秋》颇有相合处。以下简略论述《吕氏春秋》相关的观念。

（一）君逸臣劳说

《吕氏春秋·任数》篇云："古之王者，其所为少，其所因多。因者，君术也；为者，臣道也。"① 《任数》篇是尹文学派作品，主张君主用君术治国，以因循为用，不自我创作经式，而臣子则躬劳。儒家漆雕学派《士节》篇也强调："贤主劳于求人，而佚于治事。"② 贤主最重要的是求贤才以辅佐治国，而非斤斤于事务。《当染》篇亦言："古之善为君者，劳于论人，而佚于官事……不能为君者，伤形费神，愁心劳耳目，国愈危，身愈辱，不知要故也。"③ 若事无大小，君主皆亲躬过问，如此，不仅不能治理好国家，反而形劳心瘁，适得其反。这些学派的看法都和《博选》篇相同。可见，秦初儒、道、法皆有主张君逸臣劳者。

（二）以德刑警治国论

《吕氏春秋·慎小》篇曰："赏罚信乎民，何事而不成？"④ 认为只要君主能赏罚公正，取信于民，以后自能命行禁止，襄成其事。《用民》篇从民众的欲望出发阐明得民用民之道："为民纪纲者何也？欲也，恶也。何欲何恶？欲荣利，恶辱害。辱害所以为罚充也，荣利所以为赏实也。赏赐皆有充实，则民无不用矣。"⑤ 一般民众都爱好荣誉利益，厌恶侮辱灾害。如果赏赐能使民众得到荣利，惩罚能使他们深感辱害，那么，以赏罚为统治的两大措施，自能得民心，从而驱使他们。

《吕氏春秋》也继承春秋战国儒、道思想，主张刑赏并重，文武兼用。郭沫若认为吕不韦的政见，如官天下、君主任贤、重儒道轻法墨、疾学尊师，皆与秦始皇相悖，⑥ 两人思想的迥异导致吕不韦最终被诛。那么，《博选》篇和《吕氏春秋》有相同的看法，是否也对秦皇有讽谏之意？我们无

---

① 陈奇猷：《吕氏春秋校释》，第1066页。
② 陈奇猷：《吕氏春秋校释》，第623页。
③ 陈奇猷：《吕氏春秋校释》，第96页。
④ 陈奇猷：《吕氏春秋校释》，第1681页。
⑤ 陈奇猷：《吕氏春秋校释》，第1271页。
⑥ 郭沫若：《十批判书》，第432~482页。

从得知，但可知二者都继承战国以来百家达成的治政共识，而为君主施政提供参考意见，可惜均未为秦皇所用。

结　论

通过以上对本篇五至论、德刑论、君逸臣劳论、天论、人性论等的分析，并将之和战国以来诸子相关观点进行比较，可判定本篇属于黄老学。其五至论颇具特色，理论源远流长，且为儒、道两家的共识；其天论在战国末期的天道论中亦别具一格。陈伟根据出土秦简如周家台秦简、里耶秦简、岳麓书院藏秦简记载，论证秦始皇二十六年（前221）、二十七年及秦二世元年（前209）不用讳"正"而用"论"，[①] 那么本篇应写于秦始皇二十八年至他逝世期间（前219～前210）。

---

① 陈伟主编《秦简牍合集：释文注释修订本》，序，第2～3页。

第二章 儒士处乱世，绝豫无由
——《著希》篇研究

《著希》篇写成于秦代，盖本篇"端倚有位"（2b/4）的"端"本字为"正"，避秦皇政之讳而改。本篇主要哀叹贤人处乱世之不得已与悲哀。本章先略论贤人处乱世之孤苦无助，进而论儒者如何处世，最后探讨本篇的写作背景。

一 贤人处乱世

本篇曰："贤者之于乱世也，绝豫而无由通，异类而无以告，苦乎哉！"（3a/6－7）贤人处于乱世，在其位而不能陈其言，谋其政而不得君主重用，没有途径向君主陈诉，不得酬其志，深感痛苦。同时，没有志同道合的良朋，更遑论有知己推心置腹、肝胆相照，身边只有一些志行迥异的小人，如何能心心相印？小到身边没有良朋知己，大到国家政治昏乱，贤人退不能独善其身，进不能兼善天下，其心情之抑郁苦闷、孤清无助，不言而喻。

乱世是怎样的呢？作者说："贤人之潜乱世也，上有随君，下无直辞，君有骄行，民多讳言。故人乖其诚能，士隐其实情，心虽不说，弗敢不誉。"（3a/7－9）贤人生逢乱世，因为上有惰君，[1] 最好潜而勿见，韬光养晦，勿耀光华。戴卡琳指出，惰君缺乏对人性的洞察，不能分辨贤愚，会导致政治混乱。[2] 此君骄矜傲慢，自以为是，把政治权威凌驾于一切之

---

[1] 随君之"随"本字为"隋"，又作"惰"，《方言》卷一三："惰，易也。"则隋君即惰君，慢易之君（参张金城《鹖冠子笺疏》，《国文研究所集刊》第19期，1975，第10～11页）。

[2] 〔比利时〕戴卡琳：《解读〈鹖冠子〉》，第124页。

上。假如臣民不接受，那么，他会使用一些卑鄙的手段，如侮辱他们的人格。以此方法钳制臣民，有时较诸用严刑峻法更有效，更伤害臣民之尊严。所以，此君即使并非暴君，但是善用心术，视臣民为牛马，供其驱用。

君主不辨贤愚，这种弱点易被小人利用。他们对君主阿媚奉承，对贤人则攻击诋毁、罗织罪名，以巩固他们在朝廷的势力。如此，贤人上无明君，下有小人，如何能有所作为？久而久之，连一般臣民也对君主"乖其诚能""隐其实情"矣。臣民既不能一展才能，开诚布公，还要以君主之是非为是非，并加以称誉。如此，是非颠倒，黑白不分，这是多么混浊、多么黑暗的世界啊！

贤人若不随波逐流，就不能苟全于乱世。"事业虽弗善，不敢不力；趋舍虽不合，不敢弗从！"（3b/1-2）明知所从之事不善，仍不能不尽力；明知自己的是非标准与时君小人不同，表面上仍需迎合他们。作者说："故观贤人之于乱世也，其慎勿以为定情也。"（3b/3-4）陆佃解："凡此所为，乱群焉耳，姑以远害而已，岂真同也哉！"（3b/4-5）多么可悲！

为了生存，贤人不能不昧着良心做事，这种世界——是非混淆、善恶不分——连一个隐居以保其性情之真的机会也没有。此乱世的本质是这样的：

> 夫乱世者以粗智为造意，以中险为道，以利为情。若不相与同恶则不能相亲，相与同恶则有相憎。说者言仁则以为诬，发于义则以为夸，平心而直告之则有弗信。（3a/2-5）

说到底，昏君佞臣根本不知造化的精微深意，偏偏以管窥天，实际上悖天行事！本篇言"道有稽"，敦煌本注："远稽古道，则道不偏。"[①] 即劝君主若能稽察古道，以此为行事的准绳，而不是只凭一己私意，以粗智妄测天道。另外，昏君佞臣"以中险为道"，"中"疑为衍文，此即《老子》第53章"大道甚夷而民好径"之意。他们不能依循中道行事，而是

[①] 傅增湘：《跋唐人〈鹖冠子〉上卷卷子》，《国立北平图书馆月刊》第3卷第6号，1929，第720页。

以险为道，① 利欲熏心，把好利当成人情，把交往建立在私利之上。这是他们对人之性情的严重误解。他们要求朋党同而不和，完全抹杀个人的性情，而丧失个性。即使大家有共同的好恶，但是为利势所迫，所以不能相亲相敬，反而因"旨趣各殊，则无由契合，相与同恶，则又争利排挤"，②互相憎恶。如此，人与人间只知有一己之小利，不知有仁义；只知有小同，不知有大和。这种人际关系固然使以仁义修身的贤人深感悲苦，即便小人朋党最终也会反目为仇。

从本篇作者对乱世的简单描述，尤其是言及贤人处世的无奈悲苦，我们可以想象本篇所言的君主偏重以高压政策抑制贤士。他的统治措施也许不算太差，能够改善民生以获取民心，甚至会对部分士人宽容奖掖，但是他的高压政策也会钳制士人的思想言论，限制其行动自由，使贤士深感孤危，惶惶不可终日。③

二 贤人处乱世孤苦之原因

贤人处世孤苦，其原因与传统社会结构有密切的关系。传统士人的出路基本上有两条：一则学优则仕，一则野居传道授业。当然也有一些士人两者兼而为之。至于经商致富，先秦两汉虽有士人为之，但是人数不多。大部分士人仍是希望得到君主青睐，学以致用，一展鸿志，经纶天下。君主之重用与否决定了士人能否在政治上大有作为，也是评价士人是否得志的一个重要标准。君主的态度会影响士人在政治上的进退，因此，作者特别对君主提出忠告：

道有稽，德有据，人主不闻要，故尚与运尧④而无以见也。道以

---

① "中""中道"是先秦时期的重要思想观念，清华简《保训》《心是谓中》等篇出土，学界多有对"中"观念的研究，此不赘。
② 傅增湘：《跋唐人〈鹖冠子〉上卷卷子》，《国立北平图书馆月刊》第3卷第6号，1929，第720页。
③ 中国历史上不乏这种君主。如明太祖对士人采取两手抓的政策，一则搞文字狱，一则开放科举、改善学校贡举制、翰林院制、察举制，加意培植士人，以争取民心（详钱穆《国史大纲》，第665~669、681~691页）。
④ 尧，陆注："一作挠。"《说文》："挠，扰也。"敦煌本注："如人主不闻要，虽与运挠，不能自见其失也。"（傅增湘：《跋唐人〈鹖冠子〉上卷卷子》，《国立北平图书馆月刊》第3卷第6号，1929，第720页）此注者不把"挠"解成"扰"，似不合文意。

德馆,① 而无以命也。义不当格,而无以更也。若是置之,虽安非定也。端倚有位,名号弗去。②(2a/10 - 2b/4)

作者建议君主治国要把握治道之要,否则,就常与自然天道相违背,不能发现自己和臣下的过失。所谓治国之要,其中之一便是依据道德来考核臣下贤愚与否,进而黜陟。"道以德馆"是说贤人修身以道,润德以身,然人主不闻要,没有慧眼,不能任用。格,陆注:"正也。"意者有些臣下行事义不合正,不当其位,然人主不察,仍使他充位不去。③ 如此国家表面虽安,但是未能稳定下来。君主昏庸无能,不能分辨忠奸贤愚,臣下贤邪良窳杂陈,尤其是小人倚恃其位而不修身进德,只以迎合上意为务,这样,偷窃权柄,使君主倒柄授阿,进而排斥忠良贤能,阻塞言路,败坏朝政。贤人不受君主重用,乃时势之必然,难怪贤人孤苦悲怆。这是作者对一些昏君所提出的警告。

君子和小人在一些重要观念上迥然不同,以致彼此很难和睦共处。作者认为君子"易亲而难狎,畏祸而难却,嗜利而不为非,时动而不苟作,体虽安之而弗敢处"(2b/8 - 10)。却,《群书治要》本作"劫"。君子易于相接,相亲相敬,但是不可戏狎。他们虽然也害怕祸害,但是仗义而为,可以舍生取义,不为祸患所劫;嗜好合义之利,而不为非义;行居出处言默,因时而动,可以时则时,可以止则止,不苟且以求利;即使过着安舒的生活,也懂得居安思危。小人恰恰相反:"文礼之野,与禽兽同则;言语之暴,与蛮夷同谓。"(2b/6 - 8)《韩诗外传》卷四有相近的说法:"小人大心则慢而暴……其肢体之序与禽兽同节,言语之暴与蛮夷不殊。"④ 则本篇"文礼"为"支体"之误,"野"为"序"之误,"则"为"节"

---

① 《子汇》本:"道与德馆。"敦煌本注:"道以德为依。"(傅增湘:《跋唐人〈鹖冠子〉上卷卷子》,《国立北平图书馆月刊》第3卷第6号,1929,第720页)其意与《管子·心术上》"德者道之舍"(戴望:《管子校正》,《诸子集成》第5册,北京:中华书局,1954,第220页)同。
② 《黄帝书·经法·道法》篇"正奇有立(位),而名□弗去"(余明光:《黄帝四经与黄老思想》,第244页)与本句意同,则本句"端倚有位"乃避秦皇政之讳而改更可信。
③ 敦煌本注:"义不当格,不能以自更也。"(傅增湘:《跋唐人〈鹖冠子〉上卷卷子》,《国立北平图书馆月刊》第3卷第6号,1929,第720页)意谓君主若行事不合义而不能自我改变。如此解释恐不合文意。
④ 魏达纯:《韩诗外传译注》,第147页。

音近之误。① 意谓小人没有道德修养，虽具有人的肢体，但是无异于禽兽的节序；虽然能说善道，而所谈与蛮夷䪥舌没有二致。可见，在君子看来，小人似乎完全没有修养。既然君子与小人处世态度大相径庭，那么小人得志，自然排斥贤能。贤人不得志而深感孤苦，也属情理之中。

以上作者所谈的君子，与孔孟所言略有殊异，而与战国末期、秦汉儒家所言相近。孔子言君子谋道不谋食、君子喻于义，孟子强调义利之别，重义轻利，这和本篇所言君子嗜利不同。然荀子、韩婴等则重视利。《荀子·不苟》篇云："君子易知而难狎，易惧而难胁，畏患而不避义死，欲利而不为所非。"② 本篇所言君子与荀子说同，则本篇作者可能受荀子影响或是荀子后学。同样受荀子影响，《韩诗外传》也有相同的看法，《外传》卷二云："君子易和而难狎也，畏惧而不可劫也，畏患而不避义死，好利而不为所非。"③

本篇言："体虽安之而弗敢处，然后礼生；心虽欲之而弗敢信[言]，④ 然后义生。夫义节欲而治，礼反情而辨者也。故君子弗径情而行也。"（2b/9 - 3a/2）作者重视礼义，说以"义"节欲，此"义"与荀子所言之礼的意义相近，是外在规范。"礼反情而辨"是说礼要归返于情，礼之作用在使情能充分表达，而情的表达要合乎"辨"，"辨"应是礼的一种作用、功能。又本节连言礼义，和治道相通，都与荀子的看法相近。荀子凡言义，多属客观意涵，和孔孟言内心当然之处有异；荀子惯用的词语是"礼义"，而罕言"礼乐"；荀子政治意识很重，所以论礼乐偏重政治教化的一面。⑤ 荀子提出礼义之统的目的在化成天下与外王之治，而辨、分、义、群是指化成的途径，同是礼的作用与表现，代表外王的内容。荀子所说的"辨"，是通于治道而言，以治来规定辨。《儒效》篇云："分不乱于上，能不穷于下，治辩之极也。"⑥《议兵》篇说："礼者，治辨之极也，

---

① 说据张金城《鹖冠子笺疏》，《国文研究所集刊》第19期，1975，第9页。
② 王先谦：《荀子集解》，第39~40页。
③ 魏达纯：《韩诗外传译注》，第53页。
④ 《治要》本作"言"；又敦煌本注："虽可欲意而不敢言。"（傅增湘：《跋唐人〈鹖冠子〉上卷卷子》，《国立北平图书馆月刊》第3卷第6号，1929，第720页）则"信"本字为"言"。
⑤ 韦政通：《荀子与古代哲学》，第8、194页。
⑥ 王先谦：《荀子集解》，第129页。

强国之本也。"① 因此辨以礼为准则，是依礼而行治道的一个环节。关于情和礼的关系，《修身》篇云："礼者所以正身也……礼然而然，则是情安礼也……情安礼……则是圣人也。"② 所谓"情安礼"，即发乎情而行不违礼，这和《著希》篇所言"礼反情而辨者"正是从两方面来说明礼与情的关系：礼是感情宣泄的正当渠道，感情宣泄要依循礼；制礼是为了更好地表达感情。因此，作者认为君子"弗径情而行"，不能只为宣泄感情而不顾礼制。

这一看法承自孔子。上博简《孔子诗论》说："《关雎》之改……重而皆贤于其初者也。《关雎》以色喻于礼。"又说："情，爱也。《关雎》之改，则其思益矣。"③ 关于这段文字，晁福林师的解释中肯透彻。他认为，"改"当通作"俟"，意为伟大、重大。《诗论》的意思是：孔子认为《关雎》一诗的伟大之处在于它合乎礼。它的主旨是说男子最初因"好色之愿"，对淑女渴求思念，由"色"生情。男女相悦是自然的，不应禁止，但也不应不加规范，应当以礼围情、融情于礼（"以色喻于礼"），这样，男女的爱情就会有好的结果（"重而皆贤于其初"），能得到最佳归宿。④ 《孔子诗论》肯定男女有情爱是自然的，但强调两性相悦，必须合乎礼。⑤

综上，《著希》篇中礼义的看法既继承了孔子强调融情于礼、因礼抒情的一面，也与荀子的看法比较接近，其作者应该是荀子的后学。

---

① 王先谦：《荀子集解》，第281页。
② 王先谦：《荀子集解》，第33页。
③ 周凤五：《〈孔子诗论〉新释文及注解》，上海大学古代文明研究中心编《上博馆藏战国楚竹书研究》，上海：上海书店出版社，2002，第153～154页。
④ 晁福林：《从上博简〈诗论〉看〈关雎〉的主旨》，《中国文化研究》2008年春之卷。
⑤ 《韩诗外传》继承孔子这一看法，韩婴借孔子回答子夏之语，极力称赞《关雎》所讲夫妇之道的重要性。他认为《关雎》所讲的"道"（夫妇之道），是"万物之所系，群生之所悬命也"，把夫妇之道推之于阴阳万物交合之道，赋之以形上理据。家庭是社会的基本单位，若君主能齐家，则能治国、平天下。因此，韩婴进一步阐明《关雎》中的夫妇之道是"王道之原"。君主若能明白这点，并施之于政，必然出现"洛出书图，麟凤翔乎郊"的太平盛世——这是六经追求的治境。可见，韩婴对《关雎》的含义、作用高度重视。可以说，《韩诗外传》不只是对《关雎》原意做解释，而是通过深入阐释《关雎》的含义，把夫妇、家庭、国家、天下有机有序地结合起来，使它在政治学、社会学上的意义更加凸显出来（见屈守元《韩诗外传笺疏》，成都：巴蜀书社，1996，第435页）。

三　儒家的理想与处世态度

以上分析贤人君子处乱世深感孤危悲苦的原因，并且推论《著希》篇作者应是荀子后学。儒家先师孔子主张统治者的任务是庶民、富民再教之（《论语·子路》），并且希望君臣上下复礼行仁，可以达致老安少怀的理想社会（《论语·公冶长》）。孔子的这一理想受周公影响。[1] 君子为实现此理想，当谋道不谋食，知道任重道远，死而后已。君子要实现理想，还必须通过参与政治，结交同志，以施展抱负。

士人参与政治而获得的权力是君主所授予的，而君主要求士来分担治国之任，并非分享他的至高权力，这造成君臣之间关系的紧张。[2] 士人之得志，既取决于士人本身的才学、志向、主张等，又取决于君主之贤明，只有这两个条件配合，有志之士才能一酬壮志。孔子对此深有体会。他在鲁国当司寇，不能实现堕三都的理想，亦不再被季氏重用，遂决定离开鲁国。此事的导火线是公伯寮在季氏面前毁谤孔子的弟子子路，虽然孔子还有机会申辩，但已于事无补。坚持理想的孔子唯有到其他国家去，才有希

---

[1] 杨兆贵：《儒家修齐治平思想溯源——论周公对孔、孟及其他儒家的影响》，《共建人类命运共同体——从修身齐家到天下一家学术研讨会论文集》，中国澳门，2017，第166~181页。

[2] 刘子健在这方面的看法很有参考价值。他在分析宋代党争时提出几点原因。首先，士人参与政治而获得的权力是拥有最高权力的君主所授予的。其次，君主依靠官员治国是出于自身需要，君主要求士来分担治国的大任，而非分享他的最终权力，这造成君臣之间关系的紧张。对于大部分仕途心极重的官员来说，也许这种紧张关系对他们而言不成问题，他们乐于负担责任来换取个人与家庭的特权。对于道统观念特别强烈的士来说，情况就不同了。他们有理想，抱着道高于政的看法，相信儒家的原则应为政治的最高原则，要君权屈服于其下，这就加深了君主与他们之间的紧张关系。最后，即使在朝廷当官的儒士，也不是每个人都有理想，或者有相同的理想。至于反对儒家理想的官员，在朝廷里也为数不少。他们有些是保守者；有些是正直的行政官，不愿意在政治上制造动乱；有些则因担心理想之士提倡政治改革会威胁个人利益而反对（见刘子健《宋初改革家——范仲淹》，刘纫尼等编译《中国思想与制度论集》，台北：联经出版事业股份有限公司，第125~127页）。可见，真正有理想之士在朝廷中只占一小部分，如果他们提倡改革，自然会引起或明或暗的反对。贤士在政治上要有作为，最重要的是取得君主对他的信任。如果君主昏庸无能，爱好臣下阿媚奉承，而不喜臣下犯颜忠谏，那么贤士一定处在最不利的位置，会一直是谗谄小人在君主面前攻击的对象。如此，贤人若能苟活已是幸运，何况是推行改革。这也涉及时命遭遇等问题，《鹖冠子》一书对此时有讨论，如《环流》篇论圣人与时命的关系（11b/2–12a/1），《世兵》篇下部分也有谈及时命，《备知》篇亦有所论。

望一展抱负。他感慨地说:"道之将废也与?命也。"(《论语·宪问》)学者把命解为天命,说孔子不怨天不尤人,以义安命。① 鄙意道之行否,指孔子能否实现理想。命指他是否受季氏重用,若然,孔子能酬其志,行其道;若否,孔子不能行其道。后来,佛肸召孔子,孔子本想去,但是佛肸是叛臣,孔子既不能改变其志,又不能实现己志,故未应召。可见,孔子认为士人要酬志固然重要,选择明君也同样重要,更重要的是自己修身进德好学,故孔子批评子路叫子羔为费宰是"贼乎人之子"(《论语·先进》)的做法。子贡称赞孔子温良恭俭让,其求政和别人不同(《论语·学而》),其意与"苟正其身矣,于从政乎何有"(《论语·子路》)相同。子路说:"不仕无义。"(《论语·微子》)这也可视为孔子的看法:士依义而仕,只有上有明君,士人才可入仕,否则就不应该入仕。故士人要修身进德,有志向,而不应汲汲于仕。入仕与否,应操之在我,时行则行,时止则止,"用之则行,舍之则藏"(《论语·述而》),无可无不可。

　　孟子也重视仕的问题。他继承孔子的看法,认为士是道统的代表,道统凌驾于政统。士要保持人格的尊严及对道的坚定信仰,通过不断提升道德修养,使自己的言行体现出道,② 这样,士对于个人的去就便不能不谨慎。孟子说:"古之贤王好善而忘势,古之贤士何独不然?乐其道而忘人之势。故王公不致敬尽礼,则不得亟见之。见且由不得亟,而况得而为臣乎?"(《孟子·尽心上》)强调贤士乐道而不屈于现实政治的权势。君王应该对士致敬尽礼,最低礼之为臣,进而可视之为友,甚至尊之为师,而不是对其呼来唤去:"为其多闻也,则天子不召师,而况诸侯乎?为其贤也,则吾未闻欲见贤而召之也。"(《孟子·万章下》)士之去处,最主要视乎君王能否以礼相待,给予机会施展抱负,如能,则士就应辅助君主推行王政,伊尹就是这种代表(《孟子·万章上》)。孔子主张士依义而仕,重道甚于重君;孟子重视道统甚于政统,这成为后世儒士入仕的典范。郭店简《穷达以时》篇也有相同的看法,认为儒士无论穷达,都应修身进德;入仕与否,在于能否"有其世",即能否逢明君,若然,"何难之有

---

① 钱穆:《论语新解》,北京:生活·读书·新知三联书店,2002,第384页。
② 余英时:《士与中国文化》,第107、119页。

哉"？若否，则不应入仕。①

本篇作者的处世态度深受孔孟影响，陆佃注说他"姑以远害而已"（3b/4），是相当沉痛悲哀的。本篇写于秦代，彼时儒家在政治上受到打压，则作者的心情可想而知。

儒家以孔子为祖师，孔子知其不可为而为之的精神深深感动着历代有志之士。本篇说贤人知道"事业虽弗善，不敢不力；趋舍虽不合，不敢弗从！"（3b/1-2）这段文字可以有两种解释，一是贤人知道所从之事不利于民，而为苟活取容于君主，不得不付其心力以为之；二是如陆佃所解："此《汝坟》之所勉者也，虽非《殷其雷》之义，亦其所遇不得不尔也。"（3b/1-2）《周南·汝坟》云："王室如毁，虽则如毁，父母孔迩。"郑玄解说是贤士处于乱世，固当勉力尽职，但是有时会得罪小人，当想父母尚在身边，应该免于害。《小序》云："道化行也……妇人能闵其君子，犹勉之以正也。"②其意是妇人能体谅丈夫的处境，希望他依循正道，以免于难。《召南·殷其雷·小序》云："劝以义也。召南之大夫远行从政，不遑宁处，其室家能闵其勤劳，劝以义也。"③《汝坟》所写的是乱世，而《殷其雷》则否，妇人鼓励丈夫勤劳从事。《著希》篇的贤人正处于乱世，其情况与《汝坟》中的君子一样，处乱世而求免于难，又希望所做能合乎正义，问心无愧，殊不容易。可见，贤人无论处乱世或处治世，都希望出入行居合乎道义，此乃儒家处世之精神。

贤人处乱世而求行义，这种情况在历史上多有发生。孔子如此，一生栖遑，而不能行其道。庄子对处乱世有深刻体会，他认为自己所处是"仅免于刑"之世，因此提出"乘物以游心"，借楚狂接舆之言批评孔子："已乎已乎，临人以德；殆乎殆乎，画地而趋。"（《庄子·人间世》）他认为孔子不顾世乱身危，栖遑求用，犹之指画一定之地，以自限其趋，必致跬步难行，只有危殆而已。楚狂接舆言："迷阳迷阳，无伤吾行，吾行却曲，但无伤吾足。"他以迷阳自称，说自己狂乎狂乎，但是没有伤及己行，虽

---

① 引文见李零《郭店楚简校读记》，北京：北京大学出版社，2002，第86页。孟子继承孔子的思想，详杨兆贵、沈锦发《先秦诸子思辨视野下的孔子形象——以论孟对孔子的论述为中心》，《暨南史学》第10辑，2015，第199~216页。
② 郑玄：《毛诗郑笺》，台北：新兴书局，1961，页5上。
③ 郑玄：《毛诗郑笺》，页7下。

倡狂妄行，但无伤吾足，因我德已足，不假外求，故无损伤，能够蹈乎大方。① 方孝孺比较《著希》篇和庄生之言，说："鹖冠之苦乎哉，庄周之悲夫，二子之言良非得已。"② 诚有的见。先秦如此，即使在大一统的时代情况也无二致。汉代董仲舒、司马迁皆著悲士不遇赋，他们都对自己怀才不遇、不能受到君主重用而深致感慨，而诉诸时运不济所然，表露出士在专制君权统治下，未能逢时行道的挫折感。③

四　成篇的具体背景：秦始皇高压之治

上文言及秦代儒者的悲苦孤独。随着秦始皇统一中国，他对士人的思想控制日益加强。兹依《史记·秦始皇本纪》的记载，推测本篇的具体历史背景。

《史记·秦始皇本纪》记始皇三十四年（前213）李斯反对封建，他说："今皇帝并有天下……私学而相与非法教，人闻令下，则各以其学议之，入则心非，出则巷议，夸主以为名，异取以为高，率群下以造谤。如此弗禁，则主势降乎上，党与成乎下。禁之便。"④ 这段话说明当时在秦政统治下，很多臣民有不少怨言，"入则心非，出则巷议"，说明政府政策不能得到民众支持，因此政府有必要加强对民间的控制，尤其是对思想的控制。这年，政府颁令焚书，其目的在于统一思想，以始皇之是非为天下之是非，以始皇之标准为臣民之标准。焚书的行动可追溯到韩非，他在《五蠹》篇中强烈抨击儒、侠，主张严禁一切文学、文艺活动，以达利出一孔（农、战）、巩固君权统治之效。焚书最主要的措施是"史官非秦纪，皆烧之"，"非博士官所职，天下敢有藏《诗》、《书》、百家语者，悉诣守尉杂烧之"。⑤ 这是李斯对法家极权思想的实践，目的在于禁止士人非议政治、引古非今。应该指出，秦始皇要统治天下，必须依靠士与贵族帮助，但是

---

① 说参刘武《庄子集解内篇补正》，北京：中华书局，1987，第121页。
② 明代刻本《十子全书》，嘉庆甲子（1804）姑苏聚文堂印，叶1b眉批。
③ 卫德明（Helmut Wilhel）：《学者的挫折感：论"赋"的一种型式》，刘纫尼等编译《中国思想与制度论集》，第403~420页。
④ 《史记》，北京：中华书局，1982，第255页。
⑤ 《史记》，第255页。

焚书坑儒重创了整个士人群体，即使法家鼓吹建立独裁政府，要求臣民绝对服从于天子，但是他们也是士人，也可以反抗君权。焚书坑儒最终促成各派人士联合起来反对秦皇，结果加速了秦代政权的崩溃。《史记·儒林列传》记孔甲闻陈涉称王，"持孔氏之礼器，往归陈王。于是孔甲为陈涉博士，卒与涉俱死……以秦焚其业，积怨而发愤于陈王也"。① 这正是士人反抗秦政的最佳写照。

焚书事件后，始皇三十五年（前212），侯生、卢生相与谋，批评始皇："上不闻过而日骄，下慑伏谩欺以取容。"② 这里对秦始皇的批评，和《著希》篇批评"君有骄行，民多讳言。故人乖其诚能，士隐其实情，心虽不说，弗敢不誉"（3a/8-9）有相合之处。结合上文我们对贤士处乱世不得已的分析，可以这样推测，本篇是儒家士人在秦始皇三十五年至三十七年（前212~前210）或二世元年（前209）秦皇高压统治的背景下写成的，表现出无尽的无奈与感慨。

结　论

《著希》篇应是荀子后学在秦始皇下令焚书以后所写，作者强烈表达了贤人在强权统治下的极度悲苦与不得已，这种心态和传统士大夫感慨壮志难酬有相通之处。但是他强调贤人虽处乱世，必须勉励从义，体现出儒家知其不可为而为之的精神，这种看法和《鹖冠子·备知》篇不同。两篇都探讨贤士身处乱世和如何处世的问题，《备知》篇认为应明哲保身，相时而动，或仕或隐；若上有圣人，则当尽力尽职。③ 葛瑞汉认为本篇"道有稽"和《博选》篇"道凡四稽"都言及道、稽，且两篇皆避秦皇政之

---

① 《史记》，第3116~3117页。
② 《史记》，第258页。
③ 《备知》篇是战国晚期受到儒家影响的道家作品，其思想与《庄子》之《马蹄》《盗跖》《胠箧》和《老子》第80章所言有相合处。作者认为至德之世不再，政治腐败，贤人不应效法伯夷叔齐不食周粟、申徒狄抱石投河的行为，而要修身进德，不同流合污，相时行事（47a/10）。若君主求才若渴，则入仕酬道，此所谓"时有所至而求"（47a/7）；若否，贤者应卷藏自退，所谓"时有所至而辞"（47a/8）。应明白个人的命运有否有塞、有开有合（47a/8-9），只有上有明君，贤臣才显身襄助，如此能玉成大事。故云："非无汤武之事也，不知伊尹太公之故也。"（47b/1-2）这是《备知》篇的要旨。

讳，因此推断两篇本为一篇，① 此说论据不足。两篇所言之道未必相同，《博选》篇言道可稽之于天、地、人、命，而本篇只说"道可稽"，道之具体内涵为何，作者没有说明。且两篇思想内容、学派归属明显不同，则言两篇本同一篇之说不可信。

鄙意本篇之主旨是"希人者无悖其情，希世者无缪其宾"（2b/5），陆佃解释云："方是之时，俯而徇俗，仰以阿时者至矣。"（2b/6）陆氏就"端倚有位，名号弗去"，认为君主不能明察秋毫，以致那些阿时曲学者应时而来。王闿运解"希"为"冀"，云："士冀见用，或自贬损，以师友而为厮役，以求容于乱世，不欲悖谬也。"② 王氏以《博选》篇来解释本篇，但两篇主旨、学派归属不同，这样解释难合文本之义。张金城释"宾"为名，并举《庄子·逍遥游》"名者，实之宾也"为证，解此句为："希人者皆冀见用，而得其实，希世者则得其名耳。"③ 张说颇有见地。"希世"见《庄子·让王》篇，该篇记原宪之言云："夫希世而行……宪不忍为也。"司马彪注："希，望也。"④ 希世指行事顾虑世誉。唯本篇意又与此有别：希望君主重用之士要有真才实干，不要阿媚奉上；希望得到世誉之士不要矫饰行事，要名实相副。可惜这种儒者在乱世因不受重用而被排挤，故作者对得志小人"文礼之野，与禽兽同则"深致愤叹。

---

① A. C. Graham, "A Neglected Pre-Han Philosophical Text: Ho-kuan-tzu," in Bulletin of the School of Oriental and African Studies, Vol. 52, No. 3, 1989, p. 518.
② 转引张金城《鹖冠子笺疏》，《国文研究所集刊》第19期，1975，第9页。
③ 参张金城《鹖冠子笺疏》，《国文研究所集刊》第19期，1975，第9页。
④ 郭庆藩：《庄子集释》，北京：中华书局，1961，第977页。

第三章　巩固君权：圣王施政及理想政治论

——《天则》篇研究

　　《天则》篇特别强调君权的重要性，国家的前途、百姓的命运都操之于君主手中，他的一举一动攸关国家、民众存亡大计，因此本篇提出："一人乎！一人乎！命之所极也！"（10a/4－5）"一人"指君主，一切命令发自君主，如果君主施政不效法天道，那么，"过生于上，罪死于下"（10a/3－4）。昏君有重大过失就推诿给臣下，要臣下服罪。明君为了避免犯错而求流芳百世，要推行惠民政策，杜绝权臣乱政，避免君权旁落、势穷力竭。本篇分析了君权不稳之由，并且提出解决的方法。本章从这两方面来分析。

一　政权不稳之由

本篇指出：

　　使而不往，禁而不止，上下乖缪①者，其道不相得也。上纥下抚者，众之慝也；② 阴阳不相接者，其理无从相及也。筭不相当者，人不应上也，符节亡此，曷曾可合也？（7a/2－5）

　　八极之举，不能时赞，故可壅塞。（8a/10）

---

① 缪，敦煌本注作"谬"（傅增湘：《跋唐人〈鹖冠子〉上卷卷子》，《国立北平图书馆月刊》第3卷第6号，1929，第722页）。
② 此句《子汇》本作"远众之慝也"，敦煌本注："上纥下抚者，众之慝也。"（傅增湘：《跋唐人〈鹖冠子〉上卷卷子》，《国立北平图书馆月刊》第3卷第6号，1929，第722页）则"远"为衍文。根据上下文意，应去掉"远"。

君主有命不行、有禁不止，原因是君臣"道不相得"；君主不效法天道，则自己处处壅塞阻碍，政令不能四通八达。上下离心离德，就互相设防："若砻磨不用赐物，虽诎有不效者矣。上下有间，于是设防，知蔽并起，故政在私家，而弗能取，重人掉权而弗能止，赏加无功而弗能夺，法废不奉而弗能立，罚行于非其人而弗能绝者，不与民之故也。"（8a/3-8）《黄帝书》就认为国家有六种危险，其一是"大臣主"，其二是"左右比周以壅塞"，特措意于左右擅权。①《韩非子》多提及重人，指责他们中饱私囊，胡作非为，② 君主不能制止，则赏罚失度，有法令而不能施行。韩非特别强调君主必须操赏罚两柄，这是巩固君权的重要手段。本篇认为，君主只有推行惠民政策，才能得到民众的支持。如此，即使朝中重臣欲觊觎权柄，也不得民心；即使能握权柄于一时，也必将因没有民众支持，权势土崩瓦解。

本篇指出，政权不稳的另一个原因是政府未尽教化责任，舍本逐末："彼教苦，故民行薄。失之本，故争于末。"（9a/3）教化是为政之本，教化不合民心，则民德日渐浇薄，无益于维持政治秩序。君主只想以行政手段来驾驭臣民，不仅不能收到预期效果，反而可能丧失政权。可见，本篇重视民众在稳定政治社会中的作用，这一观点与孟子的民贵君轻说、《黄帝书》的保民爱民说③相通。

二 圣王施政政策

既然君权不稳是由于君臣互不信任、离心离德，上位者忽视民众教化、舍本逐末，那么要巩固君权，就应该由这几方面着手，利用各种有效的方法——道、儒、法各家所提倡的措施。

（一）君主施政效法自然天道

这是本篇政治思想的最重要部分。本篇从万物变化的观点来看天道：

---

① 余明光：《黄帝四经与黄老思想》，第270页。
② 《韩非子·孤愤》篇云："重人也者，无令而擅为，亏法以利私，耗国以便家，力能得其君，此所为重人也。"（陈奇猷：《韩非子集释》，第206页）他们上取信于君主，下则破坏法律。
③ 余明光：《黄帝四经与黄老思想》，第41~43页。

"同而后可以见天,异而后可以见人,变而后可以见时,化而后可以见道。"(5b/9 – 6a/1)言天强调同,言人强调异,言时强调变,言道强调化。① 这种看法和庄子的天人观基本相同。

庄子认为道是天地万物一气之所化。他说,"凡物无成与毁,复通为一"(《庄子·齐物论》),"自其异者视之,肝胆楚越也;自其同者视之,万物皆一也"(《德充符》),"假于异物,托于同体"(《大宗师》)。所谓"同体"即指气,"异物"则指人,天地万物只是一气所化,人不过是此气所托的一种物体。人也是一气之化,"游乎天地之一气","浸假而化予之左臂以为鸡,予因以求时夜;浸假而化予之右臂以为弹,予因以求鸮炙",所以人应明白"生死存亡之一体"。天地万物为一气所化,则道通而为一,迁化无恒,不居故常:"万物之所系,而一化之所待""方将化,恶知不化哉?方将不化,恶知已化哉?""化则无常"(《大宗师》)。因此,道是综合此迁化的大体。道乃在万物迁化之中,而不在此迁化大体之外。②

庄子认为人应该效法天,以人合天:"其一,与天为徒;其不一,与人为徒。天与人不相胜也,是之谓真人","不以心捐道,不以人助天,是之谓真人","畸人者,畸于人而侔于天。故曰:天之小人,人之君子;人之君子,天之小人也"(《大宗师》)。人是寄寓于天地之间的形骸,属于天所为之事非人所能知,因此人应当明白天人之分——天、人各有所司,但同时又无法严分:天包融万物,人在大化中,凡天所司的造化非人所能干预,人只有顺此以成自然。

可见,庄子言天道、化之关系和本篇基本相同。庄子认为道乃一气所化,本篇言"化而后见道",虽没有说道乃一气所化,但是也认为道即化,道见于化。庄子认为道不可遽知,主张圣人应存心淡漠,不经式制仪,不表率群伦,无为而治。本篇则认为圣人明白天道即大化,那么施政则应效

---

① 关于天、人之解,陆佃以庄子天道论释之,此说可取:"天道一而不二,故自其同者视之,夷貉一家也。人道二而不一,故自其异者视之,肝胆楚越也。"(5b/9 – 10)敦煌本注也认为从天道来看,则万物皆同,从人事来看,则有万殊:"天道不变谓之同,人事各殊谓之异,易变者时,大而化之者道。"(傅增湘:《跋唐人〈鹖冠子〉上卷卷子》,《国立北平图书馆月刊》第 3 卷第 6 号,1929,第 721 页)

② 有关庄子道论,详钱穆《庄老通辨》,第 158 ~ 159 页。

法天，君临日月星辰，尽其职，而自统其成。

本篇认为天是介乎本体"一"与万物之间的实体（5a/5），天不违背一，能统治日月星。一般来说，北斗被视为众星之君，如《史记·天官书》就明言北斗居中央而君临四方。① 然而本篇认为天能君临北斗，在其统治下，日月星辰依其轨道运行："彼天地之以无极者，以守度量而不可滥。日不逾辰，月宿其列，当名服事，星守弗去，弦望晦朔，终始相巡，逾年累岁，用不缦缦，此天之所柄以临斗者也。"（4b/4-9）。太阳运行而有晦朔，月亮盈亏而有弦望，日月星各守其职而不越俎代庖。圣王效法天，就责成群臣克尽厥职，自己统而治之。圣王为政不是无为，而是要臣下各尽其职，自己总其成功。

天的另一职能是覆盖、保护地上的万物："天道先贵覆者"（5a/10），②"中参成位，四气为政"（4b/10）。圣王参天地而成位于其中，依四季气候不同而推行不同的季令："气，时也；生杀，法也；循度以断，天之节也。"（5b/4-5）效法天道、四时运行而施治，是符合天节。本篇说："捐物任势者天也。捐物任势，故莫能宰而不天。"（7b/5-6）③ 天因任自然无为，圣王施政也因任自然无为，这就是"不创不作，与天地合德"（5a/6-7），因应百姓的本性。如此施政，看似毫无造作，实则与四时更替、万物自生灭相同，百姓欣欣然而不觉得有统治者存在。

这种看法与《黄帝书》《老子》相似。《黄帝书》主张君主无为而臣有为，所谓无为指君主在建立法制后，臣下依法处理各种具体事务，君主只要虚静谨听，掌握对大臣的赏罚生杀大权即可，不必躬劳百事。④《黄帝书》认为天道有常，有晦有明，有阴有阳，⑤ 四时有度、日月星有数，是天地之理。因此君主施政要"始于文而卒于武"，效法天道，兼用立废生

---

① 《史记·天官书》云："北斗七星，所谓旋、玑、玉衡以齐七政……斗为帝车，运于中央，临制四乡。"（第1291页）
② 本篇说："天道先贵覆者，地道先贵载者，人道先贵事者，酒保先贵食者。"（5a/10-5b/3）此说与《列子·天瑞》篇"天职生覆，地职形载，圣职教化，物职所宜"同。
③ 张金城云："捐物者，不为物累也。"任势，顺应自然大势。故捐物任势则无为。"莫能宰而不天"，张纯一注："言能捐物任势，则莫能自宰，咸奉之若天。"（参张金城《鹖冠子笺疏》，《国文研究所集刊》第19期，1975，第20页）
④ 有关《黄帝书》的政治思想，详余明光《黄帝四经与黄老思想》，第38~41页。
⑤ 余明光：《黄帝四经与黄老思想》，第292页。

杀;① 分官设职，施行五政，臣下尽力完成，盖"刑（形）恒自定，是我俞（愈）静，事恒自施，是我无为"；② 建立严密法制，使君臣上下有法可循；多用贤能，辅己治国；尽量减少制作，因应民心。臣下克尽其职，君主责其成，如此君主看似无为，实则有为。君主既因循，又创作，其法灵活，通权达变。《老子》主张圣人应处无为之事，行不言之教，功成而弗居（第2章）；无为而民自化，好静而民自正，无事而民自富，无欲而民自朴（第57章）。《老子》认为，圣人最重要的是发现、遵循天道，运用权术来制驭臣民。本篇主张明君无为，遵从天道，这和《老子》的看法是相同的。但《老子》所说的圣人不用贤与能，且推行愚民政策，而本篇的主张恰恰相反。相较而言，本篇在这方面的看法与《黄帝书》更加接近。

（二）君主提高道德修养

君主提高道德修养，以心把握道，游心于无极，参与天地化育，能够有真知灼见而不被臣下蒙蔽："昔者有道之君取政，非取于耳目也。夫耳之主听，目之主明。两叶蔽目，不见太山；两豆塞耳，不闻雷霆。道开而否，未之闻也。"（8b/1-5）③ 明君恃道而不恃感官，因为感官易受外界环境蒙蔽，有极大局限性，不易了解真相。本篇重视君主的情感对施政的作用："严、疾，过也，喜、怒，适也，四者已仞，非师术也。"（9b/6-7）④ 君主如果不能平正大方，而挟以严、疾、喜、怒四种过失的情绪，则非明君之治术。君主施政不掺杂过失的情绪，则制定法令、推行政策比较容易为百姓所接受，而化民成俗，事半功倍。儒家也有这种看法，郭店楚简

---

① 余明光：《黄帝四经与黄老思想》，第273页。
② 余明光：《黄帝四经与黄老思想》，第320页。
③ 孙人和《鹖冠子举正》（《国立北平图书馆月刊》第3卷第2号，1929，第160页）认为"有道之"下脱"君"字，引《太平御览》卷一三、卷八四一两处引有"君"字为证。"取"，据《太平御览》卷一三（叶7a）增补。孙人和《鹖冠子举正》（第160页）认为"一叶"本作"两叶"，引《艺文类聚》卷八五、《太平御览》卷一三和卷八四一、《记纂渊海》卷七二引《鹖冠子》并作"两叶"。按，《艺文类聚》卷二（页27a）引文作"一叶"，则《艺文类聚》所见《鹖冠子》有两版本。
④ 适，《方言》卷一三："悟也。"郭注："相触迕也。"仞，《列子·天瑞》篇"仞而有之"，杨伯峻引藏本作"认而有之"，则仞即认（杨伯峻：《列子集释》，北京：中华书局，1979，第37页）。

《尊德义》篇说："去忿戾，改惎胜，为人上者之务也。"① 强调去忿窒欲对君主修身施政有重要作用。《管子·内业》篇也屡屡提及"节其五欲，去其二凶""不喜不怒，平正擅匈""止怒莫若诗，去忧莫若乐，节乐莫若礼""凡人之生，必以平正"，② 说明君主应该重视情感的作用。

明君因循天道，开阔心智，便于掌握权力，推行利民政策，以期收到国泰民安之效，是以要反对肇祸之知："知足以滑正，略足以恬祸，此危国之不可安，亡国之不可存也。"（5a/8-10）所谓"滑"指统治者推行政策不能因顺自然，且把不合自然规律的行为强加于自然（人性或万物之物性）之上，结果违反自然，故云："自知慧出，使玉化为环玦者，是政反为滑也。"（9b/4-5）

明君不仅施政惠及国民，而且希望"德与身存亡者，未可以取法也"（9b/9-10）。人的自然生命有限，而德、名不受自然期限囿束，若想名载史册，那就要不违背天："昔宥世者未有离天人而能善与国者也。先王之盛名，未有非士之所立者也。"（10a/1-3）要流芳千古，有两个条件：一是明君本人修身进德，可操诸在我，这是内在条件；二是有志之士将他的事迹传诵，这是外在条件。外在条件的成立必须先有内在条件。因此有德之君要使芳名传诵于无穷，则应善待士。求立名是春秋时人的看法，子产三立说（立德、立功、立言）最有代表性。诸子百家中，儒家最强调修身以仁义和留名史册以为后代的典范。孔子说："君子疾没世而名不称焉。"（《论语·卫灵公》）先提高自我道德修养，然后希望名垂后世。庄子则不求名传后世，他说："名者，实之宾也。"（《庄子·逍遥游》）又说："名也者，争之器也。"（《人间世》）本篇希望明君名垂后世，显是受到儒家思想影响。

（三）君主任贤去小

这方面的看法主要受到墨家影响。君主不能独治天下，需要群臣协治，故选贤与能极其重要。要做到这一点，君主需有洞察力："裁衣而知择其工，裁国而知索其人，此固世之所公哉！"（5b/7-8）为了防止倒柄授阿，君主要明于选贤，并且参透万物本原，参与三才之变，把握本末，

---

① 李零：《郭店楚简校读记》，第139页。
② 戴望：《管子校正》，第272页。

"圣王天之人之地之，雅无牧能，因无功多。尊君卑臣，非计亲也；任贤使能，非与处也。水火不相入，天之制也"（9a/8-10）。① 王闿运释"雅"为"故"、"因"为"姻"，意思是圣王不要使亲故管治贤能，论功则不能把姻亲居于有功者之上。② 陆佃解"处"为"故旧"（9a/10），指与君主有姻亲关系者。圣王重用臣下的标准不是重亲姻，而是唯才、功是选，功绩比血缘宗法更重要。本篇强调贤贤多于亲亲。

亲亲、贤贤是西周王朝统治天下的重要措施，两者相辅相成，且亲亲比贤贤重要。儒家继承此见，郭店楚简《六德》篇说："为父绝君，不为君绝父。"③ 说明亲亲甚至比尊尊重要。本篇反对亲亲而强调贤贤，未承袭周王朝的统治理念，这是在王威日降、诸雄逐鹿的局面下才出现的。战国时期，一些宗室也凭血缘封侯拜相。本篇强烈反对依靠血缘关系不劳而获、无功而得爵的宗法制，赞赏凭个人才能建功立德，这是战国士人思想的一大特征，其中以墨子为重要代表。墨子提出尚贤论，主张兼爱，取消仁爱，则贵族失去与君主的血缘关系而不能垄断政权。他提倡君主选拔大臣，不依血统，而依德、才，④ 君主用贤能则国治，不用则国乱。用贤任能对国家政治兴隆有重要作用，可助君王一统天下。⑤

可见，本篇重贤能、反亲亲的态度，受到墨子影响，同时与战国士气高扬，士的政治、社会地位提高有密切关系，这和《黄帝书》主张亲亲贤

---

① 孙人和《鹖冠子举正》（《国立北平图书馆月刊》第 3 卷第 2 号，1929，第 161 页）认为"圣王天时"当作"圣王天之"。本篇说："人有分于处，处有分于地，地有分于天，天有分于时，时有分于数，数有取于度，度有分于一。天居高而耳卑者，此之谓也。"（9a/4-7）此论证本末之义，强调本体一为万物之原。君主施政要把握本原，不要舍本逐末。本篇指出，人所处之地方有异，地方又有地域之别，每个地域有相应的天文、气候，气候又因四时不同而有别，四时因节气之数而有异，节气之候因日影长短而异，无论人、地、天、时、数、度都本源于一。这种看法和上文所说效法天道相同。
② 说见张金城《鹖冠子笺疏》，《国文研究所集刊》第 19 期，1975，第 23 页。
③ 李零：《郭店楚简校读记》，第 131 页。
④ 《墨子·尚贤上》说："列德而尚贤，虽在农与工肆之人，有能则举之，高予之爵，重予之禄，任之以事，断予之令"，"官无常贵，而民无终贱，有能则举之，无能则下之"。《尚贤中》云："尊尚贤而任使能，不党父兄，不偏贵富，不嬖颜色，贤者举而上之，富而贵之以为官长；不肖者抑而废之，贫而贱之，以为徒役。"（孙诒让：《墨子间诂》，北京：中华书局，1986，第 45、49 页）要求政权全面开放给士。
⑤ 孙诒让：《墨子间诂》，第 51 页。

贤的看法不同。《黄帝书·十六经·立命》云："能亲亲而兴贤。"① 主张君主亲亲、贤贤并用是接受并肯定了周代的统治措施。②

本篇特别强调君主应该用贤选良，绝疑去谗，杜绝朋党。君主很难单从外表来判断贤愚，且小人善用各种方法取悦君主，如果君主不细心观察，就会以为他们忠君尽职，体公无私，而授诸权柄，这样，容易导致大权旁落。因此，君主要有洞彻的观察力、敏锐的眼光，才能分辨贤良与不肖，进而去小进贤：

> 圣王者，有听微决疑之道，能屏谗权实，逆淫辞，绝流语，去无用，杜绝朋党之门。嫉妒之人不得著明，非君子术数之士莫得当前，故邪弗能奸，祸不能中。(4a/10 - 4b/4)

本篇一开头就强调明君退小进贤，可见相当措意于此事。战国时苏秦游说赵王有一番相近的说法："臣闻明王绝疑去谗，屏流言之迹，塞朋党之门，故尊主广地强兵之计，臣得陈忠于前矣。"③ 这段话和本篇一些文句相同，但这不意味着两者有必然的联系，只能说在战国时期，不少游士为了争取诸侯信任，常自置高位，视自己为不世之才、为忠臣，视政敌为异己、为小人，希望去之务尽。因此，贤能与不肖的标准因人而异。真正的贤士必须经得起时间的考验，诚如曾子所说："可以托六尺之孤，可以寄百里之命，临大节而不可夺也。"（《论语·泰伯》）《管子·五辅》篇也说："逐奸民，诘诈伪，屏谗慝，而毋听淫辞，毋作淫巧。"④ 荀子在《致士》篇详细说明退小人进贤能的具体方法，认为不要听信流言，审察言论善恶真假，并付诸赏罚，这样贤良可进。⑤ 进贤能、退小人是政治上一件重要的事，攸关君主能否体恤民情，顺利推行政策，甚至关乎国家存亡。《天则》篇所强调的和韩非子不同：韩非强烈要求政府铲除五蠹之士，只有农

---

① 余明光：《黄帝四经与黄老思想》，第280页。
② 《黄帝书》政治思想受到周公影响，详拙文《论周公与黄学政治思想的关系》，国际中国哲学主办"国际中国哲学学会第二十届国际会议"，新加坡南洋理工大学，2017年7月4~7日。
③ 张清常、王延栋：《战国策笺注》，第455页。
④ 戴望：《管子校正》，第49页。
⑤ 王先谦：《荀子集解》，第258~259页。

民、士兵才是合法国民，前者为君主耕种以富国，后者力战辟地以强国。①本篇希望君子、术数之士可以受到君主重用，明显强调文艺、术数阴阳有益于治国，这和儒家重视文教有相通之处。可见，本篇受到儒家影响。

（四）君主文武（德法）兼用

这点受到黄老学派和儒家②影响。君主既用法令、赏罚来统治，又要以德来教化："文武交用而不得事实者，法令放而无以枭之谓也。舍此而按之彼者，曷曾可得也？"（7a/8－7b/2）③君主只一味以法治国，未必有成效。君主要先有恻怛之心，有了道德修养，再推行政教，就会使人服从。德法兼治，缺一不可："法章物而不自许者，天之道也。以为奉教陈忠之臣，未足恃也。故法者曲制，官备主用也，举善不以宵宵，拾过不以冥冥，决此，法之所贵也。"（7b/8－8a/3）法令能彰显事物的性质，君主只有明确法令，分清各种权职，才能使官吏治国有法可循。④同时，君主也可以法来任贤能黜不肖，而不以"宵宵""冥冥"之心术来赏罚臣下，使臣下难以捉摸君主的内心。如此，君臣上下皆有法度依循。

可见，本篇反对君主玩弄心术，这和强调君主使用权术的韩非不同，⑤

---

① 郭沫若：《十批判书》，第393、388、400页。
② 郭店楚简《尊德义》篇说："赏与刑，祸福之基也。"（李零：《郭店楚简校读记》，第139页）
③ 俞樾解"枭"为胜（《曲园杂纂》卷二○，《春在堂全书》光绪十五年复印本，叶3a/3－8）。若是法令弛放，就不足以制胜那些欺谩狂厥的小人，因此，君主即使文（德）武（刑）交用，也未必能收到预期效果。
④ 孙人和《鹖冠子举正》（《国立北平图书馆月刊》第3卷第2号，1929，第160页）认为"官备主用"应依《孙子·计》篇"官道主用"而改"备"为"道"。然《计》篇"法者曲制，官道主用"意指军队组织编制、将吏的统辖管理和职责区分、军用物资的供应和管理等制度。历代注家说法基本相同，详孙武撰、杨丙安校理《十一家注孙子校理》，北京：中华书局，1999，第8页。且《天则》篇偏重言法令，其意与《孙子》有所不同，如陆佃解云："（法）曲为之制"，"官各守之，以备主用"（7b/10－8a/1）。
⑤ 《韩非子》强调君主要驭制臣下，以巩固政权为目的。君主对臣下明则通过赏罚、法制来揄善抑恶，暗则以各种权术来钳制臣下，使国无"重人""国狗"。君主所用的御臣术可分两类：一为积极方面，加强君主统治的行政措施，包括对臣下的考核和任用，所谓"术者，因任而授官，循名而责实"（《定法》），这不算是阴谋；另一类是从消极方面，用来防止君主的统治被削弱乃至被篡夺，这很有阴谋权术的味道。包括各种止奸术：君主不露好恶之心，使国无所依循（《主道》）；佯装不用聪明，不选贤能，尽用臣下（《扬权》）；不亲信妻子、亲党（《八奸》《备内》）；不应只相信左右，不听信一人之言而废群臣之论，以免壅制于下（《南面》）；采取特务政策，到处监视（《奸劫弑臣》）；刑罚两柄不可假借臣下（《二柄》）。又《内储说上》详说君主驭下七术：众端参观、必罚明威、信

而和《黄帝书》相同。《黄帝书·经法》篇云："道生法，法者引得失以绳，而明曲直者也。"①说明法由道产生，它是判断是非、得失的标准，法作为标准最公正："法度者正之至也。"②君主制定法律，不能随意更改："执道者生法而弗敢犯也。"③君臣严遵法律，才能治理好国家："精公无私而赏罚信，所以治也。"④需要说明的是，《黄帝书》虽然不主张君主玩弄心术，但强调刑名，而本篇则否。

（五）君主顺应民心、尊重民智

这点深受儒家、《黄帝书》影响。《黄帝书·三禁》篇说："毋壅民明。"⑤君主效法天道无为而无所不包，不反对民众有智识，而应利用他们来辅治国家，如此，事半功倍。本篇这种看法和《老子》、韩非反对民智的主张截然不同。本篇说："为之以民，道之要也。唯民知极，弗之代也。此圣王授业，所以守制也。"（8b/10 – 9a/2）君主施政，以百姓之是非好恶为是非好恶，这是为政的关键；尊重百姓的知识，不强加己意于其上，这才是"因人而不自任者天也"（陆佃解，9a/1）。这是圣王能够授官立制、守其法制之由。君主因顺民心，尊重民众、自然，则易于化民成俗（9b/2 – 6）。

（六）其他

本篇强调势对于君主巩固政权的重要性："形善而乱益者，势不相牧也。"（9b/8 – 9）君主省治其身于上，而动乱不断发生于下，其原因是君主没有足够的权势来敉平。因此，君主须有强而有力的权势。先秦诸子

赏尽能、一听责下、疑诏诡使、挟知而问、倒言反事。《内储说下》说明君主须细察六微：权借在下、利异外借、托于似类、利害有反、参疑内争、敌国废置。君主如能使用圆熟，则用之以天，使之如鬼，天下臣民就被玩弄于股掌之中。韩非的理想政治是："贤者之为人臣，北面委质，无有二心……顺上之为，从主之法，虚心以待令而无是非也。故有口不以私言，有目不以私视，而上尽制之……无私贤哲之臣，无私事能之士。"（《有度》）在治境中，全国无论贤愚贵贱都成为君主的工具，他们不会有任何私人的欲求，一心献给公利（《君利》）。

① 余明光：《黄帝四经与黄老思想》，第 240 页。
② 余明光：《黄帝四经与黄老思想》，第 251 页。
③ 余明光：《黄帝四经与黄老思想》，第 240 页。
④ 余明光：《黄帝四经与黄老思想》，第 251 页。
⑤ 余明光：《黄帝四经与黄老思想》，第 309 ~ 310 页。

中，慎子最重视权势。《慎子·威德》篇云："尧为匹夫，不能使其邻家，至南面而王，则令行禁止。由此观之，贤不足以服不肖，而势位足以屈贤矣。"① 君主要推行政令，有势位比有才能更重要。君主只有先掌握权力，巩固了权力，才可以求贤能来辅助他。权位优先于择贤。

又，本篇认为人之常情应该是上情下达，下情上达，上下和睦通融，如此才合乎天节，而非彼此各怀鬼胎，各思奇谋邪术互相驾驭。② 本篇对君主更好地统治百姓提出具体办法：建立行政区域以便管治；解决百姓基本温饱问题；为百姓申冤，使民情畅遂，正义得以伸张。③ 这和孔子"举直错诸枉"（《论语·为政》）、"必使无讼"（《颜渊》）的看法相通，受到儒家影响。

三 理想政治与成篇年代：战国晚期

（一）理想政治的情况

明君通过以上各种措施来统治，就有致治之效。本篇从两方面来说明理想政治的情况。

其一是教化之理想境界："日望④而晨，月毁于天，珠蛤蠃蚌，虚于深渚，上下同离也。"（6b/9－10）以月盈亏而蚌蛤实虚、阴气盛衰来说明君

---

① 《慎子》，《诸子集成》第5册，第1~2页。
② 本篇云："下之所遒，上之所（《子汇》本作'可'，兹依张金城说改）蔽，斯其离人情而失天节者也。缓则急，急则困，见间则以奇相御。人之情也，举以八极，信焉而弗信。天之则也，差缪之间，言不可合。"（6b/1－7）此依俞樾句读，所谓天节乃指下不可犯干、上不可蔽，上下相通无间。唯俗人大多没有远大目光，举以八极，却不相信（《曲园杂纂》卷二〇，叶3a）。人若因彼此情意不能通达，专以邪谋抓住对方的缺点来互相驭制，这就违背天节。强调"和"是儒家的看法。"以奇相御"见诸《黄帝书·道法》篇，此篇说明天地万民各有恒常之事，若改变常规太过，则彼此以邪术互相控制。《天则》篇言"以奇相御"是由于君上臣下不能通达而利用邪术，《道法》篇则偏重言过度改变社会、政治常规引起秩序失调而采取的应对方法。两者所言有同有异。
③ 本篇云："列地而守之，分民而部之，寒者得衣，饥者得食，冤者得理，劳者得息，圣人之所制也。"（5b/5－8）其意即君主划分行政区域，方便统治百姓。
④ 敦煌本注云："如日望月毁，蚌虚深渚，此化之自然妙用也。"（傅增湘：《跋唐人〈鹖冠子〉上卷卷子》，《国立北平图书馆月刊》第3卷第6号，1929，第722页）则原文"月望"应作"日望。"

臣上下同气相感。《淮南子·说山训》篇也有相同看法，① 应该和本篇有共同的思想来源。

本篇又说："未令而知其为，未使而知其往，上不加务而民自尽，此化之期也。"（7a/1－2）② 圣王只要时刻为百姓着想，为他们解难化患，使劳者得息、耕者得休、冤者得直，如恫瘝在身，那么，他们就会尽心尽力支持明君，则明君的政权稳如泰山。这就是本篇所说："夫使百姓释己而以上为心者，教之所期也。"（8a/9－10）圣王施政以民为本，百姓安居乐业，就鼎力支持："为而无害，成而不败，一人唱而万人和，如体之从心，此政之期也。"（7a/5－6）圣王举措合道，体恤下情，施政有利国民，深受臣民广泛支持，正如一人唱而万人呼应，上令下行、下情上达。圣王如北辰居其所而众星环拱。

其二是事务的理想："信情修生，非其天诛，逆夫人僇，不胜任也。为成求得者，事之所期也。"（8b/7－9）句意谓若放任可以蒙蔽之情，因顺自为自是之性，③ 那么不遇天诛，必遭人戮。圣王把握政权，除了顺应天道外，也求诸我，尽诸我。既知天道，又尽人事。这样，做事无所不成，无往不利。这种看法和孔儒又有相通之处。孔子认为，外在命遇非一己意志所能转移，应该尽在于我，"我欲仁，斯仁至矣"（《论语·述而》）。能够得到仁，便是最大的快乐。庄子也有相同的看法，认为外在命遇非我人所能改变，"知其不可奈何而安之若命，德之至也"（《庄子·人间世》）。是以要提高道德修养，以求精神达到逍遥游的境界。孔子的处世态度是知其不可而为之，庄子则"因其固然……以无厚入有间，恢恢乎其于游刃必有余地矣"（《庄子·养生主》），因顺万物自然本性，尽量寻找事情之间的间隙，以保持精神旺盛。本篇在这方面的看法和孔子比较接

---

① 《淮南子·说山训》篇云："月盛衰于上，则蠃蛖应于下，同气相动，不可以为远。"（刘文典：《淮南鸿烈集解》，北京：中华书局，1997，第529页）旨在说明圣人不得已而动，可以不为物所累。

② 《吕氏春秋·精通》篇与此有相通的看法："圣人南面而立，以爱利民为心，号令未出而天下皆延颈举踵矣，则精通乎民也。"（陈奇猷：《吕氏春秋校释》，第507页）又，《精通》篇和《天则》言及日望月晦而蚌蛤实亏之意同，两篇应有共同的思想来源。

③ 张纯一解"信情"为"任情"，又说："逆，迎也，犹遭也。"（参张金城《鹖冠子笺疏》，《国文研究所集刊》第19期，1975，第22页）可取。"修"字宜从别本"循"字，"循生"即顺生，顺人之性。

近，显然受到孔儒较多的影响。

(二) 九皇之治与成篇年代

本篇为了加强对理想圣王的描述，举九皇为例。九皇统治时代的政治是这样的："主不虚王，臣不虚贵，阶级尊卑名号，自君吏民，次者无国，① 历宠，历录，② 副所以付授，与天人参，③ 钩考之具不备，故也。"(6a/5-9) 九皇有崇高的道德修养，号不虚称，臣下颇有才能，君臣尊卑，各得其当。群臣共尊九皇，又统治自己的氏族。九皇依臣下之才、德而授予爵禄，使他们之爵位与才能相当，又能参天地之化育，不必对臣下用督责之术，臣下能克尽厥职。这是理想的政治。

九皇的传说流传颇久，司马贞《三皇本纪》云："三皇，一说天皇、地皇、人皇……人皇九头，乘云车，驾六羽，出谷口，兄弟九人，分长九州岛，各立城邑，凡一百五十世。"④ 可见，人皇还有九兄弟，分别统治九州岛。黄奭《逸书考》云："人皇出焉……兄弟九人，相象以别，分治九州岛。人皇治中辅，号曰握元。"人皇居住在中辅，而他的九个兄弟分治九州岛，则九皇是指人皇的九兄弟。司马贞把自开辟到获麟分为十纪，其第一纪为九头纪，即九皇统治时期，离孔子逝世已有二百万九千年。九皇统治时期处于远古时代。《逸书考》引《路史》云："九头纪时，有臣，无官位尊卑之别。"⑤ 说明当时有君臣之名分，但是官爵没有尊卑上下之分，可能在当时的社会里，大家都有平等权利，有相若的决策权。这种制度直到文明时代仍有残留痕迹。

先秦时期对人王的尊称屡有不同：夏称为后，其后称王、辟、君、天子，战国中期称帝，最后称皇。帝的地位比王高，后来以皇代替帝，皇之

---

① 这段文字与《路史·泰皇氏》相同。《路史·泰皇氏》作"自居吏民于次者无国"。见罗泌《路史》，《四库全书》第383册，第7页。
② 俞樾(《曲园杂纂》卷二〇，叶1b/10-2a/7)认为下"历"字衍文，上"历"字训次。"录"读为"禄"，两字古通。然敦煌本注云："历宠历录，必副其所以付授。"(傅增湘：《跋唐人〈鹖冠子〉上卷卷子》，《国立北平图书馆月刊》第3卷第6号，1929，第721页) 则此句原本应作"历宠，历录"。
③ 此句《子汇》本作"与天人参相结连"，敦煌本注云："必与天人相参，不须钩考之具也。"(傅增湘：《跋唐人〈鹖冠子〉上卷卷子》，《国立北平图书馆月刊》第3卷第6号，1929，第721页) 则本句应作"与天人参"。
④ 〔日〕泷川资言：《史记会注考证》，台北：文史哲出版社，1993，第8页。
⑤ 引自顾颉刚《三皇考》，《顾颉刚古史论文集》第3册，北京：中华书局，1996，第93页。

地位凌帝之上。《吕氏春秋》更是在五帝之前加上三皇历史。① 可见，时代愈晚，对人王的称谓也愈尊崇。《吕氏春秋》有关于三皇的说法，儒家作品《用众》篇强调三皇五帝取长补短，以获大功："夫取于众，此三皇、五帝之所以大立功名也。"②《孝行》篇屡引曾子之言，应是曾子学派的作品，认为孝是治国之本，"莫贵于孝。"又说："大孝，三皇五帝之本务，而万事之纪也。"③ 这两篇所提到的"三皇""五帝"，高诱说分别是伏羲、女娲、神农和黄帝、颛顼、帝喾、尧、舜。④ 可见战国末期儒家已经明确提出三皇，并且把他们理想化。三皇时代较九皇时代晚了很多。

儒家祖述尧舜、宪章文武，推崇三皇，然而道家则把三皇或更早时代理想化，以此来剽削三皇五帝，认为时代越早的帝，其治道越隆盛，越符合人类无欲无求的本性，而应被大力推崇。《庄子·缮性》篇可以说是这方面的代表："古之人在混芒之中……阴阳和静……此之谓至一……逮德下衰，及燧人、伏羲始为天下，是故顺而不一。德又下衰，及神农、黄帝始为天下，是故安而不顺。德又下衰，及唐虞始为天下……离道以善，险德以行，然后去性而从于心。"⑤ 认为最理想的统治时代是处在"混芒之中"的"古之人"，他们无为自得，当时阴阳调和，鬼神不扰，四时得节，万物不伤，群生不夭，人即使有智力，也无所用之，人与自然万物完全融合为一。这时代与九皇应相去不远。到了燧人、伏羲时代，即有了文明，其治道就不如混芒之际，但是比黄帝时更符合人性。而黄帝之治道不太符合人性，因此黄帝受到责难，至于尧、舜更不必置喙。《缮性》篇对三皇五帝的评价完全与儒家相反。《天运》篇也极力批判三皇五帝，认为他们绝非圣人："黄帝之治天下，使民心一……尧之治天下，使民心亲……舜之治天下，使民心竞……禹之治天下，使民心变……三皇、五帝之治天下，名曰治之，而乱莫甚焉。"⑥ 三皇五帝的统治是一代不如一代，民心日愈浇薄。所以，《天运》篇强烈反对儒家对他们的尊崇，并且认为他们"其知

---

① 关于皇、帝、王说，可参吕思勉《皇帝说探源》，《吕思勉读史札记》，上海：上海古籍出版社，1982，第 200~203 页。
② 陈奇猷：《吕氏春秋校释》，第 232 页。
③ 陈奇猷：《吕氏春秋校释》，第 731 页。
④ 陈奇猷：《吕氏春秋校释》，第 238、735 页。
⑤ 王先谦：《庄子集解》，第 135~136 页。
⑥ 王先谦：《庄子集解》，第 129~130 页。

憯于蛎蚕之尾，鲜规之兽"，而自以为是圣人，真是无耻！① 语气之激烈、痛斥之激情，远非《缮性》篇和本篇所能比。②

《天则》篇推尊年代远甚于三皇五帝的九皇，其意态与道家相近，应受道家思想影响。不过，本篇没有提及三皇五帝，更没有批评他们，这和《天运》《缮性》两篇中的一些章节一味崇古贬今的态度有很大的差别。

战国时期诸子为了阐述自己的政治理想，提及三皇五帝。到了汉代，董仲舒首先明确提出九皇。《春秋繁露·三代改制质文》云："王者改制作科奈何？曰：当十二色，历各法而正色，逆数三而复，绌三之前曰五帝……周人之王，尚推神农为九皇，而改号轩辕，谓之黄帝。因存帝颛顼、帝喾、帝尧之帝号，绌虞而号舜曰帝舜，录五帝以小国，下存禹之后于杞，存汤之后于宋。"③ 战国时期说三皇五帝都有固定人物，但是董氏认为皇和帝应随着时代而变，一个新王起来，应把自己的一代和前一代（亲的）、较前一代（故的），算作三王，三王的前五代算作五帝，五帝的前一代算作九皇。这样，每个朝代都有皇、帝、王。皇、帝、王的名号全不固定，随着朝代而递嬗。董氏所提的九皇与《天则》篇所言也大不相同：一为儒家言，一为近乎道家言；一为没有固定人物，一为有固定的年代。

另外，本篇在论述君主为政要效法天道时引用星宿，也有助于考定成篇年代。本篇云："中参成位，四气为政。前张后极，左角右钺，究④文循理，以省宫众，小大毕举。"（4b/10 – 5a/3）这里提及张、极、角、钺，代表二十八宿，张代表朱鸟七宿，在坐北朝南之君主的正前方，后面是北天极，左面（东面）是苍龙七宿的代表角宿，右面（西面）是白虎七宿代表参宿（参宿一名伐，也就是钺）。⑤ 二十八宿作为一个总称，最早见于1978年随县发掘的曾侯乙墓中的漆箱盖，其上写有"二十八星宿"。写于战国中晚时期的《周礼》⑥ 也记"二十八宿"，《春官·冯相氏》职掌"二

---

① 王先谦：《庄子集解》，第130页。
② 详拙文《论庄子学派理想社会说》，《南都学坛》2017年第5期。
③ 缩印浙江书局汇刻本《二十二子》，上海：上海古籍出版社，1986，第782~783页。
④ 究，《子汇》本作"九"，今依张金城《鹖冠子笺疏》（《国文研究所集刊》第19期，1975，第14页）改。
⑤ 北京天文馆编《中国古代天文学成就》，北京：北京科学技术出版社，1987，第50页。
⑥ 关于《周官》的成书年代，见钱穆《中国学术思想史论丛》（二），台北：东大图书股份有限公司，1977，第383~389页。

十有八星之位",①《考工记·辀人》云:"为辀……盖弓二十有八,以像星也。"② 关于二十八宿具体名称的记载,最早见于《吕氏春秋·有始》篇,它列举天上九野及自角至轸全部二十八宿名称。③《圜道》篇云:"日躔二十八宿,轸与角属,圜道也。"④《天则》篇所提的角、钺、张、极如果作为二十八宿总称的代表,那么它的成篇年代应不会早于战国初期,当比较接近战国中晚期。

本篇强烈反对亲亲,尊崇贤贤,也是战国士气高扬的一种反映。盖秦代一统天下,秦始皇采取韩非的法家高压政策,视士大夫为五蠹之一,又焚书坑儒,士人受到压制,故有孔甲持礼器投奔陈涉,"以秦焚其业,积怨而发愤于陈王也"。⑤ 贾谊批评秦皇"仁义不施""不信功臣,不亲士民",致使"自群卿以下至于众庶,人怀自危之心,亲处穷苦之实,咸不安其位,故易动也",⑥ 士民官吏都生活在恐惧之中,纷起反抗。到了汉代,高祖初定乾坤,就分封同姓与异姓诸侯,这是亲亲(封建同姓宗室)与贤贤(封建异姓诸侯)的表现。贾谊站在维持大一统、加强中央政府统治力量的立场上主张削藩,其目的并非反对亲亲政策,而是希望不要因封建诸侯而造成尾大不掉的局面,因此要求中央政府及早采取强本弱末的政策。⑦ 另外,汉代诸侯已不能和周代相比,前者是中央政府直接统治下的一个行政区,很多权力归属中央政府;后者(尤其在战国)则各自为政,掌握政、经、军等权。⑧ 贾谊强调君主要礼遇大臣(详《新书》之《阶级》《俗激》两篇),如此才能使臣下做到"主丑亡身,国丑亡家,公丑亡私,利不苟就,害不苟去,唯义所在,主上之化也"。⑨ 忠君体公,为公

---

① 郑玄注、贾公彦疏《周礼注疏》,北京:北京大学出版社,1999,第700页。
② 郑玄注、贾公彦疏《周礼注疏》,第1094页。
③ 陈奇猷:《吕氏春秋校释》,第657~658页。
④ 陈奇猷:《吕氏春秋校释》,第172页、第176页注7。
⑤ 《史记》,第3116~3117页。
⑥ 贾谊撰,阎振益、钟夏校注《新书校注》,第3、14、15页。
⑦ 《新书·藩伤》篇主张削宗室诸侯势力:"其有子以国其子,未有子者建分以须之,子生而立。"《藩强》篇主张削异姓诸侯势力:"众建诸侯而少其力。力少则易使以义,国小则无邪心。"(贾谊撰,阎振益、钟夏校注《新书校注》,第37、39~40页)
⑧ 关于周代封建制度,参见瞿同祖《中国封建社会——周代社会组织》,台北:里仁书局,1997。
⑨ 贾谊撰,阎振益、钟夏校注《新书校注》,第82页。

忘私，如此臣节应值得大力提倡。可见贾谊强调的是提倡臣节，而非选贤用能，这是针对汉皇起自草莽、未达治体而言。汉武之后，汉儒思想主要有两派，一偏重礼乐重建，一强调革命论。① 可以断言，反对亲亲、主张贤贤是战国士大夫最具代表性的政治主张之一。

最后文章强调君臣上下有阂，重人握政，则"政在私家"（8a/6）。"政在私家"是春秋晚期至战国君权旁落、卿大夫权力大增所造成的末大必折的现象，也是礼崩乐坏、王道不行的体现。从这句话可以看出，本篇针对的是战国以来以封建宗法为纲的君权江河日下的政治现实。

结　论

通过以上论述可见，本篇强调巩固君权，提出各种相应的统治措施。这些措施有些受孔儒影响，如重视民本，体恤下情，希求传名立万，尊重士大夫，重视民智，知命之不可强为而求尽在于我。本篇又指出："临利而后可以见信，临财而后可以见仁，临难而后可以见勇，临事而后可以见术数之士。"（6a/2-4）这和《大学》"仁者以财发身，不仁者以身发财"之意相同。朱熹注云："仁者散财以得民，不仁者亡身以殖货。"② 这里强调信、仁、勇、术数之士，肯定其价值，即肯定儒家倡导的人生价值。

本篇有些观念受道家思想影响，如强调施政依循天道，无为而治，其天道论与庄子的看法相通；强调君主无为、臣下有为，建立法制，受到《黄帝书》影响；主张掌握权势，以势制人，受到慎子重势说影响；反对亲亲，主张贤贤，受到墨家影响。但是，强调巩固君权而不主张君主玩弄心术，也没有强调君主应卫精养神，主张制驭臣下但不强调使用刑名，这又和黄老、韩非的学说有区别，也和《博选》篇的看法不同。因此，本篇受到儒、道、墨、法诸家影响。道家的影响，尤其是庄子的影响偏重在天道观，黄老学的影响偏重在治国之道，儒家影响偏重在君臣关系、百姓利益、顺应民情、尊重智识，但是没有强调礼乐的教化功能。可见，本篇融合儒、道、墨、法思想，而受儒、道影响为甚。它主要混融战国末期的思想，是一篇杂家作品。

---

① 钱穆：《两汉经学今古文平议》，台北：东大图书股份有限公司，1983，第1~50页。
② 朱熹：《四书章句集注》，北京：中华书局，1983，第12页。

第四章　儒家选贤服仁，一成王业说

——《道端》篇研究

《道端》篇和《天则》篇都主张君主修身进德，任贤去小，重视民众，以巩固君权。唯《天则》篇强调圣王效法天道，刑德兼施，建立法制；本篇侧重以儒家思想为指导原则，举贤与能，德化天下。《天则》篇融合百家思想，本篇则是儒家作品，希望君主尊贤使能，使野无遗贤。君主用贤与否，是国家治乱兴衰的关键："此君臣之变，治乱之分，兴坏之关梁。"(16b/8－9)明君用贤与能，不仅能治国，而且可以成为后世君主效法的典范，政权可以传诸久远："故先王传道，以相效属也。"（16b/10－17a/2)《天则》篇希望君主修身进德，礼待贤士，否则上下隔阂，神器被窃；本篇也认为，若昏君疏贤亲佞，会当身即殁，人亡政灭。

一　选贤与能，修身进德，参赞天地化育

既然选贤与能辅治天下对于巩固君权至关重要，则君主任贤能乃势在必行之事。本篇阐述重用儒家的内容、成效等，兹论述如下。

（一）明君对仁、忠、义、圣等九德儒士的重用

本篇主张明君重用儒家九德之士：

仁人居左，忠臣居前，义臣居右，圣人居后。左法仁则春生殖，前法忠则夏功立，右法义则秋成熟，后法圣则冬闭藏。(14a/1－3)

临货分财使仁，犯患应难使勇，受言结辞使辩，虑事定计使智，理民处平使谦，宾奏赞见使礼，用民获众使贤，出封越境适绝国使信，制天地御诸侯使圣。(14b/10－15a/3)

夫仁之功，善与不争，下不怨上；辩士之功，释怨解难；智士之功，事至而治，难至而应；忠臣之功，正言直行，矫拂王过；义臣之功，存亡继绝，救弱诛暴；信臣之功，正不易言；贞谦之功，废私立公；礼臣之功，尊君卑臣；贤士之功，敌国惮之，四境不侵；圣人之功，定制于冥冥，求至欲得，言听行从，近亲远附，明达四通。（15a/9－15b/5）

从这三段文字里，可以看出如下信息。

其一，本篇相当重视儒家九德之士的政治作用和贡献，他们各有所长，能够胜任不同的政治任务（见表4－1）。

表4－1　儒家九德之士的政治特质和成效

儒者	政治特质	政治成效
仁者	平分财物	下不怨上
勇士	赴汤蹈火	—
辩士	辩口利辞	排难解纷
智士	出谋献策	治事应难
贞谦之士	为公忘私	民熙国泰
礼臣	使节接见	尊君卑臣
贤士	民心所归	四塞安定
信臣	外交应对	正不易言
忠臣	正言直行	犯颜谏过
义臣	—	存亡继绝、救弱诛暴
圣人	制天地，御诸侯	定制于冥冥，近悦远来

他们能解决很多问题，包括经济、外交、内政、国防、立法，以及君主个人道德修养、行事等方面。其中最重要的是圣人，他能为君主之师，其德、识皆出于普通人之上，能在"冥冥"之中制定法度，防患未然，使近悦远来。这种看法和孔、孟、荀有别。孔、孟、荀偏重以道德伦理来论诸德，且他们对于圣人的看法与本篇有所差别：孔子对圣人有两种看法，一是政教合一的圣王，一是道德修养最高的仁者；孟子认为凡就某一德行尽力而为，即为圣人，其中孔子是圣之集大成者；荀子认为圣人兼思想

家、道德家、文献家等而有之。① 孔、孟、荀所言的圣人进可为政治领袖，退可为君主之师。本篇对圣人的定义偏重在政治贡献上，孔、孟、荀的圣人胸襟较本篇更显高远。

其二，本篇将儒家价值与五行说相配。子思（约前483～前402）、孟子（约前390～前305）倡导五行，此五行后人理解有殊，有指仁、义、礼、智、信，有指五伦，有指五德，有指亲、义、别、序、信，有指仁、义、礼、智、诚，有指天、地、民、神、时，② 还有郭店简的仁、义、礼、智、圣说。五行最初指五材，《尚书·洪范》篇："一，五行。"孔颖达疏云："五行即五材。"③《洪范》篇提出五行，暗与五味相合，但是未把五行与五事、五纪、五福等相配，只把五行当成一畴，与五事、五福等相并列，此五行偏向于人生事务。思、孟把儒家五种德目视为五行，没有把它们与方位相配，是以本篇晚于孟子。《管子·四时》篇确切地把四季、五方（东、南、中、西、北）、五政、五气（风、阳、和、阴、寒）、五德（星、日、岁、辰、月）、五行（木、火、土、金、水）相配。胡家聪说它是稷下阴阳学派作品，④ 则其成篇最晚已到战国末期。由孟子到《四时》篇这百年间，五行说不断发展，从人生五德进而成为构成宇宙的五种元素（邹衍的主张）。本篇把儒家四德与四季相配，并以君主居中，显然有五行之义，然本篇不偏重宇宙论，仍默守先儒矩矱，重视人生。

其三，这种把儒家价值与五行相配的排列和运用有优良的政治传统："先王用之，高而不坠，安而不亡，此万物之本剽，天地之门户，道德之益也。"（14a/3－5）首先，先王重用儒者，在政治上取得很大成效，使政权稳如泰山："高而不坠，安而不亡。"这句话被陆贾吸收在《新语·辅

---

① 孔子的圣人观可概述如下。其一，圣人是德位才兼备、政教合一的最高统治者。子贡问孔子："如有博施于民而能济众，何如？可谓仁乎？"孔子回答说："何事于仁，必也圣乎！尧舜其犹病诸！夫仁者，己欲立而立人，己欲达而达人。"（《论语·雍也》）尧舜本来已是德位兼备的最高统治者，而孔子还说他们未能做到博施济众，尚需"圣"来完成，那么圣人也必是德、位兼备的最高统治者。其二，圣人就是道德修养到最高层次的人。孔子说："若圣与仁，则吾岂敢？抑为之不厌，诲人不倦，则可谓云尔已矣。"（《论语·述而》）"为之不厌"指孔子好古敏求，此属智；"诲人不倦"指孔子对学生循循善诱，此属仁。能仁且智，就是圣人。所以子贡称赞孔子为圣人。
② 详邢文《帛书周易研究》，北京：人民出版社，1997，第217～219页。
③ 孔安国传，孔颖达疏《尚书正义》，北京：北京大学出版社，1999，第302页。
④ 胡家聪：《管子新探》，第308页。

政》篇里："以圣贤为杖，故高而不坠，危而不仆。"① 可见先儒后儒在遣词用字上有相承之处。② 其次，本篇从形上义来肯定仁、忠、义、圣四德是万物之本、天地之门："天者万物所以得立也，地者万物所以得安也。故天定之，地处之，时发之，物受之，圣人象之。"（13a/10-13b/2）天能使万物得以立，则天未必是创生万物之根源，而其教化之功通幽彻著，无所不至。地能使万物得以安，则地能为万物提供生长的必需条件，是万物生成的温床。天地化育万物，尚需四时变化，不同的气候使万物生、殖、熟、藏，尤其重要的是人类遵守这些自然规律，并施以人力，参与造化，始克其功。四德就是人类行为的标准，也是天地化育万物的门径。如此，四德不仅对政治有极大作用，而且对参赞化育有不可或缺的影响。

明君若重用儒士，可在政治上发挥显著的成效。首先，可防患萧墙之变。本篇认为君主"出究其道，入穷其变，张军卫外"（13b/8-9），拓边服远，把兵力重驻边陲，造成外实内虚，不能察觉宗室有人心怀异志，"所备甚远，贼在所爱"（13b/9-10）。若觊觎神器之人伺机发难，自己不能防患于未然，"祸反在内"（13b/9），则江山易手，后悔莫及。法家韩非也有如此看法。③ 本篇认为防止政变的最好方法是举贤用能。若君主左右都是人中之龙、时彦俊士，仁、义、忠、圣四种儒士各居四方（14a/1-2），他们高瞻远瞩，智勇双全，自能杜绝不测，"显不蔽之功，则任事之人莫不尽忠"（14a/9-14b/1）。贤能柄政，坦诚布公，能使上下一气，忠贞尽职，如此，奸佞小人日退，即使尚有在朝廷者，也不敢轻举妄动。

---

① 王利器：《新语校注》，第50页。
② 陆贾学属儒家，详钱穆《钱宾四先生全集》第19册，台北：联经出版事业股份有限公司，1999，第1~6页；刘家和《古代中国与世界——一个古史研究者的思考》，武汉：武汉出版社，1995，第404~407页；拙文《论陆贾的仁义观》，《中国语文论译丛刊》第26辑，2010，第1~24页。
③ 韩非特别提醒君主要注意宗室之人可能心怀异志，起义逼宫。《韩非子·亡征》篇提到几种与宗室有关的亡国之兆：君主逝世前未安排好皇储；娶敌国之女为妻；太子尊显，徒属众强，广交大国；庶子比太子尊贵；父兄人众势强，内党外援以争事有权势者。《备内》篇劝谏君主不要过分亲信夫人、后妃、太子，因为他们"党成而欲君之死也，君不死则势不重"，因此君主必须明白"其贼在内，备其所憎，祸在所爱"。本篇与韩非的看法相类，但是本篇倡导儒家价值，与韩非有迥然不同的政治论：韩非认为人性本恶，故强调君主以法术钳制臣下；本篇认为重用贤士能使国家昌明隆盛。本篇希望明主多措意于肘腋之忧，既重视外朝政治运用，又留意内宫举措，这样，才不致外重内轻，对宫闱麻木大意，有拱玺之虞甚至命断黄泉之难。

其次，举贤使能可使上下不相欺瞒，有助教化。本篇说："进贤受上赏，则下不相蔽。① 不待事人，贤士显不蔽之功，则任事之人莫不尽忠。乡曲慕义，化坐自端，此其道之所致，德之所成也。"（14a/8 - 14b/3）儒士推荐贤士于朝廷，既有益于治国，又可受到君主的赏赐，一举两得，臣民何乐而不为？贤士被重用，能一展匡世济民之志，上下同声同气，臣卜亦会为了私利而蒙蔽君上，能够尽忠职守，体公忘私。戴卡琳指出，这能打破权贵垄断政权的恶性循环。② 君主重用贤士，就此一端，上行下效，自然近悦远来，则君主不施以兵，而以仁义风化天下，天下斯从，如此，一统天下，指日可待。

最后，君主重贤与用佞会产生两种截然不同的效果。任贤使能对治国有很多好处："夫长者之事其君也，调而和之，士于纯厚，引而化之，天下好之，其道日从，故卒必昌。"（16b/4 - 6）长者指那些有仁义忠信等美德的人，他们以儒家仁义等伦理事君，鞠躬尽瘁，协调事务，和气致祥；以身作则，君子德风，化及豚鱼。上下和衷共济，国泰民安。如此，君主享有美誉，"故曰有光，卒于美名"（16b/3 - 4），流芳千古。君主若任用佞小，则结果迥异："夫小人之事其君也，务蔽其明，塞其聪，弃其威，以灼热人，天下恶之，其祟日凶，故卒必败，祸及族人。"（16b/6 - 8）小人只求餍足一己之私，罔顾君国利益，凭借君权狐假虎威、鱼肉百姓，结果导致神怒鬼怨，百姓揭竿而起，小人不仅自身难保，且其族人难逃厄运，君主也会因之丧失政权。可见，君主任用贤小，在政治上会造成截然不同的后果。明君重贤与能，才能治理好国家。

（二）明君修身进德与治术

既然举贤任能对于治理国家有着举足轻重的作用，那么君主必须具备相当的道德修养与学识，否则容易为群小所蒙蔽，不能提拔贤能于草昧之中。本篇认为君主应以儒家德义来修身："仁者，君之操也；义者，君之行也；忠者，君之政也；信者，君之教也；圣人者，君之师傅也。"（14b/8 - 9）君主以仁为修身原则，以义为处世行事的标准，以忠为施政圭臬，

---

① 此句《太平御览》卷六三三作"进贤者受上赏，则不蔽。善为政，赏人不多而民喜，罚人不多而民畏"。

② 〔比利时〕戴卡琳：《解读〈鹖冠子〉》，第 128 页。

以信为教化目标,以圣人为师傅,这样的君主是儒家理想的明君。由仁至信,是由内向外推的步骤:仁义关乎个人修身;忠用于政治,以期上下忠于职守,臣下能忠孝节义;信用于教化,希望臣民信及豚鱼。圣人为君主的师傅,以文化来领导政治,以道统来指导政统,这是战国思想文化的一个特征。

本篇认为君主掌握最高权力:"本出一人,故谓之天"(14b/3)、"君者,天也"(14a/6)、"一国之刑,具在于身"(14b/6)。"以身老世,正以错国,服义行仁,以一王业"(14b/7-8),如果君主能服义行仁,躬先表率,以此治国,则国家大治,推行仁政,以迄于老,可一统天下。

当然,君主在施政过程中不可能一下子就使所有贤能仕进,小人悉退,总会有陶犬瓦鸡滥竽充数,甚至从中捣乱,因此,君主要有观人术,"内有挟度,然后有以量人"(15b/5-6),才能求到真正的贤士:"富者观其所予,足以知仁;贵者观其所举,足以知忠;观其大祥,[①] 长不让少,贵不让贱,足以知礼;达观其所不行,足以知义;受官任治,观其去就,足以知智;迫之不惧,足以知勇;口利辞巧,足以知辩;使之不隐,足以知信;贫者观其所不取,足以知廉;贱者观其所不为,足以知贤;测深观天,足以知圣。"(15b/7-16a/2)阶层不同,身份不同,性格不同,观察他们的方法也因之而异,同时要以儒家伦理标准来衡量他们的行为,这样,才能分辨出何人有真材实料,何人虚浮不实。淘沙筛金,真正的贤士就能为君主提擢任用。

另外,君主要实施一些权谋来制驭臣下,尤其是小人:"钩绳相布,衔橛相制。"(13b/6-7)钩绳指度量衡之类。[②] 布,《广雅·释诂》云:"施也。"衔橛,张纯一云:"马衔曰橛。"[③] 这句话是说君主要用一些措施和手段来驾驭臣下,以便控制他们,巩固君权。这一观点受到法家影响。

又,君主施政要顺天应时,则"参偶其备,立位乃固;经气有常,理以天地。动逆天时,不祥有祟"(13b/7-8)。天地资君主以道,贤者辅以

[①] 俞樾认为"观其大祥"应置于本段之前,大祥指大端,为本节开端(见《曲园杂纂》卷二〇,叶4b)。
[②] 钩绳,《庄子·骈拇》篇云:"且夫待钩绳规矩而正者。"成玄英云:"钩,曲;绳,直……夫物赖钩绳规矩而后能曲直方圆也。"(郭庆藩:《庄子集释》,第321页)
[③] 张金城:《鹖冠子笺疏》,《国文研究所集刊》第19期,1975,第31页。

德，明主修身，如此四维（天、地、君、贤）具备，国家不会败亡。若不顺天因时，背道反常，则维倾国亡，祟妖出现，君主成为阶下之囚。①

如果君主能够做到上述诸项，就是有道之君，否则是无道之君。有道之君统治，君臣同心勠力，万民亲附（16a/8-10）；无道之君亲小远贤，政治混乱，风潇雨晦，百姓铤而走险，政权迟早覆灭（16a/10-16b/2）。这种情况和《著希》篇所言在暴君统治下的君臣关系相同："上有随君，下无直辞，君有骄行，民多讳言。故人乖其诚能，士隐其实情，心虽不说，弗敢不誉。"（3a/8-9）这是在政治高压下的君臣关系，是一种未如人意的政治关系。

可见，本篇是儒家作品。它的看法有些和《黄帝书》相同，应该也受到《黄帝书》的影响。②

二　成篇年代：战国中晚期

首先，本篇不写成于秦代。本篇云："乡曲慕义，化坐自端，此其道

---

① 张金城：《鹖冠子笺疏》，《国文研究所集刊》第19期，1975，第32页。
② 本篇受《黄帝书》影响多处可见，如认为君主法天地，修德尊贤，乃"经气有常，理以天地"（13b/7）。盖君主修身进贤，使国家不败亡，是经气之常，天地之理（张金城：《鹖冠子笺疏》，《国文研究所集刊》第19期，1975，第32页）。相反，如果君主远贤亲小，则"事不任贤，无功必败"（13b/8）。这也是《黄帝书》的政论之一。另外，君主要参天地之化育，明白天人之分，"与天与地，建立四维，以辅国政"（13b/5-6）。敦煌本注"与"为"法天则地"（傅增湘：《跋唐人〈鹖冠子〉上卷卷子》，《国立北平图书馆月刊》第3卷第6号，1929，第723页），句意是君主效法天地，安立万物。所谓四维，并非敦煌本注和陆佃注所云的礼义廉耻（13b/6），而是指天、地、君主与贤能。黄老学派也主张君主施政要效法天地。又，本篇把君主、贤能与天地并提，这和《博选》篇把天、地、人、命四者并举相同，两篇都有参天地的观念，唯《博选》篇偏重重命，使君主旺精养神；本篇偏重尊贤使能，强调他们对于治国的重要性。本篇主张正君臣上下之位，《黄帝书·君正》篇说："主主臣臣，上下不赿。"（余明光：《黄帝四经与黄老思想》，第253页）本篇强调明君重用儒士，可以"先定素立""上合其符，下稽其实"（16a/7-8），《黄帝书·君正》篇说："王天下者，轻县国而重士。"（余明光：《黄帝四经与黄老思想》，第256页）本篇强调明君重用儒士也受此影响。又《黄帝书·亡论》篇认为国亡由三壅塞造成，其一是"内立（位）朕（胜）胃（谓）之塞"（余明光：《黄帝四经与黄老思想》，第270页），本篇也认为君王若不措意于内宫宗室，则可能招致政变。又，帛书《二三子问》也主张君主举贤以辅政（陈松长、廖名春：《帛书〈二三子问〉、〈易之义〉、〈要〉释文》，《道家文化研究》第3辑，上海：上海古籍出版社，1993，第425页）。儒、道两家都主张举贤用能，本篇与其看法相同。

之所致，德之所成也。"（14b/1-3）此"端"非避秦始皇之讳。端，绪也。句意是君主尊贤使能，推行德政，则乡曲仰慕此仁义，君主之道德自此风化天下。本篇又有"务正一国"（14b/5）、"正以错国"（14b/7）句，都明言"正"，也不避秦皇政之讳，则可知本篇不写成于秦代。至于"国"，不是避刘邦之讳，故不能以此证明它写成于汉代。

  本篇宜写成于战国中晚期。本篇说："务正一国。"（14b/5）盖战国之际，列国并立，诸侯多希望国富兵强，然后可以一统天下。这涉及如何统一及统一后该如何治理的问题，即涉及帝道、王道、霸道诸问题。[①] 儒家希望君主先修身进德，表率臣民，德化一国，然后天下风从，故下文云："正以错国，服义行仁，以一王业。"（14b/7-8）虽然汉代也有诸侯国，尤其汉初诸侯国土广兵众、危及王室，然而异姓诸侯在高祖高后时期已日趋式微。同姓诸侯在文景武三帝时也相继被削，最后势穷力竭。有些诸侯并非不想安居其位，只是汉帝出于猜忌，千方百计罗织罪状，欲置之死地而后快，诸侯迫不得已而公然冒天下之大不韪，与天子决一雌雄。徐复观认为，吴王濞初无反意，因景帝削吴两郡，吴王濞恐削地无已，因此发难。汉初政局扰攘不安，是汉帝欲加固君权，不允许地方有合理分权所致。[②] 事实上，吴王为乱，是景帝与吴王互相猜忌的结果。

  儒家最重视天下百姓利益，[③] 汉帝一统天下后，其政策较秦皇合乎民心。高祖自入关中后，推行一系列利民惠政，如取消暴法、减少役税、特赦罪犯等。[④] 惠帝吕后执政，大体因循高祖政策。[⑤] 孝文继位，不兴土木干戈，不建灵台，减民徭役、弛山泽之禁，去肉刑，不求奢靡，衣食朴素。就诸帝的施政来看，他们的部分政策确是与儒家务民之义相通的。基于此，可见汉朝政权有别于秦，能为百姓谋福祉。所以，越来越多的儒者支

[①] 有关这方面论述，详本书第一章。

[②] 徐复观：《两汉思想史》第1卷，上海：华东师大出版社，2001，第104页。

[③] 周公、儒家重视天下之公，见拙文《先秦思想总结视域下的周公形象——论〈吕氏春秋〉对周公的评论》，《天中学刊》2019年第5期。

[④] H. H. Dubs, *The History of the Former Han Dynasty*, Baltimore: Waverly Press, 1938, pp. 16-19.

[⑤] 《史记·吕后本纪》赞曰："孝惠皇帝、高后之时，黎民得离战国之苦，君臣俱欲休息乎无为，故惠帝垂拱，高后女主称制，政不出房户，天下晏然。刑罚罕用，罪人是希，民务稼穑，衣食滋殖。"

持汉廷：陆贾主张推行与民休息的无为政策；叔孙通为汉朝制礼仪；娄敬建议定都长安，迁六国遗裔于此，与匈奴通婚；袁盎向文帝建议削藩；贾谊主张裁抑诸侯，捍御匈奴，尊礼大臣，重农抑商。这些儒者的政策，使汉朝渐具规模，由草昧无知走向文治之道，不致重蹈秦亡覆辙，为汉武一朝的文治武功奠定了基础。本篇强调仁、义、忠、信、圣对政治运作和一统天下所发挥的巨大作用，何必在统一的汉代为诸侯卖力？反观汉初谋臣、逆臣，如蒯通、张敖等，他们从来没有自居仁义，而是以利害来权衡事宜。① 这和本篇观点绝异。

在强调"一以王业"的前提下，本篇又说："出封越境。"（15a/2）这只能在战国时期列国并立的情况下才存在，当时天下尚未统一，使节出入他国传达君命，本篇建议最好用信士。汉代天下一统，不必在疆域内出封越境，除非与夷狄交往。既然不可能是汉代儒家支持诸侯所为，则本篇不写成于汉而成篇于战国，是理所当然的。

本篇说："圣人者，君之师傅也。"（14b/9）这也可作为本篇写成于战国的证据，盖战国士气高扬，视圣人为君师是当时的思想文化特色。汉初诸帝未懂礼遇大臣，故贾谊说"今而四维犹未备也"，② 劝谏汉帝"令主主臣臣，上下有差，父子六亲各得其宜，奸人无所冀幸，群众信上而不疑惑哉。此业一定，世世常安"。③ 只有确定君臣名分，使六亲各尽其分，上下和睦，国家才能长治久安。

另外，黄帝"四面说"也为确定本篇写成年代提供了重要证据。黄帝神话在中国古代神话中比较重要且十分典型，因为他既是神话人物，又是

---

① 汉高祖一统天下之前，蒯通劝韩信不要支持刘邦或项羽，三分天下，因为他"功无二于天下，而略不世出者也"，且"戴震主之威，挟不赏之功，归楚，楚人不信；归汉，汉人震恐"。这是以利害来劝说韩信，而没有叫韩信服仁行义，德化天下。又，《史记·田叔列传》记赵王张敖的门客劝他自立，事发被系狱，门客贯高、田叔褫衣自髡随赵王到长安，结果被封为郡守、诸侯相。可见，一些有勇有谋的门客受到高祖重用。后吴王濞欲为乱，派应高游说胶西王一起举兵，应高也说以利害，不说以仁义。后来吴王为乱，发书给其他六王。即使他有夺帝位之志，也是以景帝重用晁错、削诸侯之地、不礼遇诸侯为借口，而没有说自己出动仁义之师，行为合乎仁义。最能说明当时俊杰之士行事的，莫过于袁盎，他认为吴王所招皆为无赖，而非豪杰："令吴得豪杰，亦且辅王为义，不反矣。"则汉初豪杰之士不会以仁义为由来劝说诸侯为乱，一成王业。
② 贾谊撰，阎振益、钟夏校注《新书校注》，第92页。
③ 贾谊撰，阎振益、钟夏校注《新书校注》，第92页。

开创历史的先祖之一。他的神话内容既神仙化，又历史化。① 古人对黄帝"四面说"的神话内容有不同的看法：《尸子》引子贡之言认为是黄帝有四张面，孔子则认为是派人治理四方，高诱认为是黄帝派人向四方求贤能，《魏略》认为是黄帝建四面之号。② 关于"黄帝四面"的性质，有认为是神话，有认为被历史化。自马王堆帛书出土以后，学者对"四面"说的原意仍然看法纷纭，莫衷一是：有学者认为是黄帝身边有四位辅佐大臣，像天地之有四时；③ 有学者认为"四面"指四方（空间）、四时（时间），它是由造物主太阳神从黑暗中创生，创造光明与黑暗二分的世界，它的循环运行确定东西南北和春夏秋冬，确立了人类赖以生存的宇宙时空秩序，黄帝"四面说"就是此神话的表象；④ 有学者认为"四面说"说明黄帝与阴阳家、天文历数有密切的关系，《管子》的《五行》《四时》篇、《淮南子·览冥》篇可作为佐证；⑤ 有学者认为是指远古的走婚制，即处于中原地区的黄帝族人，到四方去走婚。⑥ 王晖根据帛书文本，运用文字学知识，认为帛书"昔者黄宗质始好信，作自为象（像），方四面，傅一心"的原意是：那不过是一般的宗主之状，为四方木之状，从中穿孔以达四方。这里比较特殊的是，由于黄帝宗主为四方木，其上还有其形象，后来才产生"黄帝四面"的神话传说。李学勤认为《道端》篇仁忠义圣各居左前右后说是演绎黄帝"四面"说。高诱注说是黄帝使人四面出求贤人，得之立为辅佐。此注之说已失先秦之真，汉人已不流行四面说。⑦

本篇能明确地演绎《黄帝书·立命》篇，明确黄帝"四面说"，则本篇不写成于汉代，而应该写成于战国时期。又，《黄帝书·立命》篇说黄帝"前参后参，左参右参"，只说黄帝的前后左右各有辅佐为之谋划献策，本篇则明确说四辅是仁忠义圣，方位是左前右后，并与四季相配，则本篇

---

① 详张振犁《中原神话研究》，上海：上海社会科学院出版社，2009，第 74~93 页；何新《中国远古神话与历史新探》，哈尔滨：黑龙江教育出版社，1988，第 62~73 页。
② 以上详王晖《古史传说时代新探》，北京：科学出版社，2009，第 245~246 页。
③ 李学勤：《〈鹖冠子〉与两种帛书》，《道家文化研究》第 1 辑，第 340~341 页。
④ 见叶舒宪《中国神话哲学》，北京：中国社会科学出版社，1992，第 226 页；叶舒宪、田大宪《中国古代神秘数字》，北京：社会科学文献出版社，1998，第 65 页。
⑤ 葛志毅、张惟明：《先秦两汉的制度与文化》，哈尔滨：黑龙江教育出版社，1998，第 139~140 页。
⑥ 郑先兴：《"黄帝四面"神话的历史学阐释》，《河南师范大学学报》2008 年第 2 期。
⑦ 李学勤：《〈鹖冠子〉与两种帛书》，《道家文化研究》第 1 辑，第 340~341 页。

转化了《十六经·命》篇的"四面说",把五行说融会于儒义之中。

三 《道端》篇与孟、荀圣人观之关系

为了进一步确定本篇的成篇年代,兹从圣人观比较本篇与孟、荀之别。

上文已简言孔、孟、荀之圣人观。孔子之圣人有两种含义:一是政教合一的君主,一是道德修养最高的仁者。孔子赋"圣人"予新义的是后者,即从道德文化的贡献来阐述圣人仁者的内涵。

孟子继承发展孔子、子思学派的圣人观,提出"时"观念。郭店简、帛书《五行》被认为是子思学派作品。该篇认为义、智、圣都来自内在的仁,仁是道德的内在根源。圣人比智者高卓,能知道君子与君子之道、天道。[1]《孟子·万章下》推崇孔子为圣之时者、圣之集大成者,即使古代的圣人尧、舜、文、武、周公也不及。孟子把士的典范、道统的代表圣人孔子推到亘古未有的最高点,凌驾于政教合一的圣王之上,则孟子重文化尤甚于政治、重道统尤甚于政统,强调政教分离,礼赞伟大人格的文化力量,其意态可得而知。他也是从文化贡献方面来阐明圣人的重要性。

荀子所说的圣人,兼思想家、道德家、文献家、政治家而有之。荀子认为圣人化性起伪,制礼义以除人性之恶。圣人既"修百王之法",是"人之所积也"(《荀子·儒效》),是道德与礼制相合的最高代表:"圣也者,尽伦者也"(《解蔽》),"仁知之极,夫是之谓圣人"(《君道》)。圣人至仁至智,安于人生道德价值的规范,可教授礼义之统,身兼君师:

---

[1] 庞朴:《竹帛〈五行〉篇比较》,《中国哲学》第20辑《郭店楚简研究》,沈阳:辽宁教育出版社,1999,第221页。关于帛书《五行》篇的学派归属,魏启鹏《德行校释》认为是受子思和公孙尼子影响(成都:巴蜀书社,1991,第104页)。《五行》篇特别重视仁与圣,认为仁是道德的内在根据:"安之者仁之气也。安而行之,义也。"本篇又说"不仁不知(智)""不仁不圣",则义、智、圣都来自内在的仁。仁是道德内在根源,也是道德的最高修养。圣人的修养较智者为高,圣人能把握天道,故"闻君子道而不知其君子道也,谓之不圣。见贤人而不知其有德也,谓之不智。见而知之,智也。闻而知之,圣也"。圣人必先知道君子与君子之道,而且对君子之道相当娴熟,闻而知之,智者只能见而知之。当然,能够成为圣人,至少先成为君子。《五行》篇视圣人、仁人为道德修养最高者,言圣人知天道,也许是把孔子"五十而知天命"这一说法抽象化,以知天道为圣人的一大标志。

"情安礼，知若师，则是圣人也。"(《修身》)如此，圣人成为政教合一的统治者。荀子之圣人不是孔孟所推崇的古代圣王，而是新圣王。可见，荀子言圣人已把文化与政治相绾合，其先在文化上有最高地位，继而能在政治上拥有最高地位。

《道端》篇所说的圣人介乎孟、荀之间，他有最高的文化修养与才能，又是君主最重要的助手："天者万物所以得立也，地者万物所以得安也。故天定之，地处之，时发之，物受之，圣人象之。"(13a/10-13b/2)强调君主应效法天地，任用贤能，建立四维，如此方能治理好国家。这里把圣人放在天地时之后，要圣人效法万物，则依上下文之意，此圣人的地位很近君主，其文化修养则非君主所能望项。本篇说："制天地御诸侯使圣"(15a/3)，"圣人之功，定制于冥冥，求至欲得，言听行从，近亲远附，明达四通"(15b/4-5)。则圣人不是君主，而是君主最重要的助手，他能知天道，辅助君主制定法度，功均天地，使远附近亲。本篇说："圣人者，君之师傅也。"(14b/9)强调圣人为君主之师，这仍然是以文化来领导政治，继承孔子圣人观传统。可见，从圣人观发展来看，孟子赋予圣人强烈的道德文化感；《道端》篇赋予圣人文化、政治崇高地位，然仍未将其置于群龙之首；到了荀子，强调圣人政教合一，是道德文化与政治的最高领袖。从本篇圣人观的过渡作用看，本篇应写成于孟、荀之际。

结 论

通过以上分析，可知《道端》篇是战国中晚期受到黄老和五行思想影响的儒家作品，[1] 是孟、荀圣人思想的过渡作品。它要求君主尊贤使能，修身进德，以正一国，进而一成王业，一统天下。它依仁义等德目把儒士分成不同专才，解决政治上的不同问题，在儒学史上具有独特地位。

---

[1] 本篇提倡儒家九德，而《庄子·在宥》篇作者则反对儒家八德——明、聪、仁、义、礼、乐、圣、知，以为八德使天下难以安其性命之情，迷惑天下，故此八者可存可亡（王先谦：《庄子集解》，第90~91页）。这也是儒、道两家在战国晚期互相辩难的一个例子。

第五章 鹖冠子的军事思想

——《近迭》篇、《兵政》篇研究

《近迭》篇记鹖冠子回答庞子有关圣人之道的问题,分析了大国兵诎辞穷、出师不利的原因:君主愚昧骄纵,不究心先王治典,宠信谋臣,内暴外凌,终有生栋覆屋之虞。认为圣人不应效法天、地、四时、阴阳,而应重视人道,尤其重视军事。而《兵政》篇则强调用兵要重视三才之道,发展经济,因应时世。这两篇反映鹖冠子的军事思想,故一并论述。

一 鹖冠子的军事思想

(一) 圣王治道

1. 圣人之道:不效法天、地、四时,重视三才之道

这是鹖冠子军事思想的矛盾之处。先说《近迭》篇,认为圣人之道以人为先(17a/4),不效法天、地、四时之道,因为"天高而难知,有福不可请,有祸不可避,法天则戾。地广大深厚,多利而鲜威,法地则辱。时举错代更无一,法时则贰。三者不可以立化树俗,故圣人弗法"(17a/6-9)。天高难知,人要避祸就福,天不可请求歆动,则福祸由己,无涉天道;地道卑下,可亲而缺乏威严,若效法地道卑弱则受辱;四时气候变化不定,不宜以此为行事之圭臬。因为天、地、四时各有缺点,无助立化树俗,因此圣人不效法它们。鹖冠子反对效法天地之道之意,和荀子、郭店简《穷达以时》篇与《六德》篇、《尉缭子·天官》篇强调天人相

分相同,① 他是从人之福祸无涉天道来看天人关系的。

鹖冠子在《近迭》篇中不主张效法天地四时阴阳,而在《兵政》篇则强调用兵必依三才之道:"用兵之法,天之,地之,人之,赏以劝战,罚以必众。"(47b/7-8)这也是鹖冠子回答庞子时提出的答案,他认为统帅用兵之道,应取道三才,参与天地之变化,掌握天地自然变化之规律,并以赏罚同治。这种看法和传统兵家、道家相同,如孙子、孙膑、《管子·九守》篇都有这种观点。② 同样是鹖冠子回答庞子相同的问题,答案竟然截然不同,不能不使人感到惊讶。鹖冠子学属黄老,主张参与三才之道,

---

① 《荀子·天论》篇云:"天行有常,不为尧存,不为桀亡。应之以治则吉,应之以乱则凶。强本而节用,则天不能贫,养备而时动,则天不能病;修道而不贰,则天不能祸。"荀子认为自然天有其客观存在与规律,与治乱没有什么关涉。人最重要的是尽人事,则天也不能病。郭店简《穷达以时》篇提出:"有天有人,天人有分。察天人之分,而知所行矣。"(李零:《郭店楚简校读记》,第86页)主张天、人相分,只有了解天、人的不同职守,才能尽人之本分,而不做有坏于天人相通之事。《六德》篇说:"君子人道为先。"也强调君子应更重视人道。《尉缭子·天官》篇有同见:"黄帝所谓'刑德'者,以刑伐之,以德守之,非世之所谓'刑德'也。世之所谓'刑德'者,天官、时日、阴阳、向背者也。黄帝者,人事而已矣。"(徐勇:《尉缭子浅说》,北京:解放军出版社,1989,第45页)刑伐、德守都是行兵之义,黄帝能够百战百胜,唯靠人事,而不效法天时阴阳等自然规律。鹖冠子反对效法天地四时,也反对效法阴阳:"神灵威明与天合,勾萌动作与地俱,阴阳寒暑与时至。"(17a/9-17b/1)灵,陆佃注:"神之精明曰灵。"(17a/10)勾萌,张金城认为是句芒(《鹖冠子笺疏》,《国文研究所集刊》第19期,1975,第39页),句意为神灵以威严使人敬畏而有明信;草木初生勾萌,顺应地候,以利生长;阴阳日夜明晦寒暑的变化,都顺时推移。既然阴阳与四时相顺,而四时不足法,则阴阳也不可效法。鹖冠子说:"三者圣人存则治,亡则乱,故先人。"(17b/1)天地四时是客观存在,非圣人所能改变。然圣人生则能参与三者化育,主动权操诸圣人之手。既然天地四时不足为恃,圣人施政当然不必效法,而应直面人生。
② 孙子说:"经之以五事,校之以计而索其情:一曰道,二曰天,三曰地,四曰将,五曰法。"(《孙子·计》篇)从五方面来比较敌对双方的各种条件,以求战胜之道。君主平常施政能顺民之心、得民之心;将帅用智谋才能,赏罚有信,爱抚士卒,勇敢果断,军纪严明。天指昼夜、晴雨、寒热、四季更替等大自然气候变化;地指路程的远近,地势的险夷,作战地域的广狭;法指军事组织编制,将吏统辖和职责区分,军用物资的供给和管理制度等;将帅要充分把握了解这五方面,才能打胜仗,否则不能取胜(陶汉章:《孙子兵法概论》,北京:解放军出版社,1984,第112页)。孙膑《月战》篇云:"天时、地利、人和,三者不得,虽胜有殃。"(银雀山汉墓竹简整理小组《孙膑兵法》,北京:文物出版社,1975,第57页)说明只有天时、地利、人和三者相得,将帅才能带兵作战,否则,即使胜利也会有不测。《管子·九守》篇也有相同的看法:"一曰天之,二曰地之,三曰人之","用赏者贵诚,用刑者贵必,刑赏信必于耳目之所见,则其所不见莫不暗化矣"(戴望:《管子校正》,第301页)。君主参与三才之道,用赏罚,如此,就能树威立信,而远近之民无不感化折服。

唯在《近迭》篇特别强调用兵对于保家卫国的重要性，而有如此答案。

2. 圣人用兵之道

圣人重视百姓，把他们的生存视为天下第一大事，时刻想着避免外敌侵略，以免造成人身财产的损失，如此，平常厉兵秣马，严阵以待："兵者百岁不用，然不可一日忘也。是故人道先兵。"（17b/2）《孙子·计》篇就明言军事对国家安危的重要性："兵者，国之大事，死生之地，存亡之道，不可不察也。"[1] 鹖冠子亦强调用兵与国家安危密不可分，警示君民必须安不忘危，常备不懈，以免蹙国丧师。

鹖冠子认为战争不发生于太平盛世，而是在天子失制之时："失道故敢以贱逆贵，不义故敢以小侵大。"（17b/4-5）国家昏乱，社会失序，位低者趁机发难，不守礼节，攻击位高者；小国罔顾礼义，攻打大国，以图分一杯羹。此时兵连祸结，天昏地黑。从庞子问鹖冠子的情况来看，鹖冠子感到当时正是王纲不振、弱肉强食之际，因此，圣王日夜整军经武是治国必不可少之事。

鹖冠子指出，行军打仗要有原则："兵者，礼义忠信也。"（17b/3）军队当是仁义、威武之师，诛暴扶弱，行军要以礼义忠信为主，不出无名之师。这种看法可溯及春秋时期，如士芳、楚申叔都认为战争以德刑礼义为主。[2] 可见，鹖冠子认为打仗是为了防止外患，保境息民。

既然义兵行军之目的在于拯溺扶危，替天行道，那么明君就不能坐视天下鼎沸，不必等到水来土掩之时才兴师动众："行柱则禁，兵正则舍，是故不杀降人。主道所高，莫贵约束。得地失信，圣王弗据，倍言负约，各将有故。"（17b/5-7）凡叛乱造反者则征伐，若叛军投诚，则不可杀戮，以见义兵仁厚诚信。这也是兵家的传统看法。[3] 圣王打仗最重要的是取信于人，不做攻取土地而失信于人或者背信弃义之事，否则，国家将会

---

[1] 中国人民解放军军事科学院战争理论研究部《孙子》注释小组：《孙子兵法新注》，北京：中华书局，1977，第1页。

[2] 鲁庄公二十七年，晋献公欲伐虢，士芳反对，认为："夫礼、乐、慈、爱，战所畜也。"鲁成公十六年楚申叔论战："德、刑、详、义、礼、信，战之器也。德以施惠，刑以正邪，详以事神，义以建利，礼以顺时，信以守物。"二人都主张战争以德刑礼义是依。

[3] 《左传》隐公十一年记君子评郑庄公云："许，无刑而伐之，服而舍之。"谓许国违背法度，故庄公攻伐它，许国服从则放过它，这是知礼的行为。贾谊《新语·先醒》曰："古之伐者，乱而整之，服则舍之。"可见，不杀投诚者的观点，渊源有自。

有大变故。

鹖冠子认为，圣人用兵，还必须掌握事物的特性、事情的形势："物有生，故金木水火未用而相制。"（47b/10-48a/1）各种事物皆有特性，如金能克木，水能克火，若能了解它们的特性，就不会错误使用，这说明用兵若因应自然相克之道，就能取胜于敌方未萌之时，此为善战之上者。他也认为，将帅要善于审时度势，权变通达，发展经济，积累财富，以为军队提供物资。两者相辅相成、相得益彰："财之生也，力之于地，顺之于天；兵之胜也，顺之于道，合之于人。"（48b/2-3）无论是生财，还是打胜仗，都有共通点，就是顺应自然之道，且尽之于人力。要耕种生财，既要顺应四时气候、物候，又要尽人力。

（二）大国兵诎辞穷、禁不止、令不行之故

战国时期，群雄并起，逐鹿中原。不少诸侯国鼎新革旧，由小国而一变为强国，有些大国则上下不和，或君臣愚昧、束手束脚，终于沦为弱国，甚至师丧国亡。庞子对大国兵诎辞穷、不能得志于天下深感疑惑，故请教鹖冠子："地大者国实，民众者兵强，兵强者先得意于天下。今以所见合所不见，盖殆不然。今大国之兵反诎而辞穷，禁不止、令不行之故，何也？"（17b/8-10）按常理来说，地大物博之国应民熙物阜，百姓众多之国应兵强马壮，兵多将广则易于称霸天下，然而环顾当世，事实与常理相反，大国不仅不能得志于天下，反而内外交困，内不能禁乱，外不能御敌，原因何在？

鹖冠子分析其中道理如下。

1. 君主愚昧无能，哀梨蒸食，骄奢淫逸

君主不贤明，不得治国要领，反而事必躬亲，无一不过问，且自以为得计，如此则"不能无为而不可与致为"（18a/5-6），结果一事无成。君主骄恣，心高气傲，"骄则轻敌，轻敌则与所私谋其所不知为"（18a/6-7），瞧不起敌国，但是对于敌情茫然无知，不能知己知彼，反而指天画地，只与宠臣（即《韩非子·奸劫弑臣》篇中的"擅主之臣"）密谋筹划，自作聪明，不知萧蔷，必然计穷势蹙。

君主自高自大，瞧不起往圣先王（19a/1），不遵循先圣治国的矩矱，而任意为之。鹖冠子劝他们厘定"法度，无以嗜意为摸"（19a/5），不要

以一己之私意来厘定法制。① 易言之，君主应广开言路，择善而从，这样法制才能公平公开，包容并时。同时，君主应学习先王古法，存精去芜，厘定新法，"故人不百其法者，不能为天下主"（19a/6），以作为君臣治国的依据，这样，君主才能成为一统天下的天子，这才是知百法的桀雄（20a/1），甚至成为陆佃说的俊德（20a/1－2）。鹖冠子强调学习的重要性，受孔儒影响。②《庄子》和《老子》都不重视学习历史知识。鹖冠子认为：

> 无数而自因，无法而自备；③ 无上圣之检而断于己明，人事虽备，将尚何以复百己之身乎？主知不明，以贵为道，以意为法；牵时诳世，迨下蔽上，使事两乖；养非长失，以静为扰，以安为危。百姓家因人怨，祸孰大焉？（19a/6－19b/2）

第一，君主上无圣人古法，④ 下不与群臣制定完备的新法，以一己之意为法令，出尔反尔，朝令夕改，使臣下无所适从，如何能成为天下共主？第二，君主没有独见之明，⑤ 不懂治国纲领，而只依恃权贵，以致小人盈朝，贤能在野，拘时系俗，且为时论所动，不能分辨是非，上下相瞒，政治昏暗腐败。小人窃权以自高，行凶撒泼，对贤能之士耀武扬威，对百姓作威作福，所谓"逆节之所生，不肖侵贤命曰凌，百姓不敢言命曰胜"（18a/2－3）。第三，君主治国之道已远离常轨，上下违失，所犯过失越来越多，以平静为困扰，以安定为危亡，是非颠倒，倒施逆行，最后使百姓家家困苦，人神共愤，则政权危在旦夕。另外，君主对待人才不适能而任，而是唯亲是举，有些同能而殊官，有些同功而异赏，对臣下厚此薄彼，则"择人而用

---

① 嘿，《说文解字》云："小声也。"嘿意即私意。摸，模之假借字（张金城：《鹖冠子笺疏》，《国文研究所集刊》第 19 期，1975，第 42 页）。
② 孔子自述"吾十有五而志于学"（《论语·为政》）云云是好学的最好说明。鹖冠子对于儒家有一定程度的了解，详本书第十章。鹖冠子强调学习先王之法，以便于治国，而孔子所学范围较广，凡古代礼、乐、射、御、书、数，无所不包。两人都希望明君学贯古今，施诸政治，使国家臻于治境。
③ "备"下文本有"循"字，俞樾《曲园杂纂》卷二〇认为循乃衍字（叶 5a/3－4），这样，"无法而自备"与"无数而自因"相对。
④ "上圣之检"之"检"，训为法度（参张金城《鹖冠子笺疏》，《国文研究所集刊》第 19 期，1975，第 42 页）。
⑤ "断于己明"，陆注："断于独见之明。"（19a/8）释文据此。

之者王，用人而择之者亡"（18a/1-2），功高赏少的臣下可能怀恨在心。[1] 内顾之忧隐然存在，君主若稍不慎，可能有江山之恨。

2. 君主重用谋臣，幸招丧师辱国

鹖冠子最措意的是君主重用那些以外交途径借重他国以在己国取利的谋臣，[2] 也就是韩非所说的"四方"之臣。但是两者有别。韩非所说的"四方"之臣是指那些借外力以巩固自己在己国之势力、地位者，本篇所说的是喜借外交以挑拨两国是非者。[3] 这些谋臣为了逞一时之快，而置国家存亡于不顾。首先，他们布置外交应对，出师失利，败给敌国，"使非其任，力欲取胜于非其敌"（18a/7-8），明知己方行人不如敌方，却硬派才疏计拙、不胜其任之人与敌方交涉，结果，计无所施，理屈词穷，反为天下所笑，导致"国君被过听之谤，丑于天下"（18a/8-9），君主蒙受欺瞒、恶名闻于天下。[4] 谋臣不仅背负欺君之罪，更严重的是他为逞快邀功，挑拨两国是非，开罪敌国，因此"谋臣负滥首之责于敌国"（18a/9）。"滥首"，张纯一解为谋首，[5] 是有道理的。敌国追究责任，"敌国乃责则却，却则说者羞其弱"（18a/9-10），道理说不过对方，就卑躬屈节，低声下气，行人承命。有志之士也为大国之君表现懦弱而蒙羞，然而自己地位较低，即使理直气壮，无奈"万贱之直，不能挠一贵之曲"（18b/1），亦说不过势倾朝野的谋臣。世上只有强权，没有公义！

其次，谋臣因在外交上失利，出乖弄丑，为了挽回面子，就孤注一掷，与敌国决一雌雄，使生灵涂炭，"国被伸创，其发则战"（18b/2）。君臣平素文恬武嬉，没有文韬武略，则与敌国开战，无疑是以卵击石，生栋覆屋，"战则是使元元之民往死"（18b/2-3）。多少军人暴尸沙场，多少

---

[1] 慎子看法同，《慎子·德立》篇说："君舍法而以心裁轻重，则同功殊赏，同罪殊罚矣，怨之所由生也。"

[2] 有关战国谋士的情形，详晁福林《先秦社会形态研究》，北京：北京师范大学出版社，2003，第221~228页。

[3] 《韩非子·八奸》篇中指出其中一奸是"四方"，他们是小国之臣，看到小国怕大国用兵的缺点，就"虚其国以事大国，而用其威求诱其君"，甚至举兵聚集在边境而威胁君主。《近迭》篇所说的是大国，而非小国。

[4] 被，《文选·东京赋》薛注云："覆也。"引申为蒙受之意。丑，《诗·十月之交》："亦孔之丑。"毛传："恶也。"（郑玄：《毛诗郑笺》，页78）

[5] 张金城：《鹖冠子笺疏》，《国文研究所集刊》第19期，1975，第41页。

百姓家破身亡！这一切的错都是谋臣一手造成的（18b/3）。君主误听谋臣之言，终铸大错，内外交困：内则兵败山倒，举国悲伤；外则与诸侯结仇，敌国蓄蕴谋臣之罪。如此，君主面临内忧外患，大有众叛亲离、孤立无援、不寒而栗之感（18b/3-4），政权岌岌可危。

鹖冠子认为要消除内外交困的窘局，只有诛谋臣而后快："不伐此人，二国之难不解，君立不复，悔囊邮过，谋徒计易，滥首不足，盖以累重，灭门残族，①公谢天下，以让敌国。不然，则战道不绝，国创不息。"（18b/5-8）如果不将谋臣斩首示众，后果不堪设想：敌我两国不可能解怨释嫌，必然连年开战，死伤无数，严重影响国计民生；更甚者，万一我方败北，敌方兵临城下，君主大有君位不保、社稷覆亡、血食中绝之虞，那时追悔莫及。因此，鹖冠子认为，为了长治久安，君主要痛定思痛，不仅要处死谋臣，更要因他犯下的滔天大罪，诛其家族，公谢天下，才能平息民怨，保住君位。

鹖冠子思及君主宠信谋臣及宠臣祸及君国的行径乃至带来的严重后果，不禁浩叹："大乎哉，夫弗知之害！悲乎哉，其祸之所极！"（18b/8-9）君主强以不知为知，胡乱指挥，结果使成千上万军士浴血沙场，外敌环伺，江山摇摇欲坠，后果相当严重。可见，即使是地大民富之国，一旦君主昏庸，则连捍卫本国也没有能力，遑论得志于天下。他总结道："此倚贵离道，少人自有之咎也。是故师未发轫而兵可迭也。"（18b/10-19a/1）君主治国只倚重权贵而不循常道，不用人唯能，因此军队尚未开战就败不旋踵，乃意料之中。

鹖冠子批评此地大国富民众兵强之国，现代学者认为可能是针对楚国，但是没有确切的证据。战国时强国不能得志于天下，先后有魏国、齐国、楚国、赵国，不能断论此必为楚国。②另外，《黄帝书·经法·亡论》

---

① 此句《子汇》本"灭门"下"残疾"，俞樾认为"疾"为衍文（详《曲园杂纂》卷二〇，叶4b/10-5a/2），孙人和的看法同（《鹖冠子举正》，《国立北平图书馆月刊》第3卷第2号，1929，第162页）。

② 吴光认为"这很像是针对战国末期的楚国形势的"（《黄老之学通论》，第165页）；谭家健没有详述理由，只说"可能就是针对楚国而言"（《〈鹖冠子〉试论》，《江汉论坛》1986年第2期）；葛瑞汉认为这些引文可以确定某一历史事件，但没有具体说明是哪件史事（"A Neglected Pre-Han Philosophical Text: Ho-kuan-tzu," p.508）；孙福喜认为可以指赵国（《〈鹖冠子〉研究》，第152页）。可见，庞子所言地大国实、民众兵强之国不必指楚国，一则大、实、众三者没有明确界定，二则战国时因地大国实兵强称霸后不得志于天下的，至少有三国。因此，鹖冠子所批评的未必指楚国。

篇认为君臣骄溢则国亡，用国而恃其强者弱；①《管子·重令》篇也对"地大国富"的诸侯提出戒急的警示，若诸侯骄纵，则外失邦交，内致民乱。②这种看法和本篇劝君主戒骄矜之见不谋而合。《重令》篇是写于田齐宣王、愍王之时的作品，③依情理而论，它是对一些大国君主提出警告，而非特地针对某国，更具普遍意义。如此也可说明，本篇所批评的国富民众兵强之国不一定指楚国。对大国君主提出警告，劝诫其切勿骄恣，以图称王称霸，正是战国诸子的共识。

二 鹖冠子与兵家的关系

由上所论，鹖冠子的军事思想大致为：圣王重视臣民安危，平素要整军经武，以防不虞之变；重视内部政治清明，主张君主要贤明谦虚，用人唯才，不宠信谋臣，赏罚公正；师出有名，义战为上，严守礼信，取信于天下，不侵犯他国；因事物本性，发展经济。这些看法继承了孙子、吴起等的思想，兹略论如下。

第一，对战争性质的了解。吴起把战争起源分为五种类型：义兵、强兵、刚兵、暴兵、逆兵。其中义兵是"禁暴救乱"，④对付这种战争，应以礼来治服。《黄帝书·十六经·本伐》篇依战争的性质，分成三类：一是君主争利之战，二是君主发泄私愤而发动的"行忿"之战，三是"为义"之战。⑤《黄帝书·经法·国次》篇认为，为利之战的目的在于"兼人之国""利其资财"，即使取得胜利，但是不合正义，最终会"国危破亡"；⑥正义之战，"布其资财""以封贤者"，⑦除旧立新，除暴安良，深得民心，是符合天功的最终胜利。尉缭子把战争分为"挟义而战"和"争私结怨"两种（《尉缭子·兵权》），支持"不攻无过之城，不杀无罪之人"，反对

---

① 余明光：《黄帝四经与黄老思想》，第268~269页。
② 戴望：《管子校正》，第81~82页。
③ 胡家聪：《管子新探》，第245页。
④ 李硕之、王式金：《吴子浅说》，第58页。
⑤ 余明光：《黄帝四经与黄老思想》，第312页。
⑥ 余明光：《黄帝四经与黄老思想》，第246页。
⑦ 余明光：《黄帝四经与黄老思想》，第247页。

"杀人之父兄,利人之货财,臣妾人之子女"之战(《武议》)。① 鹖冠子强调用兵的目的是"行枉则禁,反正则舍,故不杀降人"(17b/5-6),制止枉曲之兵,如果他们投诚,或者改邪归正,那么就不应杀戮,而要给他们自新的机会。明君以义出兵,希望禁暴止乱,此继承吴子、《黄帝书》等之见。

第二,战争与国内政治环境有密切关系。所谓政治环境,视乎君主的德行、用人、赏罚与将领的才能等。

首先是关于战争与国家存亡的关系。孙子强调战争与国家存亡有极密切的关系,② 必须慎重其事,不可轻率用兵。孙膑继承孙子的思想,认为谋士不应以行兵为攻敌的工具,而应像先王以兵为辅政之具。③ 易言之,要国富兵强,不能单靠军队,虽然军队是政治必不可少的组成部分。孙膑强调治国之道尤重于用兵,这和孙子有所差别。鹖冠子认为"兵者百岁不一用,然不可一日忘也,故人道先兵"(17b/2)。他注意到军队对保障国家安全、发展国家经济具有极重要的作用,所以劝诫君主一日不可忘记军事建设,并且进一步提出圣王应以整军经武为第一要事,较诸孙膑,更重视军事对国防、经济发展的重要性。《管子·重令》篇对地大国富的诸侯提出戒惕的警告,希望诸侯不要骄纵,以免外失他国之交,内使百姓造反。④ 这种看法和本篇劝君主戒骄矜之见相同。

其次是对君主之德行、用人、赏罚等方面的看法。吴起认为君主要修好文德,依循道、义、仁、礼四德修身行事,并"教百姓而亲万民",训练军队,安集吏民,"顺俗而教,简募良材"。⑤ 另外,他希望君主要使贤者居上,不肖者处下。君主不可唯我独尊,不听从臣民之见,应虚心纳谏。⑥《黄帝书·经法·君正》篇重视民心向背对战争胜负所起的决定性影响:"对内不和,不得言外。"又说:"民无它志,然后可以守战矣。"只有

---

① 徐勇:《尉缭子浅说》,第32页。
② 孙子谓:"兵者,国之大事,死生之地,存亡之道,不可不察也。"(《孙子·计》)
③ 孙膑说:"夫兵者,非士恒埶也,此先王之传道也。战胜,则所以在亡国而继绝世也;战不胜,则所以削地而危社稷也。是故兵者不可不察也。"(张震泽:《孙膑兵法校理》,北京:中华书局,1984,第19页)
④ 戴望:《管子校正》,第81~82页。
⑤ 李硕之、王式金:《吴子浅说》,第58页。
⑥ 李硕之、王式金:《吴子浅说》,第40~41页。

君民上下同心同德，才能备战。①尉缭子主张君主明赏正罚，"赏如日月，信如四时；令如斧钺，利如干将"（《尉缭子·兵令》），如此才能昭信于天下。他还认为应先教后刑，"先礼信而后爵禄，先廉耻而后刑罚，先亲爱而后律其身焉"（《战威》），更有利军队道德风气建设和管理。②鹖冠子强调君主要效法先圣，究心法制，重用群贤，广纳雅言，建立完善法制，不要只宠信一两谋臣，这与吴氏、尉缭子所论相同。唯鹖冠子偏重于阐述君主宠用谋臣权贵带来的恶果，劝诫明君不要重蹈大国宠信谋臣以致兵败的覆辙。

复次，鹖冠子强调君主平素要注重训练军队，以防不虞之需。先秦兵家诸子都有如此看法。吴起强调严格治军，以"教戒为先"，提高军政素质。他提出一套比较完整的练军方法，如单兵技艺训练、阵法训练、编队教战等，这样才能使军队临战不危。③尉缭子也指出平时积极训练，治军有方，使部队纪律严明，常备不懈，一旦参与战争，能进退得宜，无往不胜。在军事训练中，还要培养士兵勇敢果决、舍生忘死的精神，在战场上有高昂的士气："无不腾陵张胆，绝乎疑虑，堂堂乎胜成去。"（《尉缭子·兵谈》）他强调协同指挥，号令一致的重要性。④《孙膑兵法·篡卒》篇重视选卒，"其勇在于制"，使其勇敢善战。⑤《管子·幼官》篇也重视选士，认为选士与利械一样重要。

又，《黄帝书》强调出师有名，《经法·国次》篇说："诛禁不当，反受其殃。"⑥《亡论》篇指出："兴兵失理，所伐不当，天降二殃。"⑦如果出师无名，横行无忌，不为正义而战，乃为利、为泄君主之愤而出师，最后只会玩火自焚。鹖冠子强调师出有名，继承《黄帝书》的看法。

最后，鹖冠子对于效法天地四时阴阳的看法，也与兵家有一脉相承之处。先秦兵家对于天时阴阳有两种态度，孙子、范蠡、《黄帝书》和孙膑强调作战必须配合天时，如范氏云："人事必将与天地相参，然后乃可以

---

① 余明光：《黄帝四经与黄老思想》，第325、249页。
② 徐勇：《尉缭子浅说》，第37页。
③ 李硕之、王式金：《吴子浅说》，第44页。
④ 徐勇：《尉缭子浅说》，第36页。
⑤ 银雀山汉墓竹简整理小组编《孙膑兵法》，第54页。
⑥ 余明光：《黄帝四经与黄老思想》，第245页。
⑦ 余明光：《黄帝四经与黄老思想》，第269页。

成功。"① 《黄帝书·兵容》篇说用兵不效法天地之道就不能行动,② 孙膑说:"天时地利人和,三者不得,虽胜有央,是以必付与而□战,不得已而后战。"③ 天时地利都是为了配合作战的外在条件,人的主动性和机动性更为重要。尉缭子也偏重人为因素,他认为天时地利阴阳在某种程度上无关人事,而行军打仗最重要的是依人事;孟子亦有天时不如地利,地利不如人和之说(《孟子·公孙丑下》);荀子主张天人相分,强调人尽其事。这些看法都与鹖冠子相近。郭店简《穷达以时》篇主张天人相分。④ 可见,主张天人相分不仅是荀子思想的一大特色,也是一些兵家的看法。因此,同一种观念不必限于同一学派。战国中晚期,诸子互相问难,学派思想互相影响,不同学派有相同的观念,也属常态。

通过以上分析,鹖冠子的军事思想继承了孙子、吴起、《黄帝书》、孙膑等,与尉缭子相通。他虽然强调平常整军练武以备不虞之变,但是应没有像大形彻所言程度之深,以国家会受到灭顶之灾而感到不安为出发点,思考防御卫国之道,并且建构思想体系。⑤ 他偏重阐述君主宠信谋臣、不尊贤使能、不广开言路所带来的严重后果,如君位不保、社稷覆亡等。因此,兵家注重阐述军事理论,而鹖冠子则偏重阐述内部政治问题,强调内政腐败会给军事带来严重影响。

鹖冠子主张圣人行军应注重人事而不应唯效法天地阴阳,此乃兵形势家的看法。《汉书·艺文志》称兵形势家云:"形势者,雷动风举,后发而先至,离合背乡,变化无常,以轻疾制敌者也。"⑥ 言兵锋威猛,军行神速,机动能力高,战术变化巧,速战速决,和兵阴阳家的看法不同;他们不喜以天地四时阴阳为效法对象,而强调人的主观能动性。虽然鹖冠子没有明显说明打仗要如何,但是他重视内政、民心与军事的密切关系,可以推测他受到兵形势家的影响。

又,鹖冠子特别措意君主重用谋臣给国家带来后患,这种对谋臣的敌

---

① 《国语》,第650页。
② 余明光:《黄帝四经与黄老思想》,第305页。
③ 张震泽:《孙膑兵法校理》,第59页。
④ 李零:《郭店楚简校读记》,第86页。
⑤ 大形彻「『鹖冠子』——不朽の国家を幻想した隠者の書」『東方宗教』第59号、1982、45页。
⑥ 《汉书》,第1759页。

视态度和韩非子相同。韩非对谋臣深恶痛绝,认为他们"召敌兵以内除,举外事以眩主,苟成其私利,不顾国患"(《韩非子·内储说下》)。[1] 这些谋臣常依仗外力来要挟君主,加强自己的地位。韩非把君主重用谋臣(尤其是由别国来的谋臣)视为亡国的一大征兆。[2]《黄帝书》对此多所措意,《经法·六分》篇把谋臣在外有位也视为亡国的征兆之一。[3] 另外,韩非指出君主平常不秣马厉兵,而轻易挑衅兴兵,国家也易于灭亡:"主多怒而好用兵,简本教而轻战攻者,可亡也。"[4] 可见,鹖冠子和韩非都身处战国末期,目睹不少谋臣纵横捭阖,为了一己之利而罔顾国家利益,致使国破家亡,对此痛心疾首。因此,鹖冠子特别敌视这种谋臣,并希望君主能引以为戒。这种看法承自《黄帝书》,《经法·大分》篇说:"谋臣在外立(位)者,其国不安,其主不(悟)则社稷残。"[5] 正说明这点。

结　论

通过以上分析,鹖冠子继承春秋以来的兵家思想,强调君主要重视军事,平常多训练军队,以防患未然。他劝诫君主不要宠用谋臣、对他们言听计从,否则外交失利,外结仇敌,国家灭亡未暇。君臣应遵循、完善先王法制,克尽厥职,自能不败于天地间。他主张尽人事,应是受到兵形势家的影响。

---

[1] 陈奇猷:《韩非子集释》,第572页。
[2] 陈奇猷:《韩非子集释》,第268页。
[3] 余明光:《黄帝四经与黄老思想》,第252页。
[4] 陈奇猷:《韩非子集释》,第267页。
[5] 余明光:《黄帝四经与黄老思想》,第252页。

第六章　鹖冠子的理想政治论：
成鸠氏之治
——《王鈇》篇研究

《王鈇》篇记庞子问鹖冠子成鸠氏一族统治天下长达一万八千年的情况及原因，鹖冠子分析成鸠氏的"人情物理"、"啬万物"、"与天地总"、继体守文之君能得素皇内帝之法。鹖冠子所言成鸠氏之"人情物理"（"制邑理都"之法）与管子军政改革有很多相同、相近之处，有学者遂以此断定《鹖冠子》乃伪书。成鸠氏之治是鹖冠子的理想政治之一①，兹先论述成鸠氏之治的具体内容，然后检讨学者的看法。

一　成鸠氏之治

（一）成鸠氏之治的情况

成鸠氏之治有几个特点：一是成鸠一族统治天下长达一万八千年，立世久远，莫得其匹；二是成鸠王朝一直兵力强大，世人不能战胜；三是成鸠有齐殊异之大功，盛德不泯，后世树俗立化，根本不能望其项背。

鹖冠子认为成鸠氏深得天道，其制度特点是与神明体正相合："成鸠之制，与神明体正。神明者，下究而上际，克啬②万物而不可獸者也。周泊遍照，反与天地总③，故能为天下计。明于蚤识远白④，不惑存亡之

---

① 另一理想政治是五正论，详本书第十四章。
② 啬，《吕氏春秋·情欲》篇"论早定则早知啬"，高诱注："啬，爱也。"
③ 总，《淮南子·原道训》篇"大宇宙之总"，高注："视宇宙之总合之。"则总有合之意。
④ 原作"逢白"，陆佃云或作"远白"（25b/9），据文意当从另本。又敦煌本没有解释这两个字，而说"而天下计者必须蚤识而后不惑"（傅增湘：《跋唐人〈鹖冠子〉上卷卷子》，《国立北平图书馆月刊》第3卷第6号，1929，第725页），则此两字不宜为"逢白"。

祥、安危之稽。"（25b/5－9）神明具有上合天、下究地、周行淡静的特点，陆佃说："周泊①无外也，遍照无里也。"（25b/7－8）外则周行而无所不包，内则普照无所遗失，与天地相合无间。它赡爱万物而不餍足，出而能入，往而能返，与天地相合，所以能为天下计虑。能见于未萌，而不惑于已发，深谙存亡之兆、安危之验。如此，成鸠氏之制外兼包天地四方，内以神明为主，返照内敛，并且关爱万物，与天地相合，防微虑远。

此外，成鸠之制深察人情物理，举措得中："辩于人情，究物之理；称于天地，废置不殆……仁于取予，备于教道，要于言语，信于约束，已诺不专，喜怒不增，其兵不武，树以为俗，其化出此。"（26a/3－7）下则究察人情物理，上则称审天地山川，知道万事万物之情理而举措不失其中，得立身处世之中道，以仁道待人，以仁道教化，又不穷兵黩武。以此道教化，则能树俗立化，收立竿见影之效。

（二）天曲日术的具体情况

成鸠氏的制度是天曲日术，它包含"人情物理""啬万物""与天地总"诸方面。鹖冠子对这几方面有所阐发。

1. "人情物理"

所谓"人情物理"，即"制邑理都"之法，这是成鸠氏政权的行政管理方法：划分都邑，使五家为一伍，设伍长；十伍为一里，设有司；四里为一甸，设甸长；②十甸为一乡，设乡师；五乡为一县，设啬夫；十县为一郡，设大夫。这些都是官属。郡大夫治属县，啬夫治属乡，乡师治属甸，甸长治属里，里有司治其属伍，伍长治其属家。

在这种行政组织下，政府统治百姓的方式可概括为如下两条。

其一，在每层行政组织里，家庭之间的日常生活是有事互相指正，居处互相观察，出入互相伺望、监控，"居处相察，出入相司"（26b/8）。家家相依，利害与共，如此，"若有所移徙去就……亡人、奸物无所穿窬"（26b/10－27a/1），那些逃亡之人无所穿窬逃逸，便不可能落草为患、称

---

① 泊，静也，《后汉书·蔡邕传》注（阮元等：《经籍籑诂》，北京：中华书局，1982，第2090页）。

② 甸，《子汇》本原作"扁"，敦煌本注与陆佃注皆作"甸"，兹从。

雄一方，与政府作对。

其二，重视对生活在行政基层的百姓的道德教育："父与父言义，子与子言孝，长者言善，少者言敬。"（26b/8－9）百姓"莫敢道一旦之善，皆以终身为期"（29a/5），把终身提高道德修养当成人生目标。他们的日常生活彼此相关，少则同侪，长则同友，死生同爱，祸灾同忧，居处同乐，"欢欣足以相助，惺谍足以相止"（29a/8－9），如此，"化立而世无邪，化立俗成"（29a/6），浴血战场时能相保相配，"入以禁暴，出正无道，是以其兵能横行诛伐而莫之敢御"（29a/10－29b/1）。成鸠氏之臣民精诚团结，万众一德，故"车甲不陈而天下无敌矣"（29b/2）。这和孟子所说君主推行仁政则天下归顺、君子战必胜之意相同，强调以文化融合的力量发挥一统天下的威效。

可见，成鸠氏通过制邑理都之法，层层管辖监控，既以行政手段划一臣民言行居处，又以道德教化使臣民互相熏陶，以收海不波溢、天下归心之效。敦煌本注道明其含义："郡邑广博，品类殊异，不能尽人而教，逐户而知。天曲日术之道……使家人相习，旦夕可教，退循相察，纤细靡遗……如是相制，虽一人一家之善恶行止，而郡大夫无不知也。"① 推行天曲日术的原因，是百姓品类殊异，良莠不齐，且政府不能人皆教之、人皆知之。此法推行范围，起自最低行政阶层伍，迄于郡级。如此层层相监控，则郡大夫可以对伍里每个人的一举一动了如指掌。

2．"啬万物"

所谓"啬万物"，即下层及时向上层通报，否则会被处罚；上层既管辖下层，又向下层推行教化，否则也会被处罚。只有这样，政治才不会窳败。伍里有余、不足、居、处等情状，伍长不向里有司报告，就是"乱家"，"其罪伍长以同"（27a/4）。同，连坐也。里中有人不敬长慈少、言行出轨、不听从父兄之教，里有司不向甸长报告，就是"乱里"，"其罪有司而贰其家"（27a/6）。贰，陆佃注："犹副也，若今从坐。"（27a/6）里有司治罪，其家从之。自甸长迄乡师，不依时循行教诲下一层之庶民，又不向上一级报告，都是"乱"，官长都会被治罪，其家

---

① 傅增湘：《跋唐人〈鹖冠子〉上卷卷子》，《国立北平图书馆月刊》第3卷第6号，1929，第725页。

从之。

　　自县啬夫以上，若不克尽厥职，则罪愆尤大，皆诛无赦：县啬夫不依时教诲乡民，不向郡大夫推荐善者，是为"蔽明"（27a/10），对恶人隐匿不言，是为"下比"（27b/1），如此是"乱县"，啬夫当被诛（27b/1）；郡大夫不依时教诲，不向柱国报告，就是"乱郡"，也当被诛；柱国不能处理好政务，"使下情不上闻，上情不下究"，是为"絑政"（27b/4），乃碍政，① 如此，"其诛柱国，灭门残疾"（27b/5）；令尹不宣时令，② 而害百姓，则是乱天下，当以车裂来处死。这就是鹖冠子所说的成鸠氏"啬万物"之法。

　　可见，成鸠氏一方面重视教化百姓，要求每层官员都必须依时教诲，并且及时向上级官员报告情况，否则就会被惩罚；另一方面，成鸠氏重视官员的责任，必求他们名实相副，处事认真，一丝不苟。由此可知，鹖冠子的思想里有儒家教民、法家形名相符的成分。敦煌本注强调成鸠氏重法的一面："乱法者，非罪即诛，而后法行令止……再上而之柱国絑政，罪与县郡等。所谓法自贵始。"③ 强调法的重要性与公正性，无论贵贱贤不肖，一违反法律，则处以刑罚。一切刑法严厉执行，由权贵开始，则法令不成具文。

3. "与天地总"

　　所谓"与天地总"，即下情上闻、上情下究所需的时间，每一行政阶层必依其规定的日数向上级报告，向下级施政，如此能收到"勉有功，罚不如"（28a/7-8）之效。鹖冠子说：

　　　　天用四时，地用五行，天子执一以居中央，调以五音，正以六

---

① 絑，陆佃云"或作絿"，《广雅·释诂》："絿，束也。"（张金城：《鹖冠子笺疏》，《国文研究所集刊》第19期，1975，第58页）《庄子·外物》篇"阴阳错行，则天地大絯"，成玄英疏："阴阳错行，不顺五行。"絯，郁窒不顺之意。然陆佃解："絑，急也。"（27b/5）则絑政乃急政苛政也，不合鹖冠子原义。
② 《子汇》本令尹"不宣时合地"，敦煌本注："令尹宣时令。"（傅增湘：《跋唐人〈鹖冠子〉上卷卷子》，《国立北平图书馆月刊》第3卷第6号，1929，第725页）陆佃注："宜或作宣"，"合或作令"（27b/5）。则当从敦煌本、陆佃所见另本。
③ 傅增湘：《跋唐人〈鹖冠子〉上卷卷子》，《国立北平图书馆月刊》第3卷第6号，1929，第725页。

律，纪以度数，宰以刑德，从本至末，第以甲乙。天始以元，地始以朔，四时始于历。(27b/8 - 28a/2)

这明显有天人相参之意，重点言成鸠氏效法天地之道，居于天地之中以执　，以刑德为政，以五音六律为法式来统治天下。[1]《度万》篇记鹖冠子言："五音六律，稽从身出。五五二十五，以理天下。六六三十六，以为岁式。"(22b/9 - 23a/1) 其意与此相同。所谓"从本至末，第以甲乙"，就是先德后刑之意。《史记·乐书》云："德成而上，艺成而下；行成而先，事成而后。"[2] 成鸠氏效法天地，居于两间之中，调音正律，主德辅刑，达治天下。"天始以元，地始以朔，四时始于历"，其意与《学问》篇"阴阳者分数，所以观气变也"(49a/9 - 10) 同，此法承自古昔，君主施政，注重选择时日，其治历法，首重历元，表示改正更元之意。这和成鸠氏子孙"更始逾新"相同。

既然成鸠氏效法天地四时，其统治天下，要每一行政层必依一定日数向上报告：里长每五日（提）向扁长报告，扁长每十日（旬）向乡师报告，乡师每十五日（节气）向县啬夫报告，县啬夫每三十日（月）向郡大夫报告，郡大夫每四十五日（气分所至，即春分、秋分之类）向柱国报告，柱国每六十日（六律）向天子报告，此即下情上闻。上级也以相同日数向下层施政教诲，唯天子每七十二日遣使于郡，体察民情，黜陟官吏，此乃上情下闻(28a/4 - 8)。这种依日数而闻的方法有明显特点，敦煌本注"事简用期短，事繁用期长"，[3] 可谓一语中的。至于天子每七十二日遣

---

[1] 敦煌本注颇合原义，可参："四时成岁，天之用也；五行木火金水土，地之用也。天子居中御外，调音、正律、纪度、宰刑，萃天下政事，考其本末，判其甲乙，故天之道始于无极，地之道始于太极，四时之道始于岁历，天子之道始于执一。"（傅增湘：《跋唐人〈鹖冠子〉上卷卷子》，《国立北平图书馆月刊》第3卷第6号，1929，第725页）基本上解释了天道、地道、王道三者的关系。鹖冠子说地用五行，继承传统五行在地说，《左传》昭公二十五年记郑子太叔引子产之言云："（礼）则天之明，因地之性，生其六气，用其五行。"《夜行》篇言："五行，业也。"陆佃注云："五材也，在地成形，故曰业。"(3b/8 - 9) 敦煌本解天之元为无极，解地之始为太极，赋天地予形上义，恐未合原义。这里所言天地皆为自然之义。

[2] 《史记》，第1204页。

[3] 傅增湘：《跋唐人〈鹖冠子〉上卷卷子》，《国立北平图书馆月刊》第3卷第6号，1929，第726页。

使以宣上情于下，陆佃认为是"用五行分王之数，盖一岁之运五行，各王七十二日"（28a/7），即把一年分成五段时期，每段时期各主一行，以此治天下。此说在《管子·五行》篇、《淮南子》中都有明确记载。① 可见鹖冠子言天子以七十二日治天下之说受其影响。而成鸠氏依日数而使下情上达、上令下达，敦煌本注认为是"与天地无鬲之道同也"，② 深得鹖冠子原义。

4. 成鸠氏施行"天曲日术"之成效

成鸠氏以天曲日术治理，终使该族一统天下一万八千年，成效显著，不仅功在当代，而且德泽后世。

（1）贤不肖各得其位，上下和通

由于推行理都制邑之制，行政阶层上下相绳，郡大夫、令尹皆须推荐贤能，否则会被处以极刑，这样，野无遗贤，"不肖者不失其贱，而贤者不失其明"（28a/9 - 10）。有才德者处上位，无才德者居下位。若有"使者敢易言尊益区域，使利遝下蔽上，其刑斩笞无赦"（28b/3 - 4）。天子中正，而使者敢于变易其言，妄自尊大于其治域之内，刑赏失中，致使遝下蔽上之事发生，则要处以刑笞。

（2）澄清吏治，严绳以法

成鸠氏责成每层行政官员各尽其责，否则多处之极刑，甚至灭门残族。如令尹必须推荐贤能，否则，"壹再削职，三则不赦"（28b/9 - 10），先黜后斩。成鸠氏规定"治不逾官"（28b/10），又规定治国以法，使"生者不喜，死者不怨"（28b/10 - 29a/1）。若"诸吏教苦德薄，侵暴百姓，辄罢。毋使污官乱治"（28b/4 - 5），诸吏依时教诲百姓，然教苦且浇薄民风，又侵暴百姓，马上罢黜，以免败坏吏治。若"不奉令犯法，其罪加

---

① 《管子·五行》篇说："作立五行，以正天时……睹甲子，木行御，天子出令……七十二日而毕。睹丙子，火行御，天子出令……七十二日而毕……睹戊子，土行御，天子出令……七十二日而毕……睹庚子，金行御，天子出令……七十二日而毕……睹壬子，水行御，天子出令……七十二日而毕。"依木火土金水为次，天子依其各分七十二日推行不同政令。《淮南子·天文训》云："壬午冬至，甲子受制，木用事，火烟青。七十二日，丙子受制，火用事，火烟赤。七十二日，戊子受制，土用事，火烟黄。七十二日，庚子受制，金用事，火烟白。七十二日，壬子受制，水用事，火烟黑。七十二日而岁终。庚子受制。"也是依木火土金水为次序，并结合五种颜色，说明天子推行不同的政令。可见，要求天子依五行、一定的天数来推行政令，是先秦秦汉政治学说的一个传统。

② 傅增湘：《跋唐人〈鹖冠子〉上卷卷子》，《国立北平图书馆月刊》第 3 卷第 6 号，1929，第 726 页。

民"（28b/5-6），官员知法犯法，其罪倍于平民。成鸠氏对官员的要求如此严格，使他们"利而不取利，运而不取次"（28b/6），不敢犯禁乱制以取非分之利，而尽其职责。成鸠氏赏罚分明，"著赏有功，德及三世，父伏其辜，不得创谥"（29a/1-2），奖功褒德；相反，父亲犯奸作科，赐以疵谥，以警子孙，以免罪及后世。

（3）天子中正，运天网地

成鸠氏以制都理邑、啬万物等法治理天下，使贤才君子效进，小人不肖黜退，且厘定吏治之法，进可替否，上下不相遁蔽，"行畔者不利"（28a/10-28b/1），陆注："天下晏然，虽阴有欲畔者无所乘其隙也。"（28b/1）一时"四方从之，唯恐后至"（28b/6-7）。因此，"上享其福禄而百事理……故莫能挠其强，是以能治满而不溢，绾大而不芒，天子中正"（28a/10-28b/3）。政得其中，天子治政秉握中道，制节谨度，不偏不倚，天下莫能与之争强。天子之治，"运天而维张，地广而德章"（28b/7-8），效法天之覆、地之载而推行政令，犹如无形的罗网覆盖天下，天下则深受其德行影响而不自知。

5. 成鸠氏一族能统治天下一万八千岁之故

成鸠氏一族能一统天下达一万八千年之久，世无与匹，除了上文阐述的原因外，鹖冠子还分析了其他理由。

（1）成鸠氏深得天道

鹖冠子认为成鸠氏得到天道："彼成鸠氏天。"（25a/2-3）天具有五种性质。①诚："天者诚，其日德也。日诚出诚入，南北有极，故莫弗以为法则。"（25a/4-6）太阳是天的诚德表现，它每天准时在南北定点出入，因此，论诚壹之德当以太阳为圭臬。君主取中于日德。②信："天者信，其月刑也。月信死信生，终则有始，故莫弗以为政。"（25a/6-7）月亮是天的信德表现，月亮每个月都有晦明变化，阴晴圆缺，终而复始。君主取正于月刑。③明："天者明，星其稽也。列星不乱，各以序行，故小大莫弗以章。"（25a/7-9）星是天的明德表现，列星不乱辰次，各依次序排列，大小星不相侵凌。君主取序于星。④因："天者因，时其则也。四时当名代而不干，故莫弗以为必然。"（25a/9-10）四时是天的因顺之德的表现。四时各当其名，各次其序而不侵越。君主取其必然于政。⑤壹：

"天者一，法其同也。前后左右古今自如，故莫弗以为常。"（25a/10 - 25b/2）壹是天的一德的表现，古往今来皆以此为常道。天具有这五种特性，既高又灵，"不为众父，易一，故莫能与争先。易一非一，故不可尊增。成鸠得一，故莫不仰制焉"（25b/2 - 5）。易，治也。① 天不为万物之父，成鸠氏得一。一，就是本体道，得一就深得本体。天道有此五种特性，成鸠氏自身的修养和治政都有此五种德行，故统治天下达一万八千岁。

从天的特性可见鹖冠子的天道观融会道、儒两家的观念。说天道因，因是道家（如庄子、《老子》）、法家（如慎子、韩非）所强调的；② 信、诚、明是儒家观念，后两者是孟子、《中庸》所强调的。③

（2）成鸠氏得王鈇之传

"王鈇者，非一世之器也，以死遂生，从中制外之教也。"（30b/2 - 3）"王鈇者，非一世之器也"一句见诸《博选》篇。《博选》篇写成于秦代。本篇反映战国末期思想，早于《博选》篇，则《博选》篇受本篇影响。唯两篇所言思想重点不一：《博选》篇重视五至论，本篇则高扬成鸠氏天曲日术；《博选》篇所言王鈇乃欲君主重用贤能以一统天下，本篇则言成鸠氏已得王鈇，且一族已能一统天下一万八千年。成鸠氏之王鈇，乃刑教合一，先教后刑，使民心大服，此即孟子所云"以生道杀民，虽死不怨杀者"（《孟子·尽心上》）之意。能先教后刑，使民心归服，即是从中制外之治道，也即上文所言"天子中正"（28b/2 - 3）之意。

---

① 《国语·晋语一》"而勤易之"，高注："易，治也。"俞樾认为此段两个"易"字乃得字之误（《曲园杂纂》，叶5/10 - 14），其说可参。
② 周公也很重视因，对黄老学产生影响，见杨兆贵《论周公对〈黄帝四经〉政治思想的影响》，《儒道研究》第5辑，2020。
③ 孟子说："信于友有道：事亲弗悦，弗信于友矣；悦亲有道：反身不诚，不悦于亲矣；诚身有道：不明乎善，不诚其身矣。是故诚者，天之道也；思诚者，人之道也。"（《孟子·离娄上》）可见，孟子言诚偏重在人伦和谐方面。《中庸》也有与孟子相同的看法："信乎朋友有道：不顺乎亲，不信乎朋友矣；顺乎亲有道：反诸身不诚，不顺乎亲矣；诚身有道：不明乎善，不诚乎身。"两者都认为先明乎善，则能诚于身；诚于身，则能悦乎亲；能悦乎亲，则能信于友。《中庸》把诚明推及于人性、天道："自诚明，谓之性；自明诚，谓之教。"又说至诚能尽性，能尽人性则能尽物性，能尽物性则能参赞天地化育。又说至诚无息，不息则久，久则征，征则悠远，悠远则博厚，博厚则高明。博厚能载物，高明能覆物，悠久能成物。把诚说成能参赞天地化育。《中庸》从德性来阐明诚的人伦、宇宙内涵，本篇则从日、月、星三者（形下之物）来说明天道的特性。

(3) 成鸠氏建立完善法制，继体守文之君不改"更始逾新之道"，深得"素皇内帝之法"

成鸠氏有感于"上世之嗣，失道亡功，倍本灭德之则，故为之不朽之国"（29b/3－5）。上世失道，以致"贱敢逆贵""小敢侵大"（29b/3），道尽途殚，殷鉴未远。成鸠氏乃推行天曲日术之制，"使鬼神亶曰：增规不圆，益矩不方"（29b/6），法制至善至足，规不可增，矩不可益，不仅人皆信之，即使质诸鬼神也无疑。因此，"以效末传之子孙，唯此可持，唯此可将。将者养吉，释者不祥"（29b/8－10）。后世子孙秉此法制以治天下，则可长治久安，否则国祚不永，崩殂后不能入享宗庙。

成鸠氏建立完善法制，而发扬光大则有赖子孙，所谓乃人弘道也。鹖冠子云："后世之保教也全，耳目不营，用心不分，不见异物而迁。捐私去毒，钩于内哲，固于所守，更始逾新，上元为纪，共承嘉惠。"（30a/4－7）后世继体之君心无旁骛于治政，不纵情于声色，去己之私，涵养睿哲，恪守成鸠氏所制之法，必能承泽嘉惠。后世君主不改"更始逾新之道"（30a/10），其方法是"奉业究制，执正守内，拙弗敢废"（30b/4－5），守成敬业，究心于制，执正守法，"主无异意，民心不徙，与天合则，万年一范"（31a/1－3）。君主专心一意于成鸠之制，民无二心，与天合则，法制一万年才变更一次，则法制万古长春，既灵活又恒久，如此，"近者亲其善，远者慕其德而无已。是以其教不厌，其用不弊，故能畴合四海以为一家，而夷貉万国皆以时朝服致绩而莫敢效增免"（31a/3－6）。守文之君德厚流光，其教化通行无伤，四方景服，"闻者传译，来归其义"（31a/7），依时进贡，臣服成鸠氏。夷貉万国来归，四海一家，不仅可一统中原，而且宾服四塞；不以武力威服四夷，而以文德使近悦远来。这就是"素皇内帝之法"（31a/8－9）。陆佃解云："帝者，天号；王者，人称；皇者，天人之总、美大之名。谓之素皇内帝，则又其至者也。"（31a/9）可见，素皇内帝之法是道德修养、治理天下境界最高的通天人的帝王。[①] 此为成鸠氏一族所秉持，所以能"功日益月长，故能与天地存久，此所以与

[①] 萧汉明《论〈鹖冠子〉的素皇内帝之法》（《江汉论坛》2003年第3期）指出，鹖冠子借成鸠氏提出一套国家统治构想和管理机制。该文提出的成鸠氏之治，即"人情物理"、"斋万物"、"与天地总"、继体守文之君不断提高修养等。鹖冠子的理想政治论除了这些建制设想外，还论及明君的精神修养。

神明体正之术也"（31b/1-2），否则"礼嗣弗引，奉常弗内，灵不食祀"（30b/8-9），不能践履九五之尊，死不受祀于宗庙之内，更遑论德泽四塞。秉道素皇内帝之法，以期留芳万古。

鹖冠子所言素皇内帝之法深含战国思想文化特色。战国诸子先言王为其理想政治人物，继则言帝为其理想政治人物，而后言皇以凌驾帝、王之上。① 本篇言皇、帝，则已是战国末期之事。

6. 成鸠氏之治可信之由（鹖冠子的人性论）

对成鸠氏一族统治天下万八千年，庞子有些不信。鹖冠子认为此非子虚乌有，并从人性方面肯定此事实。他说：

> 虎狼杀人，乌苍从上，螾蛾从下聚之，六者异类，然同时俱至者，何也？所欲同也。由是观之，有人之名，则同人之情耳，何故不可乎？（32a/6-9）

他从不同动物都嗜吃死尸以饱其腹这一简单事实推断动物有相同的本性，"所欲同也"，皆有食欲。死尸适合这几种动物的胃口，则利之所在，动物无不趋之若鹜。同理可得，人同此心，人同此情，凡人皆希望生活于太平盛世。成鸠氏之治既得民心，天下人当然愿意在其族统治下过安康丰阜的日子。由此可推，鹖冠子认为人性自古相同，无甚变化，人都希望过好日子，趋利避害、趋吉避凶，但是这不意味着人性唯利是图，也不意味着在盛世生活就是逸而不劳、放任恣纵，相反，百姓乐意接受天曲日术之治，"事相斥正，居处相察，出入相司"（26b/8），则成鸠氏之制顺乎民心，与孟子所云"圣人先得我心之所同然"相近。只有政制得民心，合民性，政权才能长治久安。因此，鹖冠子云："有人之名，则同人之情。"其人性观有这样的意涵：人皆趋利趋吉，人皆求治求安，人同此心，心同此理，圣人先得民心之同然，了解民心之同然，故圣人之治能历万古而不衰。这种看法和孟子所说有相通之处。孟子所云"人心之同然"乃指仁义，而鹖冠子所言乃指人求安求利。在一般情况下，这两者不冲突，但是当

---

① 顾颉刚：《顾颉刚古史论文集》第3册，第40~44页。

鱼与熊掌不能兼得，孟子主张取仁舍生，鹖冠子对此未置一词。这种人性论和《吕氏春秋·察今》篇也相通，该篇认为先王制法，既与时俱变，又因人性，人之性"古今一也，人与我同耳"，因此，"贵以近知远，以今知古，以益所见，知所不见"。① 若明白古今人性相同，不亦可居今而推想不可见的成鸠氏时代吗？

二 《王铁》篇与管子改革、《周礼》、法家思想的关系

历代学者对成鸠氏之治的具体情况有不同看法。陆佃认为此未必是史实，他说："天地初立，岂容已有兵哉？此言亦筌蹄也。南华曰：寓言十九，重言十七。"（24b/9）认为鹖冠子所言成鸠氏之治乃寓言，不可当成史实。周氏批评此篇"全用楚制"，自伍长至郡大夫需层层相告，柱国、令尹动辄灭门斩首，与编民同用三尺之法，乃处士妄论王政。② 鹖冠子主张无分贵贱，一绳以法，周氏指责此乃妄论王政，是不了解鹖冠子倡法治之意。宋濂不同意周氏之见，但也认为本篇所载，"楚制为详"。③ 孙宝瑄则称赞"治天下之公理本应如此"。④ 周、宋两氏说本篇全用楚制，不合情实。本篇除了令尹乃楚官外，⑤ 其下行政组织与管子所定的行政层级多同，更近于齐制。王应麟就有如此看法，认为本篇用《齐语》管子之言，⑥ 但是没有详加说明。

鹖冠子当生活在战国末期，未及见秦皇一统天下。⑦《王铁》篇所言天曲日术等治政措施，多与《齐语》所记管子军政改革、⑧《周礼》及商君学派推行的措施相近。管子、商君分别是春秋、战国中期人物，《周礼》

---

① 陈奇猷：《吕氏春秋校释》，第935页。
② 《周氏涉笔》，引自马端临《文献通考》卷二一一，《四库全书》第614册，第29页。
③ 宋濂：《文宪集》，《四库全书》第1224册，第53页。
④ 孙宝瑄：《忘山庐日记》，上海：上海古籍出版社，1983，第103页。
⑤ 柱国一职不只是楚国有，赵国也有（见缪文远《战国制度通考》，成都：巴蜀书社，1998，第523页）。
⑥ 王应麟著、翁元圻注《困学纪闻》，第905页。
⑦ 详见本书第十二章。
⑧ 《管子·小匡》文抄《齐语》，故略（说参李学勤《古文献丛论》，上海：远东出版社，1996，第176~183页）。

成书于战国，书中所言的思想观念、政制官职应比战国晚期要早。① 因此，鹖冠子的思想受到这三者的影响。以下分别论述三者对鹖冠子"成鸠氏之治"说的影响。

（一）本篇受管子军政改革的影响

1. "制邑理都"之法

管子在齐桓公时推行军政改革，"作内政而寄军令"，"参其国而伍其鄙"，其制国、制鄙不同，兹略论如下。

管子在"国"内推行的行政层级是：五家为轨（五人为伍），设长；十轨为里（五十人为小戎），设有司；四里为连（二百人为卒），设长；十连为乡（两千人为旅），设良人（韦昭认为是乡大夫君）；五乡一帅，万人一军，全国设三军。② 每层官员既负责行政事务，又担任军事指挥工作。

他在"鄙"里推行的行政层级是：三十家为邑，邑有司；十邑为卒，卒有卒帅；十卒为乡，乡有乡帅；三乡为县，县有县帅；十县为属，属有大夫；全国有五属，设五大夫；五大夫之下设五正。③

成鸠氏的"制邑理都"乃综合管子的国、鄙制而成，自家迄乡，基本上与国制相对应，只是名称不同，如连与甸。县与军同级，郡级则是管子时所没有的。另外，管子推行的国制中最高官员为三军之帅，而鹖冠子则把鄙制"县帅""五大夫"改成"县啬夫""郡大夫"，又在此两级官僚上置柱国、令尹，以统御全国。齐国的各层官员有军、政两权，而成鸠氏手下的官员应只有行政权，可见，成鸠氏的"制邑理都"是吸收管子军政之制的内容。这是因为鹖冠子生活在战国晚期，把当时郡和楚国令尹结合起来。

另外，成鸠氏命令各层组织里的家庭互相观察伺控，父子长幼邻里亲朋重视道德教育，这一点管子也屡屡申明。管子主张分处四民，其中士相处一处，使他们"闲燕则父与父言义，子与子言孝，其事君者言敬，其幼者言弟"。④ 通过士人群体内长期濡染熏陶，可使事君者敬其君、尽其事，子子孙孙永远为士。成鸠氏则将此扩展到一般民众，强调慈孝的重要性。

---

① 钱穆：《钱宾四先生全集》第 18 册，第 319~330 页。
② 见《国语》，第 231~234 页。
③ 见《国语》，第 237 页。
④ 《国语》，第 226 页。

鹖冠子所言百姓的理想生活，其实多与《齐语》相同。《齐语》云："民皆勉为善。与其为善于乡也，不如为善于里；与其为善于里也，不如为善于家。是故士莫敢言一朝之便，皆有终岁之计；莫敢以终岁之议，皆有终身之功。"① 这是就士而言。齐桓公希冀士终身为善，且终身建功立业。管子就作内政以寄军令，揭出其效果显者："内教既成，令勿使迁徙。伍之人祭祀同福，死丧同恤，祸灾共之。人与人相畴，家与家相畴，世同居，少同游。故夜战声相闻，足以不乖；昼战目相见，足以相识。其欢欣足以相死。居同乐，行同和，死同哀。是故守则同固，战则同强。君有此士也三万人，以方行于天下，以诛无道，以屏周室，天下大国之君莫之敢御。"② 这是就国制而言。管子主张不使百姓迁徙，使他们世守其业，自幼就同居世游，情深友于，如此，披甲上阵，同声同气，能战无不胜。③ 可见，鹖冠子所说的成鸠氏之治，基本上抄引《齐语》，但是重点有所差别。

2."啬万物"

成鸠氏命令下层官吏及时向上层官员汇报所管辖区域的情况，否则，依情况轻重予以处罚。这种做法也见诸《齐语》。齐桓公在正月乡长来朝时命令他们，在管辖范围内"有居处为义好学、慈孝于父母、聪慧质仁、发闻于乡里者，有则以告。有而不以告，谓之蔽明，其罪五"，又命令他们"于子之乡，有拳勇股肱之力秀出于众者，有则以告。有而不以告，谓之蔽贤，其罪五"，"于子之乡，有不慈孝于父母、不长悌于乡里、骄躁淫暴、不用上令者，有则以告。有而不以告，谓之下比，其罪五"。④ 可见，齐桓公要从各乡选拔贤明，包括好学、慈孝、聪慧、拳勇、友悌之士，以便治国。此乃就乡一级而言。成鸠氏所言蔽明、下比皆就县啬夫一级而言，其罪较重。

桓公命令各级推荐贤能，若官员"有功休德""使民以劝，绥谤言"，则推举。又设立三选制度，即经乡长、官长、公推荐。同时，各级官僚管教其所属行政区域，进贤诛恶："国子、高子退而修乡，乡退而修连，连退而

---

① 《国语》，第 235 页。
② 《国语》，第 232 页。
③ 邵先锋：《论管子寓军于政、平战一体的军事思想》，《管子学刊》2009 年第 2 期。
④ 《国语》，第 233~234 页。

修里，里退而修轨，轨退而修伍，伍退而修家。是故匹夫有善，可得而举也；匹夫有不善，可得而诛也。"① 要求自乡一级开始管教其所管区域，目的在于举善诛恶。成鸠氏命令自郡大夫一级开始管教所属之区，官位较低。

可见，鹖冠子理想中的成鸠氏之治，其中"制邑理都""啬万物"皆取材于管子的军政改革，并具有战国时代的特色。

（二）本篇受《周礼》影响

成鸠氏要求臣属重视教化，依时教诲百姓，推举贤能，进贤杀不善，并且及时向上级报告情况；又严格要求官属，督促他们尽责，否则依法治罪，而且自县啬夫以上，若不克尽厥职，皆诛无赦。这些看法与《周礼》相近或相同。鹖冠子当受《周礼》影响，或与《周礼》有共同思想来源。下面略论《周礼》中的相关思想观念。

1. 《周礼》的治民思想

首先，《周礼》重视教化。

《周礼》教化的内容颇为丰富，如大司徒就有十二教，其中四教是"以祀礼教敬""以阳礼教让""以阴礼教亲""以乐礼教和"，郑玄解"阳礼"为乡射饮酒之礼，"阴礼"为男女之礼，男女若婚姻以时，则男女不怨。② 通过各种礼仪教导，可以使百姓提高品行和修养，如敬、让、亲、和等，并通过其他各种礼仪、刑罚的引导，使他们做到不苟、不争、不怨、不乖、不越、不偷、不怠、知足、尽责、慎德。大司徒又命令下属以六德、六行、六艺教民，六德是智、仁、圣、义、忠、和，六行是孝、友、睦、姻、任、恤，六艺是礼、乐、射、御、书、数。③ 可以说，大司徒所教的各种德目，包括了人生一些比较重要的方面。这样，百姓能够博学达识，人格卓然独立。

为了使教化取得成效，大司徒在消极方面采取两种措施。一是防患未然，"以五礼防万民之伪，而教之中；以六乐防万民之情，而教之和"。④

---

① 《国语》，第 234~235 页。
② 郑玄注，贾公彦疏《周礼注疏（附校勘记）》，黄侃经文句读，上海：上海古籍出版社，1990，第 150 页。
③ 郑玄注，贾公彦疏《周礼注疏（附校勘记）》，第 159 页。
④ 郑玄注，贾公彦疏《周礼注疏（附校勘记）》，第 160 页。

二是实行惩罚，大司徒提出八刑，以纠万民，分别是不孝之刑、不睦之刑、不姻之刑、不弟之刑、不任之刑、不恤之刑、造言之刑、乱民之刑；另有大司寇掌五刑以纠察万民，其三为乡刑，就是因不修六德而加以处罚。①

成鸠氏也重视各级官员对百姓的教化，要求官员每年依时教诲，唯其方法不如《周礼》细密具体，也没有像《周礼》这样设置如此多的官员来推行教化工作。

其次，《周礼》重视进贤使能。

如太宰统治万民的八统、九职之法中就有进贤、使能两条。进贤使能的途径很多，且有一套系统的选拔方法，如乡大夫先受法于司徒，然后颁布给乡吏，以教其治所，以考乡人之德、行、道艺，"三年则大比，考其德行道艺，而兴贤者、能者"。② 贤者即有德行者，即由大司徒所教的六德六行者；能者即有道艺者，即选拔有德有才者。选拔之后，"乡老及乡大夫群吏献贤能之书于王"，③ 把得选的贤能名册呈交给君王。君王特别重视贤能，"王再拜受之，登于天府，内史贰之"。④ 至于其他官属如族师、党正、州长等，其选拔方法与乡大夫多同。

除了在当地选拔贤能外，司谏还在外地巡回，以访求贤能之士，"巡问而观察之，以时书其德行道艺，辨其能而可任于国事者"。⑤ 如此，可补当地选贤之不足，而使野无遗贤。

可见，《周礼》有详密的选贤制度，而成鸠氏要求各级官员选拔善者、能者，与其内容基本相同。

最后，《周礼》强调以法教民。

《周礼》要求六乡官员州长、党正、族师、闾胥下令所属百姓读法，读法次数不一，时间一般多在岁首、月吉、祭祀、丧纪等众庶聚集之时。百姓有犯错误者则给予改过的机会，使之向善，如司救"掌万民之邪恶过失而诛让之，以礼防禁而救之"。⑥

---

① 郑玄注，贾公彦疏《周礼注疏（附校勘记）》，第 515 页。
② 郑玄注，贾公彦疏《周礼注疏（附校勘记）》，第 179 页。
③ 郑玄注，贾公彦疏《周礼注疏（附校勘记）》，第 180 页。
④ 郑玄注，贾公彦疏《周礼注疏（附校勘记）》，第 180 页。
⑤ 郑玄注，贾公彦疏《周礼注疏（附校勘记）》，第 212 页。
⑥ 郑玄注，贾公彦疏《周礼注疏（附校勘记）》，第 213 页。

以上《周礼》所言治民思想多与成鸠氏相同或相近，唯有一点不同，即成鸠氏禁止百姓任意迁居，而《周礼》则不限制，如比长的职责是负责百姓的迁居，若百姓"徙于国中及郊，则从而授之。若徙于他，则为之旌节而行之。若无授无节，则唯圜土内之"，① 意思是无论国中或郊中之民，都可迁居他处，但是必须得到官府批准，否则就要坐牢。

2.《周礼》的治官思想

成鸠氏要求各层官属依时教诲百姓，并且向上级官员推荐善者、能者，否则就依官职不同予以处罚。《周礼》也规定各层官员要尽其职责。官员职责中重要的一项是向百姓颁法，太宰、大司徒、大司马、大司寇于每年正月之吉，都要悬法于象魏。如大司徒在正月之吉，"乃施教法于邦国都鄙，使之各以教其所治民"。② 乡大夫也在每年"正月之吉，受教法于司徒，退而颁之于其乡吏，使各以教其所治"。③ 一些武官也会颁法，如县师受法于司马，从而颁给军属。

对于治驭官员，《周礼》也有一套办法，如太宰治官的八法中有官法、官刑："官法，以正邦治"，"官刑，以纠邦治"。④ 官法应是以官员所守的法度来治邦国之政，官刑并非指普通的五刑，而是官中之刑，以纠察邦治。另外，太宰掌握八柄以驭群臣，其中有夺、诛、废："夺，以驭其贫"，"废，以驭其罪"，"诛，以驭其过"。⑤ 即通过这三种手段来驾驭群臣。

另外，《周礼》有考核官员的办法：由太宰负责对百官的考核，小宰佐治。官员必须按照法定时间呈报治绩，宰夫在岁终"则令群吏正岁会；月终，则令正月要；旬终，则令正日成，而以考其治"。⑥ 官员每十天要做一次工作总结，称为日成；每月有一总结，称为月要；年底的工作总结，称为岁会。日成由各官之长负责，月要则须向小宰呈报，岁会须向太宰呈报。太宰根据各官的工作表现，"岁终，则令百官府各正其治，受其会，

---

① 郑玄注，贾公彦疏《周礼注疏（附校勘记）》，第186页。
② 郑玄注，贾公彦疏《周礼注疏（附校勘记）》，第158页。
③ 郑玄注，贾公彦疏《周礼注疏（附校勘记）》，第179页。
④ 郑玄注，贾公彦疏《周礼注疏（附校勘记）》，第26页。
⑤ 郑玄注，贾公彦疏《周礼注疏（附校勘记）》，第27页。
⑥ 郑玄注，贾公彦疏《周礼注疏（附校勘记）》，第49页。

听其致事，而诏王废置"，① 考核各级官员是否及时执行、完成各项法令。若没有完成的，由宰夫"治不以时举者，以告而诛之"。② 又，司谏巡视、了解官员的治绩，"以考乡里之治，以诏废置，以行赦宥"。③

《周礼》有一套较成鸠氏完善细密的治民治官思想，重视选贤举能，并且有相羊的选举制度，要求各层官员尽其职责，既要选贤，又要依时教诲百姓，并有一套考核和治驭官员的措施。要之，《周礼》的统治方法较成鸠氏详密，也许是鹖冠子受《周礼》影响，或者两者有共同的思想来源。

（三）本篇与商君等法家的关系

成鸠氏严责各层官属必尽其责，否则，小则惩治其罪、贰其家，或命其家从坐，大则诛杀。如县啬夫蔽明下比，郡大夫不尽职责，则诛；柱国不政，则灭门残疾，令尹车殉。又诸吏若"教苦德薄，侵暴百姓"，"不奉令犯法"，则"其罪加民"（28b/4－6）。这些处罚相当严重。鹖冠子此说明显受到法家严刑主张影响。

法家强调政府要控制百姓，不准他们随便迁居，更让他们家家相连，互相告奸。《史记·商君列传》记商鞅推行变法："令民为什伍，而相牧司连坐，不告奸者腰斩，告奸者与斩敌首同赏，匿奸者与降敌同罚。"④《索隐》说商君以五家为保，十家相连，彼此互相纠察，一家有罪，九家连举发。通过什伍这种组织使百姓互相监控，百姓为了自保，必然抉发彼此的私阴，加之告奸可以得赏，何乐不为？这和《王鈇》篇说里民"居处相察，出入相司"（26b/8）相同。司，陆注："犹伺也。"（26b/8）两者不同之处是商君强调以法为师、以吏为师，只知严刑威吓，不知民不畏死，奈何以死畏之。以德刑并施，治效始著，这是本篇治民之法高于商君处。

商君及其学派不仅要民告奸，也要官吏告奸。《商君书·赏刑》篇云："所谓壹刑者，刑无等级，自卿相、将军以至大夫、庶人，有不从王令，犯国禁，乱上制者，罪死不赦……守法守职之吏有不行王法者，罪死不

---

① 郑玄注，贾公彦疏《周礼注疏（附校勘记）》，第36页。
② 郑玄注，贾公彦疏《周礼注疏（附校勘记）》，第49页。
③ 郑玄注，贾公彦疏《周礼注疏（附校勘记）》，第212～213页。
④ 《史记》，第2230页。

赦，刑及三族。周官之人知而讦之上者，自免于罪，无贵贱尸袭其官长之官爵田禄。"① 认为统一刑罚，无论贵贱，凡不服从国君之令、违反国家法禁、破坏国家制度，皆处以死罪。官吏如果不执行国君之令，除处以死刑外，还刑及三族，此为最严重的刑罚。可见，商君学派特别重视官吏守法、执行君命，若有人稍一不从，辄处以死刑。易言之，官吏必尽其职守，否则只有死路一条。这种要求官吏尽职，否则即施严刑的主张，恰与本篇相同，只是本篇的主张没有商君学派那么严苛，彼此只是五十步与百步之别而已。

　　法家反对以儒家伦理来教化百姓，只强调以刑罚为教、以吏为师。《商君书·赏罚》篇就提出三个政治主张。一是"壹赏"，即统一赏赐，赏赐只加与军功。这样能激励将士打胜仗，利用敌国的财富进行赏赐，壹赏就是无赏。二是"壹刑"，即统一刑罚，刑罚不论亲疏，而且重刑连坐。如此，臣民害怕，不敢犯法，结果不用刑罚，所以壹刑归于无刑。三是"壹教"，即统一教育，只用爵禄富贵鼓励臣民积极参加战争，反对儒书、儒家教育。这样，百姓专心于战争，就不用教育，壹教归于无教。②《去强》篇也说明重刑轻赏的好处："重罚轻赏，则上爱民，民死上；重赏轻罚，则上不爱民，民不死上。"③ 这不仅是商君学派的看法，而且是法家中多人的共同看法。如《管子·牧民》篇说："严刑罚，则民远邪；信庆赏，则民轻难。"《权修》篇说："上身服以先之，审度量以闲之，乡置师以说道之。然后申之以宪令，劝之以庆赏，振之以刑罚。故百姓皆说为善，则暴乱之行无由至矣。"《韩非子》提倡以刑去刑，《奸劫弑臣》篇说："夫严刑重罚者，民之所恶也，而国之所以治也。"《八经》篇说："有重罚者必有恶名，故民畏。罚，所以禁也。民畏所以禁，则置治矣。"商君的生活年代比鹖冠子早，其学派应当对鹖冠子有一定的影响。

---

① 蒋礼鸿：《商君书锥指》，北京：中华书局，1986，第100～101页。郑良树《商鞅及其学派》认为该篇不是商君手著，而是受韩非思想影响的后学所写（上海：上海古籍出版社，1989，第113页）。
② 高亨：《商君书注译》，北京：中华书局，1974，第226页。郑良树《商鞅及其学派》认为《去强》篇不少内容因袭、发挥《农战》篇，但提出"重刑轻赏"说与商君不同，《农战》篇作者是商君的忠实信徒，且成篇于商君逝世后数年，则《去强》篇是在商君逝世一段时期后由商君学派中的"异议者"所撰（第29～30页）。
③ 高亨：《商君书注译》，第46页。

可见，法家也强调对百姓推行教化，不过其内容和儒家不同，也和成鸠氏有所不同。法家强调重刑轻赏，应该对鹖冠子的治官治民思想有一定影响。

(四) 小结

通过以上讨论，可见，鹖冠子的理想政治论——成鸠氏之治，受到《齐语》管子改革、《周礼》治民治官思想、商君学派等法家思想的影响。鹖冠子重视百姓的道德修养，说明他仍受儒家影响。从此理想政治论可见，鹖冠子的思想兼融儒、法等家，并以此为指导，希望建立起强而有力的政府，解决战国时期各种社会、政治问题，以期长治久安，一统中国，畴合四海。

三 成篇年代：战国末期

本篇不写成于秦代，盖本篇多处用"正""政"，不避秦皇政之讳，如"莫弗以为政"（25a/7）、"与神明体正"（25b/6）、"柱国不政"（27b/3 - 4）、"谓之緓政"（27b/4）等。

本篇应写成于战国末期。本篇把一县之长称为县啬夫，这种称呼只有战国时期的秦国才使用。其他国家有啬夫，但是没有县啬夫；汉代称为县令、县长，不称县啬夫。① 且县啬夫见诸秦律，其时期介乎公元前 278 年至公元前 246 年，那么，本篇应写成于公元前 278 年至公元前 221 年。不应在汉代写成，因为汉初士人多惩于秦亡，痛斥苛法严刑，而本篇强调以法治官，与汉初学风不同。又，据学者研究，柱国在楚襄王时期成为独立武官，地位高于大司马，是楚国最高武官。② 楚襄王在位时间是公元前 298 年至公元前 263 年，这一时段与公元前 278 至公元前 246 年有重合。可见，鹖冠子的生活年代有一段时间在公元前 278 年至公元前 246 年，这样他才会用"县啬夫"这一称法。

鹖冠子认为成鸠氏后世深得"素皇内帝"之道。通过先秦诸子有关皇、帝的论述，也可见本篇写成年代。《论语·尧曰》记汤之言："予小子

---

① 裘锡圭：《古代文史研究新探》，第 432、435、447~455 页。
② 靳腾飞：《楚"柱国"及相关问题研究》，《人文论丛》2016 年第 1 辑，第 80 页。

履，敢用玄牡，敢昭告于皇皇后帝。"① 帝指上帝。《墨子·尚贤中》引《吕刑》篇云："皇帝清问下民，有辞有苗。"历代注者皆以此帝为尧。② 皇乃一形容词。《孟子》所言之帝指尧、舜，《万章上》："帝使其子九男二女，百官牛羊仓廪备，以事舜于畎亩之中。"③ 此帝指尧。《公孙丑上》："（大舜）善与人同……自耕、稼、陶、渔以至为帝，无非取于人者。"④ 此帝指舜。可见，孔门、墨子、孟子所言之帝乃指上帝、尧、舜。

《庄子》常把帝、王连提，所言帝王多非三代之王，而是其理想之君王。《应帝王》篇所言之帝王"游心于淡，合气于漠，顺物自然，而无容私"，⑤ 如此天下大治。《天道》篇说："以此处上，帝王天子之德也；以此处下，玄圣素王之道也。"最早提出"素王"，并把"帝王天子"与"玄圣素王"相提并论，两者所秉持之道是相同的，就是"虚静恬淡，寂漠无为"，能够如此，就是"天地之平而道德之至"。只要虚静无为，就能成为"天地之鉴也，万物之镜也"，天地万物在此虚静无为之心面前显现自己的性质，帝王圣人也能洞彻、把握天地万物的本质。以此虚静无为之道来统治百姓之君有帝王天子之德；以此虚静无为自处之士则为玄圣素王，有帝王之德而无其爵位。可见，《天道》篇所言虚静无为既是治术，又是崇高的道德修养，它是"大本大宗"，⑥ 秉此可以内圣外王。《天道》篇所言只是帝王、素王两种，没有提出皇。

《庄子》外篇提出皇，皇是最高统治者，《在宥》篇记广成子告黄帝之言云："得吾道者，上为皇而下为王。"⑦ 广成子修养之道可为皇为王，皇的地位比王更高无疑。《天运》篇提出三皇，三皇比五帝早："夫三皇、五帝之礼义法度，不矜于同而矜于治。"⑧ 又记老聃抨击三皇五帝之言："余语汝三皇、五帝之治天下……乱莫甚焉。"⑨ 可见，《庄子》外篇所言之皇，

---

① 朱熹：《四书章句集注》，第 193 页。
② 孙诒让：《墨子间诂》，第 62 页。
③ 朱熹：《四书章句集注》，第 302 页。
④ 朱熹：《四书章句集注》，第 239 页。
⑤ 王先谦：《庄子集解》，第 71 页。
⑥ 王先谦：《庄子集解》，第 113～114 页。
⑦ 王先谦：《庄子集解》，第 94 页。
⑧ 王先谦：《庄子集解》，第 126 页。
⑨ 王先谦：《庄子集解》，第 129～130 页。

既指五帝之前的最高统治者，又指地位比王更高者。这是最高统治者的新称谓，代替王、帝而上之。《管子·兵法》可为旁证。《兵法》篇提出皇高于帝、帝高于王之说："明一者皇，察道者帝，通德者王。"① 皇能彻底明了一（道），帝只能察觉道，对道的了解和把握与皇尚且有间，王对道的把握比帝更高一层次。综言之，《天道》篇提出帝王大子、玄圣素王说，《天运》篇认为皇是最高统治者。把两者共同的究心于无为之治术和修养最高德行相结合，就是素皇内帝说。这就是本篇中鹖冠子的新提法。《庄子》外篇当是战国中晚期之作，则根据鹖冠子提出素皇内帝说，本篇的写成年代当在战国末期。

结 论

本篇所言成鸠氏之治是鹖冠子的理想政治之一，其思想兼有儒家、法家等。鹖冠子详谈成鸠氏之治，应受管子改革、《周礼》治民治官思想和商君学派等法家重刑轻赏主张的影响。比较本篇所言成鸠氏之治与《度万》篇所言五正论（尤其是尸气皇）②，可见鹖冠子阐述其理想政治，自相矛盾。尸气皇应在远古，时代与成鸠氏相当。然鹖冠子言尸气皇之治是"神化者于未有"（24a/2），其所为之事是"定天地，豫四时，拔阴阳，移寒暑"（24a/4-5），多究心于天道一边，不用措心于人事方面，而天下自大治。重贤用能，则到尸贤圣者之时；分官设职、教行立法建定制，则到尸公伯之时，时已是春秋时期。而作为理想政治的成鸠氏之治，时在天地初立之时（陆佃解，24b/9），既有各种行政层级，又有教化等统治措施。这只是五正论中最低的一级。一个思想家的理想政治，竟然有两种不同看法，且彼此境界相去悬殊，这是鹖冠子思想中的矛盾之处。又，鹖冠子在本篇所说的天道观与《近迭》篇相反，本篇极力言成鸠氏深得天道诚、信、明、因、一的五种特性，成鸠氏以时治国，与天地总合。《近迭》篇则言圣人不效法天地阴阳四时。《鹖冠子》的思想未能融会贯通、协调一致，由此可见一斑。

---

① 戴望：《管子校正》，第94页。
② 详本书第十四章。

第七章　泰一政治理念与成篇于汉武帝时论

——《泰鸿》篇研究

《泰鸿》篇托泰一[①]答泰皇有关天地人三者关系的问题，提出治国的理念，要求神圣以宇宙本体泰一为效法的最高典范，爱精养神，修身进德，德合泰一，为政要效法自然，立明官，置范仪，以和天下，并配合五方、五行、四季的变化，以化天下。如此，天子与圣人、神皇合而为一。他们皆深得泰一之传。泰一既是本体，又是天，且是圣王的典范，其地位高于泰皇。另，依泰一内涵的演变，可以推见本篇写成于汉武帝时期。兹先论本篇的政治理念，次论成篇年代。

一　泰一的政治理念

泰一自战国中期起即被诸子视为本体，本篇言："泰一者，执大同之制，调泰鸿之气，正神明之位者也。"（33a/4－6）宇宙万物殊形纷藉，其最终的根源为泰一，故无所不同。《庄子·在宥》篇言"合乎大同"，成玄英认为大同"与二仪大道合同"，[②]与阴阳相合为一，则为阴阳。同篇也提及"鸿蒙"一词，成玄英解为元气。[③]鸿蒙与泰鸿应是元气的异称，元气为泰一所调和驱使，则泰一是本体，犹为元气之本，它还能"正神明之位"，为神祇次列位置。可见，泰一又是百神之长："中央者，太一之位，百神仰制焉。"（36a/3－4）

[①]　先秦汉代典籍或写作"太一"，或写作"泰一"，两者其实则一。
[②]　郭庆藩：《庄子集释》，第397页。
[③]　郭庆藩：《庄子集释》，第385页。

泰一为宇宙本原，圣王修养、施政必效法泰一。能得到泰一之传就能成为圣人，也能成为最高统治者："传谓之得天之解，传谓之得天地之始，传谓之道，得道之常，传谓之圣人。"（33a/7－9）在《天则》篇里被认为是最理想君主的九皇也得泰一之道，"九皇受传，以索其然之所生"（33a/6－7），成为圣王，并且推行不同的制度（33b/2－3）。可见，万物出于泰一，九皇、神圣只有深得泰一之传，才能治理天下。如此，圣王之德与天相合："上圣与天地接，结六连而不解者也。"（35b/3）六连，陆佃解为六合，即整个天地；黄怀信解为"喻结合之紧密牢固"，① 意即上圣与天地合而为一，不可分开。神圣与天地合德，能掌握天地万物化生形成的情况："夫物之始也倾倾，至其有也录录，至其成形，端端王王"（34b/4－6），"精微往来，倾倾绳绳"（35b/6）。倾倾，物未成形之气；录录，众也；端端，即正正，言其始末已分，不再浑沌鸿蒙。② 万物生成是由气变化而来的，气的变化极精微，非常人所能知，只有神圣能知、能见、能明，因此能立制天成，妙万物之真，这样，本立道生，"开原流洋"（35b/5）。

那么，泰一的政治理念是怎样的？本篇在阐释泰一理念时，有时把泰一视为宇宙最高之统治者，有时视为天子，把它当成宇宙自然与人类社会最高道德、权力的结合者。作者认为圣王施政，既要保持精神旺盛，又要顺应百姓的本性，效法自然规律，设官分职，就可以参与三才变化之道。

1. 效法自然规律，建立法制，设官职，用音乐

圣王推行政令，要调顺阴阳两气，顺应四时，"归时离气，以成万业"（35a/3）、"偷气相时，后功可立"（35a/10）。归、离，皆有附合之意；气，指阴阳二气；偷，匹也。③ 句意圣王要顺合阴阳四时的变化，相时行事，才能建立彪炳伟业。四时推移，季节不同，政令也宜有所差别，如

---

① 黄怀信：《鹖冠子汇校集注》，北京：中华书局，2004，第237页。
② 倾倾，俞樾《曲园杂纂》卷二〇（叶6）谓当作顉顉，未成形之气也。录录，洪颐煊认为是逯逯，解为众（张金城：《鹖冠子笺疏》，《国文研究所集刊》第19期，1975，第72页）。王王，《路史·前纪》卷三黄神氏注引作"正正"（孙人和：《鹖冠子举正》，《国立北平图书馆月刊》第3卷第2号，1929，第163页）。
③ 《老子》第41章："建德若偷。"王弼注："偷，匹也。"（楼宇烈：《王弼集校释》，北京：中华书局，1980，第112页）

此，"天明三以定一，则万物莫不至矣。三时生长，一时煞刑，四时而定，天地尽矣"（34b/2-4）。依四季变化规律，三时生长，则教以德化；一时收藏，则严以刑治，"牧以刑德"（34a/3），兼用文武之道。这和《黄帝书·经法·论》篇所言"天执一以明三"、"天明三以定二"之意相同。①《鹖冠子》其他两篇也有相同看法。《王铁》篇云："天者诚，其日德也，日诚出诚入，南北有极，故莫弗以为法则。天者信，其月刑也，月信死信生，终则有始，故莫弗以为政。"（25a/4-7）这里提出了天道的两种德行：诚、信。它们是君主效法的原则。又《夜行》篇指出："日，德也；月，刑也。"（3b/7）②把日和君主推行的惠民仁政、以德化民等措施相联系，把月和刑罚法律等强制性的统治手段相联系。重视德、刑是黄老政治学的一个重要特征。《鹖冠子》的三篇都继承《黄帝书》的观点，二者主张圣人施政要效法日、月、星辰，以作为度、数、位的稽征："分以度数"（34a/4），"齐以晦望，受以明历"（34a/5）。

神圣既要治理好天下，又要卫精养神，建立法度就相当重要："素次以法，物至辄合"（35b/1），"法者，天地之正器也。用法不正，玄德不成"（35b/2）。这里把法的地位提升到天地间正器的地位，并和圣人修身达至最高境界相联系，可见法的地位与作用相当大。圣人施用法度，能使万物来归，即已参天地之化育，修成其高深之玄德。此玄德与《老子》所言有同有异，今本《老子》所言的玄德，指君王能使百姓保持婴孩之心，其德为玄德；不以智治国，其德也为玄德。③ 本篇没有明言以智治国，但

---

① 余明光：《黄帝四经与黄老思想》，第263页。《黄帝书·经法·论》有"天执一以明三。日信出信人，南北有极""（月）进退有常，数之稽也"云云，又云"天明三以定二，则壹晦壹明""刑晦而德明，刑阴而德阳，刑微而德彰"，把德、刑和阴、阳相配。《黄帝书·十六经·姓争》云："天德皇皇，非刑不行；缪缪（穆穆）天刑，非德必倾。刑德相养，逆顺若成。"刑德兼施，互相配合，易于治国。

② 此句《子汇》本先月后日，但是敦煌本注先德后刑（傅增湘：《跋唐人〈鹖冠子〉上卷卷子》，《国立北平图书馆月刊》第3卷第6号，1929，第721页），则敦煌本作"日，德也；月，刑也"，较合原义。此依敦煌本改。

③《老子》第21章云"孔德之容，惟道是从"，言圣人以容为德，然后动作从道。第28章云"知其雄，守其雌，为天下谿。为天下谿，常德不离，复归于婴孩"，是说圣人治天下，要知雄守雌，知进守退，自能保持婴孩天真自然的本性。这两章对玄德的看法和本篇所言比较接近。《老子》第65章说，以智治国，是民之贼；不以智治国，是国之福。知道这两种治国的方法，不以智治国，就能得玄德。有关玄德的内涵，可参张丰乾《"治道"与"玄德"》，《关东学刊》2016年第7期。

是对此不抱反对态度。又，葛瑞汉凭"用法不正，玄德不成"，说本篇宜写定于秦代，因影射秦代，批评水德。① 此说不足为凭：一则对原文断章取义；二则本句用"正"，不是避秦始皇之讳。

圣王不能独理万机，事事亲躬，而需要左右佐治，设官分职，各司其责，易于责成，提高政府办事效率："五官六府，分之有道。"（35a/6）五官六府是官职的总称。本篇指出："有道南面执政，以卫神明，左右前后，静侍中央。"（35b/4-5）左右前后四方，各置一臣，听命于居中之君。为了使君主更好地治理天下，本篇又将五方、五行、四季相联结，使天子主司，以化天下：

> 所始为东方，万物唯隆，以木华物，天下尽木也，使居东方，主春。以火照物，天下尽火也，使居南方，主夏。以金割物，天下尽金也，使居西方，主秋。以水沉物，天下尽水也，使居北方，主冬。土为大都，天下尽土也，使居中央，守地。天下尽人也，以天子为正，调其气，和其味，听其声，正其形，迭往观今，故业可循也。（36a/6-36b/3）

安排是这样的：东方—春—木，南方—夏—火，西方—秋—金，北方—冬—水，中央—土。天子依五方、四季、五行的配合，治理天下百姓，调和两气、五味、五声而和天下。天子与圣人之治相同。天子即圣人、圣王、神圣。天子居东方，以木德治天下，则天下皆受其化而有欣欣向荣的木德。依此类推，天子依次居五方，各以其相应之德治天下，天下受其化而出现与该德相应的现象。此和《管子·五行》《淮南子·天文训》所说天子一年以木火土金水为次，各分七十二日推行不同政令的看法相同。② 不过这两篇规定的天数是七十二日，而本篇因主张土德居中，没有相应的季节，因此应该是一季（九十天）推行一令。

所谓"和其味，听其声，正其形"，应该和数术思想有关。本篇重视音乐对施政所发挥的作用，把五方与五音相配起来：左—东方—万物立止—

---

① A. C. Graham, "A Neglected Pre-Han Philosophical Text: Ho-kuan-tzu," in *Bulletin of the School of Oriental and African Studies*, Vol. 52, No. 3, 1989, pp. 507-508.

② 参戴望《管子校正》，第242~244页；刘文典《淮南鸿烈集解》，第105页；席泽宗《"淮南子·天文训"述略》，《科学通报》1962年第6期。

调以徵,前—南方—万物华羽—调以羽,右—西方—万物成章—调以商,后—北方—万物录藏—调以角,中央—调以宫(35b/9 - 36a/4)。而泰一身居中央:"中央者,太一之位,百神仰制焉。故调以宫,道以为先,举载神明,华天上扬,本出黄钟。"(36a/3 - 6)泰一为四方百神敬仰,为百神之长,具有天神的特征。音乐采用宫调,能与神明相合,演奏出自中央元气黄钟的华天乐章。[1] 泰一之位,即天子圣王之位。

圣人能如此治国,就是"内持以维,外纽以纲"(35b/6 - 7),建立法度,设置官职,掌握理势,结合五音、四时,运用音乐的教化功能,更易于治理天下。[2]

可见,本篇的思想继承战国黄老学,并且融合五行说、音乐治国说。

2. 以仁、和化天下

圣人之道德修养上与天等,其人格感召力量充实于广袤无涯的天地之间,悬若日月:"所陈四则,[3] 散以八风,揆以六合,事以四时,写以八极,照以三光"(33b/10 - 34a/3),"按图正端,以至无极,两际四致,[4] 间以止息"(34b/10 - 35a/2)。圣人德侔天地,崇至泰一。德化所及,遍及六合八极。而德化之始,起自圣人。神圣以其崇高的德行感化百姓而成为榜样,他能提升百姓的道德修养,"范者非务使云必同"(37a/2),使百姓和而不同,不随波逐流,"错之天地之间,而人人被其和"(37a/3),而

---

[1] 《汉书·律历志》云:"太极,中央元气,故为黄钟。"则黄钟被认为是太极元气的代表。"华天上扬",陆佃疑此为乐章之名(36a/5)。又,《泰鸿》篇的五方与五音相配,和一般看法不同,如《月令》篇是这样把五方与五音相配的:东—角,南—徵,中—宫,西—商,北—羽。可能本篇的配法另有所传。

[2] 泰一谓"调以五音,正以六律"(34a/3 - 4),音律、度数是古人在生活中对自然现象长期观察、模仿、总结的成果,在一定程度上说,它们都是天人合一的结果。战国时人有认为音乐的形式是模仿自然而成的,如《吕氏春秋·古乐》篇云:"昔黄帝令伶伦作为律。伶伦自大夏之西,乃之阮隃之阴,取竹于嶰溪之谷,以生空窍厚钧者,断两节间,其长三寸九分而吹之,以为黄钟之宫,吹曰'舍少'。次制十二筒,以之阮隃之下,听凤皇之鸣,以别十二律。"(陈奇猷:《吕氏春秋校释》,第284页)这是说音乐黄钟之宫、十二律是黄帝时发明,此发明是伶伦在大夏之西取自然之物、模仿凤凰之鸣而成。《鹖冠子·度万》篇有论及音、声与天人相合的密切关系,可参。

[3] 《子汇》本作"谓",《道藏》本作"陈",当以《道藏》本为是,盖陈四则乃指陈上文所言九皇所受之四传。

[4] 际,《子汇》本作"治",陆注云:"或作祭。"(35a/1)俞樾《曲园杂纂》卷二〇(叶6、7)两际即上际天,下际地;四致即东西南北各至其极。

"同和者仁也，相容者义也"（37a/6）。人人能和，能容纳异见，能开阔胸襟，如此，道不同而不相悖，万物并作而不悖，这就是仁、义。这和《中庸》说道不同不相悖之见相同。不过，本篇对仁、义的看法和孔、孟不同。孔、孟就人类的爱心、恻隐之心，即内在之心来解释仁，主张仁爱有差等，施自亲始，由亲及疏，由近而远，渐及全人类，因此，孔、孟言仁、义，有本有末，有施行的次序、轻重。而本篇则以和谐、和睦相处，即以外在的人际关系解释仁、义。本篇乃得孔孟仁义说之末，重视外在。

本篇认为，"迭往观今，故业可循"，古今人性基本相同，故圣人制度立义，凡合人心人性者，必能古今通用，又可因循借鉴。本篇又认为："众者我而众之，故可以一范请也。"（36b/9）盖人同此心，心同此理，因此，圣人施政，能合一己之心之理，则能得天下人之心。范，就是法，[①]而非政法。

本篇认为，能以仁治国，则国与国之间、人与人之间，可以相互了解，和睦相处："顺爱之政，殊类相通。"（36b/10）爱，仁也。[②] 圣人推行仁政，其感化力所及，能使异类两相感通，有同情共感，而和气致祥，故云："仁义者所乐自召[③]也，能同所乐。"（37a/7-8）仁义者之所乐，乃得人心之同然，也为天下之所乐，因此，仁义者为乐，不召而民自来，百姓归心。相反，不道之君不推行仁政，"逆爱之政，同类相亡"（37a/1）。人心叵测，即使至亲如父子，也犹苍蝇见血，使人扼腕而浩叹。推此至极，人事有寙，就破坏天人关系："夺爱令乱，上灭天文，理不可知。"（36b/5-6）同时使君主不能保有神明，"神明失从！"（36b/7）圣人有鉴于此，既要使天人保持密切关系，又要固守神明，最佳的办法是"立天为父，建地为母"（37a/1-2）。因为天是神明之根，地是万物之母（37a/9-37b/1），"天也者，神明之所根也，醇化四时，陶埏无形，刻镂未萌，离文将然者也"（33b/5-7）。天是创造者，依四时化生万物，使无形之物变成有形之物，并能雕饰尚未萌生之物。可见，天的造化能力、功德何其之大！泰一是神明之本，此天为神明之根，则天是泰一的代词。圣人以天地

[①] 张纯一说："范，法也。"（张金城：《鹖冠子笺疏》，《国文研究所集刊》第19期，1975，第77页）
[②] 《广雅·释诂四》："爱，仁也。"（阮元等：《经籍籑诂》，第1574页）
[③] 自召，《子汇》本作"同名"，陆注："另本作自召。"依上下文意，作"自召"较佳。

为父母，就是以天地为效法的典范，内则透过修养以保守神明，"爱精养神内端者，所以希天"（33b/5）；外则通过推行政策，使万物得以安宁，百姓安居乐业。如此，"神明之极，天地人事三者复一也"（33b/9），不会"精神相薄，乃伤百族"（35a/8 - 9），神劳形瘁，立盹行眠，扰扰相伤。

这样，圣人与神明、天子合而为一，既是道德修养最高者，又是握有最高权力者，所以说："圣人之道与神明相得，故曰道德。"（33a/9 - 10）圣人之行事表现为道。又说："神圣践承翼之位，以与神皇合德。"（34b/9 - 10）圣人与神皇合为一体，有形之人体与心灵之至神至明者合而为一。"圣知神方，调于无形，而物莫不从"（37a/9），"神圣详理，恶离制命之柄，敛散华精，以慰地贵①天者也"（37b/1 - 3），圣、神相合，掌握奥理，因物之性，不背经常，且收敛精神，崇天敬地，以合天地之至德。如此，就贯通天地人三者之道，而有得泰一之教。

二 成篇年代：汉武帝时期

本篇不写成于秦代，因为文中多次出现"政""正"，不避秦始皇之讳，如"正神明之位"（33a/6）、"用法不正"（35b/2）、"南面执政"（35b/4）。愚意本篇是在汉武时期所写。兹试举如下三点思想观念，略论其发展大要。

（一） 泰一

泰一（或太一、大一），是先秦至秦汉思想史上一个重要的概念。② 泰一作为哲学名词，尤其是作为本体之词，在战国中晚期才出现。今本《老子》、郭店简《太一生水》、《庄子》、《文子》、《吕氏春秋》、《礼运》等视太一为本体，与本体异名同实；《荀子》所言的太一指太古时代；《楚辞·东皇太一》视太一为天神；到了汉代，《淮南子》视太一为天神、元神，《史记·乐书》把它当成北斗。可见，太一的含义有几种，最主要的

---

① 贵，《子汇》本作"责"，陆注："或作贵。"（37b/3）依上下文意当从另本为是。
② 可参钱宝琮《太一考》，《燕京学报》1932 年第 12 期；顾颉刚《三皇考》，《顾颉刚古史论文集》第 3 册；贾晋华《道和德之宗教起源》，《中国文化研究》2012 年夏之卷；刘刚、金宝《先秦两汉的"太一"崇拜与屈宋辞赋中"太一"的考释（上）》，《湖北文理学院学报》2019 年第 1 期。

是被视为本体。① 自战国到汉代初期，道家一直视太一为本体，《淮南子》则赋予神化，尊其为天之形神、元神。《泰鸿》篇所言的泰一，既是本体，又是百神之长，同时是圣王，较《淮南子》所言的地位更高。这样，其成篇年代宜在汉初《淮南子》成书之后。《淮南子》成书于汉武帝建元二年（前139）以前，则本篇当写成于此年之后。

另外，可以从西汉泰一祭典来推见本篇的写成年代。有关这方面的研究，顾颉刚和王葆玹都有专文讨论。② 王葆玹认为，西汉文、景、武、宣之时以郊祀为核心的国家宗教，是以太一为至上神。《泰鸿》篇所言"泰一者，执大同之制""中央者太一之位"云云，极为重要，因为它把五材、五方、四时相配，不像《吕氏春秋》《淮南子》强调黄帝居中；且本篇声称"中央者太一之位"，这在现存战国秦汉典籍的各种五行说中颇为罕见。此外，本篇言泰皇问泰一，明确以泰一的地位比泰皇高，这在战国秦汉也属罕见，而西汉奉祀太一时未把泰皇与泰一相混。③ 王说很有见地。

据《史记·封禅书》记载，武帝在元鼎四年（前113）确立泰一祭典为国家最高级祭祀："上遂郊雍，至陇西，西登崆峒，幸甘泉。令祠官宽舒等具太一祠坛……五帝坛环居其下，各如其方。黄帝西南。"④ 太一居于最高层，其下为五帝。黄帝也是五帝之一，《吕览·季夏》言："中央土：其日戊己。其帝黄帝。其神后土。"⑤《礼记·月令》记载相同。⑥ 如今他则居于西南一隅，泰一取而代之成为地位最高的神。本来汉初上帝祭典仍沿秦制，祠青、白、赤、黄、黑诸帝。文帝十六年（前164）听从赵人新垣平之言，在渭阳建五帝庙，黄帝仍居其中间。武帝元光二年（前133）亳人谬忌奏请武帝祠太一方，说："天神贵者太一，太一佐曰五帝。"五帝的地位已被降为太一的左右助手而已。当时武帝接受其议，令太祝祠太一，且以太牢祠天、地、太一。至元鼎四年，太一正式成为最高级别的天神，五帝降为第二级天神。这前后经历了二十年。

---

① 有关论证详本书第十三章。
② 顾颉刚：《三皇考》，《顾颉刚古史论文集》第3册；王葆玹：《西汉国家宗教与黄老学派的宗教思想》，《道家文化研究》第2辑。
③ 王葆玹：《西汉国家宗教与黄老学派的宗教思想》，《道家文化研究》第2辑，第203页。
④ 《史记》，第1394页。
⑤ 陈奇猷：《吕氏春秋校释》，第312页。
⑥ 孙希旦：《礼记集解》，北京：中华书局，1989，第460~461页。

本篇言"中央者,太一之位,百神仰制焉"(36a/3-4),只说百神仰敬泰一,没有明说是五帝。五帝的地位高于百神,自不待言,因此,本篇言太一居中央之位,而没有说五帝环居其四方,则本篇宜写于汉武帝正式确立泰一祭典之前。就太一是天神的发展而言,《东皇太一》只说太一是东方之神,不是地位最高的神;《淮南子》言泰一,把其地位提高为元神、天之形神。但这只是士人的意见,其落实到实际政治,尚需一段时间。《淮南子》是在景帝时撰写的,[1] 当时五帝仍是皇帝祭祀的最高神。到了汉武帝元鼎四年,泰一取代五帝,成为地位最高的神,并且使五帝环居四方,此较本篇言百神敬仰泰一更推前一步。因此,本篇的写成时期应在武帝建元二年至元鼎四年,即公元前139至公元前113年这二十六年间。

(二) 泰皇

据顾颉刚研究,"泰皇"一词最早见于《史记·秦始皇本纪》,当时秦始皇一统天下,丞相王绾、廷尉李斯上议说:"古有天皇,有地皇,有泰皇,泰皇最贵。"[2] 三皇的权威较五帝为大,而泰皇在三皇中最尊贵。考泰皇之来源,可能来自《庄子·应帝王》所云"有虞氏不及泰氏"中的泰氏。《淮南子·精神训》提到太皇:"登太皇,冯太一,玩天地于掌握之中。"顾氏说此太皇是天而不是神,与《秦始皇本纪》所言人皇不同。[3]

按,依《秦始皇本纪》所载,泰皇的地位高于天皇、地皇,则泰皇不是人皇,因为人皇必须效法天皇、地皇以施政。泰皇应是创造天地之皇,其地位与本体约略相同,不过这里予以神化。随着秦朝崩解,汉代学者对"泰一"日愈推尊,已视"泰一"为本体与元神的结合体,"泰一"的地位较诸秦代尤为尊贵,故在祭典方面终取得独一无二的至尊地位。本篇所言泰一,地位高于泰皇,盖泰皇向泰一请教天地人之事(33b/4),是这种思想共识的反映。[4]

(三) 五官六府说

本篇有云:"五官六府,分之有道。"(35a/6) 五官见诸先秦典籍的有

---

[1] 徐复观:《两汉思想史》第1卷,第110页。
[2] 《史记》,第236页。
[3] 顾颉刚:《顾颉刚古史论文集》第3册,第45~48页。
[4] 有关泰皇说,可参吕思勉《吕思勉读史札记》,第26~30页。

《国语·楚语下》"于是乎有天、地、神、民、类物之官，是谓五官"。①"六府"见诸先秦典籍的有《尚书·大禹谟》云"六府三事允治"；《禹贡》云"六府孔修"，伪孔传云"水、火、金、木、土、谷"；《左传》文公七年记郤缺说"六府三事，谓之九功。水、火、金、木、土、谷，谓之六府；正德、利用、厚生，谓之三事"。②伪孔传说乃承自《左传》。屈万里认为《尚书》和《左传》的六府比五行多"谷"，虽无五行之名，但有五行之目。此六府仅指六种物质，无所谓生胜之理，因此，六府说是在邹衍提出五行说之前。③

五官六府并提者，有《管子·五行》，帛书《要》篇、《缪和》篇，《礼记·曲礼》和《淮南子·天文训》。《管子·五行》篇只说"具五官于六府也"，尹知章注："立五行之官，分掌六府也。"④没有明说六府为何，也许其看法与《尚书》《左传》相同，故付阙。帛书《要》篇也提出五官六府："又（有）君道焉，五官六府不足尽称之。"⑤没有解释其义，邢文认为此与本篇所言同义。⑥梁韦弦则认为六府指"主藏六物之税"的"六府"，"五官"指"五官之长"。⑦《缪和》篇说："五官六府不足尽称之。"⑧该篇应是战国中后期儒家作品。⑨《曲礼》言："天子之五官：曰司徒、司马、司空、司士、司寇，典司五众。天子之六府，曰司土、司木、司水、司草、司器、司货。"⑩《淮南子·天文训》云："何谓五官？东方为田，南方为司马，西方为理，北方为司空，中央为都。何谓六府？子午、丑未、

---

① 《国语》，第560页。
② 孔安国传，孔颖达疏《尚书正义》，第165页；杨伯峻：《春秋左传注》，第564页。
③ 屈万里：《书佣论学集》，台北：联经出版事业股份有限公司，1984，第154页。
④ 戴望：《管子校正》，第241页。
⑤ 陈松长、廖名春：《帛书〈二三子问〉、〈易之义〉、〈要〉释文》，《道家文化研究》第3辑，第435页。
⑥ 邢文：《〈鹖冠子〉与帛书〈要〉》，《道家文化研究》第6辑，上海：上海古籍出版社，1995，第347页。
⑦ 梁韦弦：《释帛书易传〈要〉篇之"六府"、"五官"》，《古籍整理研究学刊》2003年第3期，第34~37页。
⑧ 廖名春：《马王堆帛书周易经传释文》，杨世勇等编《易学集成》，成都：四川大学出版社，1998，第3045页。
⑨ 陈来：《马王堆帛书〈易传〉的政治思想——以〈缪和〉〈昭力〉二篇之义为中心》，《北京大学学报》2008年第2期。
⑩ 孙希旦：《礼记集解》，第132~133页。

寅申、卯酉、辰戌、巳亥是也。"① 可见，儒家、道家对五官六府有两种说法，所言五官之名、职比较接近，所言六府则有较大的差别。②《要》、《曲礼》和《淮南子》是汉代作品，③ 则在汉初儒、道两家（乃至其他学派）都有五官六府说。本篇也说设五官六府，当是受到汉初儒、道两家影响。当然，作为道家作品，本篇和《天文训》的说法较接近，前者说"土为大都"（36a/9），后者说"中央为都"，皆言土居五行之中。

结　论

通过以上论证，可见本篇写成于汉武帝时期（建元二年至元鼎四年，前139～前113）。它继承了先秦汉初诸子对泰一的看法，并提高了它在宇宙生成中的地位，成为气、地位最高的神、本体三者的相合。这为武宣时期举行"太一之祀"奠定了理论基础。本篇从本体泰一出发来阐述为政之道，无疑在很大程度上提高了圣王的地位，使他与本体直接沟通，成为泰一在人间的直接代理人。此圣人与天子合而为一，既是道德修养最高者，又是掌握最高权力者，集政教之大统于一身。又，本篇兼融儒、道两家的思想，与黄老学、《学问》篇相同。这是战国中晚期百家思想融合的结果，影响到西汉的学术思想。

---

① 刘文典：《淮南鸿烈集解》，第93页。
② 吕思勉《三公、四辅、五官、六官、冢宰》（《吕思勉读史札记》，第223～229页）一文论及五官、六官等，可参考。
③ 王博《〈要〉篇略论》（《道家文化研究》第6辑，第324页）认为此篇写成于秦末汉初。蔡介民《〈礼记〉成书之时代》《〈礼记〉成书时代再考》二文认为《礼记》非二戴所编，乃东汉马融、卢植所编（郭伟川编《二十世纪中国礼学研究论集》，北京：学苑出版社，1998，第145～172页）。

第八章　神圣的精神修养与禅让、传子并存说

——《泰录》篇研究

《泰录》篇阐释神圣、上圣、内圣的修养与作为，继而以精神修养高低来论列权位，强调内圣与外王的关系，并提出禅让与传子说。此说在很大程度上与荀子有相同处。本篇兼融儒、道两家学说，应写成于战国晚期。下面就成篇年代、思想重点分次论述。

一　成篇年代：从圣王关系角度阐论

(一)《泰录》篇圣王论

本篇所说的神圣，是德、位最高者。神圣通晓天地运行，从天人相合的宏观角度来审视问题，如此万事可成，利万物而无害："彼天地动作于胸中，然后事成于外，万物出入焉，后生物无害。"（40a/4－5）则以神圣为最高统治者，乃最好的选择，所以说："故师为君，而学为臣。"（40a/1）从精神修养境界高低来确定君臣关系，修养境界愈高，其政治地位愈高。神圣的精神修养最高，当然为师，如此，他是师、君合一者。必先为师，才能为君；必先有崇高的德行，才能为师；必先内圣，而后外王；必先掌握师道，才能拥有君道；必先有文化力量，才能掌握政治力量。如此看来，作者认为文化师道比政治君道更重要。这是战国士大夫的看法。[1]作者强烈要求君位不应该世袭，不应该靠血缘来决定，而应由文化精神的修养境界高低来决定，这就是"帝制神化，治之期也"（39b/10－40a/1）。

---

[1]　参余英时《士与中国文化》，第51~68页。

神圣的内圣境界最高，外王方面就"能役贤能"（39b/8），天下贤士皆臣服于他。

战国中晚期，诸子论及内圣外王的主要有四种说法：一是庄子认为有圣人之德，才可为帝王，然此帝王实在不想当外王；二是今本《老子》认为能为圣、王合一，以外王之业来证明其有内圣之德；三是荀子的说法，看法与《老子》有所不同，虽然也认为圣、王合一，但是必先有圣德，才能有王位，而有王位者也必有圣德，此兼德、王而有之；四是李斯、韩非的说法，他们较偏重外王。[1]

本篇对于圣、王两者关系的看法受到荀子、庄子学派和鹖冠子的影响，希望此圣王乃内圣与外王兼而有之，而对内圣修养的看法和庄子相近。本篇这样安排掌握政治权力："上贤为天子，次贤为三公，高为诸侯。"（40a/2）以上贤而非以神圣为天子。上贤虽然是理想人物，但是其精神修养不如圣人，更何况是神圣呢？神圣的精神修养最高，他和《庄子·应帝王》里的壶子一样，能以"太冲莫胜"来调和阴阳两气。神圣不屑于劳心俗事，而一心于泰一，如此，就由精神修养稍低的上贤来当天子。上贤不如神圣，自然向神圣请教，神圣为师，上贤为弟子，神圣是无冕之帝，上贤是有冕之王。此与《庄子·逍遥游》中尧与许由的角色几同，尧为君而天下治，许由究心于逍遥之至境，而不屑于事务。当然，此上贤仍是理想人物，儒家圣人差近之，他们"错行合意，扶义本仁"，"行其道者有其名，为其事者有其功"（38a/9-10），依恃神圣以修身立命。次贤之修养不如上贤，故为三公。高者即贵者，[2] 为诸侯。这是师道高于君道的体现。

本篇提出"师为君，学为臣""易姓而王，不以祖籍为君者，欲同一善之安也"（40a/1-3），说明继统有两条原则：一是以道德修养的高低来决定谁主浮沉；二是不以祖先之权位为世袭，[3] 即不以一家一姓世袭君统。两原则实二而一，因为以道德修养最高者为天子，则君位每次传嬗必不可能都由现任天子的儿子来继承，如此，就不能由一家一姓世袭。当然，若

---

[1] 钱穆：《庄老通辨》，第136~139页。
[2] 《吕氏春秋·离俗》篇"天下愈高之"，高注："高，贵也。"（陈奇猷：《吕氏春秋校释》，第1237页）
[3] 《荀子·儒效》篇"履天子之籍"，王先谦解："籍者，位也。"（《荀子集解》，第114页）

天子的子孙皆善继其祖辈之志，修身进德，成为精神修养最高者，自然也可以继任。可见，精神修养在君统继承上有着决定性的作用，会鼓励更多有志之士修身进德。这样，久而久之，社会风气日好。本篇认为，政统未必为一家一姓所擅有，君位不一定世袭，而表现为以德得天下的继统方法。至于怎样评定一个人精神修养的高低，本篇没有提及。

（二）荀子圣王说

本篇提出由精神修养最高者来担任天子的说法，和荀子有相同处。战国时期，儒家《尧典》作者和孟子都提倡尧舜禹禅让说，其说有三个特点：一是旧圣王禅让给新圣王是以道德修养为标准，二是新、旧圣王之间没有血缘关系，三是天子之位不是世袭。荀子主张以最高道德修养者继承君统，则君位不一定世袭。

荀子在《正论》篇反驳当时有关尧舜的禅让说，认为只有圣人才能当王。圣王地位至尊至贵，道德修养境界最高，天下没有人可与他匹敌，且天下化从，没有隐士遗善，则何需禅让？他又反对圣王死而禅让说，因为圣王平素量能授官，图德定次，建立完善的礼义之统，以民为利。若圣王逝世而没有新圣王出现，则不用禅让；若天下有新圣，且是圣王之子，则圣王传位给他；若新圣人不是后子而是三公，则圣王传位给三公。易言之，传子与传贤，其义相同，"圣不在后子而在三公，则天下如归"，因为"朝不易位，国不更制"，如此，"天下厌然与乡无以异也"，"又何变之有矣？"推荀子之意，无论新圣往圣，"道德纯备，智惠甚明"，[①] 道德修养最高，无人可比，且已建立礼义之制，君统之继已成定制。可见，荀子主张以最高道德修养作为继承君统的标准，新、旧圣王之间没有血缘关系，君位不一定世袭。荀子批评当时一些人提出禅让说，着眼于此说徒具虚名，无益于政治建制，也无助于提高"道德""礼义"在政权转移上的价值与权威。他建构了一个神圣的、权威的、未必与史实相同的圣王形象。[②]

荀子强调圣、师对于教化、治世起着重要作用。他认为圣人与圣王有时合而为一，先有圣德，才有王位。圣人是古今之完人，能知统明类，贯彻古今："多言而类，圣人也"（《非十二子》），"其统类一也，是圣人之

[①] 王先谦：《荀子集解》，第 331～336 页。
[②] 林启屏：《〈荀子·正论〉及其相关问题》，《汉学研究集刊》第 3 期，2006，第 21～25 页。

知也"。圣人是文献家、历史学家，进而制礼义，以化性起伪。圣人是"人之所积也"（《儒效》），是儒者透过不断学习以达到道德修养最高境界而完成的，所以圣人是所有世人之道德与礼制的总和："圣也者，尽伦者也"（《解蔽》），"仁知之极，夫是之谓圣人"（《君道》）。他仁智兼备，是人们学习的典范。圣王制礼义之统，礼义是人生道德、社会政治的最高规范："礼者，人道之极。"① 而师"正礼也"，② 因此师与圣在一定程度上是等同的，"情安礼，知若师，则是圣人也"（《修身》）。《礼论》篇说礼有三本，其中，君师是治之本。③ 可见，圣王与师尊皆是教化治政之本。两者有时合而为一，从制礼义之统的角度言则为圣，从以礼义教化的角度言则为师。就此意义言，则师是圣，其德与位相同。荀子重视文化力量（礼义之统）与政治力量对于治政理国所发挥的巨大作用，强调师道在施政中具有不可替代的作用。

本篇说"师为君，学为臣"，其意和荀子有相近之处。本篇所说的师就是精神修养最高者神圣，他进可为王，退可为王（上贤）之师，以精神文化力量来引领政治领袖。而荀子则认为道德修养至高者就是圣王，他把文化力量与政治力量融会于一，紧密地联系起来。

这种强调融文化（师、圣）与政治力量（君）为一体以为圣王的看法，在先秦时代只有荀子明确提出过。孔子的理想人物是仁者（圣人），其道德修养最高，很难达致。而要当圣王，必须有当天子之命，可是并非每个人都生可为天子。所以，孔子强调成圣成仁的功夫，重视个人道德修养，好学不已，"为之不厌，诲人不倦"（《论语·述而》），已成成人；并且在内圣的扎实基础上推己及人，希望可以开创外王的济众之功，即由备己以敬人，而安人，而安百姓。④ 孔子兼重内圣与外王，但认为内圣未必是外王。郭店简和帛书《五行》篇被认为是子思学派的作品，提出仁德是义、智、圣的内在根据，仁人、圣人是道德最高修养者，也重视内圣。⑤

---

① 王先谦：《荀子集解》，第356页。
② 王先谦：《荀子集解》，第33页。
③ 王先谦：《荀子集解》，第349页。
④ 夏长朴：《尧舜其犹病诸——论孔孟的圣人论》，中国孔子基金会编《孔孟荀之比较》，北京：社会科学文献出版社，1994，第83页。
⑤ 有关孔子、郭店楚简的圣人观，可参本书第四章。

孟子继承先儒的看法，重视内圣，认为凡人就某一德行做得彻底，便可称为圣人：称伯夷为圣之清者、柳下惠为圣之和者、伊尹为圣之任者，而推崇孔子为圣之时者、圣之集大成者（《孟子·万章下》）。郭店简《唐虞之道》篇也认为，要外王则先内圣。舜先成内圣，而后成外王。他孝事瞽盲，友爱兄弟，故能爱天下之民，能亲亲，能尽仁义，就是内圣。能亲亲，又贤贤，是尽仁义之道，即能外王，故为圣人。《鹖冠子·道端》篇是写成于孟、荀之间的儒家作品，主张圣人有最高道德修养，在修养上是君王之师，在政治上是君王的助手，但该篇尚未提到圣人为君，即主张圣、王合一。

（三）庄子学派圣王说

庄子重视内圣，不主张外王。然其后学《天下》篇则强调内圣外王合而为一，认为如今诸子只是得到古代圣王之道的"一偏一曲"，导致"内圣外王之道，暗而不明"，结果"道术将为天下裂"。作者认为古圣王得道术之全，有内圣外王之道，内则能够体悟本体，"以天为宗，以德为本，以道为门"，即以自然为本，顺应人性，因时变化，能够"判天地之美，析万物之理"，"备于天地之美"；外则施行仁义，制、遵礼乐法分，以刑名为用，推行政治，本末兼用，能够和天下、育万物。[1]《天下》篇认为古圣王的精神修养境界最高，其权位也最高，圣、王合一，这和本篇主张神圣的精神境界最高，进可为王、退可为师，说法相同。

（四）鹖冠子圣王说

本篇这种看法也和鹖冠子本人的思想有相通处。鹖冠子在《度万》篇里阐述五正论，以精神修养高低来论列五种君王，其中修养最高、治境最理想的是尸气皇，他能定天地、豫四时、拔阴阳、移寒暑，使万物正流并生而无害（24a/4-5）。本篇说神圣掌握天地之道，知道天地运行规律，故"先天地而尊者也"，其地位比天地还尊贵。他虽后天地而生，但知天地之始；虽先天地而亡，但知天地之终（39a/10-39b/2），故能"改动之"（39b/3）、能"阆阓四时，引移阴阳，怨没澄物"（40a/6），这和尸

---

[1] 王先谦：《庄子集解》，第287~288页。《天下》篇所说的"得道术之全"，应该是道家的理想乐园，它成为道家神话的一个重要组成部分，详杨儒宾《道家的原始乐园思想》，《中国神话与传说学术研讨会论文集》，台北：汉学研究中心，1996，第125~170页。

气皇相同。可见，本篇对尸气皇说有进一步的发挥。

（五）墨子圣王说

墨子认为凡从事十务（顺从天志、举贤等）即为圣人，他们外要以鬼神为"法仪"，内则要去"六辟"["去喜，去怒，去乐，去悲，去爱，去恶，而用仁义。从事于义，必为圣人。"（《墨子·贵义》)]。墨子认为圣人服从于"义"——以外在标准来主导内在修养，希望透过外在种种来规范人的行为，所以他不断鼓吹法仪等，注重逻辑，重视客观的知识，而没有深入地阐释内在的心性怎样开拓出自我的道德，也没有阐述内圣与外王的关系。

（六）《老子》圣王说

《老子》强调内圣外王。钱穆说《老子》尤其重视外王，以外王之业来证成内圣。① 郭店简甲篇《老子》提出，圣人的修养功夫是效法天道无为，所谓人法地、地法天、天法道、道法自然之意。通行本《老子》继承其说，又提出抱一为天下式（第22章），一就是道，以道之无为作为施政的原则，就可以成为天下的法式。认为圣人要不仁（第5章），要掩藏一己的好恶（第72章），要爱惜身体多于权位，因为身体比名、财重要（第44章），如此才能寄天下（第13章）。外王方面，《老子》提出不少方法统治天下，如圣人无为、无事、自静、无欲（第57章），去民之智（第3章），浑民之心（第49章），等等。《老子》很少深入阐述圣人的精神境界如何步步提升，也没有说明至高的精神境界应该怎样。这和本篇详细阐述神圣的精神境界有很大差别。

（七）小结

综上，本篇反对君位世袭说，与荀子相同。本篇提出神圣为君为师的看法，和荀子、《庄子·天下》篇、鹖冠子有相通相近处。三者皆处战国晚期，那么，本篇也应该写成于战国晚期。关于圣、王之间的关系，只有到战国中晚期，荀子、《老子》、《庄子·天下》篇、鹖冠子才明确提出两者具有相当密切的联系，即圣与王为一体，虽然诸家对先圣抑或先王、重德抑或重业有不同的看法。

---

① 钱穆：《庄老通辨》，第125~138页。

又，本篇认为，"王百神者上德，执大道"（41a/7），能够执大道，就能为百神之王，更何况是为众人之王呢？本篇还认为，君主必须时时向有道之士请教，谨执弟子礼，才能不使天下灭亡，否则，"能守宗庙、存国家者，未之有也！"（41a/9-10）仍然强调有道之士（士阶层里的精英）对维持、稳定政权所起的重要作用。这是士对本群体在政治上所发挥的巨大作用的自我肯定，也是对春秋以来士阶层自我肯定的继承。

综上，本篇属道家作品，其中阐述圣王的精神修养境界受庄子学派影响，而认为精神境界最高者为师，无疑受到荀子影响。本篇不写成于秦代，盖本篇云"范者味之正也"（38a/5），不避秦皇政之讳。

二 《泰录》篇思想重点

本篇思想重点有二，一是阐述神圣的精神修养，二是就继承天子之位提出禅让与传子并存说。下面依次论述。

（一）神圣的精神修养

1. 神圣与天的关系

本篇首先认为最理想的人物是"上圣"（"神圣"）："若上圣皇天者，先圣之所倚威，立有命也。"（38b/4-5）上圣的修养与皇天相齐。为了更好地了解神圣的精神境界，应先了解本篇所说的天之含义。

本篇对天有如下几层看法。

第一，天是"气之所总出也"（41a/1），为阴阳两气之源。天生阴阳，阴阳生万物，天应是元气、气母或是本体的一部分，也是范："范者味之正也，味者气之父母也，精微者天地之始也。"（38a/5-7）气，当指阴阳两气；味是两气之父母，应是元气，即泰鸿。《泰鸿》篇所言的"范"指法度，而本篇所言乃指泰鸿。可见，名同实异。这样，天、范、泰鸿、元气同实异称。把神圣与天并提，则神圣也能参与阴阳变化，成为影响宇宙万物的一个重要力量。

第二，本篇说："天地成于元气，万物乘于天地。"（38b/2）就版本言，《子汇》本、《百子》本、《学津讨原》本、《道藏》本、《子书二十八种》本、《十子全书》本、《四库》本皆作"元气"，《永乐大典》作

"元"。戴卡琳认为此句原作"元","元气"一词可能是后世注释窜入。①笔者认为戴氏所说有理。就本书所研究诸篇论,《夜行》篇云:"阴阳,气也。"(3b/8)《天则》篇云:"四气为政。"(4b/10)《环流》篇云:"有一而有气。"(10a/7)陆注:"一者元气之始。"首次提及元气。本篇后半部分多次提及"气",但不是"元气",如云"动静无非气者"(12b/1),"有人将得,一人气吉"(12b/2),"立之谓气"(12b/9)。《度万》篇云"阴阳无以成气"(20b/2),说水火不生,则阴阳不能成为气。又说"阴阳者,气之正也"(20b/6),说阴阳为气之正者,而不是元气;"气由神生"(23a/1),即谓气由神养。《泰鸿》篇云:"调泰鸿之气。"(33a/5)陆注:"泰一含元气者,故曰调泰鸿之气。鸿蒙,元气也。泰鸿,元气之始也。"(33a/5-6)泰鸿本是元气,故陆注屡提元气。可见,《鹖冠子》前十篇有提及"气",没有提及"元气";而陆注则较多提及"元气"。因此,戴氏之见为是。

另可以对以上数篇所言生天地之看法稍加分析。只有《天则》篇云:"天若离一,反还为物。"(5a/5)本篇认为天是介乎本体"一"与形下万物之间的一种物体,天只有不离弃"一",才能统治日月星,否则,天与其他万物没有差别,不过是一种物体而已。这里没有明说"一"生天,但是天能治三光,端赖"一"所赋予的功能。

既然《鹖冠子》没有言及生天地之说,则本篇此"元",宜指本体"一"。《说文》:"元,始也,从一从兀。"②元之本义宜为一。又,《说文》解"一"云:"惟初太始,道立于一,造分天地,化成万物。"③则"一"乃是本体,天道、天地、万物都生于"一"。如此,元之义当为本体"一"。故本篇言"天地生于元",意天地生于本体"一"。

"元"生天地,天地生万物。天成为本体与万物之间的中介,主要指气,气之中有精微之物,它们相互作用,形成天地之始:"精微者,天地之始也。"(38a/6-7)此天较第一义低一级,但是仍属于宇宙生成之初阶段,它和神明有共同的元素:"神明者,积精微全粹之所成也。"(39b/9)

---

① 〔比利时〕戴卡琳:《解读〈鹖冠子〉》,第91页。
② 许慎:《说文解字》,北京:中华书局,1998,第7页。
③ 许慎:《说文解字》,第7页。

神明也是由精微全粹之物积聚而成,两者同处于本体产生两气的宇宙生成初始阶段中。神圣掌握天地万物生成之理:"神圣乘于道德,以究其理。"(38b/3-4)

第三,本篇说:"天地者同事而异域者也。无规圆者天之文也,无矩方者地之理也。天循文以动,地循理以作者也。一端者神之法也。"(39a/8-10)说明天、地运行的情况是天遵从文而动,地因循理而作,"文者所以分物也,理者所以纪名也"(39a/7)。天与阴阳两气生成万物,又能分别万物,分别的功夫就是天之文。因万物殊异,故天分别万物,无形无迹,似乎没有规圆可寻。圣人效法天地,可掌握文、理,其精神要与神明相通。神明以天、地为法则,则圣人掌握文、理,就可与神明、天地相通:"陈体立节,万世不易,天地之位也。分物纪名,文理①明别,神圣之齐②也。"(38b/9-39a/1)神圣能度虑文、理,把握天地运行的规律:"法天居地,去方错圆,神圣之鉴也。"(39a/1-2)神圣行事效法天,而不效法地,盖地道方智,方智则滞,只有"圆"才能神、通、活。

神圣能把握文、理,掌握天地之道,如此,他是"先天地而尊者也"(39a/10-39b/1),虽然他"后天地生,然知天地之始;先天地亡,然知天地之终"(39b/1-2),③寿命比天地短,但能知道天地之始终。他对天地之道了然于胸,就能"入论泰鸿之内,出观神明之外,定制泰一之衷"(37b/8),有这种本事,就掌握了《庄子·大宗师》所言之道:"自本自根,未有天地,自古以固存……在太极之先而不为高,在六极之下而不为深;先天地生而不为久,长于上古而不为老。"④此道具有悠久性、永恒性、超越性、本根性等特征。《泰录》篇说神圣入论泰鸿,掌握天地之道,能知始知终,就掌握了超越性、恒久性的道。神圣"尊重焉故能改动之,敏明焉故能制断之"(39b/3-4),既为天地之尊者,其能力神通广大,能够改天地之序、通天地之志、断天地之疑,此即"陈体立节,万世不易,

---

① 理,除《道藏》本外,其他诸本作"圣"。本句说"分物纪名",分物指文,纪名指理,则"圣"当作"理"为是,故依《道藏》本。
② 齐,度也,见《水经注·济水》引《春秋说题辞》(张金城:《鹖冠子笺疏》,《国文研究所集刊》第19期,1975,第81页)。
③ 此句《太平御览》卷四〇一作"圣人者后天地而生,而知天地之始,先天地而亡,而知天地之终"(第11页),多些虚词。
④ 王先谦:《庄子集解》,第59~60页。

天地之位"之意。他能正天地之位，使其万世不变："如是者，不持天地以为大，自若以处而万物包焉者，圣人之至也。"他与天地合为一体，万物皆备于我。神圣深得天地之道、泰一之衷。

2. 神圣与神明的关系

神圣得泰一之道，其与神明也有密不可分的关系。言神圣，即结合神明与圣人。本篇所言神明，其义有如下几点。

第一，神明是大道："名尸神明者，大道是也。"（38a/8）它是宇宙生成的初始阶段："神明者，积精微全粹之所成也。"（39b/9）它和作为本体与万物之中介的天一样，由精微之物积聚而成。神明与天、气有着相同的成分（元素）。本篇说："流分而神生，动登而明生，明见而形成，形成而功存。"（39a/5-7）"流分"为水，水生神。水属阴，则阴气生神；"动登"为火，火生明，火属阳，则阳气生明。① 故神明生于阴阳两气，阴阳两气又出于泰鸿，泰鸿出于泰一，如此，生成神明的最后根源是泰一。神圣提升精神修养，借精微之物，把握神明，进而论泰鸿、合泰一。神明是神圣与泰一相合的桥梁。当神圣之精神修养已经达到与泰一相合的境界，神明反为神圣所役使："（神圣）能役贤能，使神明，百化随而变，终始从而豫。"（39b/8-9）

第二，神明是精神境界中较高的一种。神圣提高精神修养，其目的之一是卫精养神。卫精养神是本，治理天下是末："精神者，物之贵大者也。内圣者，精神之原也，莫贵焉。故靡不仰制焉。制者所以卫精摆神致气也。幽则不泄，简则不烦，不烦则精明达。"（39b/4-7）一般而言，诸子所说的物，多不包括心，指心之外的世界（如欲望、身体、环境等），这里的精神就是这些外在世界中最可贵的神明。神圣提高精神修养的方法是："精欲啬，神欲养，气欲专。"（陆注，39b/6）少耗精力，多养神，虚静专一，使体内之气与神明相合为一，处理事务务必简省凝静，不费精劳

---

① 陆佃解"流分"为水，天生水，"其于物为精，精聚而后神从之"；"动登"为火，地生火，"其于物为神，神会而后识从之"（39a/5-6）。陆说未必合原义。又，陆注言天生水，此说与《太一生水》不同。《太一生水》认为本体太一生水，水反辅太一而生天，天反辅太一而成地，天地相辅以生成神明，神明相辅而成阴阳。如此，水在宇宙生成中的地位，较天地、神明、阴阳更接近本体。陆注说天生水，水生神，则本篇所言的天，其地位较诸水更接近本体。

神,潜隐而不放,凝静而不烦,以培植精神,日滋日长。如此,持之以恒,终会达到最高境界:"圣道神方,要之极也。"(39b/10)

神圣能使"百化随而变,终始从而豫①"(39b/8-9),"阊阖四时,引移阴阳,怨②没澄物,天下以为自然,此神圣之所以绝众也"(40a/6-7),变化百化、始澳,使四时转化,阴阳引移,万物积蕴、灭没。神圣能变更自然规律,使之尤合自然,天下也认为此种改变合乎自然。他具有神通广大的能力,"此神圣之所以绝众也"(40a/7),"圣原神文,有验而不可见者也,故过人可见,绝人未远也"(40a/8-9)。盖神圣能把握天之文,循天之文而动,虽可稽验,但是见之无形,闻之无声,此其妙用神通,"神明所以类合者也"(40a/10),"类类生成,用一不穷"(41b/1)。类,通也。③ 神明能以气、精微者与万物相通相合,故神圣能应物无穷。

3. 神圣与泰一的关系

神圣效法泰一是最高的典范,神圣与泰一相合更是最高也是最终的境界。本篇云:"入④论泰鸿之内,出观神明之外,定制泰一之衷,以为物稽。"(37b/8-9)神圣入能论泰鸿元气之情状,出能观于人心至灵至明的神明,得中于本体泰一,深得本体泰一之传。

本篇认为,圣王的代表九皇得泰一之传:"泰一之道,九皇之传,请成于泰始之末,见不详事于名理之外。"(38a/1-4)《泰鸿》篇也认为九皇得泰一之传,各有统治方法,故有"殊制"(33b/3)。这里说,九皇得天地之生,别万物之处、泰始之末,较《泰鸿》篇更为明确。

论者认为,本篇"入论泰鸿之内,出观神明之外,定制泰一之衷"(37b/8),这是继《泰鸿》篇"泰一者,执大同之制,调泰鸿之气,正神明之位者也"(33a/4-6)而言,又本篇提及"泰一之道,九皇之传"(38a/1),上篇也有此说,两篇同时提到"泰一""泰鸿""神明""九皇",因

---

① 豫,俞樾《曲园杂纂》卷二〇云:"豫亦变也。"(叶6)
② 怨,《小尔雅·广诂》云:"没也。"(阮元等:《经籍纂诂》,第1992页)
③ 《鹖冠子·环流》篇:"通之谓类。"(12b/9)
④ 入,《道藏》本、《子书二十八种》本、《十子全书》本、《四库全书》本皆作"入";《子汇》本、《学津讨原》本作"人",误,盖"入"与下句"出"相对。

此两篇是姊妹篇，或曰《泰录》是《泰鸿》的续篇。① 这种看法值得商榷。本篇言"入论"云云，是就神圣入能论泰鸿元气之情状、出能观于人心至灵至明者、定于本体泰一之中而言，如此就能成为万物的征稽，说明神圣的精神修养境界极高越。而上篇所言"泰一"云云，是就泰一言。泰一是本体，神圣是人，两者不同。至于"九皇之传"云云，应是道家中某一派的共同传说，《天则》篇也言及九皇之治，然而其内容重点与《泰鸿》篇不同，深受庄子和儒家影响。② 因此，就个别词相同而论断其义与本篇必相同，恐怕论据尚且不足。

鄙意认为，不同学派也可以有相同的思想观念；反过来说，思想观念相同，不等于说学派相同。盖有前世诸子阐发某思想观念较详，后世诸子言之较简；有前世引而未发，后世继承、发挥、转化；有并时或隔代诸子互相诘难、修正、影响，而有相同观念；有时、世相隔且素无交通来往的诸子，所发言论不谋而合……因此，不同篇章使用相同的文字来表达思想观念，不能笼统地认为两者必为同一学派；更何况同一篇文章中相同文字尚有不同的意义。因此，只有把握文字的使用背景，才不会断章取义，强原文以就己意。本篇虽然有一些文字与《泰鸿》篇相同，但讨论的重点有所不同。不过，两篇都言泰一，说明两篇同是在道家思想的土壤中创作出来的。

（二）禅让、传子并存说

上文已论述本篇受荀子圣王说影响，事实上，这还涉及战国时期天子传位的禅让、传子并存说。

据儒家文献记载，尧、舜、禹时期发生过禅让。20 世纪 30 年代顾颉刚曾发表《禅让传说起于墨家考》，认为禅让说由墨子首创，后来影响儒家。③ 近几十年来，由于《容成氏》《唐虞之道》《子羔》等新的简牍材料

---

① 孙矿评云："此篇与前篇相表里，而幽奥处似过之。"（《子书二十八种》本，叶 11）葛瑞汉（"A Neglected Pre-Han Philosohpical Text: *Ho-kuan-tzu*," in *Bulletin of the School of Oriental and African Studies*, Vol. 52, No. 3, 1989, pp. 522 – 526)、杜宝元（《〈鹖冠子〉研究》，《中国历史文献研究集刊》第 5 集，第 56 页）、熊铁基（《论〈鹖冠子〉的"道法"思想——兼论道法、黄老及其他》，《华中师范大学学报》2001 年第 1 期，第 98 页）都有如此看法。

② 详本书第三章。

③ 参顾颉刚《顾颉刚全集》第 1 册，北京：中华书局，2010，423 ~ 498 页。

的出现，学界对禅让说又进行了热烈讨论。学者把这三篇新材料与传世文献结合进行研究，认为战国不同时期儒家内部对禅让有不同的看法，也出现过不同派别不同说法并存的现象：孔子、孟子、《礼运》、《容成氏》等认为禅让与传子都合理，《子羔》《唐虞之道》等鼓吹禅让，荀子反对禅让说。① 笔者不认同荀子反对禅让说。

上文提过，荀子的《正论》篇是针对那些提出禅让说的人，批评此说徒具虚名，无益于政治建制和提高"道德""礼义"。《正论》篇强调只有圣人才能当王或继任为王。如果圣人是圣王的儿子，那么，他继任圣王，"朝不易位，国不更制，天下厌然与乡无以异也"，一切人事、制度都没改变，就像"以尧继尧，夫又何变之有"；如果圣人不是圣王的儿子，而是三公，三公继位后，其人事、制度也没改变，"则天下如归"，仍像"以尧继尧，夫又何变之有"。可见，荀子赞成圣王传位给他的儿子或三公，条件是他们必须是圣人，是以他肯定禅让与传子两种方法并存。这是他继承了孔子的禅让观。②《泰录》篇提出以精神修养最高者为师为君，"师为君，而学为臣"（40a/1），其意和荀子有相通处。

《泰录》篇与荀子同样提出禅让、传子并存说，在先秦道家史上具有独特的意义。道家如《庄子》之《逍遥游》《大宗师》《让王》《庚桑楚》等篇或瞧不起禅让（如许由不接受尧让天下），或直斥尧舜之禅让是"大乱之本"，或从适情角度批判禅让"矫情"。③《庄子》代表道家对禅让提出否定看法。《老子》《黄帝四经》没提及禅让说。战国时期提出禅让说的学派主要是儒家。④

同时，本篇应受荀子影响，原因如下。一是禅让说主要是由儒家提出的，道家多反对。《泰录》提出禅让传子并存说，应该是从儒家孔子、荀

---

① 彭裕商：《禅让说源流及学派兴衰——以竹书〈唐虞之道〉、〈子羔〉、〈容成氏〉为中心》，《历史研究》2009 年第 3 期，第 4~11 页。罗新慧《〈容成氏〉、〈唐虞之道〉与战国时期禅让学说》指出了禅让说内容的复杂性（《齐鲁学刊》2003 年第 6 期，第 105~106 页）。
② 孔子认为禅让与传子都合理，见彭裕商《禅让说源流及学派兴衰——以竹书〈唐虞之道〉、〈子羔〉、〈容成氏〉为中心》，《历史研究》2009 年第 3 期，第 10 页。
③ 罗新慧：《礼让与禅让——论周代"让"的社会观念变迁》，《社会科学战线》2002 年第 6 期，第 147 页。
④ 彭裕商：《禅让说源流及学派兴衰——以竹书〈唐虞之道〉、〈子羔〉、〈容成氏〉为中心》，《历史研究》2009 年第 3 期，第 6~10 页。

子那里获取的思想资源或得到启发。二是荀子对禅让与传子都持肯定态度，这样的开放态度比较容易为其他学派所接受。三是荀子曾经在稷下学宫当过祭酒，与不同学派思想家有过交流。他对道家学说有批判、有吸收，[1] 同样，道家受他的学说影响，对其也有批判与接受。四是《泰录》篇在一些用词或思想观念上显见荀子的影响。观念上，荀子肯定禅让与传子并存；遣词用字上，《荀子》一书常用"圣王"（37次）、"国家"（16次）、"道德"（13次）、"神明"（7次），在《泰录》篇中也有出现，其中"圣"有先圣、神圣、内圣、上圣、圣王五种说法。可见，《泰录》篇接受了荀子的一些观点、概念，并进一步做了细分。

结　论

本篇在政治思想上提出禅让、传子并存说，当是受到荀子的影响；在精神境界上主要阐述最理想人物"神圣"的精神修养，说明圣、王的关系。本篇应是写成于战国晚期的作品。

---

[1] 孙以楷：《荀子与先秦道家》，《学术月刊》1996年第8期，第19~24页。

第九章 《世兵》非抄袭《鵩鸟赋》辨，兼论用兵之道
——《世兵》篇研究

《世兵》篇分为两部分，前部分从开头到"得此道者，驱用市人"（43b/9），分析用兵之道；后部分自"乘流以逝"（43b/9 – 10）迄结束，被柳宗元指责是抄袭贾谊《鵩鸟赋》，进而断定《鹖冠子》是伪书。自是以后，学者甚少研究《鹖冠子》，反而多有批评。本章为了突出重点，反驳柳氏之见，先论述本篇后部分，再论前部分。

一 《世兵》篇后部分与《鵩鸟赋》的关系

柳宗元《辩〈鹖冠子〉》认为本篇后部分抄袭贾谊《鵩鸟赋》，其理据是两者有部分内容相同，且《世兵》篇"尽鄙浅言也"，与《鵩鸟赋》"不类"。[①] 但他没有说明"鄙浅"与"不类"的内涵和标准，也没有说明"鄙浅""不类"到什么程度。一些学者如晁公武、陈振孙、卢文弨、胡玉缙、钱穆、黄云眉、蒋伯潜等支持柳说，[②] 然柳说被现代学者反驳，已站不住脚。本节在前贤研究的基础上，重新讨论《世兵》篇与《鵩鸟赋》两者的关系。

柳宗元说《世兵》篇抄袭《鵩鸟赋》，易言之，这两篇文章的一些材料是相同的。到底这两篇文章的内容相同到什么程度？文字或内容相同，是否就一定是《世兵》篇抄《鵩鸟赋》而非《鵩鸟赋》抄《世兵》篇，或者两者有没有共同的材料来源？下文试从文学研究的角度来讨论两篇的关系。罗浩指出，文学研究法包括三方面：一是撰写手法研究，即如何使用文学

---

① 柳宗元：《柳河东集》，第72页。
② 详本书绪论。

技巧搜集安排材料，使这些材料成为统一的作品；二是作者、作品的思想与思想背景研究；三是文体研究。① 以下从这三方面来分析。

（一）从撰写手法来分析

1. 两篇引用相同的古籍材料

《世兵》篇与《鵩鸟赋》有相同的文句。表9-1比较了两者运用部分古籍材料的情况。

表9-1 《世兵》篇与《鵩鸟赋》及其他古籍文句比较

《世兵》篇	《鵩鸟赋》	其他古籍
斡流迁徙，固无休息	万物变化兮，固无休息	《庄子·知北游》：已化而生，又化而死
祸乎福之所倚，福乎祸之所伏	祸兮福所倚，福兮祸所伏	《老子》第58章：祸兮福之所倚，福兮祸之所伏 《庄子·则阳》：祸福相生 《文子·微明》：祸与福同门；祸与福同邻
终则有始，孰知其极	命不可说兮，孰知其极	《老子》第58章：孰知其极
水激则旱，矢激则远	水激则旱兮，矢激则远	《孙子·势》：激水之疾 《吕氏春秋·去宥》：激矢则远，激水则旱 《淮南子·兵略训》：水激则悍，矢激则远
天不可与谋，地不可与虑	天不可预虑兮，道不可预谋	《庄子·刻意》：不思虑，不预谋
小知立趋……自贵矜容	小智自私兮，贱彼贵我	《庄子·秋水》：自贵而相贱
达人大观，乃见其可	达人大观兮，物无不可	《庄子·齐物论》：物无不可
列士徇名，贪夫徇财	贪夫殉财兮，烈士殉名	《庄子·骈拇》：小人则以身殉国，士则以身殉名
夸者死权	夸者死权兮	《庄子·徐无鬼》：权势不尤，则夸者悲
不肖系俗	愚士系俗兮	《庄子》：不肖系俗

---

① 罗浩：《郭店〈老子〉对文中一些方法论问题》，《道家文化研究》第17辑，北京：生活·读书·新知三联书店，2002，第202页。

续表

《世兵》篇	《鵩鸟赋》	其他古籍
至人遗物,独(动)与道俱	至人遗物兮,独与道俱	《庄子·田子方》:形体掘若槁木,似遗物离人而立于独也
圣人捐物		《文子·道原》:唯圣人能遗物反己
		《文子·下德》:唯有道者能遗物反己
泛泛乎若不系之舟	泛乎若不系之舟	《庄子·列御寇》:泛若不系之舟

资料来源:本章所引《鵩鸟赋》,据李善《文选注》,上海:上海古籍出版社,1994;有关《庄子》的材料出处参考〔比利时〕戴卡琳《解读〈鹖冠子〉》,第72~73页。

由上可见,本篇与《鵩鸟赋》的部分文句均来自《庄子》《老子》《文子》《淮南子》,尤以《庄子》外杂篇为多。这也许是因为庄子学派特别重视心性修养。庄子对于现实政治的残酷有深深的体会与洞见,如《人间世》云"方今之世,仅免刑焉",强调"死生、存亡、穷达、贫富、贤与不肖、毁誉、饥渴、寒暑,是事之变,命之行也"(《德充符》),这些都是大自然的运行,非人力所能改变。因此,明白万物皆一气所化,透过内心的修养,游心于德之和,安时处顺,达到逍遥境界,以此作为应世的态度。遭到贬黜的贾谊于此亦颇能同情共感。

既然《世兵》篇与《鵩鸟赋》存在共同的材料和思想来源,柳宗元说《世兵》篇抄《鵩鸟赋》,显然不当。因此,不少学者反驳柳说,如谭家健、杜宝元、丁原明、禄书果等都认为先秦秦汉文献引前人文句,乃普遍现象。[①] 况且贾谊《鵩鸟赋》的写作技巧较《世兵》篇高明(详下文),根据后出转精的规律,则应是《鵩鸟赋》参考了《世兵》篇的创作。

2. 两篇不少文句大同小异

《世兵》篇与《鵩鸟赋》除了部分文句来自诸子文献,也有一些文句大同小异,兹依《世兵》篇次序先后排列如下(括号里为《鵩鸟赋》文字):

---

① 谭家健:《〈鹖冠子〉试论》,《江汉论坛》1986年第2期;杜宝元:《〈鹖冠子〉研究》,《中国历史文献研究集刊》第5集,第51~53页;丁原明:《〈鹖冠子〉及其在战国黄老之学中的地位》,《文史哲》1996年第2期;禄书果:《〈鹖冠子〉研究》,郑州大学硕士学位论文,2008,第56页。

乘流以（则）逝

与道翱翔

安可（何足）控搏（揣）

何（胡）可胜言

精神（万物）回薄

振荡相转

迟速有命

合散消息

孰（乌）识其时

纵驱（躯）委命

祸与福如纠缠（祸之与福，何异纠缠）

忧喜聚门

吉凶同域

吴大兵强（彼吴强大）

夫差以困（败）

越（粤）栖会稽

勾践霸（伯）世

块轧无垠

众人域域（惑惑）

细故蔕蒯（蒂芥）

以上有 20 句基本相同，加上引自共同材料的部分，则两篇文句基本相同的有 30 余句。《世兵》篇自"乘流以逝"（43b/9－10）迄结束，共 119 句，两篇相似处所占比例约 25%。易言之，其他七成多的文句阐述，与《鹏鸟赋》有同有别：相同的地方说明两者对某一事物有相同的看法，或者两者有共同的思想观念来源，或者彼此有先后影响；不同的地方正突出本篇之独见。从基本相同的文句来看，两篇都讨论祸福、吉凶、时命、圣愚、休息等，这些既属于人生问题，又是互相转化的问题，都事关处世的态度、人生与宇宙的关系。

（二）从作品的思想与思想背景来分析

虽然《世兵》篇和《鹏鸟赋》的文字存在相同、相近之处，但是这不等于说两篇的思想完全相同。下文先分析两篇思想的异同，继而将其置于汉初的大背景中分析汉初赋家所展现的观念，最后分析两者的关系。

1. 思想异同

（1）《世兵》篇

本篇首先说明天地的运行规则，行其自然，不偏不倚。得道之人，"道无不可"（44a/2），参与天地人三才的造化。成败得失、成名与否取决于个人，即个人能否抓住时运。福祸、得失、吉凶互相纠葛。俗人没有达观大智，"椭枋一术，奚足以游"（44b/8），"小知立趋，好恶自惧"（45a/4-5），只得小道一曲，难以有所得，如此患得患失，心中不定。他们"迫于嗜欲"（45a/4），或为名，或为财。只有达人大观，圣人捐物，不被外在环境左右，而能取舍由理。

本篇从得道者与道之翱翔说起，说明生死得失不定；继而说兵势复杂，难以穷其端倪，用兵以势取胜；又说至人（圣人）纵躯委命，与时往来；又说祸福相伏，只有圣人才不被祸福所牵制，而小智之人难有所得，难定祸福；又说古往今来，事皆有过，故圣人捐物从理；又说众人迫于嗜欲，或为名死，或为财亡，不肖系俗，贤者争时；最后从辩证角度来说得失成败，如文王拘幽、武王定天下。这样写来，文理有些杂沓，不如《鵩鸟赋》清简条贯。显然，本篇的写作技巧不及《鵩鸟赋》。

（2）《鵩鸟赋》

此篇是贾谊被文帝贬谪到长沙，因见鵩鸟而"自伤悼"之作。首先，他从自己的遭遇来说明人生的现象：祸福相倚，忧喜凶吉相随相缠，都是外在之命，而"命不可说，孰知其极？"他希望得到明君重用，一展所长，然而要施展才能，既要逢其时，又要遇其命，"迟速有命，乌识其时？"命不可遇，时也不易逢，他曾在朝廷一展抱负，如今被贬到"卑湿"的南方，不禁对时命有无限的感触。

其次，他从宇宙变化来看人生："天地为炉，造化为工；阴阳为炭，万物为铜。合散消息，安有常则？"天地间的万物是由阴阳变化而成，人也不能自外，"忽然为人，何足控揣？"合散、死生无常，是自然大化所为之事，何必萦怀？他由此参透宇宙万物变化的本质，明白人与万物同为阴阳造化，有聚有散，有生有死，乃自然规律，以此解怀，也因此明白了那些参透万物变化的达人、大人、至人的精神境界："达人大观，物亡不可"，达人不为生死祸福所牵累，对万物一视同仁；"大人不曲，意变齐同"，大人面对万物，无论它们如何变化，仍能等量齐观；"至人遗物，独与道俱"，至人不为外物所累，一心于宇宙大道。达人、大人、至人都是道家的理想人格，贾谊明白他们的修养境界，也明白俗世的各种营役——或为名，或为财，或为权——系俗感惑，不知为何。

最后，贾谊要以至人的精神境界为一己处世之归趋，"纵躯委命"，把身躯交给大自然，修养空灵之性，浮游人世之间，而不介意生死小事。可见，贾子已参悟至人的境界，而将生死祸福置之度外。戴卡琳说贾谊对参透祸福纷扰的问题深表悲观绝望，[①] 这是不合原意的，相反，贾子已以超然的态度来面对生死吉凶。

从两篇表达的思想来看，贾生的态度由消极而平静，由无奈而通达；《世兵》篇则没有什么消极的态度，而以得道者的眼光来看待祸福得失相伏的人间，没有贾生的心情变化。《鹏鸟赋》的写作技巧比较高明，考虑到后出转精的规律，两篇的关系应该是它参考了《世兵》篇创作而成。当然，两篇文章所表达的主题有不少相同的地方，这是因为二者有共同的材料来源，包含相同的人生感悟。两篇的作者应生活在同一时代——汉初，故对人生现象有相近的看法。汉初赋家的作品里一般表达了什么样的思想感情呢？下文试分析之。

2. 汉初赋篇所反映的思想观念

从汉初四言赋所表达的内容，可以看出当时一些文人骚客的人生态度。淮南王刘安（前179～前122）曾集宾客编撰《淮南子》，其作品具有相当的代表性。刘氏曾著《屏风赋》，全篇以拟人的手法写乔木，说乔木出自幽谷，"孤生陋弱"，常担心被砍伐而"委伏沟渎"，因此，"悲愁酸毒"。后来有幸得到中郎大匠刻雕，才"庇荫尊屋"，侍列君主左右，"分好沾渥"，深感荣幸。从这篇赋中可见身为藩王的刘安也常感"飘摇殆危，靡安措足"，[②] 对前途深感忧虑。虽然最后得幸，若非逢遇时命，哪能蒙受恩泽？这不仅涉及时命和酬志与否的问题，而且涉及专制君主统治给官吏

---

① 〔比利时〕戴卡琳：《解读〈鹖冠子〉》，第70页。
② 费振刚、胡双宝、宗明华辑校《全汉赋》，北京：北京大学出版社，1993，第44页。

士大夫带来的强大压迫感。① 刘安在汉帝统治下难以自善其身又不能置身局外的无奈感，溢于言表。

另外，作为孔子后人的孔臧（约前201～前123）在其所著《鸮赋》中，一方面以儒家伦理来砥砺己行，"庶几中庸，仁义之宅"，以仁义为修身处世之宗旨，以达到中庸的境界；另一方面遵循庄老的教诲，"听大仕命"，"凄迟养志，老氏之畴"，安贫乐道，顺乎自然。作为孔子后人，其思想杂糅儒、道，正反映自战国中晚期以迄汉初百家融合的特点。最有趣且耐人寻味的是，《鸮赋》虽然只有36句，但是其写法、用词、造意与《鵩鸟赋》有很多相同处。开头说在季夏某天，自己静居思道，有只鸮鸟飞来，停在屋隅。作者看到此异物，认为是吉凶之符物，于是查考经书云云，抒发一己之见。这种写法完全与《鵩鸟赋》相同。赋中"祸福无门"，即贾生"祸兮福所倚"之意；"时去不索，时来不逆"，即贾生"迟速有命，乌识其时"之意；"听天任命"，即贾生"纵躯委命"之意。孔臧与贾谊年纪相仿，到底是谁影响了谁，很难遽下判断。但有一点是很清楚的，即他们身处汉初，无论是在文学创作上，还是在思想观念上，都表现出很多相同的看法。

通过以上分析，可以发现，汉初流行四言赋，一些重要的赋家借此种赋体表达他们对人生祸福无常、时命遭逢、体悟天道的看法，一方面对现实政治所带来的抑制表现出无奈，另一方面服膺庄老，以超然的态度面对，借以自慰。《世兵》篇和《鵩鸟赋》也不例外。

（三）从文体来分析

《世兵》篇自"乘流以逝"（43b/9）迄结束，除了"管仲不羞辱，名不与大贤，功不□三王"（45b/2）外，其余全是四言。故《世兵》篇属于四言赋。四言赋以四言为句，换韵频繁。现存汉代四言赋，当以中山王刘胜（约前154～前113在位）《文木赋》、刘安《屏风赋》最早，孔臧《鸮赋》《蓼虫赋》、贾谊《鵩鸟赋》等则在其后。这些作品就句式言，直承荀子《礼》《知》等赋和《佹诗》。② 四言赋应是汉初高、惠、文、景诸帝时赋体的主要表现形式，查《全汉赋》所载录，汉初著名的赋家有陆贾、贾

---

① 徐复观：《两汉思想史》第1卷，第96～114、166～173页。
② 万光治：《汉赋通论》，成都：巴蜀书社，1989，第34页。

谊、枚乘、邹阳、公孙乘、路乔如、公孙诡、羊胜、刘安等。这样，从文体来看，《世兵》篇和《鵩鸟赋》同属四言赋。《鵩鸟赋》写于文帝单阏之岁（文帝三年，前174）。① 《世兵》篇写成时间在《鵩鸟赋》写作之前，二者当相距不远，这样，两篇赋才可能有共同的时代背景，表达一些相同的思想观念，写作技巧也有相通之处。

为了进一步了解《世兵》篇的内容，下节着重论述该篇的前部分，此也可作为考定本篇写作年代的佐证。

二 《世兵》篇前部分：统帅平时的修养 与曹沫劫齐桓公故事的流传

（一）重视统帅的修养

《世兵》篇前部分最重要的部分是提出君主要重视统帅日常的修养，认为统帅不能因小失大，要能做到忍辱负重。作者认为要打胜仗，君主要有知人之明，能够重用军事人才。然而有些贤能时运不济，故敛影逃形，浑俗和光，不见圭角。君主要招揽他们，"无见久贫贱则据简之"（42a/1），切勿因为他们久处贫贱，就轻视他们，以为他们不过是屠狗之辈。"立为世师，莫不天地善谋，日月不息，乃成四时，精习象神，孰谓能之。素成其用，先知其故。"（42a/4－6）他们磨练砥砺，动心忍性，增益不能，素备其用，先知其故，能够神机妙算，把握天地自然运行规律，用诸人事，故无所不成，卓然独立。若逢时遇命，为明君重用，卒建功立业，为千秋楷模。易言之，君主明扬仄陋，莫拘一方。

君主要有知人之明，要以平素道德修养为善者任统帅，这对作战成败起着关键性的作用："夫得道者务无大失，凡人者务有小善，小善积则多恶欲，多恶则不□，不□则多难，多难则浊，浊则无知；多欲则不博，不博则多忧，多忧则浊，浊则无知。欲恶者，知之所昏也。"（43a/9－43b/2）这里的"得道者"指曹沫，"凡人"指剧辛。本篇举此两人为正、反例说明。

曹沫身为鲁国将军，与齐国三战三败，亡地千里。然而他忍辱负重，

---

① 王洲明、徐超校注《贾谊集校注》，北京：人民文学出版社，1996，第414页。

为了取回失地，不悟然自杀，因自杀会导致"国削名灭""身死君危"（42b/8），是不勇、不智、不忠之举。退一步说，一旦尚未来得及自杀，已为败军擒将，则万事皆休。因此，他与鲁君商议，在齐国主持的盟会中，把握万世一时之机，提三尺之柄，劫持桓公，迫使桓公交还失地，"天下震动，四邻惊骇，名传后世"（43a/1-2）。曹沫能成功，是因他"去忿悁之心"（43a/2）、"弃细忿之愧"（43a/3），不因小失大，不以细忿而害大业，善于把握时机，最终立"终身之功""累世之名"（43a/3）。因此，本篇称赞"曹子为知时，鲁君为知人"（43a/3-4）。反观剧辛，被庞煖打败后就自刭，结果使燕国丧失五城，身死君危，"是谓失计，[①] 此不还人之计也"（43a/5-6）。

本篇称上文截然不同的两例是"有过计，有尝试"（42b/5）。剧辛自刎身亡，不能东山复起，是用计有误所致。曹沫持剑劫齐桓公，取回失地，虽非用兵之正道，但也是迫不得已而用之有效的方法，结果一击即中，一鸣惊人。本篇强烈批判剧辛这类将领，其才能无异常人，平素但求有小善，而志人之所短，气量狭小，多欲多忧，责人也备、律己也宽，德孤无助，又不能博学多方。其人其学，皆无足观。周围已无贤佐，自己也胸无成竹，临危受命，如何能肩负重任？一旦兵败，就自认无颜立于天地间，但求一死，结果兵败国削，君危民困，名实俱灭，为天下笑（43a/9-43b/3）。可见，将帅平常修养道德，胸怀大志，能忍辱负重，是其与他国交锋必不可少的取胜条件。这是本篇作者特别强调的，也是先秦诸子提倡重视修养的原因之一。

（二）曹沫劫持齐桓公一事的流传

有关曹沫劫持齐桓公及其他相关史事，学者已有研究。[②] 先秦至汉代的传世典籍与出土文献谈及曹沫的有《左传》庄公十三年、《公羊传》庄公十三年、《管子·大匡》、《战国策》之《齐策三·孟尝君有舍人而弗

[①] "失"后宜脱"计"，盖上文云曹子得计，此云剧辛失计，故补（张金城：《鹖冠子笺疏》，《国文研究所集刊》第19期，1975，第90页）。

[②] 李纪祥：《柯之盟与曹沫》，《中国文化研究》2006年第1期；马昕：《〈史记·曹沫传〉史源分析与事迹考实》，《中华文史论丛》2014年第1期；谢祥皓：《曹刿、曹沫辨》，《齐鲁学刊》1995年第3期；李零：《为什么说曹刿和曹沫是同一人——为读者释疑，兼谈兵法与刺客的关系》，《读书》2004年第9期。一般认为曹沫和曹刿为同一人。

悦》《齐策六·燕攻齐取七十余城》《燕策三·燕太子丹质于秦亡归》、《吕氏春秋·贵信》、《淮南子·泛论训》、《史记》之《齐太公世家》《鲁周公世家》《鲁仲连邹阳列传》《刺客列传》，以及《孔丛子·儒服》、上博简《曹沫之阵》，等等。以下简述曹沫劫齐桓公一事演变的大要。

首先，曹沫之事迹要放在春秋初期齐、鲁交战及齐桓公、鲁庄公称霸的历史背景中去考察。庄公是一位善于纳谏、足智多谋、在当时政坛上叱咤风云的人物，[①] 是春秋初期的小霸主。他曾支持齐公子纠，与齐桓公有过节。鲁、齐有过几次交锋：庄公八年、九年，鲁先后在郎、乾被齐打败；庄公十年在长勺打败齐军；庄公十三年与齐会盟于柯（今山东谷阳县）。曹沫劫持桓公就发生在此次结盟过程中。

《左传》庄公十三年只简单记："冬，盟于柯，始及齐平也。"[②]《左传》此年没有提到齐伐鲁，也未提曹刿（曹沫）三败及在盟会上劫持桓公之事。

《公羊传》的解释与《左传》不同，而与战国流传的曹沫故事相似。《公羊传》记鲁庄公赴柯之盟前感叹："寡人之生则不若死矣。"曹子劝他说："然则君请当其君，臣请当其臣。"盟会上，《公羊传》只记曹子"手剑而从之"，没有记他劫持桓公。管子问他有何求，他说："愿请汶阳之田。"管子请桓公答应他的要求，桓公答应，并与曹子订盟。《公羊传》还称赞桓公"要盟可犯，而桓公不欺。曹子可仇，而桓公不怨，桓公之信著乎天下，自柯之盟始焉。"[③] 比较《左传》与《公羊传》，《左传》只简记史实，而《公羊传》多写了细节，包括会盟前庄公的心情、庄公与曹子的交谈等。《左传》当是记春秋史事之书，《公羊》虽出自子夏，然流传于战国，成书于汉景帝时期，[④] 它明显受到战国讲述曹沫故事的影响，有战国时代特色。

《管子·大匡》篇记齐桓公打败鲁国，参加齐鲁盟会，鲁庄公抽剑迫

---

① 晁福林：《霸权迭兴——春秋霸主论》，北京：生活·读书·新知三联书店，1992，第68、69页。
② 杨伯峻：《春秋左传注》，第194页。
③ 公羊寿传，何休解诂，徐彦疏《春秋公羊传注疏》，北京：北京大学出版社，1999，第151~152页。
④ 杨兆贵：《论汉儒对宋伯姬的评论》，《中国文化研究所学报》第58期，第46页注22。

桓公，曹沫抽剑挡住管仲，迫使齐国退还夺来的土地。① 也许因《管子》是齐人作品，突出了庄公与桓公、曹沫与管仲的对等地位，所以安排庄公以剑迫桓公，而非曹沫。

《战国策·齐策六》记鲁仲连遗燕将之书，以解燕围齐之难（前284），提到鲁将曹沫，三战三败，丧地千里，并说："使曹子之足不离陈，计不顾后，出必死而不生，则不免为败军禽将。曹子以败军禽将，非勇也；功废名灭，后世无称，非知也。故去三北之耻，退而与鲁君计也，曹子以为遭。齐桓公有天下，朝诸侯。曹子以一剑之任，劫桓公于坛位之上，颜色不变而辞气不悖。三战之所丧，一朝而反之，天下震动惊骇，威信吴楚，传名后世。若此二公者（管子、曹沫），非不能行小节，死小耻也，以为杀身绝世，功名不立，非知也。故去忿恚之心，而成终身之名；除感忿之耻，而立累世之功。故业与三王争流，名与天壤相敝也。"② 这段话与《世兵》篇所言几乎相同，称赞曹沫有勇、有智、知耻、有修养，故能建功立威。

《齐策三》也记鲁仲连游说孟尝君时说"曹沫之奋三尺之剑，一军不能当"，而没有提及劫持桓公一事。③ 曹沫深于兵道，上博简《曹沫之陈》记曹沫回答鲁庄公关于四种"复战"之问，四种"复战"依次是三军大败以后的再战、两军对垒之战、持久战、陷入不利之战，主要讨论的是车阵战术。曹沫是在春秋时期由正规车战即"偏战"向"诈战"演变的历史背景下来讨论战术的。④《曹沫之陈》反映了曹沫的军事思想：战争胜利不是由天命而定，而在于国家内政清明、国君"恭俭"而不"骄泰"。⑤

《燕策三》记燕太子丹见荆轲，说荆轲入秦"诚得劫秦王，使悉反诸侯之侵地，若曹沫之与齐桓公，则大善矣"。⑥ 可见太子丹已把曹沫看成以非常手段维护正当利益的典范，曹沫也成为荆轲入秦刺始皇的效法对象。

到了汉代，《淮南子·泛论训》也提到此事："昔者曹子为鲁将兵，三

---

① 戴望：《管子校正》，第 107 页。
② 张清常、王延栋：《战国策笺注》，第 310~311 页。
③ 张清常、王延栋：《战国策笺注》，第 254 页。
④ 董珊：《〈曹沫之阵〉中的四种"复战"之道》，简帛网，2007 年 6 月 6 日。
⑤ 晁福林：《〈曹沫之陈〉军事思想及简章研究》，《军事历史研究》2016 年第 2 期，第 21 页。
⑥ 张清常、王延栋：《战国策笺注》，第 838 页。

战不胜，亡地千里。使曹子计不顾后，足不旋踵，刎颈于陈中，则终身为破军擒将矣。然而曹子不羞其败，耻死而无功。柯之盟，揄三尺之刃，造桓公之胸，三战所亡，一朝而反之，勇闻于天下，功立于鲁国。"① 所言比《齐策六》简略，但是主要内容相同。又，《泛论训》与本篇言贤人平素与常人无别，文字多同，如《泛论训》说"今志人之所短，而忘人之所修，而求得其贤乎天下，则难矣。夫百里奚之饭牛，伊尹之负鼎，太公之鼓刀，宁戚之商歌，其美有存焉者矣。众人见其位之卑贱，事之洿辱，而不知其大略，以为不肖。及其为天子三公，而立为诸侯贤相，乃始信于异众也"，云云。② 这些话与《世兵》篇所言几同（41b/9 – 42a/5、43a/9 – 43b/2）。

可见，《世兵》篇与《泛论训》在说明曹沫一事与言贤能潜伏草莽之间时多同，且所举之例亦多有重叠。鄙意这两篇由共同材料而分别写成。

其后，《史记·刺客列传》也论及曹沫。首先说曹沫以勇力而拜为将军，次言其与齐军三战皆北，是故鲁庄公惧而献地，又说曹沫在柯之盟上以匕首劫齐桓公，曹沫解释劫持的原因，是齐强鲁弱，"侵鲁亦甚"。桓公答应后想反悔，管仲劝他守信，"贪小利以自快，弃信于诸侯，失天下之援，不如与之"，以取信于诸侯。③ 值得注意者，一是战国流传曹沫故事，是以他人"代言"的"转述"方式呈现，司马迁则正式列曹沫为传主；二是代言者为杰出之士鲁仲连、荆轲，他们称赞曹沫，视曹沫为典范。④

可见，曹沫劫桓公一事在先秦至汉代一直流传。曹沫最先是以鲁国贵族身份出现，并对战争有相当程度的了解，曾在长勺之战打败齐军。到了战国时期，他成了勇、智、知耻三者合一的化身，富有修养。他劫持齐桓公而取回鲁地，又成为纵横家、侠客的典范。侠出于儒，而又分立于儒，⑤曹沫兼两者而有之，这大概是司马迁把曹沫放在《刺客列传》中且位列传首的一个原因。司马迁把曹沫、荆轲放在同一篇传中，说："自曹沫至荆轲五人，此其义或成或不成，然其立意较然，不欺其志，名垂后世，岂妄

---

① 刘文典：《淮南鸿烈集解》，第 447 页。
② 刘文典：《淮南鸿烈集解》，第 450~451 页。
③ 《史记》，第 2516~2517 页。
④ 李纪祥：《柯之盟与曹沫》，《中国文化研究》2006 年第 1 期，第 43 页。
⑤ 钱穆：《中国学术思想史论丛》（二），第 367~372 页。

也哉！"① 这段话隐含着史公的看法。本篇从统帅平素重视修养的角度谈曹沫，与《战国策·齐策六》《淮南子·泛论训》所论基本相同。可由此推定《世兵》篇在战国末期至汉初写成。

三 《世兵》篇的军事思想

本篇前部分提出用兵之道，认为得道者强，失道者弱，有道者参与天地之化育，能战无不胜（41b/1）。又提出几种战术，如统帅在战前部署周密，运筹帷幄，这样能制敌于无形，否则，"计失，其国削主困，为天下笑"（42b/4）；主张打仗要把握时机，"不倍时而弃利"（42a/9）；主张避实就虚，趋生避死，"明者为法，微道是行，齐过进退，参之天地，出实触虚"（43b/5-6），"避我所死，就吾所生，趋吾所时，援吾所胜"（43b/8-9），统帅要严明法令，避敌之实，击敌之虚，抓住有利时机，援用优势，如此，兵不败北，战无不胜；主张兵贵神速，"禽将破军，发如镞矢，动如雷霆，暴疾捣虚，殷若坏墙，执急节短，用不缦缦"（43b/6-8），要擒获敌将，行军要迅速，快如镞箭，动如雷霆，军声殷殷洪大，军威壮大，以迅雷不及掩耳之势打败敌军。

本篇的用兵思想和先秦兵家如孙子、孙膑以及《管子·七法》作者的看法多同。首先，孙子、吴起、尉缭子、鹖冠子都强调平时以严治军，在军事训练中，要培养士兵勇敢果决、舍生忘死的精神。② 本篇主张平常多激励士气，使他们不怯而战（42a/9），看法与孙、吴、尉、鹖同。

其次，先秦兵家重视将帅的作用。孙子说："将者，国之辅也，辅周则国必强，辅隙则国必弱。"君主"能择人而任势"，挑选适当的人才，充分利用形势，则国力强盛。③ 吴起、尉缭子、鹖冠子也都强调君主用贤、治军严明，本篇亦然。

孙膑重视统帅的道德修养，提出统帅必须有仁义之德，平常爱护士兵（《将义》《将德》），并指出统帅可能具有的缺点和带兵失败的原因，如

---

① 《史记》，第 2538 页。
② 详本书第五章。
③ 中国人民解放军军事科学院战事理论研究部《孙子》注释小组：《孙子兵法新注》，第 26、46 页。

"不能而自能""骄""贪于位""贪于财""寡于信""自私"等,以之为警惕。①《世兵》篇从两方面说明君主既要选贤举能于草莽之中,又要重视他们的道德修养,如此,将领即使兵败,也能屡败屡战,东山复起。

最后,兵家多强调各种战术的运用。孙子提出"上兵伐谋""其下攻城"(《谋攻》),最好的用兵之道是以谋伐敌,以计使敌方屈服;至于攻城摧坚,则是等而下之的作战之法。又认为:"善战者,其势险,其节短。势如彍弩,节如发机。"(《势》)将帅要塑造有利于己方的形势,要求其势险、其节短,士兵要勇猛、迅速、顽强地作战。孙子还指出行军"其疾如风,其徐如林,侵掠如火,不动如山,难知如阴,动如雷震"(《军争》)。《世兵》篇也强调行军打仗,要"发如镞矢,动如雷霆","执急节短,用不缦缦"(43b/6-8),其看法和孙子相同。《管子》之《七法》《兵法》《霸言》三篇重视运用计谋,提出计必先定,在知己知彼的前提下确定用兵谋略,可致胜道。《七法》云:"凡攻伐之为道也,计必先定于内,然后兵出乎境;计未定于内而兵出乎境,是则战之自胜,攻之自毁也。"先布置好计策,然后行兵,就能取胜,否则就会战败功毁。《兵法》云:"谋得兵胜者霸。"计谋用得好就能称霸。《霸言》重视把握作战的时机,云:"圣王务具其备,而慎守其时,以备待时,以时兴事,时至而举兵。"强调战备与待时的紧密结合。战备为了打仗,出兵要选择时机,把两者结合起来,并审时度势,抓住开仗好时机,就能一举打败敌方。② 本篇也重视把握时机,称赞曹沫知时,又主张要善用金木水火土五行相生相克之道,应用在行军打仗中,以取得克敌之效,并且提出通过听敌方的音乐以推测其政治形势、避实就虚等作战方法。

本篇比较偏重于培养将帅的德行和对战术的运用,应该属于《汉志》所说的兵权谋类。《汉志》云:"权谋者,以正守国,以奇用兵,先计而后战,兼形势,包阴阳,用技巧者也。"③ 本篇所言用兵之道也主张先计后战,用技巧者,包阴阳,参天地,正是其例。

---

① 银雀山汉墓竹简整理小组编《孙膑兵法》,第 107~109、111~113 页。
② 戴望:《管子校正》,第 31、94、143 页。
③ 施丁主编《汉书新注》,第 1290 页。

结　论

　　通过以上分析，可见《世兵》篇前部分论用兵之道，后部分论人生哲理，两部分颇有些风马牛不相及。戴卡琳认为后部分是后人添入，颇有道理。[①] 鄙意后部分加入"兵以势胜"（44a/6）一句，与上下文扞格不合，这也许正是柳宗元所说的"不类"，即前后两部分内容互不相关而被放在同一篇里。前部分所言曹沫之事，流传时期较长。后部分与贾谊《鹏鸟赋》在材料、思想观念上有一些共同来源，两篇所表达的思想有同有异，同时，它们与汉初四言赋的思想特征有共通点。本篇后部分的写作技巧不如《鹏鸟赋》高明，因此，判断其写成于《鹏鸟赋》之前，应无问题。本篇与《鹏鸟赋》是作者在相近或相同的时代面对共同的人生、政治问题的有感而发，柳宗元指责本篇抄袭《鹏鸟赋》，是不可靠的。

---

① 〔比利时〕戴卡琳：《解读〈鹖冠子〉》，第74页。

第十章 鹖冠子的九道说与仁义观

——《学问》篇研究

《学问》篇是鹖冠子对于学问的看法，认为学问不是"拾诵记辞"（49a/4），那不过是末学肤受，而是有始有终，以九道为最终目标，此乃"天下至道"（50b/1）。这和荀子在《劝学》篇中要求儒士始于诵经，终为圣人，学习有始有末的看法相同。不过，鹖冠子不是儒家，不会要求学者成为儒家圣人，而是希望士子以通九道作为学习鹄的。鹖冠子的学问观包含了他的政治理论，也反映了他与儒学的关系。

一　鹖冠子的九道说

九道是什么？鹖冠子云：

> 一曰道德，二曰阴阳，三曰法令，四曰天官，五曰神征，六曰伎艺，七曰人情，八曰械器，九曰处兵。(49a/6-8)

下面逐一解释九道之义，并将其中较重要的观念和先秦诸子相比照，以明确九道的内涵、鹖冠子的思想及其时代意义。

（一）道德

鹖冠子认为："道德者，操行所以为素也。"（49a/9）道德是操行之本。素，《广雅·释诂三》："本也。"《鹖冠子·泰鸿》篇云："九皇受传（按，泰一之传），以索其然之所生，传谓之得天之解，传谓之得天地之所始，传谓之道，得道之常，传谓之圣人。圣人之道与神明相得，故曰道德。"（33a/6-10）圣人与九皇得到本体泰一之传，其精神修养又与神明相得，此为道德，则道德具有形上与先天之义。说道德的目的在于说明君主以道德为修养的主要内涵。

先秦道家、法家于此多有相同的看法。《庄子·天道》篇云："夫帝王之德，以天地为宗，以道德为主，以无为为常。"君主因应天地之道，无为而为，臣下有为，才是不易之治道，才有治天下之大功。至于三军、五兵，是德之末；赏罚利害，五刑之辟，是教之末；礼法度数，形名比详，是治之末。① 这说明道德是君主治政最应该把握的精神力量。因此，鹖冠子置道德于首位，有其道理。道家中的黄老学派认为，君主治国，最当重视卫精养神，只有健康的身躯，才有旺盛的精、神，上与天道契合，下可尽无为之君道。《庄子·在宥》篇言广成子称赞黄帝重视治身以达长寿甚于重视如何治天下，② 可为此说代表。鹖冠子把道德放在九道之首，与战国中晚期道家，尤其是黄老学派、庄子后学强调由顺应天道来保养精神有密切的关系。

又，《庄子·天地》篇云："通于天地者，德也；行于万物者，道也；上治人者，事也；能有所艺者，技也。技兼于事，事兼于义，义兼于德，德兼于道，道兼于天。"③ 道是行于万物之中的原则、原理，德是人透过修养以达到与天地相冥通的境界，其内涵与人的崇高精神境界（神明）大体相同。君主首先把握万物原理之道，精神修养达到与天地相通的境界，其次治人，再次责成臣下有一技之长。这种先后次序和鹖冠子所言相同：先道德，次治事（包括制定法令），再次技艺。黄老学派也有相同的看法，《黄帝书》主张君主无为而臣有为，所谓无为指君主建立法制后，臣下依法处理各种具体事务，君主只要虚静谨听以掌握对大臣的赏罚生杀之大权即可，不必躬劳百事。④

法家韩非在《解老》篇中认为，若能"缘道理以从事者，无不能成"。⑤ 他认为以道德（由因应天道以修养而来的精神境界）为治政之本，则凡事无所不成，大为天子，小为卿相将军，否则，既有福祸之不测，又

---

① 王先谦：《庄子集解》，第 115 页。
② 王先谦：《庄子集解》，第 93~94 页。
③ 王先谦：《庄子集解》，第 99 页。
④ 有关《黄帝书》这方面的政治思想，可详余明光《黄帝四经与黄老思想》，第 38~41 页。
⑤ 陈奇猷：《韩非子集释》，第 343 页。

背"道"而驰。他又认为,"道也者,生于所以有国之术",掌握了道,就掌握了治国之术,道是治术之本。同时,"道以与世周旋者",道又是处世的原则。君主能够把握这两种道,既能长生,又能持禄。德是建生的原则:"德也者,人之所以建生也。"因此,德和道应用在人生上各有偏重:道偏重在处世,德侧重在养生、长生。① 道和德是君主为政、处世的准绳,也是操行之根本。

韩非此意继承《老子》。《老子》说:"失道而后德,失德而后仁。"(第38章)《老子》所说的道有实存义、规律义、生活准则义,② 它是君主效法天道以施政的根本原理,君主只有依照道来修身、施政,才能有德。君主的修养有高低之别:"上德不德,是以有德;下德不失德,是以无德。"③ 上德之君清静无为,而下德之君有为,有为则不能完全怀抱道,且已偏离了道。至于以仁义礼为政者,人为因素增加,自然因素减少,他们和上德之君相比,已是自郐以下。

可见,先秦道、法两家都强调道、德,视之为君主修身、施政的理论根据。鹖冠子言道德为操行之本,与道家、法家之见相同。

(二) 阴阳

鹖冠子认为:"阴阳者分数,所以观气变也。"(49a/9–10)气,指二十四气;分,指历数之分。④ 此云由历数之分以观二十四气之变化,皆以阴阳为定,⑤ 意者君主把握阴阳变化之道,由阴阳变化、历数之分,来掌握二十四气变化特征,进而推行相关政令。此说涉及星占、观象、观气、历法之学,君主要观测天象,测算其运行规律,根据天象以观吉凶,并以此来处理军国大事,是圣王的"参政""知命"之术。⑥《史记·历书》说黄帝时已考定星历,建立五行;尧之时,"明时正度",使风雨时至,百姓安然无恙;尧、舜、禹代代相传,几成定制。史公说:"王者所重也。"⑦

---

① 陈奇猷:《韩非子集释》,第353页。
② 陈鼓应:《老庄新论》,上海:上海古籍出版社,1992,第4~14页。
③ 楼宇烈:《王弼集校释》,第93页。
④ 《汉书·律历志上》云:"古者黄帝合而不死……建气物分数。"颜师古注引孟康曰:"气,二十四气也。物,万物也。分,历数之分也。"
⑤ 张金城:《鹖冠子笺疏》,《国文研究所集刊》第19期,1975,第104页。
⑥ 宋会群:《中国术数文化史》,开封:河南大学出版社,1999,第157页。
⑦ 《史记》,第1258页。

《黄帝书·十六经·立命》也说黄帝推历数，制历法，[①] 据以推演出顺适自然和指导社会的各种法则。把掌握历数节气之变与施政结合起来，是黄帝、尧、舜以来的重要统治措施之一。[②] 司马谈论阴阳家云："夫阴阳、四时、八位、十二度、二十四节，各有教令，顺之者昌，逆之者不死则亡。"[③] 正说明早期人与自然的关系比较密切，君主施政，必须因顺自然变化，如此才不会违逆自然规律，有利于百姓经济生产活动。

战国时期把施政与自然变化密切结合的理论系统化的有《礼记·月令》和长沙子弹库楚帛书《月忌》两篇。《月令》篇强调君主施政必依不同月次而推行相关政令，必于每月首言日躔，再言昏旦之中星，盖天上有二十八宿，分为三百六十五度余，太阳行走一周，刚好一年，每历二气，就走三十度余，积二十四气为一年。君主施政，以二气为一限，以此限为期，推行合适的月令。孙希旦解释，王者敬授人时，必须测定日月星辰的运行，尤其以测日行为主。《月令》篇言日躔，言昏旦，目的在于"定时成岁之本，而政教民事之所由以起者也"。[④]《月忌》篇述当月宜忌，以忌为主，所涉有出师、侵伐、作大事、会诸侯等国家大事，也有嫁娶、筑室等民生琐事，和《月令》篇不同。[⑤]

《管子·五行》篇从另一角度鼓吹"人与天调"，希望天子每年依四时与五行的天时配合，颁发五种政令。[⑥]《五行》篇云："故通乎阳气，所以事天也，经纬日月，用之于民；通乎阴气，所以事地也，经纬星历，以视其离。"[⑦] 尹注："经纬星历之节气。"即掌握由星历而分的节气。君主能通阴阳两气，效法天地，因应日月星历的运行，推行政令。

鹖冠子把观历数之分置于第二位，重视施政与自然的密切关系，无疑对古代政治思想有深入的了解和继承。

---

① 余明光：《黄帝四经与黄老思想》，第 280 页。
② 葛志毅、张惟明：《先秦两汉的制度与文化》，第 135、137 页。
③ 《史记》，第 3290 页。
④ 孙希旦：《礼记集解》，第 401 页。
⑤ 李学勤：《李学勤集——追溯·考据·古文明》，哈尔滨：黑龙江教育出版社，1989，第 268~269 页。
⑥ 胡家聪：《管子新探》，第 308 页。
⑦ 戴望：《管子校正》，第 242 页。

（三）法令

鹖冠子认为："法令者，主道治乱，国之命也。"（49b/1）法令是君主治国的重要手段，攸关国家存亡。战国道、法两家特别重视法在治国中所起的作用。《黄帝书》重视法治，《经法·道法》篇说："道生法。"赋予法形上的根据。又说："法者，引得失以绳，而明曲直者也。"[1] 法令是得失、曲直的标准。《君正》篇说："法度者，正之至也。"[2] 法令是公正的治国标准。《管子·任法》篇认为君主若能"任法而不任智，任数而不任说，任公而不任私，任大道而不任小物"，就是圣君。法具有公正性、排私性、稳定性，圣君以法治国，则"身佚而天下治"。作者认为，黄帝、尧皆以法治天下，"善明法禁之令而已矣"，连仁义礼乐也出自法，因此，法是"存亡治乱之所从出"，"上之所以一民使下也"。[3] 这种看法和《学问》篇多有相同之处，强调明君以法治国，法关系国家存亡。

先秦法家重视法治，自李悝制定《法经》以来，吴起、商鞅、慎到都强调法的重要性。郭沫若认为前期法家主张公正严明，秉公执法，以法为权衡尺度，反对执法者有丝毫的私智私慧以玩弄权柄。他们采取国家本位，抑制私门，想把分散的力量集中起来，谋求全国富强。[4] 其后《商君书》和《韩非子》则重视刑赏，特别是刑罚之用，主张以刑去刑，而韩非尤推之于极端。[5]

---

[1] 余明光：《黄帝四经与黄老思想》，第240页。
[2] 余明光：《黄帝四经与黄老思想》，第251页。
[3] 戴望：《管子校正》，第255~256页。
[4] 郭沫若：《十批判书》，第344页。
[5] 韩非主张君主治国之道：其一，君主要"必罚明威"，如《韩非子·内储说上·七术》提出以重刑处小过，使人不敢再犯；其二，君主依法重刑，不可有恻隐之心，"以罪受诛，人不怨上"，如《外储说左下》说子皋（子羔）依法刖人之足，刖者后来没有报仇；其三，君主强迫臣民以法为师，"吏者，平法者也。治国者，不可失平也"，法是治国的重要工具，君主治国重视法律、法令，以吏为师、以法为教，而不以儒为师、以文学为教。韩非有追求政教合一的强烈倾向。法治相当有实效性，其效用非礼治可比。首先，臣民"去私曲就公法"，他们心中只有公（君主之利）而没有私念（个人之利），"有口不以私言，有目不以私视"（《有度》），如此臣民把全部精力投在发展国力上，以君主之利（公利）为利、君主之是为是，而不去从事文学、言辩之谈、玄妙之思、私斗、行侠等。如有人从事于此，则政府必严刑处罚，加以取缔（《诡使》《六反》《八说》）。民众都从事于农战，如此内则民安国治，外则兵强敌弱。其次，韩非认为法最重要的内容是严刑必罚，实施刑罚可使忠臣劝而邪臣止，国无论大小必强（《饰邪》）。

鹖冠子也接受这种看法，强调法治的重要性。他在《度万》篇中说："令出一原，散无方，化万物者，令也。守一道，制万物者，法也。法也者，守内者也。令也者，出制者也。夫法不败是，令不伤理。"（22a/7－10）令只由拥有最高权力的君主掌控，如此可以杜绝政出多门之弊。此承《黄帝书》之见。《黄帝书·经法·论》篇云："人主者，天地之□也，号令之所出也。"① 即此意。君主可因时势出令，以解决不同的问题，令实施的目的在于教治万物。② 法依道而制定，此道可以超脱政治而永存，法一经制定，行事必须循法而动，法可以制裁万物，判断是非。因此，法较有形上义，较有稳定性、统制性、划一性；令较有形下义，有因应性、变通性、人为机动性，有较多的人为因素。法有制万物之能力，令有教治万物之能力。"法不败是，令不伤理"，是，善也；理，正也，法也。③ 法的制定以善以正为是，令则是君主实施分内之事。

道德、阴阳、法令是君主治政最重要的三种因素，陆佃注云："此言学问之序，道德已明而阴阳次之，阴阳已明而法令次之。三者备矣，然后可以言治矣。"（49b/2）解释了三种学问次序先后的原因。

（四）其他六道

以下六道，包括政治、事鬼神、伎艺、人情、用兵等，兹分别言之。

鹖冠子所言的第四道是"天官者表仪祥兆，下之应也"（49b/1－2）。先秦汉代对于天官，有三种解释。一是指耳、目、鼻、口、形五种感官。《荀子·天论》篇云："耳目鼻口形能，各有接而不相能也，夫是之谓天官。"王念孙解此句为"耳目鼻口形态各与物接而不能互相为用也"。④ 此天官指耳、目、鼻、口、形五种感官，它们各有功能，而不能互相使用，只有心才能使它们统一、协调。二是指官吏。《后汉书·班彪传下》注云："百官小吏谓天官。"⑤ 三是指《周礼》中的冢宰。陆佃认为本篇所言天官

---

① 余明光：《黄帝四经与黄老思想》，第262页。
② 令，《论语·子路》"不令而行"，何晏注："令，教令也。"（刘宝楠：《论语正义》，北京：中华书局，1990，第527页）则令有教之意。
③ 是，善也，《淮南子·修务训》"立是废非"，注："是，善也。"（刘文典：《淮南鸿烈集解》，第648页）理，正也，法也，见《汉书·武帝纪》集注（阮元等：《经籍籑诂》，第967页）。
④ 王先谦：《荀子集解》，第309页。
⑤ 阮元等：《经籍籑诂》，第440页。

就是冢宰，"百官取揆"（49b/3），天子设置天官，以统帅百官之属，此即"表仪"。祥兆，事情萌芽的状态。天官统帅百官之僚，与天子起着表率百官的作用，对一些事情防患于未然，提前做好准备。对天官的解释当以陆注为是。此说明君主在提高个人道德修养时，设置天官，以佐治天下。《鹖冠子·王铁》篇所言天曲日术，有些看法和《周礼》相同。① 这里言以天官为百官之首，亦当是受《周礼》影响。

第五道是"神征者，风采光景，所以序怪也"（49b/3-4），此乃就沟通鬼神言。陆佃引《礼记·祭义》篇"其气发于上，为昭明，焄蒿、凄怆，此百物之精"（49b/4）为说。《祭义》篇所言，意谓人死之后，骨肉埋于地下，即魄降而为鬼；而其香臭之气由地下发越至于天空，即魂气升而在天。魂魄能感动人心，使人为之凄怆。君主"因物之精，制为之极，明命鬼神，以为黔首则，百众以畏，万民以服"，因此魂魄之精灵，制为尊极之称，称之为鬼神，以作为百姓的法则，使天下皆敬畏。同时，君主建宗庙，设为宗、祧，以别亲疏远迩。② 假如这样解释，则鹖冠子对鬼神的看法已与战国秦汉的儒家相同。鹖冠子的学说受儒、道两家影响，不过，其鬼神观是否如陆注所论，很难断言。认为他强调人与鬼神沟通，并以此为学问，应没有问题。

第六道是"伎艺者，如胜同任，所以出无独异也"（49b/5）。是说所学的技艺相同，虽然没有独树一家、独擅胜场之处，然可学以致用。

第七道是"人情者，大小、愚知、贤不肖、雄俊豪英，相万也"（49b/6-7），此就人的才器、智力、胸襟、眼光言。意谓人在智力高低、才能大小、眼光远近等方面，彼此相去天渊。

先秦诸子对此有较接近的看法。孔子认为，就智力言，人有上智与下愚之别（《论语·阳货》）；就学习知识言，有生而知之者，有学而知之者，有困而学之者，有困而不学习者（《季氏》）；就道德修养言，有圣人（仁人），有善人（《述而》），有君子，有小人。《孟子·滕文公上》说："物之不齐，物之情也。或相倍蓰，或相什伯，或相千万。"③ 荀子依人对知识

---

① 详本书第六章。
② 孙希旦：《礼记集解》，第1220页。
③ 朱熹：《四书章句集注》，第261页。

掌握的程度和道德修养的层次，分有大儒、雅儒、君子、俗人四类（《荀子·儒效》）。儒家喜欢依道德修养高低、知识面广狭等把人分等。

道家也把掌握自然天道并循天道以修身进德所达到的境界分成若干等。庄子在《逍遥游》中有言，最低等的是知效一官、德合一君者，再而是不为举世誉毁影响的宋荣子，再而是超然世外仍求福的列子，最高的是与天地万物融为一体的至人、神人。今本《老子》第20章把人分成圣人与众人，"众人熙熙"，迷于美进，惑于荣利，而圣人"独泊兮其未兆"，泊于名利。"俗人昭昭，我独若昏；众人察察，我独闷闷"，众人喜争炫耀，好分别剖析，而圣人混和其光，韬光养晦。

韩非受到《老子》影响，把君主分成两类。一是新圣，即理想的君主，他们是圣、王合一者，施政法天无为，能保精养神，顺应道、德，以刑名之术、循名责实来制驭臣下，又以赏罚、严刑必罚来治国。此为明君；反之为暗君。二是虚圣，言行皆合仁义的儒家圣人孔子即其代表。[1]

可见，先秦儒、道、法诸家都依他们的理想标准，从道德修养、才艺等方面将人分等。鹖冠子说人有愚智、贤不肖之别，并且措意于政治。《度万》篇把君主分成神化者、官治者、教治者和一般君主，大体和先秦诸子的意见相同。[2]

最后是第八道和第九道，两者皆涉及兵道。第八道云："械器者，假乘焉，世用国备也。"（49b/7）第九道云："处兵者，威柄所持，立不败之地也。"（49b/7-8）关于第八道，张纯一解释说，古时兵器收藏在太庙，有事才取出来。张说有根据，如《左传》庄公八年记："春，治兵于庙，礼也。"[3] 在太庙把武器发给军队是合礼的。易言之，兵器一般被收藏在太庙里。平常军事训练，偶一借用，因此称为"假乘"。因为兵器是国君所有，因此不得轻易使用。[4] 第八道讲的是兵器的藏用操诸君主。君主掌握军权，藏有兵器，即使有人心怀异志，也徒劳无功。此乃就国内的安定

---

[1] 详杨兆贵《先秦古籍关于孔子论、述的分析》第八章"论韩非子对孔子的论述"，台湾清华大学硕士学位论文，1999。
[2] 详本书第十四章。
[3] 杨伯峻：《春秋左传注》，第173页。
[4] 张金城：《鹖冠子笺疏》，《国文研究所集刊》第19期，1975，第104页。

言。第九道是就对外用兵言，君主掌握军权，对外开战，能战无不胜，自己立于不败之地。

可见，九道乃就君主治国而言，其次序是君主先修身进德，以道、德为修行的根本，体悟道，掌握阴阳时令变化、运行规律，便以施政，达到天人合一之境。再而建立法典，以明法弼教。设置官吏，以辅治国家。这些是君主治政的首要事项。君主继而要敬事鬼神，沟通阴阳。再而是明白人之才智德性各有禀赋，各不相同，如此在选贤用能方面，能够用人唯才。处理好这些政务，才是对外用兵取胜的必备条件。君主不一定主动攻打他国，但是至少能不被他国侵略，能自立自完于天地间。鹖冠子在《近迭》篇强调出师有名，以仁义行师，则他反对非义之战。因此，九道也就是君道。圣人学有终始，一以贯之，所学乃帝王之学，进可为理想君主（圣王），退可为帝王师。这正是战国士人的思想特征之一。《博选》篇所言五至论，也是在同样的历史、思想、文化背景下产生的。

鹖冠子认为，学习只有把握此重点，"九道形心，谓之有灵，后能见变而命之"（49b/8－9），把九道牢记在心，如此，心昭昭灵明，① 虚空不昧，能够因应外在事物的变化，因利乘便，因时制宜。相反，如果不能把九道当作学问的要务，那么，"辞虽博捆，不知所之"（50a/1），词华典瞻，也不免博士买驴，泛泛无归。

二 鹖冠子的礼乐仁义观

鹖冠子在本篇提出他对于礼乐仁义的看法：

> 所谓礼者，不犯者也。所谓乐者，无灾者也。所谓仁者，同好者也。所谓义者，同恶者也。所谓忠者，久愈亲者也。所谓信者，无二响者也。（50a/3－6）

---

① 灵，《庄子·天地》篇"大愚终身不灵"，《释文》引司马注："昭也。"又，《文选·东京赋》"祚灵主以元吉"，薛注："明也。"（阮元等：《经籍籑诂》，第 757 页）

如果把鹖冠子的这些看法和孔、孟、荀相比,那么只能说,鹖冠子仅得儒学之皮毛,未得其本。以下仅就礼、乐、仁来看鹖冠子与孔儒所言的差别。

首先,鹖冠子解礼为互不干犯,这只是儒家阐释礼的一种功能而已。这和有子所说"礼之用,和为贵"(《论语·学而》)之义基本相同。然儒家所言的礼,博大精深。孔子所求恢复的是周礼,周礼是周公因循损益夏商两代礼制并结合周初的历史情况而制定的。钱穆认为,周公制定宗法,确立社会伦理、个人道德与天下观念,尚礼治、德治、文治;郊祀后稷,宗祀文王,有亲亲尊贤之意。① 因此,周公制定周礼,不仅涉及礼制,同时关乎治术、道德修养、天人相通观与历史观等。孔子抉出周礼背后的人文精神:仁。孟子特别关心士礼。荀子希望重建一个新统类的礼义之统。②

其次,鹖冠子解释乐为无灾。然而无灾未必是乐。无灾是就身体、财物等没有受到损害、损失言,偏重物质方面。乐所包括的内容相当丰赡。孔子所说的乐,多偏重在精神满足上。他说曲肱枕之,乐在其中(《论语·述而》),又说"学而时习之,不亦乐乎"(《学而》),还称赞颜回一箪食、一瓢饮,人不堪其忧,而回乐在其中(《雍也》)。自己身困陈蔡之间,仍弦歌不断。这些乐,都是因自己不断提高道德修养而使内心获得极大满足,不为外在环境左右。顾立雅说孔子不主张禁欲,赞成把学习当成乐趣,视愉悦为生命的一部分,也是欲望,这种看法在古代哲学中很特别。③ 另外,孔子所言之乐也指礼制中的一部分,所谓"天下有道,礼乐征伐自天子出"(《季氏》)即是。《礼记·乐记》篇融合儒、道两家,阐释乐与政治良窳、社会风俗、天人相通等有密切关系。④

最后,鹖冠子说仁是同好者,到底同好的是什么呢?他没有详说。仁

---

① 钱穆:《中国学术思想史论丛》(一),台北:东大图书股份有限公司,1976,第83~98页。
② 有关孟子、荀子思想重点,详钱穆《中国思想史》(台北:学生书局,1995)有关先秦学术及孟荀论述的诸节。有关荀子重建礼义之新统类,可详韦政通《荀子与古代哲学》。
③ 〔美〕顾立雅(H. G. Creel):《孔子与中国之道——现代欧美人士看孔子》,高专诚译,太原:山西人民出版社,1992,第83页。
④ 详门田典子《〈乐记〉的现代简释》,北京师范大学硕士学位论文,2002。

是孔子学说的核心,① 也是儒学理论的核心之一。孔子说过,唯仁者能好人,能恶人(《论语·里仁》),仁人有真情实感,心中没有半点虚伪造作。孔子所说的仁,有两个层次。从低层次来看,它是人之所以为人的本质,要得到它,不必求之于外,反求诸己即可:"仁远乎哉?我欲仁,斯仁至矣","求仁而得仁"(《述而》)。只要人内省反照,就会发现仁并非外在且遥不可及,而是内在于我,② 也是诚之境。

从高层次言,仁是人类修养的至高道德境界,是人格最完满的表现。怎样才能完成它呢?除了勇毅与坚忍外,孔子指出:"克己复礼为仁。"(《颜渊》)克制与道德相冲突的本能欲望,把个人之我融于道德文化之中,这样就能复礼。③ 另外还需要好学,孔子自述"吾十有五而志于学"云云便是最好的说明。仁者不仅成就个人的人格,同时也成就他人的人格:"己欲立而立人,己欲达而达人。"(《雍也》)就事功言,仁者若有权势以驱使用,可使天下苍生受其福泽,"博施于民而能济众"(《雍也》)。孔子称赞管仲为仁(《宪问》),是从华夏民族文化之得以保存这点来说的。可见,鹖冠子对孔子的仁说了解得并不深入。

鹖冠子对礼乐仁义忠信的理解比较浅,他认为,此六德乃圣人"卦世得失,逆顺之经"(50a/6-7),是作为衡量得失、逆顺的标准。此六德应

---

① 有关孔子思想核心问题,学者有的认为是礼,有的主张是仁。就汉学家言,主张是礼的代表有 Herbert Fingarette (*Confucius — The Secular as Sacred*, London, Harper & Row publisher, 1972)。何柄棣《"克己复礼"真诠——当代新儒家杜维明治学方法的初步检讨》(《二十一世纪》1991 年第 8 期,第 139~145 页)也认为孔子的思想核心是礼。杜维明认为是仁,说仁是"人类在最普遍的和最完善状态中的整体表现"(《儒家思想新论——创造性转换的自我》,曹幼华、单丁译,南京:江苏人民出版社,1991,第 86~90 页)。汉学家对于仁有不同的看法、译法:理雅各布译殊德之仁为 benevolence,全德之仁为 perfect virtue, good;Arthur Waley 译为 good。纵观近十余年的译法,一为"有人心"(human hearted),一为"爱"(love)。陈荣捷指出,应以 benevolence 译狭义之仁,以 humanity 译广义之仁(《陈荣捷哲学论文集目录》,台北:仰哲出版社,第 12~13 页)。

② 孔子说"居处恭,执事敬,与人忠"(《论语·子路》),指出要达到仁的方法须从日常生活中下功夫,这是很切近的做法;恭是待人的谦逊态度,敬与忠是求尽一己之力,依此方向去做,就能得仁。孔子说"巧言令色,鲜矣仁"(《学而》)、"仁而不佞"(《公冶长》)、"为之难,言之得无切乎?"(《颜渊》)仁是把自己一片纯然真实的道德心呈现出来,而不需要任何有损益于此的言行。换句话说,仁的表露,本来是一种极直接简单又极完美的表现。

③ 刘家和先生对此节有精辟的看法,详《先秦儒家仁礼学说新探》,陈其泰等编《二十世纪中国礼学研究论集》,北京:学苑出版社,1998,第 98~99 页。

符合道德,道德是君主治政之本,若舍本逐末,"不要元法,不可以刳心体"(50a/7-8)。元法即道,离道治末,则内神愈劳而心无刳解之时。故君主"表术里原"(50a/9),以治术为表,以道德为本,那么,即使身处窘局,也不致穷困无救,不知如何应对。

鹖冠子强调,对这一帝王学要多加研究,平素或以为没有作用,但在紧要关头,其价值就会凸显出来,犹如"中河失船,一壶千金"(50b/2-3)。可见,一种学说、一样东西的贵贱不必恒久不变,有时会随着时、地、势、人等彼此关系的变化而变化,"贵贱无常,时使物然!"(50b/3)因此,君主平常就应该好好学习,如此,"常知善善,昭缪不易,一揆至今"(50b/3-4),就能守文继体,传诸久远。相反,君主若不好好学习,不知其价值,不知其善,必"身死国亡,绝祀灭宗!"(50b/4-5)至于一般百姓,如果不好好学习,也"不能保寿"(50b/5)。可见,鹖冠子所阐述的这套帝王学,其作用至大,无论对于君主抑或平民,无论是治政抑或生活、养生,皆有不可替代的价值。这是鹖冠子对自己学说的自信。

结　论

通过以上论述,鹖冠子认为做学问要有中心,有始终,有鹄的,只有掌握要道,学习才不会博览无归。鹖冠子提出,学问的要领是九道,九道既是帝王学,又是处世哲学,上可为君主资用以守文继体,下可为平民百姓所用以养生处世,无一不可。他的看法和战国道、法两家基本相同,尤其重视君主的道德修养与保精养神,先是君德,次及制度、法令的建立。先重视政治,次重视军事。他的政治思想有先后轻重之分,受到儒家的影响。虽然他对儒学的理解不太深刻,但是他不排斥儒家,反而融儒学于道德政治学说中,将其作为政治学说中的重要组成部分。通过对鹖冠子论学的分析,可知他与战国道、法、儒诸家在一些思想观念上有共通处。这是战国黄老学的特征:既有天道阴阳观,又兼融刑名政治与兵家学说。鹖冠子的思想可谓黄老学的代表之一。[1]

---

[1] 参葛志毅、张惟明《先秦两汉的制度与文化》,第 152~174 页。

第十一章　解蔽知道，三才致胜
——《天权》篇研究

《鹖冠子》里有《近迭》《兵政》《天权》《武灵王》四篇反映军事思想。前两篇记载鹖冠子的军事思想，《武灵王》篇写于战国中晚期，反映了庞焕的兵家思想。而关于《天权》篇的主题，迄今为止几乎没有学者研究。黄怀信在《鹖冠子汇校集注》里只说"此篇论用兵之道务在先明天权"，[1] 未予细致论证。愚意本篇并非鹖冠子的军事思想，阐述了用兵之道。

本章先论述《天权》篇的军事思想，其次讨论该篇思想与《鹖冠子》、兵家、庄学、荀学的关系，以进一步揭见本篇的写作年代、思想核心和学派归属。

一　《天权》篇的军事思想

《天权》篇作者重视战争。他提出战争的性质是："兵者，涉死而取生，陵危而取安。"（53b/3）认为战争是进死地以求生。这是春秋战国时期兵家的共同看法，如《孙子·计》篇说："兵者，国之大事，死生之地，存亡之道。"[2]《天权》篇又说："人之轻死生之故也，人之轻安危之故也。"（53a/9）凡人莫不爱惜生命，然爱惜过甚，则会贪生怕死，甚至为了生存，无所不为。若能直面死亡，视死如归，则会生得更坚强。同理，人若有强烈的危机感，便会安不忘危，不安坐待毙。这也是孟子所说的"生于忧患而死于安乐"（《孟子·告子下》）。用兵之理与此相同：只有把

---

[1] 黄怀信：《鹖冠子汇校集注》，第341页。
[2] 孙武撰，杨丙安校理《十一家注孙子校理》，第1页。

军队置之死地而后能生存壮大，可驱市人而战。这同样是先秦时人所有的观念。《逸周书·武称解》说"穷寇不格",① 从反面说不追杀穷途末路之兵；《孙子·九地》篇说"死地则战""投之亡地而后存，陷之死地而后生";② 《吴子·治兵》篇说："必死则生，幸生则死。"③ 到汉代，韩信也说，"所谓'驱市人而战之'，其势非置之死地，使人人自为战。"④ 如此的军队，《天权》篇称之为"无军之兵"（53a/8）。世上确有"无军之兵"，只是一般人由于知识不足，以为军队必有一定的组织，打仗必有一定的模式，其实，这是一般人对军事产生的偏见，即本篇所说的"蒙"。有关"蒙"的讨论，详下文。

春秋战国由于战争频繁，兵家因势而盛。《汉书·艺文志》把兵家分为兵权谋家、兵阴阳家、兵技巧家等，他们是研究战略、战略思想、军事技术及运用的不同学派。以下论述《天权》篇的用兵之道。

（一）全面了解客观事物，不为一偏之知所蒙蔽，就能不误军机

本篇作者认为一般人不能完全了解客观事物，不能掌握客观规律，见骥一毛，容易被所见所闻的表象蒙蔽，不能了解客观事物的性质。一般人之所以被外象蒙蔽，是有原因的：

> 昔行⑤不知所如，往而求者则必惑。索所不知求之象者，则必弗得。故人者莫不蔽于其所不见，鬲于其所不闻，塞于其所不开，诎于其所不能，制于其所不胜。世俗之众，笼乎此五也而不通。(53a/1-7)

> 故病视而目弗见，疾听而耳弗闻。蒙，故知能与其所闻见俱尽；鬲，故莫务行事与其任力俱终；塞，故四发上统而不续，□□而消亡。(53b/7-10)

---

① 黄怀信：《逸周书校补注释》，西安：三秦出版社，2006，第40页。《武称解》应是春秋早期作品，见黄怀信《〈逸周书〉源流考辨》，西安：西北大学出版社，1992，第95页。
② 孙武撰，杨丙安校理《十一家注孙子校理》，第243、261页。
③ 李硕之、王式金：《吴子浅说》，第79页。
④ 《史记》卷九二《淮阴侯列传》，第2617页。
⑤ 昔行，洪颐煊、俞樾都释为"夜行"（黄怀信：《鹖冠子汇校集注》，第346页）。此夜行之意与《夜行》之意不同：前者指在黑夜中行走，没有目标；后者指君主、将帅暗以心术治国治军，取胜于无形。

以上两段话涉及作者的知识观。作者认为一般人的知识不够全面，不能掌握道。一是因为没有目标，如冥行擿埴，索求不知，强以为知，只得其表象，而不能得道之真蕴，如此，必一无所得。二是人的各种感官只能认识事物的表象，何况感官会出毛病，如眼睛视力有病、耳朵听觉有疾，若没有经过"心"的综合分析，不能探得事物的本真，因此，"心"很重要。若只求得筌，忘意得象，则只能得真道的皮毛。除了感官未尽其用外，若"心"不在焉，也会对某些现象熟视无睹："所谓蔽者，岂必障于帷幪，隐于帷薄哉？周平弗见之谓蔽。"（53b/5-6）周平，吴世拱训为"无物障之也"，[①] 即使周围没有任何障碍物，而对某目标事物仍视若无睹，显然是因为"嗜欲之乱，人心如此"（陆佃语，53b/7）。"心"出了问题，就产生"惑"，"所谓惑者，非无日月之明、四时之序、星辰之行也，因乎反兹而之惑也"（54a/6-8）。惑不是自然现象，也不是自然规律出问题，而是心中自乱，是心中没有神明和自我的成熟看法、由衷而乱产生的后果。

那么，怎样才能没有偏见、去除"蔽"、"知一而不知道"呢？本篇提出如下几个方法。

一是立表设法，"彼立表而望者不惑，按法而割者不疑。固言'有以希之'也。夫望而无表，割无法，其惑之属耶？"（54a/4-6）立表设法是设立外在标准。立表，张金城说即《史记·司马穰苴列传》"立表下漏"句《索引》所解的"谓立木为表"之意。[②] "法"在《鹖冠子》一书中应用于政治学上有不同含义。其一是《天则》篇"法者曲制，官备主用也"，由法来建立制度。其二是《度万》篇"守一道，制万物者，法也"，法依道而制定，此道乃超政治之上而永存，法一经制定，行事必须循法而动，法可以制裁万物，判断是非。因此，法具有形上义。其三是《兵政》篇"道生法"，这种看法继承《黄帝书·道法》篇"道生法"之说。可见，法是外在的客观的标准。通过立表设法，可以掌握客观标准，"有所希合于正也"。

二是学习先王之法。本篇说：

---

① 黄怀信：《鹖冠子汇校集注》，第350页。
② 张金城：《鹖冠子笺疏》，《国文研究所集刊》第19期，1975，第114页。

先王之服师术者，呼往发蒙，释约解刺，达昏开明，而且知焉。故能说适计险，历越逾俗，轶伦越等；知略之见，遗跋众人，求绝绍远。(55a/9 – 55b/3)

就解蔽言，作者指出先王尚且要学习"师术者"，则后人更应效法先王，与先王一样好学，就能"达昏开明，而且知焉"，即使昏昧者通晓，使冥顽者开化，且有大智大慧。①

以上简论作者的知识观、知识蒙蔽的产生及化解之道。若把此理论应用于军事，即将帅如果不能对敌我双方军情了然于胸，而妄言妄行，则有军若无军，不战而自败。易言之，将帅只有知己知彼，胸有成竹，与敌军作战，自能不战而胜，否则后果不堪设想："悲乎！夫蔽象鬲塞之人，未败而崩，未死而禽。"(55a/3 – 4) 与敌军作战，未败已崩溃，未战死就被擒拿，成为败军之将。

（二）用兵要效法天道，因应天地人三才之特点

本篇作者指出，用兵取胜之道，必因应天地人三道，充分利用、发挥三才之效："彼兵者，有天有人有地。兵极人，人极地，地极天。天有胜，地有维，人有成。故善用兵者慎，以天胜，以地维，以人成。三者明白，何设不可图？"(56a/1 – 5) 这里强调三才各自的特性和重要性。《淮南子·兵略训》有相同看法，谓上将用兵，"上得天道，下得地利，中得人心，乃行之以机，发之以势，是以无破军败兵"。② 一流将领既要掌握、顺应天道，又要占领有利的地形，更要在日常的施政、带兵中取得民心，军队上下一心，众志成城，在作战时相机而动，创造有利的作战条件，如此，便能把敌军打得落花流水。《兵略训》又解释天、地、人三者的内容：所谓天数，指军队摆阵要把方位与四象相配合，即"左青龙，右白虎，前朱雀，后玄武"；所谓地利，指了解地势高低、丘陵溪谷的情况，善加利用；所谓人事，指"庆赏信而刑罚必，动静时，举错疾"。③《天权》篇强调充分利用天数、地利、人事在作战中发挥的重大作用，因天数以取胜，依地

---

① 有关"师术者"的讨论，见李学勤《〈鹖冠子〉与两种帛书》，《道家文化研究》第 1 辑。
② 刘文典：《淮南鸿烈集解》，第 508 页。
③ 刘文典：《淮南鸿烈集解》，第 510 页。

利以维固，尽人事以成事。将帅能充分利用天地人三道，则无往而不胜。

（三）用兵要配以五行五音，求成四象

本篇受到阴阳五行学说影响，把它们应用在作战理论上。作者说："彼天生物而不物者，其原阴阳也。"（56a/7）又说：

> 兵有符而道有验，备必豫具，虑必蚤定，下因地利，制以五行：左木，右金，前火，后水，中土。营军陈士，不失其宜。五度既正，无事不举。招摇在上，缮者作下。取法于天，四时求象：春用苍龙，夏用赤鸟，秋用白虎，冬用玄武。天地已得，何物不可宰？（54b/1-8）

用兵打仗要取得胜利，首先必要布置周密，计深虑远，如此，可有白鱼入舟之望。其次，须依五行生克原理来摆设阵势，左木、右金、前火、后水、中土，把方位和五行配合起来，施诸实际战斗。如此，每方军队各处其地，进行操练。又画北斗中的招摇星于军帜之上，以指正四方，使行阵进退有常，井然有序，而军旅士卒能奋其威怒，以便作战时能收威震敌军之效。最后，将帅效法天道，并依四时季候不同，取法四象，春用苍龙、夏用朱雀、秋用白虎、冬用玄武，把行军与四象紧密结合起来。易言之，把术数融于作战思想中，使战争更有理论根据。这里作者阐明将帅的指导思想、军队训练、行阵设计，强调平时严加训练，效法天道五行四象，必能百战百胜。

本篇在另一处也说明这点："所肆学兵，必先天权。陈以五行，战以五音：左倍宫、角，右挟商、羽，徵君为随。以曹无素之众。陆溺溺人，[1]故能往来窦决。"（56a/10-56b/4）所谓"天权"即"四时生长收藏而不失其序者，其权音也"（56a/8-9）。黄怀信注："权，秤锤；音，五音。"[2] 张金城注："'权者所以知轻重。'此言四时之序，可权音以知之也。"[3] 行兵打仗应掌握四时运行及其不同的特点，以顺应天道，以五行生克之理来训练

---

[1] "陆溺溺人"，张金城《鹖冠子笺疏》解言陆溺人，指用奇谋，兴风波（《国文研究所集刊》第19期，1975，第119页）。

[2] 黄怀信：《鹖冠子汇校集注》，第365页。

[3] 张金城：《鹖冠子笺疏》，《国文研究所集刊》第19期，1975，第119页。

军队,并将之用诸军队阵势排列。依五音相配相克之理与敌军作战,《世兵》篇也有论及:"善战者举兵相从,陈以五行,战以五音。"(43b/3－4)《六韬·五音》篇对此有较详细说明,该篇把五行与五音相配,我军若听敌军吹哪种音乐,就以相克的另一种音乐来制胜,同时以与此音乐相配的一行来克制,此未战而能窥知敌情,是不战而胜的一种方法。音乐不仅能够陶冶个人性情,还与世风淳乖、政治良窳、社会安危、战争胜败有着密切关系。① 另外,以五音配合五行五方,安排君主与将帅的位置,也有利于作战。这里的安排是:左宫角,右商羽,中君主。此安排与《泰鸿》篇不同,后者的排列是:东(左)—徵,南(前)—羽,西(右)—商,北(后)—角,中—宫(35b/9－36a/2)。可见,《鹖冠子》里不同的篇章对五行、五方、五音的相配有不同看法,这是因为该书作者并非一人。如果能够以此道为计,且用奇谋,那么,即使是素无豫练之兵,披甲上阵,也可所向披靡,势如破竹。

(四) 取胜之道,要以德化民,以先王为榜样

掌握用兵取胜之道,则两军交锋,可出手得卢,既可消灭暴虐臣民之国,又可使弱小国家继绝存亡;更甚者,能未战而胜,以德化敌,使近悦远来:"设兵取国,武之美也;不动取国,文之华也。"(55a/4－5) 这种看法《兵略训》有详论,该篇认为君主贤愚是战争胜败的最重要因素,若君主贤明,知人善任,则"善为政者积其德,善用兵者畜其怒。德积而民可用,怒畜而威可立也"。以德治国,则百姓支持,此即本篇所说的"文之华",如此,"德之所施者博,而威之所制者广。威之所制者广,则我强而敌弱矣"。② 德治、威怒是战胜的必要条件。因此,战胜敌军除了要将帅掌握用兵之道外,还要君主推行德治,以德化民,从民所欲,上下同心,"内修其政以积其德,外塞其丑以服其威"。君主修身进德,树其威信,如此,不战而自胜,这是"不动取国,文之华也"(55a/5)。

本篇还进一步说明先王除了掌握用兵取胜之道,更掌握了至高治理,绍休圣绪,与天地造化相随,保精养神:"故先王之服师术者……历越逾俗,轶伦越等,知略之见,遗跋众人,求绝绍远。难之在前者能当之,难之在

---

① 娄熙元、吴树平译注《六韬译注》,石家庄:河北人民出版社,1992,第108页。
② 刘文典:《淮南鸿烈集解》,第500页。

后者能章之。要领天下而无疏，则远乎敌国之制。战胜攻取之道，应物而不穷，以一宰万而不总……究贤能之变，极萧楯之元，谓之无方之传。著乎无封之宇。制事内不能究其形者，用兵外不能充其功。"① （55a/9－56a/1）先王服膺先师之学说，明白治学、施政、用兵皆有体用。因此，先王无论体国经野，还是经武治军，能长筹远略，其见识眼光，轶伦越等，非常人所能望项。他制定政策，能计出万全，以期解决各种问题。他潜心学问，能求绝学，以通古今之变。他与敌军应战，料事如神，不为敌军所制，反而顺应敌军情况变化，因时制宜，战无不胜。因此，他统治天下，掌握最高原理"一"（道），不必百事亲躬，而究心于贤能所以因时而动之理，潜心于因物随变、以静制动之要，而穷变极元，随化无常，责成臣僚以百事，而己无过失，又能保精养神。先王以此为治道，可与天地造化相随。这是先王所掌握的"无方之传"，也是今王效法之道。

先王穷变极元，与天地造化相随，这是最高的精神修养境界。作者指出，把精神修养提高到与天地同游的境界是这样的："挈天地而能游者，谓之还名。而不还于名之人，明照光照，不能照己之明是也。独化终始，随能序致。独立宇宙无封，谓之皇天地。"（52a/7－52b/2）此所言精神修养达到的最高境界，与《庄子·大宗师》说得道之要能"挈天地"相同。《逍遥游》说至人、神人的精神境界就是能够"乘天地之正，而御六气之辩，以游乎无穷"，顺阴阳两气之正，且能御寒、暑、燥、湿、风、火六种化气，并以此为凝神之道，而能无所待，以游于无穷无尽之间。② 此人的精神境界不断提升，其反照、内视能力愈强，非外在日月之光照所能及。他能与大道相终始，并能随顺大道以次序万物，这也是《鹖冠子·泰录》篇所说的"后天地生，然知天地之始；先天地亡，然知天地之终"（39b/1－2）。他能独立于宇宙之中，而不为万物所左右，独立而不改。

若能独立于宇宙，与宇宙俱化，则"知宇故无不容也，知宙故无不足也，知德故无不安也，知道故无不听也，知物故无不然也"（52b/7－10）。

---

① 开明，似作"开冥"，始与"达昏"相应（张金城说）。"遗跋"之"跋"，张纯一认为是"拔"之误。"要领天下而无疏"之"疏"，《释名·释言语》训为"索"，失也。"极萧楯之元"，孙诒让云"萧楯"疑当作"萧条"，句意穷极深静虚无之本（以上见张金城《鹖冠子笺疏》，《国文研究所集刊》第19期，1975，第117~118页）。

② 刘武：《庄子集解内篇补正》，第15~17页。

宇包括四方上下，其大无外，对万物万事无所不包；宙包含古往今来而无穷限，故无所不足。道既能通万物，万物由道而出，由道而入，故了解道就能了解万物之所从由变化。所以说："道者必有应而后至。"（53b/10）德乃是道在万物上的具体表现，人循道以修养，所得即是德。故了解德，就能了解万事之是非曲直，如此就能有价值判断，从是舍非，所以说："事者必有德而后成。"（54a/1）德是做事情的原因，是事情成功的理据，所以说："夫德，知事之所成；成之所得，而后曰我能成之。成无为，得无来，详察其道，何由然哉？"（54a/1-4）既然道、德无为，故做事情乃因其本性，率性而为。

二　《天权》篇与《鹖冠子》的关系

（一）《天权》篇应写于战国末期

《天权》篇应写于战国末期，主要证据是本篇提到的"神明""三无"是战国时代的内涵。本篇说："口者可以道神明，而不能为神明。"神本指雷电风雨等神，明本指日月星辰之神，到战国时期合称则指道之神妙作用、人之精神境界。① 本篇"神明"即为此义。

又，本篇提到"无服之丧"（53a/8）。儒家作品《礼记·孔子闲居》、《孔子家语》之《六本》《论礼》、上博简《民之父母》都提到"无丧之服"。《孔子闲居》记孔子回答子夏说："无声之乐，无体之礼，无服之丧，此之谓三无。"孙希旦解"无服之丧"："谓心之至诚恻怛而无待于服也。""三无"都来自心至深之处，是"礼乐之原"。② 《六本》篇记孔子说："无服之丧，哀也。"指出办丧事即使没穿丧服，也要有真正的悲哀之情。③ 学者谓《孔子家语》主要取材于先秦文献，④ 此篇文辞、内容与《孔子闲

---

① 贾晋华：《神明释义》，《深圳大学学报》2014年第3期。
② 《孔子闲居》正文及注解见孙希旦《礼记集解》，第1276页。
③ 杨朝明、宋立林：《孔子家语通解》，济南：齐鲁书社，2013，第177页。
④ 学者对《孔子家语》有两种看法：一认为它成书于先秦时期；另一则认为《家语》在文献上有先秦源头，而思想上则有汉末士风及思想特征。见杨兆贵、吴学忠《〈春秋〉三传"孔子曰"研究》，《人文论丛》2018年第1辑，第23页。

居》相同。《民之父母》也有"无服之丧"之言，[1] 学者认为它反映的思想接近思孟学派，有的主张它是孟子以前的作品，有的认为写成于战国中期。[2] 综上，《天权》篇吸收儒家"无服之丧"而转化成军事用语，则本篇当写于战国末期。本篇不写于秦朝，因本篇"五度既正"的"正"不避秦皇政之讳。本篇也不写于汉初，虽然本篇有"国"（"设兵取国"）、"常"（"常圣博□□"）两字，但根据上下文意及战国时期用法，这里显然不是避刘邦、刘恒之讳的。

（二）《天权》篇与《鹖冠子》

《鹖冠子》的思想主要属于黄老学，本篇是战国末期兵家作品。黄老学与兵家有密切关系，战国时期兵家与农家、法家、阴阳家、纵横家等学说亦有融合。[3] 下文从黄老学的天论、政治论等方面来论述本篇与《鹖冠子》的关系。

1. 天论

《鹖冠子》对天有几种看法，一是认为天是神明的根本，是本体。《泰鸿》篇云："天也者，神明之所根也，醇化四时，陶埏无形，刻镂未萌，离文将然者也。"（33b/5-7）此天指创造者，醇化四时，陶埏万物，宜为本体。二是认为天是介乎本体一与万物之间的实体。《天则》篇云："天之不违，以不离一；天若离一，反还为物。"（5a/5）它能成为日月星之君。同时认为天道贵覆，使万物得以立（13a/10-13b/1）。《天权》篇也有相同的看法，说："彼天生物而不物者，其原阴阳也。"（56a/7-8）天以阴阳为本，则天介乎本体与万物之间。

但同时，鹖冠子对天有这样的看法："天者神也"（20a/8），天地是"形神之正者"（20b/6-7），则天是神明之正。《天权》篇的看法刚好相反："神之所形，谓之天。"（54b/9）

可见本篇的天论与《鹖冠子》中的一些篇章相近，但与鹖冠子之论则不同。

---

[1] 马承源主编《上海博物馆藏战国楚竹书》（二），上海：上海古籍出版社，2002，第163页。
[2] 庞朴：《话说"五至三无"》，《文史哲》2004年第1期；徐少华：《楚竹书〈民之父母〉思想源流探论》，《中国哲学史》2005年第4期。
[3] 蒙文通：《古学甄微》，成都：巴蜀书社，1987，第286页。

2. 政治论

（1）君主施政效法天道、配合五行

黄老学主张君主施政，要效法天道。《鹖冠子》一些篇章有这种思想。如《环流》篇认为，圣王施政应效法北斗。北斗是众星之首，斗柄指向哪一方，该方就出现与其相应的季节（11a/2-3）。圣王以此为施政之圭臬，则"斗柄运于上，事立于下"（11a/3）。同时，《环流》篇把四方与四季联系起来，说明要在不同季节推行相关政令，否则会有祸患。

《道端》篇是儒家作品，该篇把四方与仁义忠圣四德、四季配合起来：左—仁—春，前—忠—夏，右—义—秋，后—圣—冬（14a/1-3）。如此，能解决经济、外交、内政、国防等问题。《泰鸿》篇更把五方、四季、五行、五音相配：左—东—春—木—徵，前—南—夏—火—羽，右—西—秋—金—商，后—北—冬—水—角，中—土—宫（35b/9-36a/9）。作为本体的泰一则居于中央，受到百神仰敬；命令天子以此相配的方式治理百姓，调和两气、五味、五声，而和天下。《天权》篇论用兵之道，也把五方和五行、四兽配合起来：左—木—春—苍龙，右—金—秋—白虎，前—火—夏—赤鸟，后—水—冬—玄武，中—土（54b/2-7）。把术数融于作战思想中，将帅效法天道五行四象，必能百战百胜。将四德与四方、四季、四兽配合是战国末期思想的一大特征。本篇与《道端》《泰鸿》的这种思想是战国末期的反映。

（2）君主保形养神

黄老学认为君主选贤与治、建立法制、兼用刑德，其目的在于保精养神，使君逸臣劳。《博选》篇主张君主选贤，目的是使君主"端神明者也"（1b/1）。《泰鸿》篇认为圣人为政，必建度备用，使臣民有度可循，否则，神劳形瘁，立盹行眠，使自己"精神相薄，乃伤百族"（35a/8-9）。《天权》篇认为君主最高的精神修养是"挈天地而能游"（52a/7），这和《泰录》篇所说的"后天地生，然知天地之始；先天地亡，然知天地之终"（39b/1-2）相同，能"独立宇宙无封，谓之皇天地"，不为万物所左右。可见，本篇思想受到道家影响。

（3）军事思想

黄老学主张政治与军事有密不可分的关系。鹖冠子重视军事，认为政治良窳与战争成败有密切的关系，希望君王平素多训练军队，效法天道，反对重用谋臣。①《世兵》篇也认为君主有知人之明，将帅平素要多修身进德，能忍辱负重，并提出多种作战方法。《天权》篇主张将帅效法天道，制以五行，求象四时，如此就能战无不胜。

可见，本篇是受黄老学说影响的兵家作品，与鹖冠子本人的思想有所差别。

三　《天权》篇与兵家的关系

《天权》篇是兵家作品，与先秦兵家有密切关系。《汉书·艺文志》把先秦至汉代兵家分为四类：一是兵权谋类，相当于现代战略学；二是兵形势类，相当于现代战术学；三是兵阴阳类，包括现代军事技术中的气象、水文、地形测绘等；四是兵技巧类，涉及与军事有关的体能训练和军械操作训练。②《天权》篇的军事思想内容主要包括：全面了解客观事物，不为蒙鬲所蔽；运用天地人三才，配合五行五音四象以用兵；效法先王，以德化民。由此观之，本篇偏重于兵权谋类，它的这些看法跟先秦至汉代一些兵家的看法相同。

首先，《天权》篇提出全面了解客观事物，不为一偏所知而误，以免误军机。这点兵家特别重视。《孙子兵法·谋攻》篇提出"知己知彼"，"知"就是完全掌握我军、敌军的情况，了然于胸，这样可以做到"未战而庙筹胜"（《计》篇）、"不战而屈人之兵"（《谋攻》篇）。可见，"知"——全面掌握客观情势——在战争中起着极重要的作用。所谓完全掌握敌我双方的情况，包括君王、将帅的德才，各种战术、武器的运用。《逸周书》有几篇专门阐述这方面的知识：《武称解》讲行兵用武的原则与方法，《允文解》讲安定胜国的方法，两篇思想内容属战略学；《大武解》讲征、攻、侵、伐、阵、战、斗的原则与方法，《大明武解》讲带兵之法、攻城之道，《小明武解》讲攻敌之策，这三篇应属战术学。③ 可见自春秋以来，兵家特

---

① 有关鹖冠子的军事思想，详本书第五章。
② 李零：《吴孙子发微》，北京：中华书局，1997，导言，第 6~7 页。
③ 黄怀信：《鹖冠子汇校集注》，第 37~65 页。

别重视"知"。到战国时期,如银雀山汉简《孙膑兵法·八阵》说:"知道者,上知天之道,下知地之理,内得其民之心,外知敌之情。"懂得打仗的君、将要上通天文,下知地理,外晓敌方各方面情况。这样,"知道,胜","不知道,不胜"(《孙膑兵法·篡卒》)。① 要完全掌握军情,除了了解战略、战术外,也应通晓军法、军令内容。②《天权》篇花了不少文字强调知、去蔽,正与先秦兵家一脉相传。

其次,《天权》篇提出运用天地人三才,配合五行五音四象以用兵,也有其渊源。孙子重视三才,《计》篇所说的"经之以五事"包括道、天、地、将、法。天指天时、阴阳向背、天气冷暖、四时变换,地指地形远近、险夷、宽窄,将指将领的智慧、诚信、仁慈、勇敢、严明。③ 这是重视天、地、人三者的表现。战国时期,帛书《黄帝书·兵容》篇也强调,用兵不效法天地之道,就不能行动。④ 银雀山汉简《孙膑兵法·月战》篇说:"天时、地利、人和,三者不得,虽胜有殃,是以必付与而□战,不得已而后战。"⑤ 只有具备天时、地利、人和,才能打胜仗,且战胜后才不会有祸患。鹖冠子在《兵政》篇也强调用兵必依三才之道:"用兵之法,天之,地之,人之,赏以劝战,罚以必众。"(47b/7-8) 重视三才并用之于行军作战是兵家的共识。

最后,《天权》篇强调用兵要配合五行、五音、四象。这一方面,兵家相对而言较少论述,如《孙子兵法》《孙膑兵法》《尉缭子》《司马法》等甚少提及。⑥《吴子·治兵》篇说驻营时要注意:"必左青龙,右白虎,前朱雀,后玄武,招摇在上,从事于下。将战之时,审候风所从来。风顺致呼而从之,风逆坚陈以待之。"⑦ 指出扎营要在左右前后中用不同颜色的四象旗,并观测风向。《六韬·守国》篇提到四季,但与军事无涉。《五音》篇提到"金、木、水、火、土,各以其胜攻之",⑧ 指出五行互相克

---

① 李兴斌、邵斌:《孙膑兵法新译》,济南:齐鲁书社,2002,第29、25页。
② 李零《吴孙子发微·导言》中区别兵法与军法之异(第4~6页)。
③ 李零:《吴孙子发微》,第29、34页。
④ 余明光:《黄帝四经与黄老思想》,第305页。
⑤ 李兴斌、邵斌:《孙膑兵法新译》,第27页。
⑥ 李零:《吴孙子发微·导言》,第15页。
⑦ 李硕之、王式金:《吴子浅说》,第80页。
⑧ 娄熙元、吴树平:《六韬译注》,第106页。

制，各自针对其可以制服的一方展开攻势。五行最初没有相生相克之意，到战国时期才有生克观念。《天权》篇总结了五行、五音、四象，并运用于军事，可见，它对先秦兵家这方面的思想有所补充。

四 《天权》篇与庄子学派、荀子学派的关系

《庄子》一书是庄子及其后学思想的汇集，内篇反映庄子的思想，外篇、杂篇反映庄子后学的思想。[①] 虽然司马谈《论六家要指》把先秦黄学、老学、庄学列为道家，并扼要说明它们的思想要旨，但庄学、黄学、老学之间还是有区别的。[②] 本篇有些地方明显受到庄子学派影响。如说精神境界最高是"挈天地而能游"（52a/7），"独化终始，随能序致，独立宇宙无封，谓之皇天地"（52b/1-2），与《庄子》之《逍遥游》"乘天地之正而御六气之辩以游乎无穷者"、《大宗师》"狶韦氏得之，以挈天地"、《达生》"游乎万物之所终始"、《则阳》"随序之相理……穷则反，终则始，此物之所有也"所言相近。《达生》《则阳》两篇是战国末期作品，本篇与其思想相近，应受同一时期思潮所影响。

《天权》篇认为一般人由于没有目标，索求不知；又因人的各种感官只能感触、认识事物的外象，没有经过"心"的综合分析；且有时"心"不在焉，不能关注某些现象，结果导致我们不能深得事物的本真，只得真道的皮毛，于是就产生"惑"，"明照光照，不能照己之明"（52a/9），心中没有神明。因此，本篇提出去"蒙""鬲""塞"三种认知弊病。

战国时期，诸子强调认知蒙蔽而力求摒去的，最有名者非荀子莫属。荀子在《解蔽》篇指出，凡人之蔽最主要是由于"心术之公患"，它表现在"欲为蔽，恶为蔽，始为蔽，终为蔽，远为蔽，近为蔽，博为蔽，浅为蔽，古为蔽，今为蔽"，[③] 即人的情感、空间、时间、学问等都是导致蒙蔽产生的原因。荀子认为要解蔽，主要在于"心"，而心要知"道"。"心"是"形之君也，而神明之主也，出令而无所受令"，"心"要"虚壹而静"，

[①] 有关《庄子》内外篇思想研究、外杂篇思想的歧异，详刘笑敢《庄子哲学及其演变》，北京：中国人民大学出版社，2010。
[②] 黄学、老学两者的思想亦有同有异，详余明光《黄帝四经与黄老思想》，第139~157页。
[③] 王先谦：《荀子集解》，第388页。

如此就能掌握"道",就能解蔽:

> 虚壹而静,谓之大清明。万物莫形而不见,莫见而不论,莫论而失位。坐于室而见四海,处于今而论久远,疏观万物而知其情,参稽治乱而通其度,经纬天地而材官万物,制割大理,而宇宙里矣。恢恢广广,孰知其极!睪睪广广,孰知其德!涫涫纷纷,孰知其形!明参日月,大满八极,夫是之谓大人。夫恶有蔽矣哉![1]

可见,荀子强调"心"的重要性和去蔽的功能,这一说法与《天权》篇相同。两者都强调去蔽之结果是提高精神境界,荀子谓此为大人,而本篇则说是"挈天地而能游",可见其境界也有相通之处。本篇在这点上可能受荀子影响,是融合了荀子学说的兵家作品。

结　论

综上所论,本篇是战国末期兵家作品。它没有反映鹖冠子的军事思想,它的军事思想观点主要是提出要全面掌握事态,不延误军机;用兵要效法天道,依据天地人三才特点,配合、运用五行五音以取胜;以先王为典范,以德化民,精神境界能达至"挈天者而能游"。本篇继承了先秦兵家部分学说,并融会、运用战国时期五行、五音于军事。它提出"挈天地而能游"境界说应受庄子学派影响,重视"知"受荀子影响。这从侧面反映了战国末期百家学说互相交融、百川汇流的特点。

---

[1] 王先谦:《荀子集解》,第397页。

下 编

综合研究

第十二章　论鹖冠子与《鹖冠子》的关系

学者研究鹖冠子与《鹖冠子》的关系，多考定他的生平、籍贯、学派归属。考定人物生平，了解其生活年代，便于从时代思潮、政治、社会、经济等方面分析，把握他的思想特征；考定人物籍贯，有助于了解区域思想文化对他的影响。用这两种思路研究固然不错，不过《鹖冠子》有关这两方面的材料多付阙如。故就《鹖冠子》一书来研究鹖冠子的思想，是最直截了当的：可了解他的思想主体，论定其学派归属。

传统学者认为《鹖冠子》由鹖冠子撰写，他是楚人，学主道家。现代也有些学者的看法与此相同。关于他与其他学派的关系，学者的看法不一。① 本章在前贤研究基础上讨论鹖冠子其人与思想，以及《鹖冠子》各篇的思想主旨等，从而进一步明确二者的关系。

一　鹖冠子其人与思想

（一）鹖冠子的生活年代及其思想背景

学者或认为鹖冠子是晚周楚人，或认为他由楚国迁居赵国。鄙意鹖冠子固然是晚周之人，然其生活的具体年代，可进一步探讨。根据《鹖冠子》记鹖冠子答庞子之问的五篇文章，可见鹖冠子不只受楚国思想影响，且与赵国、齐国、秦国的思想文化有密切关系。兹论述如下。

1. 生活年代

《鹖冠子》中的五篇《近迭》《度万》《王鈇》《兵政》《学问》记庞子问鹖冠子云云。庞子何许人也？李学勤认为他是《世贤》篇中的庞煖、

---

① 有关这方面的讨论，详本书绪论。

《武灵王》篇的庞焕,因煖、焕两字古音同为元部晓母,故二者同为一人。① 陆佃认为庞焕是庞煖之兄(60a/3),孙福喜赞成此说。② 鄙意李说不成立,原因如下。

《武灵王》篇记赵武灵王向庞焕问用兵之道,则庞焕应生活在赵武灵王统治时期。《世贤》篇记赵悼襄王向庞煖请教治国之道,则庞煖在悼襄王年代。武灵王在位最后一年是公元前 299 年,悼襄王即位第一年是公元前 244 年,两者相差 55 年。若庞焕是庞煖,则他在武灵王时必须很年轻。武灵王在位时间为公元前 325 年至前 299 年,共 27 年。若《武灵王》篇乃武灵王刚即位时向庞煖请教,以《史记·甘茂列传》记甘罗 12 岁为上卿为例,则庞煖当不少于 12 岁,那么庞煖在悼襄王刚即位时至少 93 岁。悼襄王三年(前 242),庞煖率兵攻打燕国,擒杀剧辛,那时他至少 95 岁。退一步说,即使《武灵王》篇所记是发生在武灵王最后一年,且算庞煖为 12 岁,则他在悼襄王三年也已 69 岁。

李说有可再斟酌之处。第一,战国时期有人如此长寿且能亲征沙场吗?第二,从《战国策·赵策二》《鹖冠子·武灵王》《史记·赵世家》来看,武灵王推行军政改革,取得显著成效,其才学不凡,非一般君主所能望项,③ 除非庞煖年少就博学多才,名震遐迩,为武灵王所闻,不然,武灵王会请教于乳臭未干的年轻人吗?根据钱穆推断,庞煖约生于公元前 295 年,离武灵王去位已四年。他一生绝对没有机会见到武灵王。他在悼襄王三年率兵攻打燕国时已 54 岁,过了两年就去世了。据此而言,庞焕见过武灵王,庞煖则无以得见,说明庞煖不是庞焕。并且,本篇及《鹖冠子》其他篇章没有提及有关庞煖、庞焕之事,史籍未载庞焕其人,说两者实为一人,未免向壁虚造。又,运用声韵学知识以确求先秦人物,说"某子"是某某人,虽然有一定依据,但是也很危险。齐思和指出,学者考定古史地望,有两个缺陷,其中之一即"求之于音似"。④ 许倬云也提过单用声韵学研究古史地理的缺点:"由地名作推论,牵涉许多文字上的纠葛,

---

① 李学勤:《〈鹖冠子〉与两种帛书》,《道家文化研究》第 1 辑,第 336 页。
② 孙福喜:《〈鹖冠子〉研究》,第 154~155 页。
③ 有关赵武灵王的军政成就,可参黄中业《战国盛世》,郑州:河南人民出版社,1998,第 190~120 页。
④ 齐思和:《中国史探研》,石家庄:河北教育出版社,2003,第 44~78 页。

而且地名可以由此迁彼，也无妨由彼迁此，其方法学的缺陷，实如双刃利剑，左砍右割，均有商榷之处。"① 虽然齐、许两位先生批评的是把声韵学运用于古史地理研究，但移诸先秦人名研究，其理同然。故鄙意庞煖与庞焕只是同姓，两人没有特别的关系。李学勤认为《鹖冠子》反映的是鹖冠子一人的思想，故认为庞焕、庞煖、庞子三者同一，是鹖冠子的学生。鄙意《武灵王》篇所记的庞焕，谙于军事理论，曾生活在武灵王时期，与庞煖未必有关系。

鹖冠子在《王铁》篇阐述其理想统治者成鸠氏一族统治天下一万八千年，其行政组织有郡、县、乡、甸、里数级，称县令为啬夫。据学者研究，战国时期称县令为县啬夫，只见诸云梦秦简。② 秦简成书年代约在公元前278年至前246年，③ 即赵惠文王二十一年至赵孝成王二十年，鹖冠子的生平当与此时段有重叠，且对秦制有所了解。可见，他即使隐居深山，也并非不问世事。

悼襄王在公元前242年派庞煖攻燕国，杀死剧辛。钱穆把庞煖生卒年定为公元前295年至前240年，④ 则此时他已53岁。此年纪较合情理。由此可知，与庞子相对应者，应是庞煖而非庞焕。鹖冠子是庞煖的老师，《近迭》篇记庞子言："得奉严教，受业有间矣，退师谋言，弟子愈恐。"（20a/4-5）《真隐传》说鹖冠子"著书言道家事，马煖常师之，煖后显于赵，鹖冠子惧其荐己也，乃与煖绝"，⑤ 袁氏指出"马"字误，鹖冠子是庞煖的老师，因庞煖后来显达，鹖冠子不想入仕，故与庞断绝关系。这两条材料说明两人是师生关系。

依常理言，老师的年纪要比学生大。若鹖冠子比庞子至少大十岁，其生年最晚应在公元前305年，这是武灵王统治的中晚期。庞煖向鹖冠子请教，是在他攻燕之前。若鹖冠子的寿命为60岁，则在公元前245年去世，当时秦尚未统一中国。

通过以上析论，可见鹖冠子的生活年代在战国中晚期，主要生活在赵

---

① 许倬云：《西周史》，北京：生活·读书·新知三联书店，1994，第35页。
② 裘锡圭：《古代文史研究新探》，第431~455页。
③ 吴小强：《秦简日书集释》，长沙：岳麓书社，2000，第13页。
④ 钱穆：《附诸子生卒年世约数》，《先秦诸子系年考辨》，第103页。
⑤ 李昉等：《太平御览》卷五一〇，叶5。

武灵王、惠文王、孝成王时期,卒于秦统一中国前。

2. 鹖冠子之思想背景

（1）与赵、楚两国的关系

孙福喜推测鹖冠子生于楚国,专修黄老学,并从鹖的分布推断他可能由楚国到赵国,后长期居住在赵国深山中。宋代周氏、明代宋濂认为此篇"全用楚制",① 又有学者根据《王铁》篇里言及令尹、柱国两官职,认为鹖冠子是楚人,然而柱国一职不只楚国有,赵国也有。②

鄙意不能单凭庞子向鹖冠子请教及鹖冠子戴鹖冠,就推断鹖冠子必定生活在赵国。先秦时期师友不生于同一国家者,比比皆是,如孔子是鲁人,其学生子贡是卫人,言偃是吴人,卜商是温人,子张是陈人,司马耕是宋人。又交通发达,区域之间物品、文化交流频繁,鹖冠子喜戴鹖冠,只能说明他与鹖冠有一定的渊源,或者可能是向往武灵王军政改革所取得的成就。他在《近迭》篇中分析大国兵诎辞穷、出师不利、不能"得意于天下"的原因,认为是君主愚昧骄纵、宠信谋臣、内暴外凌（17b/8－10）。这些大国可指魏国、楚国、齐国,它们在战国时期曾经强盛过,后来不仅没有得志于天下,反而地削国亡。③《兵政》篇阐述用兵之道,可见他对军事理论有相当造诣。他思考大国不得志于天下的原因,究心于治国安邦、一统天下之道,可见其身隐而心未隐。因此,高似孙惋惜他不得其时、不得其位,以致壮志难酬,终隐山林而仍欲匡济天下,著作言志,有建功扬名之想。④ 周氏则批评他是处士而妄论王政。⑤ 说鹖冠子是楚人或是赵人,言其生活于赵国,皆无充足明确的证据,只能说他与赵、楚两国的思想文化有一定的关系。

（2）与齐、秦两国的关系

先论鹖冠子与齐国思想文化的关系。他在《王铁》篇阐述理想君主成鸠氏统治的情况,与《国语·齐语》所记管子的政治改革有不少相同或相

---

① 《周氏涉笔》,引自马端临《文献通考》卷二一一,《四库全书》第614册,第29页;宋濂:《文宪集》,《四库全书》第1224册,第53页。
② 缪文远:《战国制度通考》,第23页。
③ 详本书第五章。
④ 见高似孙《子略》卷三,《四库全书》第674册。
⑤ 《周氏涉笔》,引自马端临《文献通考》卷二一一,《四库全书》第614册,第29页。

近之处。兹简述如下。

首先是行政层级方面。鹖冠子所设计的行政层级是这样的：五家一伍，设伍长；十伍一里，设有司；四里一甸，设甸长；十甸一乡，设乡师；五乡一县，设啬夫；十县一郡，设大夫。《齐语》记管子推行"参其国而伍其鄙"之制，在国内推行的行政层级是：五家一轨（五人为伍），设长；十轨为里（五十人为小戎），设有司；四里为连（二百人为卒），设长；十连为乡（二千人为旅），设良人。每层官员既负责行政事务，又担任军事指挥工作。① 可见，《王鈇》篇受到《齐语》影响。

其次是各层官属的职责、惩处。《王鈇》篇说明了各层官员管辖、教化所属的行政层级，要求其举贤进能，依时循行教诲，否则皆处以罪罚。县啬夫犯此罪谓之"蔽明"，见恶而隐命，谓之"下比"（26b/6 – 27b/6）。这种行政处罚引自《齐语》。齐桓公说乡良人若不推荐好学贤孝者，"谓之蔽明"；若不推举勇猛果断者，"谓之蔽贤"；若不向上司报告违逆不羁、骄奢淫逸、违法乱纪者，"谓之下比"。② 此就乡一级而言，若官员不能尽其职责，则处以五刑之罪。《王鈇》篇所言"蔽明""下比"皆就县啬夫一级言，其罪较重。

最后是教化方面。《王鈇》篇要求百姓"父与父言义，子与子言孝，长者言善，少者言敬"（26b/8 – 9），伍里之人平素相处应讲义、孝、敬，有助于化立俗成。此处引自《齐语》。管子主张分处四民，士人"闲燕则父与父言义，子与子言孝，其事君者言敬，其幼者言悌"。③ 通过长期濡染熏陶，可使士人敬君尽事，子子孙孙永远为士。《王鈇》篇则就里一级的一般民众而言，强调慈孝的重要性。④

管子是春秋时期齐国的重要人物之一，继承和发扬了齐国传统思想文化。⑤ 鹖冠子对管子改革有一定程度的了解，当可视为他对齐国思想文化也有一定程度的了解。

---

① 《国语》，第 237 页。
② 《国语》，第 233～234 页。
③ 《国语》，第 226 页。
④ 有关《王鈇》篇受《齐语》影响，详本书第六章。
⑤ 有关管子与齐文化的关系，参于孔宝《东周齐文化》，济南：山东人民出版社，2004，第 42～26 页。

次论鹖冠子与秦国思想文化的关系。

鹖冠子在《王鈇》篇称县令为啬夫，这种称谓也见诸云梦秦简，这是援用秦制的。另外，《王鈇》篇强调里有司、甸长不尽职，就罪有司、贰其家；县啬夫蔽明、下比，郡大夫不尽职责，皆诛无赦；柱国施政使上下之情不通达，则"灭门残疾"（27b/5）；令尹则车裂。又说官吏"侵暴百姓""污官乱治"（28b/5），其罪倍于平民。此皆就未能举贤扬善而言。若犯了其他较大的罪行，则惩罚必然更重。

鹖冠子如此强调严刑必治，显然受到法家影响。秦国是推行法家最力且成效最大的国家。《史记·商君列传》记商鞅在秦国推行变法："令民为什伍，而相牧司连坐，不告奸者腰斩，告奸者与斩敌首同赏，匿奸者与降敌同罚。"①《索隐》说商君以五家为保，十家相连，彼此互相纠察，一家有罪，九家连举。透过什伍这种组织使百姓互相监控，百姓为了自保，以免系狱，必然抉发对方私阴，这和《王鈇》篇说里家百姓"居处相察，出入相司"（26b/8）相同。商君强调以法为师、以吏为师，在秦国推行改革，严刑峻法成为秦国的特色。因此，鹖冠子强调对违法官员严刑惩治，说明他受到重刑法的法家和秦国思想文化的影响。

3. 结论

鹖冠子不一定长期生活在赵国，他受到楚、赵、齐、秦四国思想文化影响，思想成分比较复杂。他应生活在赵武灵王、惠文王、孝成王时期，曾是庞煖的老师。战国中晚期，学术由漫烂壮盛转而为渐趋一专。当时在学术思想界活动的诸子，比鹖冠子年长的有白圭、环渊、詹何、陈仲、荀子，与他约略同时的有邹衍，比他年轻的有吕不韦、韩非、李斯、庞煖、尉缭等。百家汇聚，互相影响。鹖冠子生当其时，其思想兼容儒、道、法、阴阳、兵诸家，乃自然之事。

（二）论鹖冠子思想中具有特色的部分

1. 鹖冠子思想大要

鹖冠子学主黄老，兼融诸家，古今学者论之已详，故此处不再细绎鹖冠子思想与黄老学派的关系，而集中论述其中比较有个人特色的部分，此

---

① 《史记》，第 2230 页。

鹖冠子之所以为鹖冠子之故。《鹖冠子》中的《近迭》《度万》《王铁》《兵政》《学问》五篇是庞子向鹖冠子请教、鹖冠子回答之篇,尤其能反映鹖冠子的思想。

鹖冠子生活在战国中晚期,目睹一些大国"兵讪辞穷",不能得志于天下(17b/8-10),检讨原因,认为是君主平素疏于军政,宠信谋臣,不能选用贤能,且心高气傲,不以古代圣王为楷模,自行其是,结果"身死国亡,绝祀灭宗"(50b/4-5)。他认为,要富国强兵、一统天下,最重要的是君主提高精神修养,效法天道,选贤举能,建立法制。围绕着这一中心,他提出了自己的主张。

(1) 天神地形,水火相生,形神调和

鹖冠子对天、地、人三才的看法是:天为神,地为形,水火相生,形神相调和:

> 天者神也,地者形也。地湿而火生焉,天燥而水生焉。法猛刑颇则神湿,神湿则天不生水,音□声倒则形燥,形燥则地不生火。水火不生则阴阳无以成气,度量无以成制,五胜无以成勋,万物无以成类,百业俱绝,万生皆困。济济混混,孰知其故。(20a/8-20b/4)

这里,鹖冠子提出水火相生而不相克的看法。鹖冠子所说的天,不单指自然界的天,且具有形上之义。他认为天为神,地为形;天为形上,地为形下;形上不可见为神(此也指精神),形下可见则为形。依常理言,天在上空且燥热,燥热近于火,就不可能生水。本来水火各有特性,如《易·乾文言》说:"水流湿,火就燥。"① 水的性质近湿,就往低湿之处流;火的性质近燥,就往干燥处冲。但是,鹖冠子认为天为神,"天燥而水生焉",则神燥能生水;相反,神湿则天亦湿,天湿则不生水。这种看法很特别,不同于五行相克说和五行相生说。张尧翼就认为此乃"以克为生""以反为用",和常理迥异。② 水火相生而不相克,阴阳才能调和而生万物。当然,此水火不是指有物质属性的水火,而是具有形上之义。

---

① 楼宇烈:《王弼集校释》,第215页。
② 张尧翼之论见《子书二十八种》本《鹖冠子》,叶6。

鹖冠子除了认为天是神，更进一步提出，天地是"形神之正者"（20b/6-7），天是神之正、神之本，地是形之正、形之本。天不指自然的天，"所谓天者，非是苍苍之气之谓天也"，而指"言其然物而无胜者也"（20b/9-21a/1）。然，《广雅·释诂三》曰"成也"，[①]"然物"就是成就万物。因此，天既能创造万物、成就万物，又具有强大的精神力量，无往而不胜。另外，他认为天道具有诚、信、明、因、一这五种特性，是君主效法的圭臬（25a/4-25b/2）。成鸠氏一族就因为深得天道，掌握了这五种特性，施之于政，故能统治天下一万八千年。

因此，鹖冠子认为天有这样的意涵：天即神（精神、神圣），天是创造和成就万物者。天是外在的。那么，君主怎样才能把天内在于心、施之于政？鹖冠子提出心与神、道的关系："神备于心，道备于形。"（22b/1）天为神之正，则神也为天，"神备于心"，心就有了天所具有的无往不胜的力量。意思是说，君主透过修养，不断提高心（精神）的境界，精神力量也会越来越大。心兼天与神而有之，且具有它们的力量，君主把心施之于政，表现出来的"道"就显而易见。他又说："气由神生，道由神成。"（23a/1）气由神而来，使"气之正"的阴阳充实于内心，易言之，君主之心兼天、神而有之，神能生气，则阴阳两气也由心而控制。这样，君主透过提升心的境界，不仅具有天、神所具有的力量，而且能交融、控制阴阳两气。君主施之于政，就形成"道"，可视而有形。达到这样境界的君主，是鹖冠子心中的理想君主。鹖冠子为了强调天（神）、地（形）的关系，说："天人同文，地人同理。"（20b/4）《夜行》篇说："天，文也；地，理也。"（3b/7）天文指天上的日月星辰，地理指地貌。可见鹖冠子有强烈的天人合一观。

天人的关系如此密切，此发彼应，一方有问题，另一方必会受到影响："一义失此，万或乱彼；所失甚少，所败甚众。"（20b/8-9）如果其中一环有失，则阴阳、天地、法令、君主会失序脱节，造成"水火不生则阴阳无以成气，度量无以成制，五胜无以成埶，万物无以成类，百业俱绝，万生皆困。济济混混，孰知其故"（20b/1-4）的严重后果。敦煌本注从刑法施用来解释，认为君主若施行刑法适中，因时制宜，宽猛相济，

[①] 阮元等：《经籍籑诂》，第483页。

以效法天燥生水、地湿生火，才不会有百业俱绝、万生俱困的窘局。[①] 可见，鹖冠子把天、神、燥、阴、水、文与地、形、湿、阳、火、理视为两组既对应又交合的概念。理想君主通过"心"来融合二者，并应用到政治上，就河清海晏。

鹖冠子认为，明白了天人关系，君主就能善以养生，"形神调则生理修"，调和形神，则生理日长。陆佃注云："形不病燥，神不病湿，则生理修矣。"（21a/4）形不病燥则湿，湿能生火；神不病湿则燥，燥则生水。此即水火相生之义。君主能循形神的特性养生，就能使阴阳调和。推之于政治，君主善于养精养神，才能处理好政务，否则"夫生生而倍其本则德专己"（21a/4－5）。反之，若太注重养形，以致精神境界不能提高，不能控制外物，反而被外物控制，"岂足语卫生之经哉？"（21a/6，陆佃注）

（2）五正论

为了表明理想君主的精神境界，鹖冠子又提出把君主分为五等的五正论。这是鹖冠子政治理论中最具特色的部分。他以天人、神形、阴阳相调和为准，来阐述治国理政的五种境界——神化、官治、教治、因治、事治。

神化。这是统治的最高境界："神化者，定天地，豫四时，拔阴阳，移寒暑，正流并生，万物无害，万类成全，名尸气皇。"（24a/4－6）君主尸气皇，能秉元气之本，能定天地之位，能序四时之次，能转移阴阳之变化，能因应自然，厘定自然运行规律——他已具有天、神的能力，可使人类循此规律而参与天地万物造化。如此，自然万物并行不悖，化育并生。尸气皇者无须措意天下，不必设置礼乐刑罚，无为而天下自治。

官治。它是五正中次于神化的境界："师阴阳，应将然，地宁天澄，众美归焉，名尸神明。"（24a/6－8）君主尸神明，以神明为本，效法阴阳变化交合之道，治理天下，如此，神形调和，使天澄地宁，众美归之。君主能官治，则能帝制神化，一统天下。

教治。它在五正统治境界中处于第三阶层："置四时，事功顺道，名

[①] 傅增湘：《跋唐人〈鹖冠子〉上卷卷子》，《国立北平图书馆月刊》第3卷第6号，1929，第724页。

尸贤圣。"(24a/8-9)君主是贤圣,要遵循四时以推行政令,使臣民行事有时可循。说君主是贤圣,且贤圣要顺道而为功,这种看法明显受到儒家的影响。

因治。它在五正统治境界中处于第四阶层:"招贤圣而道心术,敬事生和,名尸后王。"(24a/9-10)后王比较注重外在的事务,但不改变习俗。说君主是后王,其政治意味较贤圣为甚。后王重视文教,招徕贤圣,以佐治天下,并以因应为术。敬是儒家所强调的。他们尊圣崇贤,提倡文教,敬事贵和。可见,后王乃是融道家因应之术于儒家的圣王之中。

事治。鹖冠子说:"事治者矫之于末。"(24a/3)又说:"事治者,招仁圣而道知焉。苟精牧神,分官成章,教苦利远,法制生焉。法者使去私就公,同知壹敬,有同由者也,非行私而使人合同者也。故至治者弗由而名尸公伯。"(24a/10-24b/5)公伯为政,不能招致贤圣则招徕仁者;公伯在保养精神方面远不能和神化者相比,他们为国事竭心尽力,但劳苦疲惫,故建立法制,以收到去私就公、兴功俱暴之效。尸公伯已是天下失道之时,应在春秋战国时期。

鹖冠子认为统治境界最高的是尸气皇,次为尸神明,此两者皆属于道家。儒家的理想政治在五正中属于第三、四、五层。鹖冠子推崇道家,但并不蔑视儒义,反而融儒义于道家学说中。他对仁义礼乐有一定的认识,虽然未必得其精义,[①]但这说明他对儒家有一定的兴趣,并有所利用。

(3)成鸠氏理想统治论

鹖冠子对理想政治的另一种阐述,就是成鸠氏之治。其家族深得天道,统治天下一万八千年,《王铁》篇对此有详论。

首先,成鸠氏一族极注重内在的精神修养。鹖冠子说成鸠氏治理天下,深得天道:"彼成鸠氏天。"(25a/2-3)成鸠氏的精神修养高似皇天。天具有诚、信、明、因、一五种特性(25a/4-25b/2),而成鸠氏完全掌握这五种特性,并施之于政治,"成鸠得一,故莫不仰制焉"(25b/4-5)。得一,即得天之数,所以天下莫不仰慕。成鸠氏不仅极注重内在的精神修养,他们世代"耳目不营,用心不分,不见异物而迁。捐私去毒,钩于内

[①] 鹖冠子对儒学的理解,最重要的见诸《学问》篇,详本书第十章。

哲，固于所守，更始逾新，上元为纪，共承嘉惠"（30a/4-7），君主心无旁骛，不纵情于声色，去己之私，涵养睿哲，且恪守祖先所制之法，故能承泽嘉惠，一统天下。

成鸠氏所推行的统治制度，名曰"天曲日术"，包括"制邑理都""啬万物""与天地总"诸方面。

先论成鸠氏"制邑理都"之法。五家为一伍，设伍长；十伍为一里，设有司；四里为一甸，设甸长；十甸为一乡，设乡师；五乡为一县，设啬夫；十县为一郡，设大夫。郡大夫治属县，啬夫治属乡，乡师治属甸，甸长治属里，里有司治其属伍，伍长治其属家。在这种行政组织下，百姓互相监察，出入互相伺控（26b/8），家家相依，利害与共。如此，亡人等"无所穿窬"，不能落草为患（26b/10-27a/1）。另外，父子长少重视道德教育，百姓"莫敢道一旦之善，皆以终身为期"（29a/5）。大家祸灾同忧，居处同乐，如此，"化立而世无邪，化立俗成"（29a/6），情深友于，万众一心，故"车甲不陈而天下无敌矣"（29b/2）。

次论成鸠氏之"啬万物"。下级及时向上级报告所管辖的情况，否则依情节轻重各予处罚。如伍长不向里有司报告，就处以连坐（27a/4）；里有司不向甸长报告，交有司治罪，其家从之（27a/6）；县啬夫不向郡大夫推善去恶，就是"蔽明"（27a/10）、"下比"（27b/1），就是"乱县"，啬夫要被诛（27b/1）；郡大夫不向柱国报告，就是"乱郡"，也会被诛；柱国不处理好政务，使上下之情不相通达，就是"绿政"（27b/4），不仅被诛，还要灭门（27b/5）；令尹不宣时令，则是乱天下，被处以车裂。可见，成鸠氏重视官员的责任，要求他们名实相副、处事认真、一丝不苟。

最后论成鸠氏之"与天地总"。每一行政阶层必依规定的时日向上级报告，向下级施政，如此能"勉有功，罚不如"（28a/7-8）。里长每五日向甸长报告，甸长每十日向乡师报告，乡师每十五日向县啬夫报告，县啬夫每三十日向郡大夫报告，郡大夫每四十五日向柱国报告，柱国每六十日向天子报告，此即下情上闻。上级也以相同日数向下施政教诲。唯天子每七十二日遣使于郡，体察民情，黜陟官吏，此乃上情下闻（28a/4-8）。把一年分成五段时期，每段时期各主五行中的一行，以此治天下。此受到五行说影响。

在成鸠氏的统治下,天下一统,"周阖四海为一家,夷貊万国莫不来朝"(32a/4-5)、"闻者传译来归其义"(31a/7)、"近者亲其善,远者慕其德……能畴合四海以为一家"(31a/3-5),这和神化者的统治效果完全相同。可见,鹖冠子认为,无论是神化者还是成鸠氏之治,殊道同归。

(4)素皇内帝说

鹖冠子在阐述成鸠氏理想统治之时,又提出"素皇内帝"。他认为,成鸠氏有鉴于"上世之嗣,失道亡功,倍本灭德之则,故为之不朽之国"(29b/3-5),推行天曲日术之制,法制至善至足,不仅人皆信之,即使质诸鬼神也无疑(29b/6)。法制建立后,成鸠氏后世君主都守成敬业,"主无异意,民心不徙,与天合则,万年一范"(31a/1-3)。法制万古长春,既灵活又恒久,一万年才变更一次,"其教不厌,其用不弊,故能畴合四海以为一家,而夷貊万国皆以时朝服致绩而莫敢效增免"(31a/4-6)。守文继体之君推行教化,四方景服。这种不以武力威服四夷,而以文德使近悦远来,并不断提高自己精神境界的方法,就是"素皇内帝之法"(31a/8-9)。陆佃解云:"帝者,天号;王者,人称;皇者,天人之总、美大之名。谓之素皇内帝,则又其至者也。"(31a/9)可见,素皇内帝是治理天下境界最高的通天人的帝王,素皇内帝既有内圣修养功夫,又有推行外王的措施。而此正是成鸠氏一族代代相秉持,所以能"功日益月长","与天地存久","与神明体正之术也"(31b/1-2)。

鹖冠子所说的素皇内帝之法极富战国时代的特色。战国诸子先则把王当成其理想政治人物,继而把帝视为其理想政治人物,最后把皇凌驾在帝、王之上。[1] 本篇提及皇、帝,已是战国末期之事。

(5)厘定法制,效法先典;任贤使能,保精养神

鹖冠子认为,君主除了不断提高精神境界外,建立完善的法令也相当重要。这样不仅使后世之君和大臣有法可循,而且,君主也可保精养神。

他区分法与令:

> 令出一原,散无方,化万物者,令也。守一道,制万物者,法

---

[1] 顾颉刚:《顾颉刚古史论文集》第3册,第40~44页。

也。法也者，守内者也。令也者，出制者也。夫法不败是，令不伤理。(22a/7-10)

这是他对法、令概念所做的重要区别。令只由拥有最高权力的君主掌控，如此可以杜绝政出多门之弊。君主可因时势出令，以解决不同的问题，实施令的目的在于教治万物。法依道而制定，此道超越政治而存在。法一经制定，行事必以法为圭臬；法可以裁判万物，判断是非。因此，法较有形上义，有稳定、统制、划一的特点；令较有形下义，有因应、变通、人为机动的特点。法有制衡万物之能力，令有教治万物之能力。鹖冠子很重视法令，认为"法令者，主道治乱，国之命也"（49b/1）。法令是君主治国的重要手段，攸关国家存亡，因此君主要特别重视和使用。鹖冠子所说的法，与《黄帝书》所言比较接近。

鹖冠子提出，往圣先王已厘定法制，著诸文书以垂宪后世（19b/4-8）。成鸠氏有鉴于上世失道，以致"贱敢逆贵""小敢侵大"（29b/3），道尽途殚，殷鉴未远，乃厘定至善至足的法制，"使鬼神亶曰：增规不圆，益矩不方"（29b/6），"以效末传之子孙……将者养吉，释者不祥"（29b/7-10），可长治久安。故君主应学习先王法典，"表术里原"（50a/9），以治术为表，以道德为本，"常知善善，昭缪不易，一揆至今"（50b/3-4），就能守文继体，传诸久远。明白先圣的各种法制，就是杰雄（20a/1）、俊德，其知识在万人之上（20a/1-2）；反之，君主不好好学习，不知善恶，自置高位，必"身死国亡，绝祀灭宗"（50b/4-5）。

具体而论，首先，君主要设官分职，以佐治天下。设置天官，统帅百僚，"天官者表仪祥兆，下之应也"（49b/1-2），与天子一同正身率下，防患于未然。其次，君主要有知人之见："人情者，大小愚知、贤不肖、雄俊豪英，相万也。"（49b/6-7）人有智力高低、才能大小、眼光远大浅短等别，君主要适能而任，"择人而用之者王"（18a/1-2），切勿厚此薄彼，被小人蒙骗，否则，"用人而择之者亡"（18a/2）。要之，君主制定法令，调和形神，选贤与能，就能养生："形神调则生理修。"（21a/4）

(6) 重视军事，保境息民

鹖冠子认为，君主既要参究三才，调和形神，也要保护百姓的生命、财产，不让外敌侵略，故平素要勤于砥兵砺伍，以备不虞之变："兵者百岁不一用，然不可一日忘也。是故人道先兵。"（17b/2）养兵千日，用在一时，君主安不忘危，才能保卫国家，以免蹙国丧师。

鹖冠子指出，战争不发生于理想时代，而是出现在王权日落、公伯为政之时（17b/3-4），也就是他所处的战国时代。君主整军经武，当是为了防止外患、保境息民，而非侵略他国，所以要使军队成为仁义、威武之师："兵者，礼义忠信也。"（17b/3）仁义之师要拯溺扶危，替天行道，不能坐视天下鼎沸。"行柱则禁"，"兵正则舍，是故不杀降人"，"主道所高，莫贵约束。得地失信，圣王弗据，倍言负约，各将有故"（17b/5-7）。征伐叛逆，不杀投诚降军，以见仁义诚信，这是兵家的传统看法。君主不背信弃义，才能取信于天下。

"用兵之法，天之，地之，人之，赏以劝战，罚以必众。"（47b/7-8）君、帅取法三才，参与天地之变化，掌握自然变化规律，用赏罚治军，以仁义用兵。这也与法家、兵家的看法相同。另外，鹖冠子认为用兵要先了解事物特性、敌情虚实，才能因事应变，运筹帷幄，决胜未发（48a/3-4）。

以上论鹖冠子思想大要，可见他兼融儒、法、阴阳、兵诸家，而以黄老学为主。

2. 鹖冠子思想的矛盾之处

鹖冠子的思想并非条贯不紊，也存在矛盾之处，兹举两点论之。

（1）天道观

鹖冠子对天道的看法有些矛盾。他在《近迭》篇中认为圣王不应效法天地四时阴阳，因为天高远而难知，人的福祸不可向天求知，如此，福祸由己，无涉天道。地广博多材，然地道卑下，可亲而缺乏威严；四时气候变化莫测，皆不宜为行事之圭臬。"三者不可以立化树俗，故圣人弗法"（17a/8-9）。圣王应该最重视人道，人道又以兵为先。

然而，他在《兵政》篇提出用兵之道："用兵之法，天之，地之，人之，赏以劝战，罚以必众。"认为统帅应取道三才，掌握天地自然变化之规律。可见，他对于用兵与效法天地阴阳的关系，实有两种截然不同的看法。

鹖冠子学主道家，其言论多处表达出强烈的天人合一观，如在《度万》篇提出："天人同文，地人同理。"（20b/4）不仅如此，连人所创造之音、声也与天地有密切关系:"音者,天之三光也;声者,地之五官也。"(21a/3-4)把音、声与天之三光、地之五官联系起来。同时,刑法与天燥、地湿也有密切关系:"法猛刑颇则神湿,神湿则天不生。"(20a/10-20b/1)若刑法偏颇,会影响神湿,神湿则天湿;天湿不能生水,影响水火相生,则阴阳不和。他在阐明理想君王成鸠氏统治天下时,强调他们掌握天道诚、信、明、因、一五种特点,才能长治一万八千年。

可见,鹖冠子特别重视天道,认为圣王无论是施政还是用兵,都要效法天道,才能长治久安。他的天道观有矛盾,可能因其思想不断发展,对事物前后看法不一;也许他受到荀子天人相分说和道家重天道说的影响,但未能很好消融。

(2)理想政治论

鹖冠子在阐述五正论时,认为最理想的治境是神化,即尸气皇;其下是官治,君主以神明为本来治理天下,以收帝制神化之效。只有到了最低治境——事治,君主才需建立法制,教化百姓。

然而他提出的理想君主——远古时代的成鸠氏,以"天曲日术"来统治民众:建立伍、里、甸、乡、县、郡六层行政组织,以行政手段划一臣民言行居处,又以道德教化使臣民互相熏陶,以收海不波溢之效;要求下属官员定期向上级报告,上级则向下级宣行教诲,否则,各级长官治罪。这种统治措施和尸气皇无须措意天下、不必设置礼乐刑罚教化而天下自治有很大差别,明显与周代晚期尸公伯相同。

成鸠氏统治时代在远古,宜与神化(尸气皇)、官治(尸神明)相近,然而统治方法却与周末尸公伯相同,甚至周密过之,故陆佃批评说:"天地初立,岂容已有兵哉?"(24b/9)可见鹖冠子的理想治境,在不同篇章有迥异的说法,其矛盾可见。

二 《鹖冠子》各篇概述

本节简述《鹖冠子》各篇的思想主干、学派归属、成篇年代等,以便探讨鹖冠子与《鹖冠子》两者的关系。[①]

[①] 有关《鹖冠子》各篇的主要思想与成篇年代,详本书上编各章相关研究。

《博选》篇提出五至论，认为君主对五至者的态度不同，会对国家的未来产生不同的后果。五至论是先秦至汉代儒、道两家重要的思想观念，渊源有自，如《吴子·图国》《黄帝书·称》《国策·燕策》等皆可见。本篇提出刑德并重、君逸臣劳论，其天论也有新的内涵。本篇"端神明者也"（1b/1）的"端"字，是避秦皇政之讳。可见，本篇是写于秦代的黄老学作品，但是主要反映了战国黄老思想。

《著希》篇哀叹儒士处乱世之不得已与悲哀："绝豫而无由通，异类而无以告，苦乎哉！"（3a/6-7）文中"端倚有位"（2b/4）句，把"正"改为"端"，乃避秦皇政之讳，很有可能写成于秦始皇焚书坑儒之后。从本篇对礼义的阐发，可见应属于荀子学派。

《夜行》篇应是战国末期道家之作，受到《黄帝书》等影响，对天、地、日、月、四时、度数、阴阳、五行、五政、五音、五声、五味、赏罚等概念做了简要的定义。道论方面，受到《老子》的影响，认为其中有物、有象、有精。最后提出圣人贵夜行，阴行其德，神施鬼设，不露玄机，如此可治天下于掌中。

《天则》篇强调巩固君权，提出各种方法。有些受孔儒影响，如要求君主重民本，尊重士大夫，重视民智。其天道论与庄子的看法相通，又强调君主无为臣下有为，建立法制，受黄老学影响。主张以势制人，受到慎子影响。反对亲亲，主张贤贤，受墨子影响。本篇强调巩固君权而不主张君主玩弄心术，也没有强调君主卫精养神；主张制驭臣下，但不强调使用刑名，这和黄老、韩非的学说有所区别。本篇是战国末期兼融各家之作。

《环流》篇阐述宇宙生成论，并阐述气与法、万物生成、神明、言、一与道的关系，主张圣人以法治国，知命而不受制于命，相时而作。这是战国末期道家之作。

《道端》篇是战国中晚期的儒家作品，主张君主尊贤（儒士）使能，去小疏佞，修身进德（儒家仁义等），以成王业。它依仁、勇、辩、智、谦、礼、贤、信、圣九德，把儒士分成九种专才，解决不同的政治问题，这在儒学史上颇为特别。同时，要求重视民众，巩固君权。本篇所言的圣人，既为道德最高楷模，又为君主之师，介于孟、荀圣人观之间，故应成篇于孟、荀之间。

《近迭》篇是鹖冠子答庞子之问,他认为圣人不应效法天地四时阴阳,而应重视兵道,平素操练兵马,以确保国泰民安。他分析了大国兵诎辞穷的原因,是君主愚昧骄纵,不究心先王治典,宠信谋臣,内暴外凌,终有生栋覆屋之虞。本篇所论可归为兵权谋家。

《度万》篇包含鹖冠子思想最具特色的部分,阐明天燥生水、地湿生火,即水火相生、形神调和说,进而将此应用于政治,提出理想政治论——五正论。

《王铁》篇阐述鹖冠子的另一种理想政治论。他认为成鸠氏一族能统治天下一万八千年,是因为成鸠氏之"人情物理""啬万物""与天地总",继体守文之君能得"素皇内帝"之法。这些统治方法受管子军政改革、《周礼》、法家思想影响。

《泰鸿》篇托泰一答泰皇有关天、地、人三者关系的问题,提出治国的理念,要求君主以本体泰一为效法的最高典范,修身进德,卫精养神。为政效法自然,立明官,置范仪,以和天下,并且配合五方、五行、四季的变化,以化天下。天子、圣人、神皇皆深得泰一之传。依泰一内涵的演变,以及汉初国家祀典的发展,可见本篇是写于汉武帝建元二年至元鼎四年(前139~前113)的作品。

《泰录》篇阐释神圣的精神境界,把握天之文、地之理,与神明相始终。本篇以精神修养高低来论列权位,认为内圣与外王有密切的关系,提出禅让与传子并存说,与荀子的看法有相同处,应是写成于战国晚期的作品。

《世兵》篇分成前、后两部分,前部分论用兵之道,后部分自"乘流以逝"(43b/9-10)迄篇末,论人生哲理。从曹沫劫持齐桓公故事的演变,可见前部分约在晚周至汉初间写成。后部分与贾谊《鹏鸟赋》在材料、思想观念上有一些共同来源,两篇所表达的思想互有同异,且与汉初四言赋存在共通特点,因此,这部分应写成于汉初。它的写作技巧不如《鹏鸟赋》高明,不能证明其成篇年代更晚,二者是在相同时代面对共同的人生、政治境遇的有感而发。柳宗元指责《世兵》篇抄袭《鹏鸟赋》,是不符合客观事实的。

《备知》篇是晚周受儒家影响的道家作品,讨论贤人在黑暗政治环境中的自处之方:明哲保身,见于未萌,或仕或隐,因时而动。无论仕隐,视之为命，要修身进德，尽之在我。即使仕于朝廷，也要知君之心，尽己之事，如此才能一世无恙。

《兵政》篇反映鹖冠子的用兵思想：重视三才之道；掌握事物的特性、形势，因应自然相克之道，取胜敌方于未萌之时，此为善战之上者；重视民生与军事的密切联系，君主就能养精卫神，使神明与道相保。

《学问》篇反映鹖冠子的学问观、仁义观，他认为做学问有始终，有鹄的，才不会博览无归。学问的要领是九道（道德、阴阳、法令、天官、神征、伎艺、人情、械器、处兵），此既是帝王学，又是处世哲学，上可为君主资用以守文继体，下可为平民所用以养生处世。他最重视君德，次及政制、法令的建立。由此可见，他对儒学的理解虽不深刻，却不排斥，反而主动融儒学于道德政治学说中，作为重要组成部分。

《世贤》篇记赵悼襄王问庞煖如何为政，庞煖学主黄老，以医生治病为喻，说明最理想的君主以神明治国，治于未然。这是庞煖的君主治道论，与鹖冠子在《近迭》篇所说的"未有""将然""已然"有相近处。

《天权》篇是战国末期兼融黄老学说的兵家作品。它提出全面了解客观形势，以免贻误军机；主张用兵要效法天道，运用天、地、人三才的特点，配合五行五音以取胜；并指出效法先王，以德化民，思想境界能达至"絜天地而能游"。

《能天》篇主要说明圣人的精神修养、境界与本体之道、天道相合无间，圣人具有与本体"一"造化万物的力量，不仅是人间的最高典范，而且是宇宙的创造者。

《武灵王》篇记载庞焕解答赵武灵王有关用兵之道的疑问，提出"大上用计谋，其次因人事，其下战克"（60a/5－6），即最重视施用计谋，以收不战而胜、以小胜大之效。庞焕应该不是庞煖，但他们都与赵国有关系。

以上简述各篇主干、学派归属、成篇年代等，为便醒目，列表12－1如下。

表 12-1 《鹖冠子》各篇主干、学派归属与成篇年代一览

篇名	主干	学派归属	成篇年代	备注
博选	1. 五至论 2. 以功、德考核臣下，君主卫精养神 3. 乐生恶死的人性论	黄老学派	秦始皇二十八年至三十七年（前219～前210）	不同于《老子》、韩非的轻贤论
著希	贤人处世之悲苦	荀子学派	秦代	
夜行	1. 定义天、地等概念 2. 道论 3. 圣人贵夜行	黄老学派	战国末期	
天则	1. 巩固君权：施政因循、效法天道、任贤去小，提倡贤贤、反对亲亲；重士人；求留名后世；顺民心、重民智；文（德）武（刑）兼施；重视建立严密法制，重势 2. 理想政治：九皇之治	兼容各家	战国末期	受儒家、道家、墨家、法家的影响，同时，不同于《老子》、韩非之轻民智
环流	1. 宇宙生成说 2. 神明说 3. 命定说 4. 一与道之异同 5. 圣人论：生法成法、因时决命、效法北斗	道家	战国末期	其宇宙生成说与《列子》、《庄子》外杂篇、《老子》、《太一生水》、《管子·水地》、《易传》不同
道端	1. 选贤（儒士）与能，重用仁忠义圣等儒家九德之士 2. 君主依儒义修身进德	儒家	战国中晚期，介乎孟、荀之间	把五行说融合在儒学中
近迭	1. 圣王不效法天地四时阴阳，重视军事训练，建立法制 2. 大国兵诎辞穷，皆因君主骄溢不贤、宠信谋臣、外凌内暴，臣下无滑正之智、不循先王之法	兵家	战国末期	
度万	1. 天燥生水，地湿生火，水火相生，形神调和 2. 五正论	兼融黄老、儒家、法家、阴阳数术	战国末期	

续表

篇名	主干	学派归属	成篇年代	备注
王铁	1. 成鸠氏之治：天曲日术 2. 素皇内帝 3. 趋利避害、趋吉避凶的人性论	受管子改制、《周礼》、法家思想影响	战国末期	
泰鸿	1. 圣王德厚流光，卫精养神，圣神相成 2. 施政因顺百姓本性，效法自然规律 3. 以五行配五音、六律、五方治天下 4. 置范，以和天下	兼融儒家、道家思想	汉武帝建元二年至元鼎四年（前139～前113）	
泰录	1. 神圣因于道德，把握天文地理，神明通泰一 2. 圣王论 3. 禅让与传子并存说	以道家为主，受儒家尤其荀子影响	战国晚期	
世兵	1. 前部分：用兵之道，重视将领道德修养，运用战术 2. 后部分：与贾谊《鹏鸟赋》有共同的思想、材料来源，对人生、时命、天道的看法有同异	兵家、赋家	战国末期至汉初	
备知	1. 积极的处世之道：既知君心，又尽人事 2. 时命观	道家，同时受儒家影响	战国末期	
兵政	用兵尽三才之道，因物性，任形势，因权势；发展经济；道生法，圣人保精养神	兵家	战国末期	
学问	1. 学问之要领为九道，以道德、阴阳、法令为重 2. 礼乐仁义观	道家，同时受儒家影响	战国末期	
世贤	治国之道：太上神治，其次治于未乱，再次治于已形	道家	战国末期	
天权	用兵之道：天地人三才相参，配以五行五音	兵家	战国末期	

续表

篇名	主干	学派归属	成篇年代	备注
能天	1. 圣人观：与道相合，具有与本体"一"造化万物的力量 2. 圣、道之别	道家	战国末期	
武灵王	用兵之道：太上用谋，其次因人事，其下战克	兵家	战国中晚期	

从表 12-1 可见，《鹖冠子》的成篇年代，上自战国中晚期，下迄汉武，前后历逾百年，非一人所能撰。又，依学派来分，《鹖冠子》中包括儒家（写成于战国中晚期的《道端》和写成于秦代的《著希》）、兵家（记载武灵王与庞焕对话的《武灵王》，反映鹖冠子兵家思想的《近迭》《兵政》，写成于战国末期的《天权》及战国末期至汉初的《世兵》）、道家（数量最多，有写成于战国末期的《夜行》《天则》《环流》《度万》《泰录》《备知》《学问》《世贤》《能天》，秦代的《博选》，汉武年间的《泰鸿》）。这些篇章中，完全反映鹖冠子思想的有《度万》《王铁》《学问》，后两篇受儒家影响。因此，《鹖冠子》里的篇章可分成道家（黄老学）、儒家、兵家三派。

三 鹖冠子与《鹖冠子》的关系

（一）《鹖冠子》的成书

自汉代至宋代，《鹖冠子》历经千年才汇编而成今本。在这段时期里，其篇卷日增，《汉志》记道家《鹖冠子》一篇，在兵权谋十三家中删省《鹖冠子》。《隋志》、新旧《唐志》、《开元四库书目》、韩愈《读鹖冠子》皆记三卷（又韩氏记有十六篇）。宋代书目所记，《鹖冠子》的卷数有三卷、四卷之别，篇数有十五、十九之殊。① 晁公武甚至看到有八卷五十一篇，其中前三卷十三篇与当时《墨子》传本相同，后两卷十九篇多引汉代以后之事，都是后人杂乱附益的。他删去这两部分，只存中卷十九篇，当

---

① 详本书绪论。

中有《博选》《学问》《世兵》，"庶得其真"。① 可见当时《鹖冠子》传本颇混杂，且尚未完全定型，也许内容与今本相同，但一些篇章划分与今本不同。今本乃据陆佃校正注解，分成十九篇，文字脱缪、不可考者颇多。十九篇中有些篇章的思想主干不相属，学派不相同，成篇年代不相值，可能因编者去取标准不严，以致有如此情况。易言之，今本十九篇已非汉时之旧，未必全部反映鹖冠子本人的思想，而是有其他写成于不同时代的篇章混杂其间。

（二）《鹖冠子》与鹖冠子的内在关联

1.《鹖冠子》、鹖冠子与黄老学的关系

黄老学派是战国时期一重要学派。陆佃在《鹖冠子解·序》中指出："其道驳驳，著书，初本黄老，而末流迪于刑名。"这里有两层意思：一是《鹖冠子》是由鹖冠子及后学所著，则有鹖冠子学派；二是鹖冠子学本黄老，其后学近于刑名，与申韩之辈合流。可惜他没有指出哪些篇章属于黄老，哪些属于刑名。学者说鹖冠子是黄老学家，颇有洞见。②

关于黄老学的特点，司马谈论云：

> 因阴阳之大顺，采儒墨之善，撮名法之要……无为，又曰无不为……以虚无为本，以因循为用……有法无法，因时为业，有度无度，因物与合……窾言不听，奸乃不生，贤不肖自分，白黑乃形……神者生之本也，形者生之具也。不先定其神，而曰"我有以治天下"，何由哉？③

这里提出六点：一是黄老学取阴阳、儒、墨、名、法诸家之长，海纳百川，故卒于晚周"压倒百家"；④ 二是君主无为，臣民有为，君逸臣劳；三是君主以虚无之道为本，以因循为施政之术；四是建立法度，既要因时，又要因物；五是君主核名责实，以刑名之术督责臣下；六是君主养神

---

① 晁公武撰，孙猛校证：《郡斋读书志校证》，第483~484页。
② 韩愈、晁公武认为《鹖冠子》"杂黄老刑名"，见马其昶编《韩昌黎文集校注》，第38页；晁公武撰，孙猛校证《郡斋读书志校证》，第484页。
③ 《史记》，第3289、3292页。
④ 蒙文通：《古学甄微》，第276页。

保形，调和神形。蒙文通认为彭蒙、田骈、慎到、宋鈃、尹文，以及《管子》的《心术》《白心》等篇是黄老学的代表。① 学者认为黄老学并非简单从老学发展而来，乃集取阴阳、名、法、兵等诸家学说融会而成，其与阴阳天道观、刑名学说、兵阴阳家更有密不可分的关系。② 《鹖冠子》属于黄老学，其思想也应具有这些特征。以下详论。

（1）天道观

裴文睿认为《鹖冠子》与黄老学有共同特征：强调自然主义、自然法则，以人为有机宇宙的重要组成部分，人道依顺天道，天人和谐一致。③《黄帝书》认为道是宇宙本体，宇宙万物的生成经历由无至有的过程。宇宙由混沌而分化出阴阳、天地、四时、万物，阴阳是万物运动背后相对相成的内在动力。此外，重视自然之天，认为道体现在万物之中，落实到社会层面，则表现为社会规律和个人修身进德的标准。强调人的行为须顺应自然，符合天道，遵循天时。④ 具体而论，《鹖冠子》的天道观与黄老学有同有异。

因《鹖冠子》各篇的成篇年代和所属学派有别，故其对天道观有不同论述。首先关于本体道论。《环流》篇是阐述宇宙生成的最重要篇章，它提出，本体一产生阴阳两气，气变化形成象，显现为形，然后产生时间、四时，再生成万物、人类，接着有人类的行为（期会、功过、得失、吉凶、胜败），这一切都源于气（10b/2－3）。先秦道家对宇宙生成论多所论列。如列子从本体道之气化来论宇宙生成，⑤ 把气分成清轻浊重，认为人得两气之和而生，肯定人的价值。郭店简《太一生水》阐述太一与水的关系，就化生来阐述宇宙生成。⑥ 五千言《老子》偏重阐述道的形状、运行及其规律，其宇宙生成说较简略，而且没有说明人是如何产生的，人与

---

① 蒙文通：《略论黄老学》，《道家文化研究》第14辑，北京：生活·读书·新知三联书店，1998，第232~260页。
② 葛志毅、张惟明：《先秦两汉的制度与文化》，第152~174页；李零：《说"黄老"》，《道家文化研究》第5辑，上海：上海古籍出版社，1994，第155~157页。
③ R. P. Peerenboom, "*Heguanzi* and Huang Lao Thought," *Early China*, No. 16, 1991, p. 169.
④ 余明光：《黄帝四经与黄老思想》，第21~28页；白奚：《稷下学研究——中国古代的思想自由与百家争鸣》，北京：生活·读书·新知三联书店，1998，第114~119页。
⑤ 详胡家聪《〈列子·天瑞〉中"天、地、人"一体的常生常化论》，《道家文化研究》第15辑，北京：生活·读书·新知三联书店，第151~155页。
⑥ 庞朴：《"太一生水"说》，《中国哲学》第21辑，第189~197页。

道、气、万物是什么关系。《夜行》篇说本体道不可见,其中有物有象有精,继承《老子》之见。《环流》篇既阐释本体,又详述宇宙生成,并说明圣人效法天道以施政,其说颇有集大成之势。

《鹖冠子》中对天提出不同看法。其一,认为天是神明的根本,是本体。《泰鸿》篇云:"天也者,神明之所根也,醇化四时,陶埏无形,刻镂未萌,离文将然者也。"(33b/5-7)此天不是自然之天,而是创造者,醇化四时,陶埏万物,自然而然,宜为本体。《泰录》篇认为天是"气之所总出也"(41a/1),为阴阳两气之本源,则天是元气、气母,或是本体。天、泰鸿、元气同实异称。

其二,认为天是介乎本体一与万物之间的实体。《天则》篇云:"天之不违,以不离一;天若离一,反还为物。"(5a/5)它能成为日月星之君。同时认为天道贵覆,使万物得以立(13a/10-13b/1)。《泰录》《天权》两篇也有相同的看法。①

其三,《博选》篇对天的看法颇特别,认为天是"物理情者也"(1a/8),包括自然天、万物之理、人情。这一提法继承和总结先秦儒、道两家的天论,并提高天的地位,使天与君主更具权威。

其四,指出天地依一定的规律运行。《天则》篇说天道在变化,"化而后可以见道"(6a/1),这和庄子认为道是天地万物一气之所化的看法基本相同。② 同篇认为,日月星辰有运行轨道:"彼天地之以无极者,以守度量而不可滥。日不逾辰,月宿其列,当名服事,星守弗去,弦望晦朔,终始相巡,逾年累岁,用不缦缦,此天之所柄以临斗者也。"(4b/4-9)太阳、月亮依其轨迹运行而有晦朔、盈亏、弦望。《泰录》篇认为:"天循文以动,地循理以作者也。"(39a/9)说明天遵从文而动,地因循理而作。"文者所以分物也,理者所以纪名也。"(39a/7)天与阴阳两气生成万物,又能分别万物,天随物而别,故无形无迹,没有规律可寻。③

---

① 《泰录》篇说:"天地成于元,万物乘于天地。"(38b/2)元应是本体一,它生天地,万物又因天地而成。天成为本体与万物之间的中介,主要指气。《天权》篇说:"彼天生物而不物者,其原阴阳也。"(56a/7)天以阴阳为本,则天介乎本体与万物之间。有关《泰录》篇、《天权》篇与《鹖冠子》其他篇章的天论,可详本书第十三章。
② 钱穆:《庄老通辨》,第149~160页。
③ 有关《鹖冠子》宇宙论和天道论的讨论,详本书第十三章。

上述天道观虽然互有同异，然与鹖冠子的看法有相通融处。他认为，"天者神也"（20a/8），天地是"形神之正者"（20b/6-7），则天是神明之正，和《泰鸿》篇天是神明之根说同。他认为天不指自然的天，而指"言其然物而无胜者也"（20b/10-21a/1），具有强大的精神力量和不可克胜的特性，因此，陆佃把它当成君道（21a/1），凡君主和其他自然中具有无胜特性者，都可谓之天。此与《天权》篇"所谓天者，非以无验有胜，非以日势之长而万物之所受服者邪"（56a/5-7）意同，言天不可胜，无象可验。另外，日月星三光依其规律运行，鹖冠子因之认为天道具有诚、信、明、因、一五种特性，是君主施政之圭臬，这和《黄帝书·经法·论》与《鹖冠子》的《泰鸿》《夜行》等篇关于日诚出诚入、月信死信生的看法完全相同。

(2) 政治论

A. 君主施政效法天道论

《天则》篇认为圣王效法天之因任无为，"捐物任势者天也"（7b/5-6），[①] 并效法四时运行，"四气为政"（4b/10），推行不同的季令，"循度以断，天之节也"（5b/4-5），"不创不作，与天地合德"（5a/6-7）。符合天节，与天地相参，看似毫无造作，实则与四时更替、万物生灭一样自然，百姓欣然而不觉有统治者存在。此与庄子、《老子》的看法相近。庄子主张君主应"游心于淡，合气于漠，顺物自然，而无容私焉"，[②] 天下方得大治。《老子》主张圣人应处无为之事，行不言之教，功成而弗居（第2章）；无为而民自化，好静而民自正，无事而民自富，无欲而民自朴（第57章）。《环流》篇说圣王"究道之情，唯道之法，公政以明"（11a/1-2），能够体会道的真实，思索天道运行的法则，并以天道为施政的纲领，使政治公正光明。

《环流》篇又认为，圣王施政应效法北斗，盖北斗是众星之首，随其斗柄指向，会出现与其相应的季节（11a/2-3）。圣王以此为施政之圭臬，则"斗柄运于上，事立于下"（11a/3）。同时，本篇把四方与四季联系起

---

① 张金城《鹖冠子笺疏》云："捐物者，不为物累也。"（《国文研究所集刊》第19期，1975，第20页）任势，顺应自然大势。故捐物任势则无为。

② 王先谦：《庄子集解》，第71页。

来，说明要在不同季节推行相关政令，否则会有祸患。《道端》篇也把儒家四德与四方、四季结合在一起，左—仁—春，前—忠—夏，右—义—秋，后—圣—冬（14a/1-3），如此，能解决经济、外交、内政、国防以及君主道德修养等问题，"乡曲慕义，化坐自端，此其道之所致，德之所成也"（14b/1-3），可一统王业。《泰鸿》篇把五方、四季、五行、五音相配，左—东方—春—木—徵，前—南方—夏—火—羽，右—西方—秋—金—商，后—北方—冬—水—角，中央—土—宫（35b/9-36a/9），作为本体的泰一居于中央，受到百神仰敬；命令天子以此相配的方式治理百姓，调和两气、五味、五声，而和天下。《天权》篇论用兵之道，也把五方和五行、四兽配合起来，运用五行生克原理，施诸实际战斗："制以五行：左木，右金，前火，后水，中土……取法于天，四时求象：春用苍龙，夏用赤鸟，秋用白虎，冬用玄武。天地已得，何物不可宰？"（54b/2-8）把术数融于作战思想中，将帅效法天道五行四象，必能百战百胜。

鹖冠子强调君主效法天道。《度万》篇说官治者"师阴阳，应将然"（24a/6-7），教治者"事功顺道"（24a/9）。如果君主施政不依循天道阴阳，"夌陵①知无道，上乱天文，下灭地理，中绝人和"（21a/7-8），就会破坏与天地相通的人之文、人之理，加上专己无道，导致"天地人三者皆乱矣"。② 可见，君主的行为攸关天人关系，若专己无道，会导致政局混乱。鹖冠子认为用兵之道也应取道三才："天之，地之，人之，赏以劝战，罚以必众。"（47b/7-8）参与天地之变化，掌握天地自然变化规律，如此才能长胜。

B. 君逸臣劳论

君逸臣劳论的内容包括：君主选贤与能，辅治天下；君主厘定法制，使上下有法可循；君主刑德兼用；君主保精养神。前三者都是为了君主保精养神，从而使君逸臣劳。这是黄老政治论的重点，学者论此详矣，③ 惜未分鹖冠子与《鹖冠子》之别。

---

① 《子汇》本无"夌陵"字，陆佃注："一本字或作夌陵"（21a/6），据补。
② 傅增湘：《跋唐人〈鹖冠子〉上卷卷子》，《国立北平图书馆月刊》第 3 卷第 6 号，1929，第 724 页。
③ 〔比利时〕戴卡琳：《解读〈鹖冠子〉》，第 111~143 页。

(a) 君主举贤用能论

《天则》篇主张贤贤，反对亲亲，要求圣王用才唯能、唯功，而不重姻亲关系，这是对周王朝统治措施的批判接受，也受到墨子尚贤论的影响。[①]《道端》篇把儒家仁、辩、智、忠、义、信、贞、礼、圣九德之士分开，让他们分掌各种政务，以收存亡继绝、尊君卑臣、四境不侵、近亲远附等效（15a/9－15b/5）。《博选》篇提出五至论，要求君主以不同的方式任用五至者（伯己、什己、若己、廝役、徒隸）（1a/6－7），前三者匡助国家发展，可使君主一统天下，为帝为王；后两者则使国家灭亡："帝者与师处，王者与友处，亡主与徒处。"（1b/10－2a/1）《泰鸿》篇认为圣王居中，四方之臣佐治天下，"左右前后，静侍中央"（35b/4－5），各司其责，可提高行政效率。

鹖冠子也主张明君用贤唯能，《近迭》篇说："择人而用之者王，用人而择之者亡。"（18a/1－2）明君要择人而用，适能而任，切勿凭裙带关系而用人，且要设不同标准来论功行赏。希望君主用贤重能是黄老学的政治主张，和《老子》非贤论不同。鹖冠子的学生庞煖也主张"不用亲戚而必使能""不任所爱，必使旧医"（51a/1－2），不用人唯亲，不用三亲六眷，而用贤任能，用其所长。

(b) 君主厘定法制论

《环流》篇认为本体一生法，圣人效法一，也应制法："生法者我也，成法者彼也……生、成在己，谓之圣人。"（10b/9－10）阴阳两气只能生法而不能成法，圣人是最理想的人格，能生法、成法，所制定的法公正严明。《天则》篇主张君主建立法制，分清各种官职权者，官吏既有法可循，君主也以此任贤能、黜不肖，而不以"宵宵"之心术来赏罚臣下，使臣下难以捉摸君主的心态（7b/8－8a/3）。这和强调君主要善用权术的韩非不同。[②]《泰鸿》篇认为圣人基于人性趋利求吉求安的共性建立法度，利泽百姓，百姓归心；裁制万物，施之法度，则可垂宪："先定其利，待物自至；

[①] 详本书第三章。
[②] 韩非强调君主驭制臣下，以巩固政权。君主驭臣术可分两方面：一是"因任而授官，循名而责实"（《定法》）；一是各种阴谋权术、止奸术，如采取特务政策，到处监视（《奸劫弑臣》），再如《内储说上》提及的七术（众端参观、必罚明威、信赏尽能、一听责下、疑诏诡使、挟知而问、倒言反事）。

素次以法，物至辄合。"（35b/1）使万物来归，自己既参天地之化育，又修成高深之德。鹖冠子强调立法的重要性，认为明君除了学习先王古法外，也要厘定合时之法，作为治国的依据，这样，才能"为天下主"（19a/6），这是"滑正之智"（19a/4）。同时，推行法治颇有成效："人以成则，上以为绳，列时第气，以授当名，故法错而阴阳调。"（22b/2-3）法是士、民行事处世的准绳，顺时而行，随气以应，如此，法散无方而能调和阴阳。可见，鹖冠子与《鹖冠子》从形上与形下两方面强调立法和循法而治的重要性。

（c）君主兼重刑德论

黄老政治学的一大特征，是主张刑德并重，先德后刑。《夜行》篇提出："日，德也；月，刑也。"（3b/7）① 日属于阳类，和惠民仁政、以德化民等政策相联系；月属于阴类，和刑罚法律等相联。鹖冠子分析成鸠氏深得天道，就认为"天者诚，其日德也……天者信，其月刑也"（25a/4-6），要求君主以日月之诚信为施政之圭臬。《泰鸿》篇也同样指出"日信出信入""月信死信生"（34a/9-10），以日为度稽、月为数稽，说明圣王要结合月历施政。这和《黄帝书·经法·论》"日信出信入"、刑德并重之说相同。② 《博选》篇建议君主对臣下"计功而偿，权德而言"（2a/8），以功、德来论赏罚陟黜，这和商君、韩非过分重视严刑酷法以禁奸之说不同，③ 和荀子主张君主以礼义提擢贤能的看法也殊异。④《天则》篇主张君主兼重法令、赏罚与德化（7a/8-7b/2）。鹖冠子主张君主德刑并重，他

---

① 此句《子汇》本先月后日，但是敦煌本注先德后刑，较合原义。依敦煌本改。
② 《黄帝书·论》云："天明三以定二，则壹晦壹明"，"刑晦而德明，刑阴而德阳，刑微而德彰"（余明光：《黄帝四经与黄老思想》，第263、300页）。三指日、月、星，二指阴、阳。天使日、月、星三光发亮，使阴、阳两气变化，并把德、刑和阴、阳相配起来，凡德、明、阳、日为一类，多指信庆赏，刑、晦、阴、月为一类，多指严刑严罚，它们各具有内在的关联。因此，黄老学派就以日德相配、月刑相合的关系来解释德、刑相辅相成、缺一不可。如《黄帝书·十六经·姓争》云："凡谌之极，在刑与德。刑德皇皇，日月相望，以明其当。"邹治的措施是德刑兼施，如此收效才大。同篇又云："天德皇皇，非刑不行；缪缪（穆穆）天刑，非德必倾。刑德相养，逆顺若成。"只靠德治，不足以治理好国家；一味推行刑治，也必使国家迅速崩溃。只有刑德兼施，互相配合，才能把事情处理得更妥当。可见，《黄帝书》对日月、德刑的关系有进一步阐述，并将这一关系更明确地推论到治国措施上，强调刑德并用的重要性。
③ 郭沫若：《十批判书》，第339、396~398页。
④ 有关荀子尚贤论，详韦政通《荀子与古代哲学》，第103~108页。

认为理想君主成鸠氏统治臣民,既要百姓互相监视告发,又让年龄、辈分不同者相互熏陶(26b/8-10),"莫敢道一旦之善,皆以终身为期"(29a/5),如此"化立而世无邪,化立俗成"(29a/6)。另外,若长官不依时循教下民,不举贤扬善,则或诛或灭门。可见,鹖冠子重视刑德并用。

(d) 君主保形养神论

黄老学认为君主选贤与治、建立法制、兼用刑德,其目的在于保精养神,逸君劳臣;儒家则强调君主必用心政事。《博选》篇主张君主选贤,目的是使君主"端神明者也"(1b/1),陆佃注:"因人则逸,任己则劳"(1b/2),"无为而尊"(1b/1)。《泰鸿》篇认为圣人为政,必建度备用,使臣民有度可循,否则,神劳形瘁,立盹行眠,"精神相薄,乃伤百族"(35a/8-9)。《天权》篇认为君主最高的精神修养是"挈天地而能游"(52a/7),这和《泰录》篇所说的"后天地生,然知天地之始;先天地亡,然知天地之终"(39b/1-2)相同,君主能独立于宇宙之中,而不为万物所左右。

鹖冠子也认为明君应调和形神,"形神调则生理修"(21a/4),有助养生,又可修身进德,"夫生生而倍其本则德专己"(21a/4-5)。但若过分重视养生(形),而不提高己德,反被外物困扰,就有违卫生之经(陆佃注,21a/5-6)。君主养精卫神,使神明与道相保:"道乎道乎,与神明相保。"(48b/6-7)

(e) 军事思想

黄老学主张政治与军事有密不可分的关系。鹖冠子重视军事理论,多次提及用兵之法。《世兵》篇也认为君主当有知人之明,将帅平素应多修身进德,能忍辱负重、善握时机。《天权》篇主张将帅效法天道,制以五行,求象四时,如此就能战无不胜。

2. 鹖冠子之后学

由上可见,鹖冠子与《鹖冠子》中大部分篇章的思想有相通之处,都属于黄老学,这也许是宋人将今本十九篇汇集在一起的一个重要原因。然而《鹖冠子》当中还有些篇章不属于黄老学,如《武灵王》《著希》《道端》等。鄙意重要的是要把握鹖冠子的思想作为黄老学的一个支派最有特色的部分,再和其他篇章比较,如果发现其中有与鹖冠子见解相同之处,则其可视为鹖冠子后学之作。鹖冠子思想中最有特色的是水火相生、天神地形、形神调和，五正论，成鸠氏治国论，以及天人同文、地人同理。《博选》《夜行》《天则》《环流》《世兵》《备知》诸篇不见此说；《著希》《道端》是儒家作品；《天权》是兵家言；《武灵王》是武灵王与庞焕的对话，与鹖冠子无涉。排除上述诸篇后，《泰鸿》《泰录》《能天》三篇和鹖冠子的思想比较接近；《世贤》是鹖冠子的学生庞煖的政论，受到鹖冠子的影响。

《泰鸿》篇认为天是"神明之所根"（33b/5-6），和鹖冠子认为天是神之正（20b/6-7）的看法相同。此篇又说九皇（圣王代表）得泰一之传，其治与天地相合："散以八风，揆以六合，事以四时，写以八极，照以三光，牧以刑德，调以五音，正以六律，分以度数，表以五色，改以二气，致以南北，齐以晦望，受以明历。"（34a/1-5）圣王之道德修养上与天等，其人格感召力量充实于广袤无涯的天地之间，兼用刑德，调五音、正六律、分度数、改两气。鹖冠子在《王铁》篇也这样论述成鸠氏之治："天用四时，地用五行，天子执一以居中央，调以五音，正以六律，纪以度数，宰以刑德，从本至末，第以甲乙，天始于元，地始于朔，四时始于历。"（27b/8-29a/2）把这两段文字对比，可见其意涵基本相同。

另外，《泰鸿》篇指出日月有信，是度、数之稽："日信出信入，南北有极，度之稽也。月信死信生，进退有常，数之稽也。"（34a/9-10）《王铁》篇也有如此说法："天者诚，其日德也，日诚出诚入，南北有极，故莫弗以为法则。天者信，其月刑也，月信死信生，终则有始，故莫弗以为政。"（25a/4-7）两者皆说明圣王治政以日月运行之常为稽。

《泰鸿》篇不反对仁义；而《王铁》篇认为上司教诲下属以仁义，百姓以善敬相励。《泰鸿》篇说圣王设范，圣知神方，以仁义和容天下，万物风从（37a/6-9）；《王铁》篇认为成鸠氏子孙善于继文守体，万年一范，使近亲其善，远慕其德，畴合四海（31a/2-7）。两篇一些重要观念十分契合，《泰鸿》篇是写于汉武帝时期的作品，为汉代国家祭祀最高神泰一做理论基础。可见，其作者深受鹖冠子的影响，可算是鹖冠子的后学。

鹖冠子在《度万》篇里阐述"圣与神谋，道与人成"（20a/7），《泰录》《能天》两篇发挥《度万》篇的看法，尤其是有关尸气皇的言论。《泰录》篇对圣人的看法和《泰鸿》篇一样，认为能够得到本体泰一之传，就是圣人，这无疑把圣人提高到与生天地者相同的地位。鹖冠子认为尸气皇能定天地、豫四时、拔阴阳、移寒暑（24a/4－5）。《泰录》篇说神圣掌握天地之道，知道天地运行规律，故"先天地而尊者也"，其地位比天地还尊贵。他虽后天地而生，但知天地之始；虽先天地而亡，但知天地之终（39a/10－39b/2），故能"改动之"（39b/3）。圣人能"阃阓四时，引移阴阳，怨没澄物"（40a/6），这和尸气皇相同。如此，圣人是精神之原，而精神、神明是由积微全粹之物组成，圣人的修养达此境界，就能"入论泰鸿之内，出观神明之外，定制泰一之衷"（37b/7）、"阃阓四时，引移阴阳，怨没澄物，天下以为自然"（40a/6）。可见，《泰录》篇对尸气皇有进一步的发挥，并将其运用到政治上。

《能天》篇阐述圣与道之别，认为道是客观存在，它能开物成务，通于万物。圣人遵循道，参与天地万物的化育，最终把握道。如此，后天地而生，知天地之始；先天地而死，知天地之终。圣人能发挥作为本体道的作用：首先，他能范围天地，曲制、序列万物；其次，他能"建阴阳天地之情"，使阴阳调和，其地位已非限于人间政治、道德、文化造诣最高者；再次，天地万物必待圣人指正，举善指过，使他成为天地万物的仲裁者；最后，神明、鬼神具有造化之功，其地位略低于天、道、一。然而圣人参与天地化育，虽然其明不如神明，其潜不及鬼神，但是他入能为神明之主，出能为鬼神之灵，则天地、神明化育万物，必待圣人的参与，始克成功（58a/4－58b/8）。可见，圣人具有与本体一造化万物相同的力量，他不仅是人间最高的典范，而且是宇宙的造化者、仲裁者。

由上可见，《泰录》《能天》两篇在圣人观上发挥鹖冠子的看法，《泰鸿》篇中有些观念与鹖冠子相同。这几篇与鹖冠子的关系比较密切，受鹖冠子的影响较深，可视为鹖冠子后学之作。

（三）小结

要言之，《鹖冠子》十九篇并非只是鹖冠子及其后学思想的汇编，而是兼道、儒、兵诸家，并以道家（黄老学）为主。这和先秦子书常见的某子及其后学言论汇编的体例略有不同。[①] 传统学者认为《鹖冠子》大体本

[①] 有关先秦子书体例，详余嘉锡《古书通例》。

黄老道德，杂以刑名，[1] 唯没有深入分析其各篇要旨，实则《鹖冠子》大部分篇章属于黄老学，但是没有流入刑名申韩之流，反而与之多所不同。鹖冠子的思想在黄老学派中独树一帜，既有黄老学的共同特征，又有一己之见。

四 鹖冠子的思想源流

上论阐述了鹖冠子思想中具有特色的学说——水火相生、天神地形、五正论、成鸠氏理想政治、素皇内帝、建制任贤、保境息民。以下论其理论源流，由此见其在思想史上的地位。

（一）水火相生论

《管子·白心》篇说："民之所急，莫急于水火。"[2] 水火在古人的生活中发挥着相当重要的作用，虽然两者的性质相反，但是都有利于民生百用。《易·革·象传》认为"水火相息"，前人多解息为灭，盖水火性质相反，不能相生，而能相灭。然而虞翻、李道平等解息为长，以乾坤相为消息来说。[3] 此不从矛盾面看问题，而从统一面来阐释，实为卓见。《说卦》篇云："故水火相逮，雷风不相悖。"又说："水火不相射。"历来学者或解"射"为厌，其意是水火相通；[4] 或解为入，意水火不相入而相资，阴阳两气相通，[5] 此已赋水火予阴阳之义。两者解释虽异，然谓水火相通则同。邢文认为此水火非卦义，乃是超出其本身自然物质特性的卦象之义。帛书《易》也以水火说吉凶。[6] 可见，水火由民生百用必不可缺的形下物质，被用于人事吉凶，进而提高到形上阴阳的层次。鹖冠子赋水火予近乎本体之义："水火不生则阴阳无以成气。"（20b/1-2）说阴阳是"气之正者"（20b/6）。依鹖冠子之见，水不生，则天不燥；火不生，则地不湿。天燥生水，地湿生火，只有天地各得其性之正，水由天生而下，火由地生而

---

[1] 韩愈、陆佃、晁公武与《四库总目》馆臣等都认为鹖冠子学主黄老，杂以刑名。
[2] 戴望：《管子校正》，第224页。
[3] 李道平：《周易集解纂疏》，北京：中华书局，1994，第436页。
[4] 李道平：《周易集解纂疏》，第692页。
[5] 王弼注，孔颖达疏《周易正义》，第327页。
[6] 邢文：《帛书周易研究》，第131、141页。

上，这样，水火相交，阴阳相合。《子华子·大道》云："气谐于水火。"① 也概括地说明了这一点。

这样，水火与阴阳成了一对相通的形上概念。鹖冠子说湿（阴）在天，燥（阳）在地，《庄子·田子方》也有相同的提法："至阴肃肃，至阳赫赫；肃肃出乎天，赫赫发乎地；两者交通成和而物生焉。"② 肃肃之阴气出自天，天属于阴；赫赫之阳气出自地，地属于阳。可见，鹖冠子和《庄子》对天阴地阳的看法相同，这种看法可以说是道家中某一学派的共识。《淮南子·天文训》继承这种看法："天不发其阴，则万物不生；地不发其阳，则万物不成。"③ 明白说阴在天上，阳在地下，两者交合才能产生万物。这种天阴地阳的看法成为道家的一个传统，和天阳地阴的看法截然不同。

水、火和阴、阳这两对对立的概念，到秦汉时期又有了新的发展。首先，它被运用在政治上，《吕氏春秋·处方》说："金木异任，水火殊事，阴阳不同，其为民利一也。"进而将其应用在政治上："故异所以安同也，同所以危异也。同异之分，贵贱之别，长少之义，此先王之所慎，而治乱之纪也。"④ 指出君主必分同异，别贵贱，义长少，才能治理好国家。

其次，《淮南子·天文训》把阴阳水火相生相消息说应用在解释季节、节气上："日冬至则火从之，日夏至则水从之，故五月火正而水漏，十一月水正而火升。"⑤ 盖阳气为火，阴气为水，冬至则一阳初生，火从之；夏至而一阴生，水从之。故五月火方用事，而水气已渗漏；十一月水方用事，而火气已上升。如此，阴阳与水火之义几同。且这种说法有阴极阳萌、阳极阴生之义，继承《易传》阴阳互为根之说，又在一定程度上为宋明理学奠定了理论基础。

最后，《淮南子·览冥训》视火水为日月之类："引类于太极之上，而水火可立致者，阴阳同气相动也。"⑥ 意取类于天上，即以取火于日，取露

---

① 《子华子》，上海：上海古籍出版社，1990，第34页。
② 王先谦：《庄子集解》，第179页。
③ 刘文典：《淮南鸿烈集解》，第107页。
④ 陈奇猷：《吕氏春秋校释》，第1669页。
⑤ 此段文字依俞樾说校正，详刘文典《淮南鸿烈集解》，第97页。
⑥ 刘文典：《淮南鸿烈集解》，第197页。

于月，日月阴阳同为一气，互相激动交合，如此能产生万物。

可见，鹖冠子提出水火相生说，与古人日常生活有密切的关系。后来，水火渐渐被赋予形上义，鹖冠子甚而赋之以近乎本体之义。到了秦汉时期，水火相生说被应用于政治、时令等方面，与阴阳两气也有了相若的含义。

（二）天神地形、天为神本说

鹖冠子认为天乃神明之正、之本，地为形之本，这种看法也渊源有自。《黄帝书·经法·论》云"不天天则失其神"，"天天则得其神"，① 意谓君主不效法天道则丧失神明，若效法天道则能得其神。这样说来，天是神之本。

《庄子》外杂篇对此也有论述，神多指心知。② 《在宥》云："神而不可不为者，天也。"③ 神指人的心知，而心知运作，要符合天。《天道》云："莫神于天。"④ 则天最为神明，故天为神之正、之本。又说："夫天地至神，而有尊卑先后之序，而况人道乎！"⑤ 天地为神明之最，则天地为神之正。同时，天地仍然有尊卑之序，如天尊地卑，先春夏、后秋冬。《天地》又说："外天地，遗万物，而神未尝有所困也。"⑥ 所谓神指至人之心，能不为天地万物所系累，而游于天地万物之外。又云："执道者德全，德全者形全，形全者神全，神全者圣人之道也。"⑦ 顺应大道者可以保持其天生之德性；保全德性，就能保全形体；保全形体，就能保全心知之神。如此，掌握大道可保全神知。神知之本原在于大道。这种看法继承《黄帝书·名理》"道者，神明之原也"。⑧

《知北游》云："今彼神明至精，与彼百化。"⑨ 彼指至人，至人观于天地，其神明能与万物俱化，此神明已非一般的精神境界，而是一种由修养而来的物质。这种说法已和《天地》《天道》所说的神明不同。

---

① 余明光：《黄帝四经与黄老思想》，第262页。
② 钱穆：《庄老通辨》，第213~229页。
③ 王先谦：《庄子集解》，第98页。
④ 王先谦：《庄子集解》，第115页。
⑤ 王先谦：《庄子集解》，第116页。
⑥ 王先谦：《庄子集解》，第120页。
⑦ 王先谦：《庄子集解》，第107页。
⑧ 余明光：《黄帝四经与黄老思想》，第275页。
⑨ 王先谦：《庄子集解》，第186页。

《天下》云："不离于精，谓之神人。"① 意由于天地之精气而有人心的神明，人心的神明是人心至灵至明者，来自天地灵气。本篇评庄子之学"芴漠无形，变化无常，死与生与，天地并与，神明往矣"，② 即庄子能齐生死，一天地，并神明。钱穆认为，《天下》把神明当成外在之物，分配天地，神属于天，明属于地。③ 反观鹖冠子，认为神属于天，形属于地，无疑和《庄子》外杂篇的看法相通。他偏重言形属于地，以求解说形神调和。

《管子·心术上》云："去欲则宣，宣则静矣，静则精，精则独立矣，独则明，明则神矣，神者至贵也。"④ 由精而见独，见独而生明，由明而达神，此义与庄子相同。这里的精有两解：一为精气，一为精心。精气属于天，神明属于人。如此看法，与鹖冠子所说的神属于天是不同的。

《淮南子·原道训》解释形、神之间的关系："形者，生之舍也；气者，生之充也；神者，生之制也。"形为肉体，神为精神，一属于形下之物，一属于形上之精。《淮南子》强调养神为上，所以说："以神为主者，形从而利；以形为制者，神从而害。"因此，"圣人将养其神，和弱其气，平夷其形，而与道沉浮俯仰"。⑤《精神训》说："精神者，所受于天也；而形体者，所禀于地也。"⑥ 以精神受于天，形体受于地，分天地两端来说明精神与形体之别，这是汉代道家与先秦道家的歧异。⑦

可见，鹖冠子提出的神属于天、形属于地的看法，颇有渊源。自《黄帝书》以来就重视神形调和，战国晚期庄子后学和汉代《淮南子》学派都继承了这一看法。道家希望无论是君主还是道家人士，都要修身养性，养神保精，调和形神。

（三）五正论

鹖冠子五正论发挥了《黄帝书·十六经·五正》"欲布施五正""五

---

① 王先谦：《庄子集解》，第 287 页。
② 王先谦：《庄子集解》，第 295 页。
③ 钱穆：《庄老通辨》，第 228 页。
④ 戴望：《管子校正》，第 220 页。
⑤ 刘文典：《淮南鸿烈集解》，第 39、41、42 页。
⑥ 刘文典：《淮南鸿烈集解》，第 219 页。
⑦ 钱穆：《庄老通辨》，第 237 页。

正既布，以司五明"，认为君主先修身，然后能战胜敌人。五正论又见诸长沙子弹库楚帛《天象》篇，该篇提出只有恢复三恒、四兴，才能多见祥瑞，万民怿悦。鹖冠子对两者都有吸纳、阐发。①

鹖冠子所言的五正，是阐释理想统治的五种境界，而《黄帝书·五正》篇偏重说明君主先正己身，而后向外推及他人万事；《天象》篇主要讲历日有失而致灾异，属于战国中晚期阴阳数术一派。② 又《管子·四时》篇说春季颁发五政，所谓的"五政"，一是论幼孤，舍免罪人；二是赋爵列，授禄位；三是冻解修沟；四是夷平险阻；五是不要杀戮。③ 其内涵与鹖冠子所说的有很大差别。

（四）素皇内帝说

鹖冠子提出"素皇内帝之法"（31a/8-9），是道德修养、治理天下境界最高的帝王通天人以治天下的方法。此法与《庄子·天道》篇所说相通。《天道》篇认为"虚静恬淡，寂漠无为"，"以此处上，帝王天子之德也；以此处下，玄圣素王之道也"，最早提出"素王"的观念，并把"帝王天子"与"玄圣素王"相提并论。帝、王都虚静无为，就能洞彻、把握天地万物的本质，以此道来统治百姓，则有帝王之德；以此道自处，则为玄圣素王。虚静无为既是治术，又是崇高的道德修养，它是"大本大宗"，④ 秉此可以内圣外王。《天道》篇只说帝，鹖冠子说是皇，皇之地位在战国末期较帝为高，宜是鹖冠子对《天道》篇的发展。

（五）其他

鹖冠子认为："贤生圣，圣生道，道生法。"（48b/8）这种看法继承《黄帝书·经法·道法》"道生法"之说。有关《黄帝书》对鹖冠子的影响，李学勤、孙福喜、裴文睿皆有论述，此不赘。⑤

又，鹖冠子在《王鈇》篇中设计理想君主成鸠氏之治，官员既依时上

---

① 李学勤：《〈鹖冠子〉与两种帛书》，《道家文化研究》第1辑，第342~343页。
② 李学勤：《失落的文明》，上海：上海文艺出版社，1997，第245~247页。
③ 戴望：《管子校正》，第239页。
④ 王先谦：《庄子集解》，第114页。
⑤ 李学勤：《〈鹖冠子〉与两种帛书》，《道家文化研究》第1辑，第338~343页；孙福喜：《〈鹖冠子〉研究》，第195~232页；R. P. Peerenboom, "Heguanzi and Huang Lao Thought," *Early China*, No. 16, 1991, pp. 169-186。

报百姓生活情况、选贤举能，又依时循行教化；上司既依时下达命令，又克成厥职。若上下官员不尽其职，则各处以相应的惩罚。这种思想受到法家强调严刑峻法的影响。

李学勤认为楚地黄老学在晚周时与阴阳术数密切结合，鹖冠子学本黄老，其著作以阴阳、天官等与道德相提并论，同《淮南子》一样，在此方面是南方道家的代表。① 先秦诸子重视术数，如《黄帝书·称》云："毋失天极，究数而止。"② 要求既遵守客观规律，又不能逾越某一限度。帛书《易·系辞》也重视术数，云："参五以变，[错综其数，通]其变，述[成天下之文，极其数，遂定天下之象，非天下]之至变，谁能与于此。"③《庄子·天下》篇也谈到术数："以参为验，以稽为决，其数一二三四是也。"意思是君主治国，以法名参稽为术，"其明而在数度者，旧法世传之史尚多有之"，先王制定法令，载于刑辟图籍，有义有数，而世官守数，逐渐不知其义，虽然如此，此学说尚有传人。④ 鹖冠子也重视术数，如他在《度万》篇里说："天地阴阳取稽于身，故布五正，以司五明……五音六律，稽从身出。五五二十五，以理天下。六六三十六，以为岁式。"（22b/7 - 23a/1）这有明显的天人相通之见，以天地阴阳、五音六律皆取稽于身。敦煌本注认为人身与天地相通，五是奇数，是天地的阳数；六是偶数，是天地的阴数。偶数治四时岁式，故以六、三十六等为岁式；奇数则统治天下。⑤

（六）小结

由上可见，鹖冠子思想中具有特色的部分，如水火相生、天神地形与神形调和、五正达治、素皇内帝、阴阳术数等，皆有源流，其上可远溯到《黄帝书》，其下至少及于汉代《淮南子》。这些思想观念在发展过程中有所变化，然大体一脉相承。鹖冠子的思想属于黄老学，更确切地说，是黄老学中的一支派，他的思想观念在黄老学发展过程中起着承先启后的作用。

---

① 李学勤：《李学勤集——追溯·考据·古文明》，第 348~349 页。
② 余明光：《黄帝四经与黄老思想》，第 326 页。
③ 陈松长：《帛书〈系辞〉释文》，《道家文化研究》第 3 辑，第 419 页。
④ 顾实：《庄子天下篇讲疏》，台北：台湾商务印书馆，1980，第 10~12、16 页。
⑤ 傅增湘：《跋唐人〈鹖冠子〉上卷卷子》，《国立北平图书馆月刊》第 3 卷第 6 号，1929，第 724 页。

结 论

鹖冠子生活在战国末期，主要是在赵武灵王、惠文王、孝成王时期。从《鹖冠子》的记载来看，他与楚、赵、秦、齐四国的思想文化都有密切关系，很难断论其定居赵国。他有弟子庞子，应是庞煖，不是庞焕。

鹖冠子的思想属于黄老学，兼融儒、道、法、阴阳、兵诸家。其思想中最有特色的是水火相生说，天神地形说，天为神之正、之本说，五正论，素皇内帝说，成鸠氏治国说。他的思想虽有体系，然而并非完美无瑕，首尾条贯，比如，他的天道观、理想政治论都有自相矛盾之处。

鹖冠子思想中具有特色的部分，上可溯及《黄帝书》，下至少可论及《淮南子》，其思想观念与庄子、《老子》有别，在道家中是别具一格的。在先秦秦汉道家发展史上，鹖冠子的思想具有继往开来之功，其地位因之可见。《泰鸿》《泰录》《能天》三篇应是鹖冠子的后学作品。

第十三章 《鹖冠子》的形上学与其在先秦汉初道家的地位

先秦道家有不同的流派，都重视道论，[①] 即重视形上学。形上学主要研究四方面知识：尝试描述作为一个整体的存在或实在；对超经验、超感觉的世界的探索；对根本的或最终的事物种类的罗列；将不容置疑的第一原则作为其他一切知识基础的尝试。它包含本体论。本体是经验的外在来源，其本身不可知，只能从现象经验中推演出来。虽然思辩理性无法达到，但是道德行为者可依行动能力而领悟。研究形上学，就要探索人生社会以外的大自然和宇宙，既要了解其运行规律，又视其为人生社会的最后根源。东西方哲学家对于本体是否存在、如何认识、其认识是否真实，以及如何看待宇宙及其形成等，见仁见智。[②] 如康德（Immanuel Kant）不否

[①] 陈鼓应：《〈系辞传〉的道论及太极、大恒说》，《道家文化研究》第3辑，第64~65页。
[②] 有关形上学和本体论的内涵，详安东尼·弗卢（Antony Flew）主编《新哲学词典》，黄颂杰等译，上海：上海译文出版社，1992，第326~327、359~360页。中国传统形上学和西方哲学有同有异。形上学应以探索本体论为主，包括本体的性质、形状、运动规律等。本体和宇宙生成有密切的关系，本体产生宇宙，因此，宇宙生成论、宇宙运动论、宇宙构成论也是形上学的重要部分，阴阳、五行、理气等观念亦属于讨论的范畴。张岱年把本体论和宇宙生成论归为宇宙论，称前者为本根论，后者为大化论。另外，中国古人对于本体有不同的看法和称谓，如道、天、一等，加上古人特别重视天人关系，视之为人生最高理想，因此，宇宙与人融为一片，不分彼此。古代哲人的宇宙论不分内外物我，天人为其根本见地（张岱年：《张岱年全集》第2册，石家庄：河北人民出版社，1996，第4、7页）。是以，天道论、天人关系论也是形上学的内容。战国以前，古人常常言及"帝""天""天命"等，这些是形上学思想萌芽时期的重要观念，它们都带有一种"神性"，作为具有意志性的最高主宰者出现。到了西周，这些观念的神圣性和威严性开始逐渐受到怀疑和削弱，与此同时，"人"和"万物"开始从神意中慢慢得到解放，"道""天道"等观念也在形成（郭沫若：《青铜时代》，香港：香港今代图书公司，1958，第1~63页）。战国时期，百家争鸣，道家对于本体道的认识有了哲学性的突破，庄子、《老子》在这方面的理论贡献较大（《张岱年全集》第2册，第39~58页）。有关两书的宇宙论，详本章下文。

认有自在物，而否认人能认识其本来面目。道家则认为人能认识本体，可以通过内心的感悟和外在的观察，认识宇宙的形成与发展。宇宙和大自然的发展与人类社会有着密不可分的关系，两者相辅相成。大自然的运行不仅影响人类社会生活，而且成为人类生活的依据，甚至有些规律内化于人类本身，是人类提升精神境界的内在根源。另外，西方哲学的本体论多与上帝有关，而道家则否认有上帝存在，不承认人格神为宇宙的主宰，认为万物由道、气所生化。学者认为，道家本体论与宇宙生成论没有截然分明的界限，主张本体与现象统一，且重视变化、直觉和体认。[①]《鹖冠子》学属黄老，也重视形上学。本章先讨论《鹖冠子》的形上学及其理论渊源，继而就此渊源阐释先秦道家各派的形上学说，再进一步探讨太一（泰一）观念的发展、天论及三才观，由此一窥《鹖冠子》在先秦汉初道家的地位。

一 《鹖冠子》的形上学

《鹖冠子》的形上学，包括其本体论和宇宙生成论。《鹖冠子》并非鹖冠子一人所著，它反映了自战国晚期迄汉初儒、道、兵诸家的思想，尤其是黄老学。因此，《鹖冠子》相关篇章的形上学互有同异，在所难免。下文对各篇的本体论与宇宙生成论予以详述。

（一）《泰鸿》《泰录》两篇的本体论

《鹖冠子》论及本体的主要是《泰鸿》《泰录》两篇。

《泰录》篇云："范者，味之正也；味者，气之父母也；精微者，天地之始也，不见形埒而天下归美焉。"（38a/5-8）又说："天地成于元，万物乘于天地。"（38b/2）阴、阳两气是生成万物的基本物质元素，而味是两气之母，范是味之正，则范也是两气之母，也就是本体泰一的异称。两气又由极精微的物质所组成，并变化发展而形成天地万物。这里的"元"并非元气，[②] 本篇也没有具体说明本体泰一的情状。

---

① 陈张婉莘：《追求道家形而上学的中心思想——希腊形而上学和道家形而上学的比较》，《道家文化研究》第4辑，上海：上海古籍出版社，1994，第381~395页。
② 详本书第八章。

写于汉武帝时的《泰鸿》篇对泰一稍加说明："泰一者，执大同之制，调泰鸿之气，正神明之位者也。"（33a/4-6）宇宙万物皆为泰一所生化，同气连枝。且泰一能调泰鸿元气，给神明以恰当的地位。但这里没有说泰一生天地。可见，两篇虽提及本体，但均未加详说。

（二）《环流》篇的本体论与宇宙生成论

《环流》篇云：

> 有一而有气，有气而有意，有意而有图，有图而有名，有名而有形，有形而有事，有事而有约。约决而时生，时立而物生。故气相加而为时，约相加而为期，期相加而为功，功相加而为得失，得失相加而为吉凶，万物相加而为胜败。莫不发于气，通于道，约于事，正于时，离于名，成于法者也。（10a/7-10b/4）

关于这节文字的解释，学者各执一词。陆佃认为这是说明混沌未开与混沌已开的宇宙生成论（10a/9-10）。吴光、丁原明认为"一"就是道，是比气更高一层次的范畴，是气与万物的本原，气是沟通道与宇宙万物的桥梁。[1] 谭家健认为"一"是组成气的最精微的物质形态，[2] 则"一"不是气的本原。葛瑞汉认为在宇宙自身进程中，事物由原始之气到意念、画面和名称而产生，体现的是一种没有充分发展的实在论基本原理。[3] 裴文睿以唯名论来解释，指出名由意（ideas）、象（image）来创造，气是最终根源之名，名称建立在非人格主宰的自然秩序之中。语言和现实之间的联系早已存在，完全不受人类控制，君主在使用语言时不过是反映已知的现实。此语言观与人们发现自然规律的理论相同。[4] 戴卡琳认为，君主组织、领导政府，首先要能够养气，以体会到玄奥神秘的和谐统一，并由己意驱动，在各种图的指导下，使其意变得越来越具体。君主凭借

---

[1] 吴光：《黄老之学通论》，第 159~160 页；丁原明：《黄老学论纲》，第 119~121 页。
[2] 谭家健：《〈鹖冠子〉试论》，《江汉论坛》1986 年第 2 期，第 58 页。
[3] A. C. Graham, "A Neglected Pre-Han Philosophical Text: *Ho-kuan-tzu*," *Bulletin of the School of Oriental and African Studies*, Vol. 52, No. 3, 1989, p. 514.
[4] R. P. Peerenboom, "*Heguanzi* and Huang Lao Thought," *Early China*, No. 16, 1991, p. 184.

权威和宇宙力量实现意,一步一步给现实确定名称,使一切都获得形。由此,君主分派工作,臣下获得形。于是统治体系建立起来,并以奖惩制度来实现。由于君臣各司其职,发挥成效,因此行动有其时,政治的现实就具有活力。①

葛、裴两氏囿于实在论、唯名论之争,未能把握各个名词的内涵。戴卡琳把它解读成君主要实现自己的政治意图,和形名论联系起来,亦不合原意。陆佃的看法持之有理。本节是说,先有本体"一",由"一"产生阴阳两气,两气为万物生成之母,② 交合而有意③。"有意而有图",图,象也,④ 有了意,再随着气的变化,就形成象。"有图而有名",名,明也,⑤ 是说象由窅窅然而慢慢变得明朗起来。应该说,由"一"而"名"属于本体论范畴。

由"一"而气而象而名,是说宇宙之初的情形。由名而形,即是由象而形,这一过程有气自为的活动,变成形,则形有所立。事,为也,立也,⑥ 由事而约,即由气变化产生新事物,这是宇宙生成发展的阶段。

"有事而有约",约,要也,⑦ 是说形与他物接触、期会,产生新的事物。此时混沌既开,就产生时间:"约决而时生。"时指四时,下文云"气相加而为时",加,陵也,⑧ 是说阴阳两气互动,阴气胜则秋冬来,阳气胜则春夏至。四季气候不同是阴阳两气相互作用所致。

---

① 〔比利时〕戴卡琳:《解读〈鹖冠子〉》,第 193~194 页。
② 《素问·宝命全形论》"天地合气"注:"气者,生之母。"见阮元等《经籍纂诂》,第 1444 页。
③ 意,陆佃注:"意者冲气所生。"(10a/7)《老子》第 4 章云:"道冲而用之或不盈,渊兮似万物之宗。"冲,虚也。道体虚空,故用之不尽,而成为产生万物之根源。依陆氏之解,则本体一产生气,阴阳二气交合而有意。
④ 《国语·周语下》"省其典图刑法",高诱注:"图,象也。"见《国语》,第 108~109 页。
⑤ 名,《释名·释言语》:"明也。"见阮元等《经籍纂诂》,第 732 页。
⑥ 事,《韩非子·喻老》记徐冯之言云:"事者,为也。"(《韩非子集释》,第 405 页)《礼记·郊特牲》:"信,事人也。"郑玄注:"事犹立也。"(郑玄注,孔颖达疏《礼记正义》,北京:北京大学出版社,1999,第 814 页)
⑦ 约,《礼记·学记》"大信不约",孔疏:"约,谓期要也。"见郑玄注,孔颖达疏《礼记正义》,第 1071 页。
⑧ 《论语·公冶长》"我不欲人之加诸我也",马融注:"加,陵也。"见刘宝楠《论语正义》,第 182 页。

由"约"以下的变化顺着两条线索发展：一是由约而期，由期而功，由功而得失；二是由约而生万物，而有胜败。细绎后者"时立而物生"，有了时间，再生成万物，万物存在于时间之内。既有万物，万物有其变化规律（法）。作者没有直接说明空间，但是依常识可推断，万物必存在于时、空之间。

至于前者，有了万物，也有了人类，人是万物中最为灵秀者。有人类，就有了人类的行为——期会、功过、得失、吉凶、胜败："约相加而为期，期相加而为功，功相加而为得失，得失相加而为吉凶，万物相加而为胜败。"（10a/10 - 10b/2）"约相加而为期"，加，增也。[1] 气不断交错作用，约就不断增加，与他物接触的机会就越多，而有了期会。这应是就自然界和宇宙而言。"期相加而为功"句乃就人生界而言。可见，作者综合了自然界与人生界，认为人在期会时各尽所能、各施所长，就有事功。"功相加而为得失"，加，高也。[2] 有的人以功自居，气势熏灼，引起别人嫉妒，暗箭明枪，就会福转为祸，好景不再。如果彼此因得失而冤冤相报，那么就"得失相加而为吉凶"矣。有吉凶，也有胜败。照理说，有吉未必能胜，胜了也未必有吉；逢凶未必是穷途末路，败了也不意味着不能东山再起。然而本篇认为有得则吉，有吉则胜；有失则凶，有凶则败（12b/2 - 3、6）。人间万事错综复杂，得失吉凶成败一言难罄，然也可一言蔽之，就是"万物相加而为胜败"，宇宙万事万物（包括人）相互侵陵就有胜败之事。

人间种种功过、得失、吉凶、胜败，溯流探源，都出于气，所以说："莫不发于气，通于道，约于事，正于时，离于名，成于法者也。"（10b/2 - 4）四时、期会和人间的一切得失都是由气衍发出来的，能和道相通。上文既说"有一而有气"，气由"一"而生，此处说"发于气，通于道"，则道不是"一"。"一"是本体，道最多是与气在同一层次的形上之体。就人间而言，人应以建功立业为期许，做事要因时相机，知命而不囿于命，不求有失，如此功成名立，并建立法律，开物成务，此

---

[1] 《国语·楚语下》"祀加于举"，高注："加，增也。"见《国语》，第565页。
[2] 《礼记·内则》"不敢以贵富加于父兄宗族"，郑注："加犹高也。"见郑玄注，孔颖达疏《礼记正义》，第841页。

乃圣人之所为。① 此法乃成物之法、自然之法，具有形上之义，非指政府推行的法制法令。

另外，本篇所言的气有其运行变化规律："法之在此者谓之近，其出化彼谓之远。近而至，故谓之神；远而反，故谓之明。明者在此，其光照彼，其事形此，其功成彼。从此化彼者法也。"（10b/4-9）此法指气变化及其生成万物之规律。作者没有明说法与气孰先孰后，依"有气而有意……有形而有事"云云来看，应先有气及其变化，然后有法。细绎"法之在此者谓之近，其出化彼谓之远"，则应指法与气相合为一，有气就有法。一提及法，气也相即不离。法在此，气也在此，称为近。"其出化彼谓之远"，气由此至彼，则有时空之别、此处与彼处之异，言"出""化"，则气有了运行，且以其微妙之力使远处之万物发生质与量的变化。可见，气之变化力量无远弗届，言"远"即赞叹气之变化万物之力甚为远大。这种运行、变化过程都依循法而动，可见，法与气相即相融，法因气而存，气有其运行规律而表现为法。

法"近而至"，法在此处，能通于气和本体"一"，如此就有神。② 法由远（彼）而返回近（此），就是明。可见，神、明在此当指气、法在运行过程中既能通于本体"一"，又有变化万物的力量。神就通于"一"而

---

① 本篇认为本体"一"产生万物，一切都是命定。作者对命有两种看法：一是本体"一"的指命，即"生法者命也"（11a/10-11b/1）；一是命定，即所谓"生于法者亦命也"（11b/1）。这是就形上而言，万物受法所生，则必依法而行。综两者而言，命无所不包，万物万事皆命定，连个人之道德修养高低、才能大小、贤不肖、得失、寿夭等（11b/2-7）也不例外。作者强调命对凡人有强大的约束力，同时提出时命。他说："既有时有命，引其声，合之名，其得时者成，命曰调；引其声，合之名，其失时者精神俱亡，命曰乖。"（11b/8-10）虽然凡人的一生已被命定，但是作者不主张顺化无为，而强调相时而动，因时行事，以便取得成功。如此，使自己的名声广传，生命日益调顺和乐，自然会长寿。能够相时知命而不为命所限的只有圣人，所以说："时命者唯圣人而后能决之。"（12a/1）相反，如果错失良机，行事就神劳形瘁，精疲力尽，命蹇时乖，最后一事无成。这种看法和孔、孟、庄有相同处。作者认为"生法者我也，成法者彼也……生、成在己，谓之圣人。惟圣人究道之情，唯道之法，公政以明"（10b/9-11a/2），能够产生法、完成法的就是圣人。气只能生法而不能成法，圣人则能生法、成法，则圣人在人生界的地位较诸气在宇宙界的地位犹有过之而无不及。

② "至"可训为通，《国语·楚语》"至于神明"，高注："至，通也。"（《国语》，第554页）又可训为极，《郑语》"和之至也"，高注："至，极也。"（《国语》，第518页）本句"近而至"，结合上文，则"近"指法在此，法既与气相附相即，则"至"指法能通于气，达于极处（本体一）。

言，明就变化万物而言，两者是说气与法的性质、功能，一体两面。关于神、明的内涵，学者有不同看法，① 其中陆佃之解较合原意："明之在道者为神，神之在器者为明。"（10b/5）可见，神、明的关系可以互转，犹如宋代理学家所说的理与气的关系一样，两者相即不离。

"明者在此，其光照彼，其事形此，其功成彼。从此化彼者法也。"法、气由此化彼谓之远，由彼返回此谓之明，则明含有化之义。明之光能"照彼"，这是以形象譬喻"明"在此化彼的情况。"明"在此有所为（化），彼处就能显现其化之功效。可见，"明"能够贯通时、空，使彼此两处的不同物体在气的变化下汇通。这种凭气的力量居此化彼的规律，就是法。因此，此法不是政府法令，而是形上的法则。

《环流》篇是战国末期道家作品，既有本体论，又有宇宙生成论，其理论渊源有自。《环流》篇的宇宙生成论主要来自两家：一是《黄帝书》，一是五千言本《老子》。②

《黄帝书》各篇关于宇宙生成的看法略有出入。《观》篇认为由本体而生阴阳两气，主张气化论。两气变化，"离为四时"，然后"牝牡相求，会刚与柔"，刚柔是阴阳的性质，两气相交，形成天地。③ 这样，宇宙生成的次序是：由本体而阴阳，而四时，而天地，而万物。《成法》篇的看法和《观》篇有些不同，认为本体道直接生天地。④《道原》篇没有直接阐明宇宙生成的次序，只说："天地阴阳，四时日月，星辰云气，规行侥重，戴

---

① 葛瑞汉（"A Neglected Pre-Han Philosophical Text: Ho-kuan-tzu", p. 515）认为法、神、明三者互有关联，神指圣人的行为可使周围的人、物变得清明透剔且有智慧。反过来，人、事在他们与圣人的关联中更能凸显出来，这是明。能把圣人与其周围人、物联系起来的是法。能以智慧超越三者互动关系，产生质的跳跃，使社会秩序臻于完善，就是化。大形徹「『鶡冠子』——不朽の国家を幻想した隠者の書」（55頁）认为法是根本原理，是天地法则，落实到人生界成为具体的法律、法令。戴卡琳（《解读〈鶡冠子〉》，第157、161页）认为明一指眼睛明亮，一指物体本身的清晰性。这段话是说法由圣人产生。神同伸，指影响力，圣人扩大其影响力，以达至无际。明指圣人从其影响的范围里所得出的见识。可见，学者对神、明的看法有同有异，但是对其内涵仍未有贴切理解。
② 《老子》一书记载由春秋至战国以老子为宗师而形成的一个思想流派，它大体上经过老聃、老莱子、太史儋这三个时期而最终写定，参晁福林《论老子思想的历史发展》，《孔子研究》2002年第1期。《老子》成书比《鶡冠子》早。
③ 余明光：《黄帝四经与黄老思想》，第282页。
④ 余明光：《黄帝四经与黄老思想》，第307页。

根之徒，皆取生。"① 《黄帝书》言宇宙生成说，当以《观》篇为代表，不过其说不如《环流》篇详细。两篇的共同点是说宇宙由一而生气，继而生四时。

《老子》的宇宙生成论对《环流》篇也有影响。《老子》认为道是宇宙之创造者，独立而不改，周行而不殆，其生成宇宙万物的过程是：道生一，一生二，二生三，三生万物（第42章）。《环流》篇也认为由一而生气，由气而生象，由象而生形。《泰录》篇认为"精微者，天地之始也"（38a/6-7），亦受到《老子》影响。

先秦汉初道家的宇宙生成论除了《黄帝书》和《老子》，尚有不同看法。为了更好地了解这些不同观点，从而衡量《鹖冠子》在道家学史上的地位，下文论述该时期道家的形上学。

二 先秦汉初道家的形上学

春秋以降，士人就不断对天道进行探索，道家在这方面所做的努力有目共睹。道家不断发展，出现了《老子》、列子、庄子、黄老学派等，他们无论在形上学还是政治学等方面，各成一家之言，发展、开拓、丰富了道家理论。先秦汉初道家的本体论和宇宙生成论约有六种说法，各种说法之间也互相影响。下文论之。

（一）列子

《列子·天瑞》篇是其阐发本体论、宇宙生成论的代表性篇目，应是列子的学生记录列子（约前450~前375）的言论。②

首先是本体论。本篇说："有生不生，有化不化。不生者能生生，不化者能化化。"这是从宇宙本源处来论述。宇宙本源不能自生自化，但是万物由此而来，故曰："生物者不生，化物者不化。"不生者本体能产生万物，万物不断生成变化，且无时无处不在进行，故云："常生常化者，无时不生，无时不化。"列子认为本体是这样的："不生者疑独，不

---

① 余明光：《黄帝四经与黄老思想》，第334页。
② 胡家聪：《〈列子·天瑞〉中"天、地、人"一体的常生常化论》，《道家文化研究》第15辑，第151页。

化者往复。"本体冥芒为一，不受时空限制（或者本体没有时空），而能运行，由此到彼。

同时，列子从宇宙生成论来阐述"有形者生于无形"的过程。他把"浑沦"分成四个阶段，即太易、太初、太始、太素。太易是未见之气，太初是气之始，太始是形之始，太素是质之始。气形质具而未相离，就是浑沦。宇宙万物生成的情况是："一变而为七，七变而为九。"所谓一指形变之始，则一由太始演变而来。一生二："清轻者上为天，浊重者下为地。"二指阴阳天地，阴阳交合而产生人类："冲和气者为人。"冲即中，言人得两气之和而生。同时，阴阳交合也产生万物："故天地合精，万物化生。"①

概言之，列子从本体论、化生论、宇宙生成论来阐述他的宇宙观，他把气分成清轻与浊重，对气论有贡献。他阐述浑沦较详细，认为人得两气之和而生，肯定人的价值。其宇宙生成模式是这样的：太易→太初→太始→太素→一→二（阴、阳）→人、万物。

(二)《黄帝书》、《文子》、《子华子》之本体论、《淮南子》

《黄帝书》应写成于战国初期，详述本体和宇宙生成。《观》篇把本体原型譬喻为"一囷"，②犹如虚而不盈、无所不包之谷，是阴阳未分的混沌状态。《称》篇认为本体道"无始而有应"，在时间或空间上没有开始，寂然不应。当它有所应，就产生万物，万物先有形，再而有名。③《道原》篇对本体有详细论述，认为它虚空静止、无形无状、广大无边、独立不偶，成为万物生成的本原。④《黄帝书》的形上学为《文子》《淮南子》所接受。

《文子》⑤的本体论基本上和《黄帝书》相同。《道原》篇说道先天

---

① 以上引文据《列子集释》，第 2~4、6~8 页。张敏《〈列子〉哲学思想研究》（武汉大学博士学位论文，2011，第 46~56 页）、姜秉熙《"不违自然所好"：〈列子〉思想研究——从宇宙论到境界论》（山东大学博士学位论文，2014，第 25~32 页）有论述，可参。
② 余明光：《黄帝四经与黄老思想》，第 282 页。
③ 余明光：《黄帝四经与黄老思想》，第 321 页。
④ 余明光：《黄帝四经与黄老思想》，第 334 页。
⑤ 李定生《文子其人考》（《道家文化研究》第 4 辑，第 438~449 页）认为文子是黄老学之祖。然文子其人与其书应有所差别，其书未必完全反映其人之思想。王利器《文子疏义·序》（北京：中华书局，2000，第 6、9、10 页）认为今本《文子》成书于汉惠帝之时，早于《淮南子》。张岱年《试谈〈文子〉的年代与思想》（《道家文化研究》第 5 辑，第 133~141 页）的看法相同。此说较合理。

地而生，它无形无声，高深广大，虚冲不盈，含阴阳，兼柔刚，包天地。道虚无、平易、清净、柔弱、素朴，是万物生成之源，万物得之而具有各自的性质，如山得之而高，鸟得之而飞。《道原》篇认为有形生于无形，有生于无，实生于虚，无形就是一。① 其所说的道，有超越性、无限性、运行性，"道"与"一"作为空间的中心与时间的始点，是万物运行的依据。② 可见，《文子》的本体论继承《黄帝书》的看法，把它阐述得更详细具体，尤其点明其作为圣人治国修身的形上根据，帝王得之而能立于中央，"神与化游，以抚四方"，③ 甚至认为三皇能运转天地。当然，《文子》的一些看法也继承了《老子》，如两者都认为有生于无。

《子华子》④ 的本体论多接近《黄帝书》，认为大道之源空洞，空指无所不备，洞指无所不容，在空洞里，"其源甚真，无物不禀，无物不受，无物不度"，玄无所不在，万物及其性质、性能都来自、蕴涵于本体。空洞产生三元。三元之功，与玄相同，纵向为三极（空间），横向为三纪（时间），上下相贯为三才。这说明空洞里已有时空交错的原型。《子华子》对本体有稍详细的说明，认为本体有一，又由此本体一而产生"帝一"（帝得之为帝一）、"天一"（天得之为天一）、"太一"（道得之为太一）。"帝一"无声无味，混沌无终始，最接近本体一。"天一"比"帝一"稍低一个层次，它已有所为，为而不裁。"太一"又较"天一"低一层次，它能化一为二，生成万物。⑤

《淮南子》的本体论和《文子》基本相同，继承《老子》《文子》的道论。《原道训》说本体道极高极深，包裹天地，冲而徐盈，混混沌沌，约而能张，幽而能明，弱而能强，柔而能刚，是万物之本。万物的性质、性能是本体所赋予的，如兽得之而走，日月得之而明。⑥ 徐复观批评《淮

---

① 王利器：《文子疏义》，第 30~31 页。
② 孟鸥：《〈文子〉新探》，山东大学博士学位论文，2011，第 119~123 页。
③ 王利器：《文子疏义》，第 1~2、14 页。
④ 子华子曾在韩昭侯（前 362~前 333 年在位）时生活，据《吕氏春秋》记载，他主张贵生、全生、乐生、重义，今本《子华子》是宋代伪撰，详晁福林《子华子考析》，《史学月刊》2002 年第 1 期。
⑤ 《子华子》，第 28、30 页。
⑥ 刘文典：《淮南鸿烈集解》，第 1~2 页。

南子》只对道做罗列式的铺陈，繁褥而重复，其论对道的属性无所损益，无关痛痒。① 至于《淮南子》的宇宙生成论，受到庄子、《老子》等的影响，此不赘。

（三）郭店简《太一生水》

《太一生水》阐述宇宙生成说，颇具创见，独树一帜。原文云：

> 太一生水，水反辅太一，是以成天。天反辅太一，是以成地。天地复相辅也，是以成神明。神明复相辅也，是以成阴阳。阴阳复相辅也，是以成四时。四时复相辅也，是以成冷热。冷热复相辅也，是以成湿燥。湿燥复相辅也，成岁而后止。

学者较侧重解释"太一生水"一句，而没有细绎"反辅""相辅"之义。"反辅"有两代：一是太一生水，二是水反辅太一而生天。如此，天并非由太一而生，而是由太一所生之水反辅而生，可见水对太一生天有举足轻重的作用。至于水如何反辅，本篇没有明言。当然，水非指形下物质之水，而具有形上义，甚至有本体义。② 相反，气在这里不及水有本体义，这和其他学派的看法迥异。这种反辅本体以生的学说，只有本篇提出，可谓独具匠心。

另外，《太一生水》提出的"复相辅"有六代。天地复相辅而成神明，成未必是生，言成侧重结果，言生侧重初始。③ 学者对于神明的内涵见仁见智：有认为日月之光华为明，以此化育万物的功能为神明；④ 有认为神是无形莫测的精气，明是精气显现出来的作用及现象；⑤ 也有以之为阴阳

---

① 徐复观：《两汉思想史》第 1 卷，第 131 页。
② 学者对水在本篇的作用与地位有不同的看法：或认为水与太一是有反辅功能的母子关系，或认为水是道生万物的过渡形态，或认为道、太一、水三者合一，或认为水是实际创生者，或认为水是太一的藏身之所。详见谭宝刚《近十年来国内郭店楚简〈太一生水〉研究述评》，《史学月刊》2007 年第 7 期。
③ 彭华《"生成"与"变化"——郭店楚简〈太一生水〉研究之三》（《中原文化研究》2019 年第 1 期）指出：言"生"，着重本体论，强调逻辑意义与逻辑在先；言"成"，侧重生成论，强调生理意义和时间在先。
④ 庞朴：《"太一生水"说》，《中国哲学》第 21 辑，第 194~195 页。
⑤ 许抗生：《初读〈太一生水〉》，《道家文化研究》第 17 辑，第 312 页。

之神或日月之神。① 鄙意神明是能够伸缩之两气，盖神明、阴阳、四时皆与气有关，是气在不同阶层的不同作用。这里，神、明是指接近本体义的天地与阴阳之间的一个阶段的两种物质。辅，助也，相辅非相交、相和，是相助，而非相簿。② 故天地相辅而成神、明，神、明是由天地相辅而成的一对既有密切关系又相互独立的物质。用家庭伦理来比喻，它们犹如有共同父母的兄妹，然相辅而成下一代阴阳，则又有近乎夫妻的关系。不仅天地如此，其他阴阳、四时、冷热、湿燥也如此。这也许是由于初民生活水平低下，兄妹亦可婚，如神话中的伏羲与女娲。③ 这类神话流传下来，被赋予宇宙意义，就有了《太一生水》中这种关系复杂的概念。天地、神明、阴阳、四时等既是自然产者，又是自然所产者。

有学者认为太一生水，则两者属于化生关系，④ 也有学者认为是派生关系。⑤ 从太一生水来看，这一概念渊源有自，尤其是《老子》和《管子·水地》篇都把本体与水联系起来，应该和本篇有一定关系。⑥ 战国中晚期诸子对作为本体的太一有多种阐释，下文有详论。本篇的缺点是没有说明人是怎样来的。

（四）上博简《恒先》

上博简《恒先》约写成于战国中晚期齐国稷下学兴盛时期。⑦ 它的本体论与宇宙生成论也比较特别：

---

① 李零：《郭店楚简校读记》，第 38 页。
② 饶宗颐：《"太一"古义及相关问题》，《饶宗颐二十世纪学术文集》卷 3《简帛学》，北京：中国人民大学出版社，2009，第 24 页。
③ 叶平《郭店楚简〈语丛〉〈太一生水〉的"身体隐喻"》（《中州学刊》2019 年第 5 期）提出《语丛》《太一生水》有几种身体隐喻模式，如阴阳耦合隐喻，以身体—两性为隐喻逻辑，形成概念对子；孳乳隐喻，由元概念孳乳子概念，进而衍生出家族概念体系，可参。
④ 庞朴：《"太一生水"说》，《中国哲学》第 21 辑，第 196 页。
⑤ 李零：《读郭店楚简〈太一生水〉》，《道家文化研究》第 17 辑，第 318 页。
⑥ 许抗生：《初读〈太一生水〉》，《道家文化研究》第 17 辑，第 307～310 页。胡家聪《管子新探》（第 306 页）认为《管子·水地》篇写成于齐灭宋（前 286）前，则《水地》篇的写成年代晚于《太一生水》。因此，以水来比喻本体道，是战国中晚期道家中某派的看法，《老子》《管子·水地》《太一生水》对此有相同的看法。
⑦ 谭宝刚：《上博藏战国楚竹书〈恒先〉研究述评》，《长江大学学报》2010 年第 3 期，第 3 页。

第十三章 《鹖冠子》的形上学与其在先秦汉初道家的地位 | 233

恒先无有,质、静、虚。质大质,静大静,虚大虚。自厌不自忍,或作。

有或焉有气,有气焉有有,有有焉有始,有始焉有往者。

未有天地,未有作行,出生虚静,为一若寂,梦梦静同,而未或明,未或滋生。

气是自生,恒莫生气。气是自生自作。恒气之生,不独有与也。或,恒焉,生或者同焉。昏昏不宁,求其所生。翼生翼,畏生畏,悻生悲,悲生悻,哀生哀,求欲自复。复生之生行,浊气生地,清气生天。气信神哉,云云相生。信盈天地,同出而异性,因生其所欲。察察天地,纷纷而复其欲。明明天行,唯复以不废。知既而荒思不殄。[1]

本篇指出,"恒先"是最早的东西,是本体,处于"无有"即一无所有的状态。它大质朴、大宁静、大空虚,自足而不厌抑,有"或"(潜在的二分倾向)产生。[2]"恒"不创造气,"气"是自我产生、自我创作的东西。"恒气"(最初的气)不是独一无二的,而是互相有关联的。"或"属于"恒"。它在混沌之中,不能安息,总想创造点儿什么东西出来。

本篇所说的宇宙生成是这样的。"恒"先有"或",才有太初之气("气"),此处于混沌之境;有"气",然后有"有"(实体的"有");有"有",才有"始"(时间的开始);有了时间"始",才有时间运行的"往"。时间、空间来自"恒先",由混沌慢慢演化生成。在最初阶段,"天地"(空间)尚未从"虚""静"中开辟出来,时间"始"及"行"(时间运行)也还没从"虚""静"中发端,它们还处于混沌未分的整体"一"或"寂"(寂寥)的混沌之中,其后经过"未或明"(将明未明的状态)和"未或滋"(将生未生的状态)的阶段才出现。然后,"气"分为阴阳,阴

---

[1] 马承源主编《上海博物馆藏战国楚竹书》(三),上海:上海古籍出版社,2003,第288~294页。又见李零《上博楚简〈恒先〉语译》,《中华文史论丛》2006年第1期,第282~283页。
[2] 白奚、岳贤雷《"或"还是"域"——上博简〈恒先〉"或"概念与宇宙万物生成的起点》(《哲学动态》2016年第12期,第30~35页)认为"或"表示宇宙生成论的一个起点,不应解为"域"。

阳两气相生("复生")创造了时间,并有了"始""行"(四时的运行),浊气变成地,清气变成天。"气"创造天地后,又不断沉浮升降,不断互相创造。气到处弥漫,充满天地,天地来源相同,而本性各异,所以才相互需要。清清楚楚的"天地",总是不断"复其欲"(相互满足彼此的需要)。明明白白的"天行"(天道的运行),只有"复"(相互满足)才能永无休止。①

(五)诸本《老子》、《庄子》、《子华子》之宇宙生成论

郭店楚简《老子》成书于公元前300年之前,② 和帛书、今本《老子》在道论上有所不同。简本论道主要包括如下几方面。其一,道乃宇宙万物之创造者:"有𦁲混成,先天地生。"(甲本)③ 学者或解"𦁲"为道;④ 或解"𦁲"为象,言象犹道;⑤ 或解"𦁲"为状。⑥ 无(道)生有,有生万物(甲本),道无形无声(丙本)。其二,道之运行规律与性质:"大曰瀅,瀅曰逨,逨曰反。"(甲本)瀅,学者或解为滥,⑦ 疑不合原义;或解为羡。⑧ 至于逨,学者释为遵,其义天道周还。⑨ 又,道法自己,而王、地、天都要效法它(甲本)。道之用为弱(甲本),因此万物过壮则不合道,不合道则易老(甲本)。道常无为而无不为(甲本),故反对前识,因为前识是大道的表面(甲本)。

帛书本、五千言本的道论基本相同,⑩ 不过帛书甲、乙本都没有"周行而不殆"一句。二者有相同之见:本体道非普通名称所用,故云:"道可道,非常道。"(第1章)有时视道为一(第14章),有时以玄牝称道(第6章)。道体虚冲,为万物之宗,并且先于象帝而存在(第4章)。道

---

① 以上解释参李零《上博楚简〈恒先〉语译》,《中华文史论丛》2006年第1期,第282~283页。
② 彭浩:《郭店一号墓的年代与简本〈老子〉的结构》,《道家文化研究》第17辑,第14页。
③ 有关郭店简《老子》引文见荆门市博物馆《郭店楚墓竹简》,北京:文物出版社,1998。
④ 魏启鹏:《楚简〈老子〉柬释》,《道家文化研究》第17辑,第222页。
⑤ 赵健伟:《郭店楚简〈老子〉校释》,《道家文化研究》第17辑,第272页。
⑥ 李零:《郭店楚简校读记》,第3页。
⑦ 赵健伟:《郭店楚简〈老子〉校释》,《道家文化研究》第17辑,第272页。
⑧ 李零:《郭店楚简校读记》,第10页。
⑨ 魏启鹏:《楚简〈老子〉柬释》,《道家文化研究》第17辑,第223页。
⑩ 有关帛书道论,可详高明《帛书老子校注》,北京:中华书局,1996,第26、29、221~227、239、247、269、282、287、328~330、348、350页。

第十三章　《鹖冠子》的形上学与其在先秦汉初道家的地位 | 235

的形状是惟恍惟惚，其中有象、有精（第21章），它无形无味（第35章）、寂兮寥兮（第25章）。这一看法和《黄帝书》、帛书《四时》篇、《文子》、《淮南子》几同，都认为本体混沌。① 它生成宇宙万物的过程是：道生一，一生二，二生三，三生万物（第42章）。至于一、二、三为何，五千言本没有明言。道生万物，但是生而不有，为而不恃（第51章），生畜、覆养万物而不居功。正因大道泛泛，功成而不居，不自大而终能成其大（第34章），此乃侯王效法的原则。道可指使鬼神，具有神化能力（第60章），鬼神受到道之约束。可见，五千言本所论之道较简本尤有广大力量，其创造宇宙万物过程、道体与性质，皆较后者细腻。

《老子》着重阐述道的形状、运行及其规律，其宇宙生成说较《列子·天瑞》篇简略，且没有说明人是怎样生成的，以及人与道、气、万物的关系。其本体论或逾《天瑞》篇而驾之，其宇宙生成论则不及。《老子》的宇宙生成论是这样的：道（无）→一（道、无、象、精）→二（阴阳）→三→万物（有）。

《庄子》内篇《大宗师》有"道有情有信""神鬼神帝，生天生地"云云，学者认为此段与庄子道论不同，疑是后人所掺杂，② 故不应当成庄子道论加以论述。外篇论及宇宙生成比较重要的篇章是《天地》，其宇宙论当受《老子》影响。

《天地》篇云："泰初有无，无有无名；一之所起，有一而未形。物得以生，谓之德；未形者有分，且然无间，谓之命；留动而生物，物成生理，谓之形。"成玄英疏认为泰初是太始，一是道。③ 王夫之认为"一之所起"是太始，"有一而未形"是太虚，"留动而生物"是说有动有静。④ 两人对于由泰初到万物成形的微小变化阶段的名称有不同的看法。本段说泰初有"无"，它没有名称，是万物的本始，当"无"萌动，就有了"一"，也即有了"有"，但是"一"尚未成形。"一"一留一动，产生阴阳，万物得之以生。物形成后，其生理、神也具备其中。可见，

---

① 饶宗颐：《楚帛书与〈道原篇〉》，《道家文化研究》第3辑，1993，第256~259页。
② 严复、钱穆之见，见钱穆《钱宾四先生全集》第6册，第61页。关于庄子道论，详《庄老通辨》，第149~160页。
③ 郭庆藩：《庄子集释》，第425页。
④ 王夫之：《庄子解》，《船山全书》第13册，长沙：岳麓书社，1993，第224页。

本篇的宇宙生成论是这样的：泰初（无）→一→阴阳动静→形、理、神。至于《庄子》外杂篇有关宇宙之论皆较简略，且无甚特色可言，故此不赘。①

《子华子》的宇宙生成论与《老子》多同，认为太一"能化一为二，二以为三，因三以成万物"，②太一之上有天一，天一之上有帝一，帝一之上有本体一。但是没有说明一、二、三的具体内涵。

（六）《吕氏春秋·大乐》篇、《易传》

写成于秦代的《吕氏春秋·大乐》篇认为，由本体太一而生两仪，由两仪而生阴阳，③由阴阳而生日月星辰、四时万物。这种宇宙生成模式是由一而二，由二而四，其框架和《系辞》相同，受到《系辞》影响。《大乐》篇把太一当成本体，是继承战国晚期诸子的看法。

《系辞传》是战国晚期儒家的作品，④由于其宇宙论别具一格，故在此一并论之。本篇说："一阴一阳谓之道。"认为阴阳两气的此消彼长、相互推移是宇宙运动的普遍原则，也是宇宙运动的内在原因。又说"刚柔相推，变在其中矣"，"日月相推而明生焉"，认为能继承一阴一阳的道无不完善，由道而生的万物各有特性。因此，道是产生万物的本原，是阴阳两者的统一体。《系辞》提出太极说："是故易有太极，是生两仪，两仪生四

---

① 《至乐》篇记庄子云："察其始而本无生，非徒无生也而本无形，非徒无形也而本无气。杂乎芒芴之间，变而有气，气变而有形，形变而有生。今又变而之死，是相与为春秋冬夏四时行也。"这是庄子对妻子去世所发表的达观生死论。他是气化论者，认为人有生自有死，人之生由气聚而来，人之死由气散而去，不必措意于生死。这里作者把由芒芴之间到生命产生分为四个阶段：芒芴之间→气→形→生、死。本篇宇宙生成论也颇简略，作者为了鼓吹生死齐一，皆由大气所化，不重生恶死，因此，强调气与生死的关系。《知北游》篇云："夫昭昭生于冥冥，有伦生于无形，精神生于道，形本生于精，而万物以形相生，故九窍者胎生，八窍者卵生。其来无迹，其往无崖，无门无房，四达之皇皇也。"依成玄英所解，本段是说昭明显著之物，生于窅冥之中；人伦有为之事，生于无形之内；精智神识之心，生于重玄之道；有形质气之类，根本生于精微。无形之道，能生有形之物；有形之物，则以形质气类而相生。因此人、兽是九窍而胎生，禽、鱼是八窍而卵生，禀之自然，不可相易（郭庆藩：《庄子集释》，第742页）。本段也没有细致具体地阐明宇宙万物生成的情况。

② 《子华子》，第30页。

③ 陈奇猷《吕氏春秋校释》（第257页）认为两仪当指阴阳，然《大乐》篇明言两仪生阴阳，则两仪不应指阴阳。

④ 钱穆、张岱年认为《易传》成篇于战国末期，详钱穆《中国学术思想史论丛》（二），第256页；张岱年《论易大传的著作年代与哲学思想》，载黄寿祺编《周易研究论文集》第1辑，北京：北京师范大学出版社，1987，第415页。

象,四象生八卦,八卦定吉凶。"帛书《系辞》不言太极,而言大恒:"易有大恒。"① 帛书本与通行本一言太极,一言大恒,学者或以为是帛书本抄写笔误,② 或以为受《老子》影响。③ 饶宗颐从字的内涵演变、文本脉络、历史背景等方面研究,指出恒有常、经、究竟、普遍等含意,是天地的恒律、不易的道理,帛书是在这样的背景下提出"大恒"的,后来才以同义字"太极"代替。④

"易有太极"一段,学者多认为是宇宙生成说。⑤ 太极是本体;两仪或指天地,⑥ 或指阴阳;⑦ 四象或解为四时,⑧ 或解为太阴、少阳、少阴、太阳。⑨ 那么,《易传》的宇宙生成是这样的:太极→两仪(阴阳、天地)→四象→八卦(方位)。时间早于空间而存在。可惜这里没有说明人类是怎样产生的。《易传》所说的太极和《老子》所说的道不同,后者认为道是无,偏重于唯心论;前者把太极当成宇宙的本原,是从变化发展论来看的,这样,太极是宇宙原始的物质性的混沌元素,较偏唯物论。⑩ 另外,《系辞》没有道先天地之说。

(七) 小结

以上论述先秦汉初道家的形上学,可以发现道家诸子的宇宙论互有同异。相同方面包括:认为宇宙有一个根源,或曰太易、或曰太始、或曰道、或曰一,其时阴阳未分,混沌未判,由此根源而产生气、阴阳,再而产生万物与人。本体论一般以《黄帝书》为主调,《文子》和《淮南子》所言则结合了古史传说。宇宙生成说以本体生一、生二(阴阳天地)、生

---

① 张政烺:《马王堆帛书〈周易·系辞〉校读》,《道家文化研究》第3辑,第31页。
② 朱伯崑:《帛书本〈系辞〉文读后》,《道家文化研究》第3辑,第38页。
③ 陈鼓应:《〈系辞传〉的道论及太极、大恒说》,《道家文化研究》第3辑,第71~72页。许抗生:《略谈帛书〈老子〉与帛书〈易传·系辞〉》,《道家文化研究》第3辑,第57~63页。
④ 饶宗颐:《饶宗颐二十世纪学术文集》卷3《简帛学》,第50~61页。
⑤ 也有一些学者有不同的看法,如朱子、毛奇龄、朱伯崑认为这里不在说世界变化过程,而是讲筮法,且在先秦文献中,太极没有实体之义。见朱伯崑《易学哲学史》上册,北京:北京大学出版社,1988,第62~63页。
⑥ 高亨:《文史述林》,北京:中华书局,1980,第316~317页。
⑦ 金景芳:《周易讲座》,长春:吉林大学出版社,1987,第64页。
⑧ 李道平:《周易集解纂疏》,第600~602页。
⑨ 金景芳:《周易讲座》,第64页。
⑩ 金景芳:《周易讲座》,第63页。

万物为主。《鹖冠子·环流》篇和《列子·天瑞》篇、《老子》对于气、道运行之法的观点相当接近，《环流》篇进而阐明法与言、神、明、命等的关系，这是其他两者以及《庄子》外篇所没有的。可以说，《环流》篇言法较细腻具体，也许受列子影响，又与庄老学派互鉴，博采众长，铸冶一炉，青出于蓝。《环流》篇视形上宇宙与形下人生为一体，别具一格。《老子》偏重述道，《环流》篇侧重述气，这和《淮南子》的意趣较接近，对《淮南子》的宇宙生成论影响较大。在先秦道家形上学中，《鹖冠子》更多地继承了《黄帝书》和《老子》。

自战国晚期以来，诸子提出本体为太一（泰一）的看法，太一成为本体之名。《鹖冠子》中有两篇——《泰录》《泰鸿》，皆视"泰一"为本体。《泰录》篇写于战国晚期，《泰鸿》篇写于汉武帝时期。关于太一的发展，顾颉刚有专文讨论。① 下文在此基础上简论太一观念的演变，以见上述《鹖冠子》两篇的独特地位。

三　太一（泰一）观念的演变

今本《老子》、《太一生水》、《庄子》外杂篇、《荀子》、《楚辞·东皇太一》、《吕氏春秋》、《礼记·礼运》篇、《淮南子》、《史记·天官书》皆言及太一，太一的含义有几种。② 兹依时代先后略述太一之义的演变。

先秦道家一般把道视为本体，到了战国晚期，太一渐渐成为本体的异称，这可能和《太一生水》、《老子》、《庄子》杂篇有关。

今本《老子》把本体道称为一，又名之为大。大、一都是本体道的代称。第25章云："有物混成，先天地生，寂兮寥兮，独立不改，周行而不殆，可以为天下母。吾不知其名，字之曰道，强为之名曰大。"③ 这段话说明本体不可名状，解释其运行规律，称之为道，又可名之为大。则大、道都是本体。第39章云："昔之得一者，天得一以清，地得一以宁，神得一

---

① 顾颉刚：《顾颉刚古史论文集》第3册，第55~68页。
② 饶宗颐（《饶宗颐二十世纪学术文集》卷3《简帛学》，第20页）认为由先秦至唐代总结五经时，太一的第一个古义是元气。其实太一除了是元气，尚有其他含意，详该篇论证。另，顾颉刚《三皇考》也论先秦汉代太一的演变，唯侧重论汉代太一演变，可参。
③ 楼宇烈：《王弼集校释》，第63页。

以灵，谷得一以盈，万物得一以生，侯王得一以为天下贞。"① 一即本体道。《老子》言本体有道、大、一三种名称，其中道最常用。大与太、太与泰古相通，故其他诸子用太一、泰一指本体。

《庄子·天下》篇论关尹、老聃"澹然独与神明居""建之以常无有，主之以太一"，成玄英解太一云："太者广大之名，一以不二为称。言大道旷荡，无不制围，括囊万有，通而为一，故谓之太一也。"② 则太一即大道，即本体，以大道广大无涯，不可限度，故称为太一。此意与《老子》同。

郭店简《太一生水》有"太一生水，水反辅太一，是以成天。天反辅太一，是以成地"云云，太一是宇宙本体，化生为水，且"藏于水"，李学勤认为本篇具有数术思想。③

然而其他学派对于太一的看法和道家不一样。《楚辞》视太一为天神，《九歌·东皇太一》云："吉日兮良辰，穆将愉兮上皇。"上皇即东皇太一，它是居于东方的天神，而非居于中央、地位最高的神。④ 本诗篇幅虽短，却层次清晰、生动热烈，给人一种既庄重又欢快的感觉，充分表达了人们对太一神的敬重、欢迎与祈望，希望东皇多多赐福人间，给人类的生命繁衍、农作物生长带来福音。

荀子的看法又有不同。《荀子·礼论》论月祭之礼，升大羹、饱庶羞，是"贵本而亲用也。贵本之谓文，亲用之谓理，两者合而成文，以归大一，夫是之谓大隆"。其义如郝懿行所解释，贵本要追溯到上古，因为当时礼制已颇完备，故称为文；又曲尽人情，此为理，也即亲用。如此，理、文相通。所以，贵本、亲用都追溯到太古时代。⑤ 那么，太一指太古时代。荀子又说："故至备，情文具尽；其次，情文代胜；其下，复情以归太一也。天地以合，四时以序，星辰以行，江河以流，万物以昌，好恶以节，喜怒以当，以为下则顺，因为上则明，万物变而不乱，贰之则丧

---

① 楼宇烈：《王弼集校释》，第 105~106 页。
② 郭庆藩：《庄子集释》，第 1094 页。
③ 李学勤：《太一生水的数术解释》，《道家文化研究》第 17 辑，第 297~300 页。
④ 朱熹《楚辞集注》说太一是天之尊神，祠在楚东（上海：上海古籍出版社，2001，第 32 页）。袁梅《屈原赋译注》的看法不同，认为东皇太一是玉皇大帝之称，它是天之总神，其位至尊（济南：齐鲁书社，1984，第 76 页）。朱子的看法比较符合事实。
⑤ 王先谦：《荀子集解》，第 352 页。

也。礼岂不至矣哉！"① 这段是说礼的作用：礼意和礼文皆备是最好的；其次是文胜于意，或是意胜于文；再次是虽然没有文饰，能复情以归质素（太一）。礼的作用是上调天时，下节人情，若没有礼来分别，则天时人情皆乱。因此，本节强调礼之用，而非说太一是本体。可见，荀子所言乃指素朴或太古时代，而非万物之原。

此后及至汉初，诸子对于太一的看法，有的继承道家，有的把太一为天神的观念推于极至，视之为元神。

《吕氏春秋·大乐》篇说："太一出两仪，两仪出阴阳"，"万物所出，造于太一"，"道也者，至精也，不可为形，不可为名，强为之名，谓之太一"。② 可见，太一就是本体道，它至精至微，没有形状，在其中存在着两种变易对立的因素，发展而成为阴阳，再而生成万物。

《文子·自然》篇云："天气为魂，地气为魄，反之玄妙，各处其宅，守之勿失，上通太一。太一之精，通合于天。"这里关于魂魄的说法，继承了春秋郑国子产的看法，③ 认为魂属阳气，能伸缩，受制于天；魄属阴气，受制于地。魂魄是天地之精，天得魂则明，人得魄则常生，能够守之不失，就能与太一相通。太一，默希子说是"太上道君也，人之所禀也"。④ 则太一是得太上之道之君，即天神，是人之精神的本源。若人能守其精神，就能与天相通。

汉初对于太一的看法较前代又有所发展。《淮南子》有几篇言及太一，其中《主术训》所言与《文子》此段基本相同，不赘述。太一之义有二，一是《本经训》所云："帝者体太一，王者法阴阳，霸者则四时，君者用六律。"高诱注："太一，天之刑（形）神也。"⑤ 另一是《诠言训》所云："洞同天地，浑沌为朴，未造而成物，谓之太一。"许慎注："太一，元神

---

① 王先谦：《荀子集解》，第355页。
② 陈奇猷：《吕氏春秋校释》，第255~256页。
③ 《左传》昭公七年记子产对魂魄的看法，可谓典型："人生始化曰魄，既生魄，阳曰魂。用物精多，则魂魄强，是以有精爽至于神明。"子产认为人死后，尸归于地而为魄，气则游于天地间为魂。若人生前多有养生之物资，则死后魂魄较普通者为强。人生前的生活、所用物资都与死后魂魄有相当的关系。
④ 有关《文子》引文及注解见王利器《文子疏义》，第361~362页。
⑤ 刘文典：《淮南鸿烈集解》，第258页。

总万物者。"① 则太一分别指天之形神、元神,这继承、发展了楚国辞赋家的看法。

《礼记·礼运》篇的太一观受道家影响,认为太一是元气,"是故夫礼,必本于大一,分而为天地,转而为阴阳,变而为四时,列而为鬼神"。孔颖达解云:"必本于大一者,谓天地未分,混沌之元气也。极大曰大,未分曰一,其气既极大而未分,故曰大一也。"② 视太一为混沌未分的元气,是宇宙之本,与本体道之义基本相同。太一既分,形成天地,天之气运转为阳气,地之气运转为阴气,阳气运转而为春夏,阴气运转而为秋冬,如此,宇宙形成。这是《礼运》篇的宇宙生成论,应受到《系辞》影响。

《史记·天官书》的看法和其他各家截然不同。该篇记汉武帝时的太一之歌,有云:"太一贡兮天马下。"《正义》:"太一,北极大星也。"③ 以北斗为太一。北斗素为众星之君,称北斗为太一,则太一为君主之意不言自喻。

可见,自战国到汉初,道家一直视太一为本体。《淮南子》赋予神化,尊其为天之形神、元神。《泰鸿》篇所言的泰一,既是本体,又是百神之长,同时是圣王,又较《淮南子》所言者地位更高。

写于战国晚期的《泰录》篇主要说明神圣如何与泰一相合,指出:"入论泰鸿之内,出观神明之外,定制泰一之衷,以为物稽。"(37b/8-9)认为神圣能论泰鸿元气之情状,能观至灵至明的人心(神明),而得中于本体泰一,且深得本体泰一之传。本篇还进一步阐释了神圣施政如何效法泰一。④ 《泰鸿》篇则借泰一之言阐明圣王施政的具体情况,并且指出:"泰一者,执大同之制,调泰鸿之气,正神明之位者也。"(33a/4-6)主要说明泰鸿是宇宙元气之始、宇宙之本原,它还能次序鬼神之位。如前文所论,本篇写于汉武帝时,当时《淮南子》已把太一当成是元神,为诸神之君。且武帝在元鼎四年确立泰一祭典,泰一居于最高层,凌五帝而驾之。故《泰鸿》篇所言的泰一既是本体,又是鬼神之君。可见,《鹖冠子》

---

① 刘文典:《淮南鸿烈集解》,第463页。
② 郑玄注,孔颖达疏《礼记正义》,第707页。
③ 《史记》,第1178页。
④ 详本书第八章。

这两篇所说的泰一,既有战国时的本体义,又有汉初的元神义。

先秦时期,不仅道、太一有本体的概念,天也是形上学中极为重要的概念。《鹖冠子》对于天的看法很特别,有些观点与其他诸子不同。为了更清楚地了解《鹖冠子》整体的形上学内涵,下文探讨其天论。先秦诸子有些特重道论,有些则重天论,分别视道或天为万物的根源。《鹖冠子》中所言的道,有指天道,有指治道,然多以后者为主,① 其重要性不如天,故此不赘。

四 《鹖冠子》的天论和三才观

(一) 先秦儒、道两家的天论

中国古人重天,强调天人关系的重要性。自周代以来,日渐重视天,对于天的看法也随时而变。据学者研究,《诗》《书》所言之天包括启示之天、统治者、命运之天与自然之天。《左传》《国语》中的天逐渐丧失值得尊敬的地位,也成为战争与恶行的借口。春秋时人重新认识天,言天地则含有自然常法,认为天可以限定国运;言天道则有三义,名正言顺者、自

---

① 天道方面,《夜行》篇所说的道具有本体之义,言莫知其状,其中有象,其中有物(4a/1-8),看法和《老子》相同。《天则》篇以同异变化来说明天道,"化而后可以见道"(6a/1),看法与庄子同。《环流》篇所说的道指北斗之柄运行的规律。又本篇认为一与道有所不同:"同之谓一,异之谓道。"此"一"不指本体,而就万物彼此互通言,道是指万物各具独异性,这样,道与一是一体两面,并非葛瑞汉认为的是对本体一与道之别("The Way and the One in Ho-kuan-tzu," *Epistemological Issues in Classical Chinese Philosophy*, pp. 35-36)。《泰鸿》篇说:"传谓之道,得道之常。"(33a/8-9)《泰录》篇说:"名尸神明者,大道是也。"(38a/8) 此道皆得自本体之道,是形上之道。治道方面,《近迭》篇说:"乡曲慕义,化坐勺端,此其道之所致,德之所成也。"(14b/1-3) 君主尊贤使能,推行德政,则乡曲仰慕此仁义,君主之道德自此风化天下。"今大国之君不闻先圣之道"(19a/1-2),先圣之道就是先圣所制之法,而能垂宪后世。《度万》篇说:"夌陵知无道,上乱天文,下灭天地,中绝人和,治渐终始。"(21a/7-8) 无道就是君主破坏与天地相通的人之文、人之理。《王铁》篇说成鸠氏统治天下万八千岁,天下无敌,齐俗化殊,树俗立化(24b/7-25a/2),此道指政道、用兵之道、人道。其他篇章如《博选》篇,认为道包含天、地、人、命四者(1a/5-6)。《道端》篇说有仁义忠信等美德的长者,事奉君主,鞠躬尽瘁,以儒家仁义等伦理来引导君主,协调事务,如此,"天下好之,其道自从"(16b/6)。敦煌本注:"长者事君,引君于道,错国于安。"(傅增湘:《跋唐人〈鹖冠子〉上卷卷子》,《国立北平图书馆月刊》第3卷第6号,1929,第724页) 此道指君道。本篇又说:"君道知人,臣术知事。"(14b/9-10) 君道在知人、选人、用人,臣下之责在于躬劳百事,办好各种事务。

然法则、德治理想。孔子赋天予四种看法——自然界、关怀人世的主宰、使命的本源、命运，这使他在文化传统面临危机时，设法阐释新的人之道，为其强烈的使命感与奉行使命的决心提供理据。孟子对天也有四种看法：①造生之天与②载行之天，它们赐人生命，赋人以敏感易觉之心做为人的本质，透过圣人的教导，人容易体认自己原本于天的自性；③主宰之天与启示之天，要靠人的配合才能发挥效用；④审判之天，由它发展出一套有限度的命定论。荀子认为天是自然界或自然世界，人必须对现世的治乱负责，而圣人要负起最大责任。五千言《老子》言天地指万物借以产生的场所，天之道指自然界和自然法则。《庄子》对天有六种看法：天空、谈话中的对方、自然之总称、能产的自然、所产的自然、自然之原理。诸子对天的看法，一方面显示了对宇宙人生的深度思辨，另一方面亦是借以解脱自己，追求精神自由。[①] 可见，先秦儒、道两家对于天有不同的认识，从而作为各自学说的理论根源。

（二）《鹖冠子》的天论

1. 鹖冠子对天的看法

为了分辨鹖冠子与《鹖冠子》天论的异同，下文先分析鹖冠子对天的看法，再分析《鹖冠子》的天论。又由于《鹖冠子》各篇的写成年代不同，学派有异，故其天道观有所差别。讨论《鹖冠子》的天论，除了加深对《鹖冠子》思想的认知外，也有助于了解先秦秦汉黄老学的天论。

（1）形上之"神"

鹖冠子在《度万》篇指出："天者，神也；地者，形也。地湿而火生焉，天燥而水生焉……神湿则天不生水。"（20a/8 - 20b/1）天为神，地为形；形上不可见，为神为天；形下可见，为形为地。天为神，"神湿"则天亦湿。依常理言，天湿才生水，但是鹖冠子反其意，认为天燥才能生水。鹖冠子对天燥湿与水火的关系同一般认知不同，张尧翼认为此乃"以无为生""以反为用"。

君主能把握天地与神形、水火的关系，依此推行政令，就能遵循四时变化规律，保形养神，以达到"德之正"之效。

---

① 傅佩荣：《儒道天论发微》，第 27～147，218～261 页。

（2）不可战胜者

鹖冠子在《度万》篇中说得明白："天者，非是苍苍之气之谓天也。"（20b/9）这不是自然之天，而是"所谓天者，言其然物而无胜者也"（20b/10－21a/1）。敦煌本注："苍苍者，天之外象……其所以然者，天在无胜。"[1] 可见，此天不指自然的天，而指具有强大威力的精神力量，同时指创造万物者。陆佃将其推及政治方面来解释："言天者君道也，可天下之物而莫之胜也。"因为它具有不可克胜的特性，因此，自然、人间一切具有不可战胜者，都可谓之天。

（3）自然之天

鹖冠子说："天高而难知，有福不可请，有祸不可避。法天则戾。"（17a/6－7）这是鹖冠子强调君主要重视军队建设，把国家安全与百姓安危视为头等大事，保境息民，而不应只求效法天道，做虚而不实之事。鹖冠子又指出："神化者，定天地，豫四时。"（24a/4）认为最理想的君主（尸神明）可以拟定自然天地之运行规律，定四时变化之序。因此，自然天只不过是尸神明统治良好的一种表现，它对于君主施政的影响力很少。易言之，自然天在鹖冠子的心目中并不占据最高的位置。从这一点就可以看出鹖冠子与庄子、《老子》不同，后两者认为自然天是自然界的最高者，君主应该效法它，尤其是《老子》，认为天地不仁，故君主也应对臣民不仁（第5章）；又如功成身退是天之道，因此君主也应该在适当时机引退（第9章）；认为天效法道，则君主也应效法天，天道是君主修身、施政、治国等的圭臬（第16章）。

总而言之，鹖冠子对于天有三种看法：一种继承《老子》等，认为天是自然者；其他两种是他的创见，目的在于阐释天具有无胜的特性，为拥有政治最高权力的君主提供形上的理论保证。可见，鹖冠子的天论虽然有探索形上之义，但是其目的侧重政治方面。

2.《鹖冠子》其他篇章的天论

除了《近迭》《度万》《王鈇》《兵政》《学问》这五篇反映了鹖冠子的思想外，《鹖冠子》其他篇章则多反映自战国晚期至汉初的黄老思想，

---

[1] 傅增湘：《跋唐人〈鹖冠子〉上卷卷子》，《国立北平图书馆月刊》第3卷第6号，1929，第724页。

所论及的天,其内涵与鹖冠子所言有相同者,也有不同者。兹先论述其相同处,再论其不同处。

(1) 相同之处

首先,天是自然之天。

《夜行》篇说:"天,文也。"(3b/7) 此天指天空或天文现象。《天则》篇说:"地有分于天,天有分于时。"(9a/4-5) 此天指气候或天气,是自然的一部分,有其运行规律,是君主施政效法的一种外在原则。因此,《鹖冠子》屡次提出天道,并说明它的特征,以此为明君效法之榜样。《天则》篇说:"捐物任势者天也,捐物任势,故莫能宰而不天。"(7b/5-6) 天道因任自然而无为,故圣王施政,也应因任自然而无为,如此才是"不创不作,与天地合德"(5a/6-7)。

其次,天是指君道,它代表最高统治者。

《天则》篇说:"彼天地之以无极者,以守度量而不可滥。日不逾辰,月宿其列,当名服事,星守弗去,弦望晦朔,终始相巡,逾年累岁,用不缦缦,此天之所柄以临斗者也。"(4b/4-9)。太阳、月亮、星星都有其运行的规律,而北斗是众星之君,天在这里更君临北斗。君主效法天,就是以天道为君道,反之君道也是天道。这一点《道端》篇说得更明显:"此四大夫者,君之所取于外也。君者,天也。"(14a/5-6) 四大夫指具有儒家仁、忠、义、圣四德者,他们以四德结合四方、四季,辅助居中的君主,协调事务,教化下民,使君主享有美誉(16b/3-6),流芳千古。又说:"本出一人,谓之天。"(14b/3) 这种视天道为君道的看法和鹖冠子"所谓天者,言其然物而无胜者也"(20b/10-21a/1) 相同。《泰鸿》篇也提出天是三光(日、月、星)之君的说法:"日信出信入,南北有极,度之稽也。月信死信生,进退有常,数之稽也。列星不乱其行,代而不干,其位之稽也。天明三以定一。"(34a/9-34b/2) 这一看法和鹖冠子在《王铁》篇说天具有诚实的特性(25a/4-6) 是相同的,也和《夜行》篇"日,德也;月,刑也"(3b/7) 之说相同。此皆源于《黄帝书·经法·论》"天执一以明三"说。[①] 《黄帝书》把天、日月星和阴阳结合起来,并配合德、刑,以说明信庆赏属阳类,严刑罚属阴类,它们是明君统治必不

---

① 余明光:《黄帝四经与黄老思想》,第 263 页。

可少的手段，德、刑具有相辅相成、缺一不可的关系。可见，鹖冠子、《鹖冠子》与黄老学具有一脉相通之处。

（2）不同之处

其一，认为天是神之所形。这一看法刚好和鹖冠子相反。《天权》篇说："天地已得，何物不可宰？理之所居，谓之地；神之所形，谓之天。"（54b/8-9）神所表现的是天，这和鹖冠子说天是神之本判然有别。本篇主要说明将帅掌握致胜之理、取胜之道，即掌握天地（不指自然的天空大地，而指形神、道理，也就是将帅效法天地运行之道，以四时为四象，依五行设阵，把自然天道、术数等与行军打仗密切结合，并施以出神入化的谋略）。君主战胜后，要把精神修养提高到与天地同游的境界："挈天地而能游者……独化终始，随能序致。"（52a/7-52b/1）如此，其目的与鹖冠子强调君主保精养神殊途同归。

其二，对天有比较特殊看法的是《泰鸿》篇，对天有以下几层阐释。

天是"气之所总出也"（41a/1），为阴阳两气之源。那么天是元气、气母，或是本体的一部分，也应是泰鸿。天、泰鸿、元气同实异称。

天是气，介于本体与万物之间："天地成于元，万物乘于天地。"（38b/2）元应是本体一，生天地。天成为本体与万物之间的中介之气。此气之中，有精微之物，它们相互作用，形成天地之始："精微者，天地之始也。"（38a/6-7）这种看法和《老子》说道中有象有精的看法相同。

本篇提出天地运转有规律："无规圆者天之文也，无矩方者地之理也。天循文以动，地循理以作者也。"（39a/8-9）此天指自然天。所谓"文者所以分物也，理者所以纪名也"（39a/7），天分别万物，随物而别，故无形无迹，没有规圆可寻。同一篇里，天至少有三种内涵，其目的是要圣人效法天地，效法文、理，就可与神明、天地相通："法天居地，去方错圆，神圣之鉴也。"（39a/1-2）效法天道圆活，知古通今，如此，"后天地生，然知天地之始；先天地亡，然知天地之终"（39b/1-2），就能"入论泰鸿之内，出观神明之外，定制泰一之衷"（37b/8）。有这种本事，就掌握悠久性、永恒性、超越性、本根性的道，成为《泰鸿》的理想人物——神圣。

3. 小结

综上，《鹖冠子》所说的天论既有继承诸子之处，又有独特的创见。

无论是赋天予自然义还是形上义（含本体义），无非是为最高统治者提供形上的保证，要求君主在天道的指导下而立法决策施政，不要违背天道自然的运动规律，并把人类与大自然相连接，这样，在天人合一的宏观角度下来处理问题，政治才能走上康庄大道，而人类的心灵才能保持通灵活泼，与大自然有戚戚之感，既敬重自然，又改造自然。

《鹖冠子》成书于战国晚期到汉初，学主黄老，重视天论，也重视天地人一体观，所谓述"三才"也。① 胡家聪《道家黄老学的"天、地、人"一体观》分析了战国时期道家对于天、地、人的看法。② 下文在此基础上分析《鹖冠子》的三才观及其与黄老学的关系。

（三）天地人一体观与政治的关系

1. 三才观与君主立法决策的关系

黄老学派主张君臣分工，君道无为而臣道有为，即君主建立法制、分官设职后，只要虚静谨听、掌握对大臣赏罚生杀之大权即可，不必躬劳百事。③ 臣下克尽其职，君主责其成，则君主看似无为，实则有为。《管子·宙合》篇也指出"君出令佚""臣任力劳"，《任法》篇说圣君"守道要，处佚乐"，关键在于君主立法出令的决策必须得道之要。《老子》也提出"道常无为而无不为，万物将自化。"（第37章）《慎子·民杂》篇说君主能兼蓄臣民，因臣民之才而加以使用，就是最理想统治者。帛书《伊尹·九主》也主张君无为而臣有为，以无职并听有职。④ 可见，由先秦到汉初，黄老学都主张君主守道要而决策。⑤《鹖冠子》学主黄老，其三才观与政治的关系也具有这些特点，下面从几方面来论述。

（1）把握天、地、人三才相与之道，作为施政的圭臬

鹖冠子很重视施政与把握天地运行规律的密切关系。他认为尸气皇（神化者）能定天地之位、序四时之次、拔阴阳之变（24a/4-6）。理想君

---

① 传统学者认为《鹖冠子》"述三才变，通古今治乱之道"，见王尧臣等《崇文总目》，第510页；宋濂《文宪集》，《四库全书》第1224册，第412页。
② 胡家聪：《稷下争鸣与黄老新学》，北京：中国社会科学出版社，1998，第143~171页。
③ 有关《黄帝书》的政治思想，可详余明光《黄帝四经与黄老思想》，第38~41页。
④ 余明光：《帛书〈伊尹·九主〉与黄老之学》，《道家文化研究》第3辑，第340~341、344~345页。
⑤ 余明光：《黄帝四经与黄老思想》，第38~41页。

主成鸠氏得天之道（25a/3），所以其家族统治天下一万八千年，树俗立化，盛德不泯（24b/7 - 25a/2）。盖成鸠氏推行的制度是天曲日术，"天曲者，明而易循也；日术者，要而易行也"（26a/10）。陆佃认为天曲是制邑理都之法，日术是下情上闻、上情下究所需的时间（26a/10 - 26b/1）。成鸠氏严命每一行政层必依一定日数向上报告，向下施政教诲（28a/2 - 9），"此与天地无鬲之道同也"。[①] 把天曲日术与天地之道并提，深得鹖冠子原义。成鸠氏因"天用四时，地用五行"，而"执一以居中央，调以五音，正以六律，纪以度数，宰以刑德，从本至末，第以甲乙。天始于元，地始于朔，四时始于历"（27b/8 - 28a/2）。这明显有天人相参之意，重点言成鸠氏效法天地之道，居于天地之中以执一，以刑德为政，以五音六律为法式来统治天下，重视选择时日、历法，如此，"功日益月长，故能与天地存久"（31b/1 - 2）。

《鹖冠子》其他篇章相同的看法，比比皆是。如《天则》篇认为圣王推行政教，"中参成位，四气为政"（4b/10），依四季气候而推行相应的季令，才符合天节（5b/4 - 5）。效法天道，就要因任自然无为，"捐物任势者天也"（7b/5 - 6），顺应自然之势，才是"不创不作，与天地合德"（5a/6 - 7）。

《环流》篇认为圣人思索天道规律，把它应用于政治上，如北斗为星辰之君，"斗柄东指，天下皆春"，"斗柄运于上，事立于下"（11a/2 - 3）。北斗斗柄指向一方，就出现与其相应的季节，意味着君王也有极大的权威和领导力量。

《道端》篇认为圣人"与天与地，建立四维，以辅国政"（13b/5 - 6），效法天地，安立万物。所谓四维，并非敦煌本注[②]和陆佃注所云礼、义、廉、耻（13b/6），而是指天、地、君主与贤能，如此便把君臣与天地相提并论。

《泰鸿》篇借泰一告诉泰皇："吾将告汝神明之极，天地人事三者复一也。"（33b/8 - 9）天地人三者相合，以泰一为最终的效法对象，心灵与泰

[①] 傅增湘：《跋唐人〈鹖冠子〉上卷卷子》，《国立北平图书馆月刊》第 3 卷第 6 号，1929，第 72 页。

[②] 傅增湘：《跋唐人〈鹖冠子〉上卷卷子》，《国立北平图书馆月刊》第 3 卷第 6 号，1929，第 73 页。

一相冥契而无间，爱精养神，"所以希天"（33b/5），如此是圣人。圣人推行政令，要调顺阴阳两气，"归时离气，以成万业"（35a/3），"偷气相时，后功可立"（35a/10），意为圣人要顺合阴阳四时的变化，相时行事，如此，才能建立彪炳伟业。圣人施政效法日、月、星辰的运行规律，以作为度、数、位的稽征，"分以度数"（34a/4）、"齐以晦望，受以明历"（34a/5）。四时推移，春生夏长，秋收冬藏，季节不同，政令也宜有所差别，如此，"天明三以定一，则万物莫不至矣。三时生长，一时煞刑，四时而定，天地尽矣"（34b/2-4）。依四季变化规律，三时生长，则教以德化；一时收藏，则严以刑治，"牧以刑德"（34a/3），兼用文武之道。

可见，《鹖冠子》在主张圣王施政效法三才上，认为或效法天道无为因任，或调顺阴阳两气，或因循四时节气而推行相宜的政令，或效法北斗，或效法三光之运行规律，如此，德刑相合，自可治天下于股掌之中。

（2）审时以举事

明君在施政时把握三才观，同时要审时度势。中国为农业大国，历来强调治政不背农时，不失良机。鹖冠子重视时，他在《学问》篇中指出学说与时势的关系：一种学说的价值不会恒久不变，而随着时、地、形势、人等彼此关系发生变化而变化，"贵贱无常，时使物然！"（50b/3）因此，他认为君主平常该好好学习他的学说，"常知善善，昭缪不易，一揆至今"（50b/3-4），就能守文继体，传诸久远。否则，君主必"身死国亡，绝祀灭宗"（50b/4-5）。至于一般百姓，不好好学习，也"不能保寿"（50b/5）。可见，鹖冠子对自己的学说很自信，同时对学说与时世变化的关系有洞见。

《鹖冠子》强调重时。《环流》篇认为一切都由本体所定，此谓之命。圣人虽然也是人，会受到命的限制，但是他善于因时相机而作，取得成功，不被命运所制，"时、命者，唯圣人而后能决之"（12a/1）。后世君主不能治理好国家，是因为他们胶柱刻舟，抱残守缺，不通时变，或者骄矜自大，不重用博学贤士，以致坐失良机，弄巧成拙（12a/2-3）。君王应随时通变，不限于井管拘墟，"故所谓道者，无己者也；所谓德者，能得人者也"（12a/4-5），选能与贤，察纳雅言，如此必能安邦定国。

《道端》篇强调君主施政要顺天应时，修身进德，求贤辅治，如此则"参偶其备，立位乃固；经气有常，理以天地"。若"动逆天时，不祥有崇"（13b/7－8），不顺天因时，背道反常，则维倾国亡，祟妖出现，君主成为阶下之囚。

2. 三才与五行的关系

五行学说在战国中晚期已经盛行，浸透到诸子百家和社会思想的各个领域。它把方位、四季和各种品行等联系起来，统摄自然与人事，探寻宇宙之道，追求本体的天人合一。① 五行与天道、人道（政治等）相连接。《鹖冠子》多处把君主施政与五行安排在一起。《环流》篇把北斗与其所指的四方和四季联系起来，东—春，南—夏，西—秋，北—冬，以说明北斗为天上之君。圣人以北斗为榜样，同样可以君临天下。

《道端》篇重视儒家仁、忠、义、圣四德之才所发挥的政治作用，并把四德与四方（空间）、四季（时间）相结合，其关系排列为：左—仁—春—生殖；前—忠—夏—功立；右—义—秋—成熟；后—圣—冬—闭藏；中—君（14a/1－3）。作者这样安排，目的在于突出儒臣对治国所发挥的巨大作用，既辅佐治政，又对臣民起着潜移默化的教化之功。

《泰鸿》篇把五方、五行、四季相联系，安排是这样的：东方—春—木；南方—夏—火；西方—秋—金；北方—冬—水；中央—土（35b/9－36a/9）。泰一命令天子依五方、四季、五行的配合，治理天下百姓，调和两气、五味、五声，而和天下。天子居东方，以木德治天下，则天下皆受其化而有欣欣向荣的木德。依此类推，天子依次居五方，各以其相应之德治天下，天下受其化而出现与该德相应的现象。可见，本篇言五行与政治的关系，有两种布置。一是君臣关系，圣人（天子）居中，臣辅各居前后左右，以静侍中央、辅治天下。这和《道端》篇所说的相同。二是天子在一年里推行政令，依四季之变化，推行相应的季令，以配合相应的行德。这和《管子·五行》《淮南子·天文训》所说天子一年以木火土金水为次、各分七十二日推行不同政令的看法相同，不过这两篇规定的天数是七十二日，而本篇因主张土德居中，没有相应的季节，因此，认为一季（九十天）推行一令。本篇把两种五行说应用在政治上，是对战国五行说在政治上使用的总结。

---

① 有关五行的讨论，详庞朴《一分为三》，深圳：海天出版社，1995，第114~139页。

3. 天地人一体观与修养的关系

胡家聪认为黄老学在论及三才观与修养的关系时,有论内心虚静的精气说、身心正静的养生论、养气论、正静论等。[①]《鹖冠子》没有这几种说法,而主张形神相调论。

鹖冠子在《度万》篇解释神、道、气的关系,他说:"神备于心,道备于形。"(22b/1)天为神之正,则神归于天,备于心。心可以判断事物,有无往不胜、裁制万物之力,可包容天地。他又说:"气由神生,道由神成。"(23a/1)生,养也。[②] 神能够养气,使气之正者(阴阳)充实于内,如此神能交融阴阳之气。道之形成有赖于神。这样,天、地、阴阳、气、道、心以神为枢纽而汇通联系,心统摄神而把握天地阴阳的特性。圣人有此心,能把握此道,"能正其音,调其声,故其德上及太清,下及泰宁,中及万灵"(23a/2-4),能参贯天、地、人三才,其德行盈充天地之间,德泽所及,无与伦比。明君心神的修养程度不同,其治理天下的境界亦不同。

鹖冠子认为,明白天人形神的密切关系,就善以养生:"形神调则生理修"(21a/4),能够调和形神,则生理日长。陆佃注云:"形不病燥,神不病湿,则生理修矣。"(21a/4)形不病燥则湿,湿能生火;神不病湿则燥,燥则生水。养生因循形神的特性,就能使阴阳调和。推之于政治,君主善于卫精养神,才能处理政务。否则,"夫生生而倍其本则德专己"(21a/4-5),但若太注重养生(形),以致自己的德行不能提高,反为外在物欲所困扰,"岂足言卫生之经哉?"(陆佃注,21a/5-6)因此既要重视形神调和,又不可求之过分。

鹖冠子进而认为神形、天人调和为治政之根本,顺之则政治兴隆,逆之则政治窳败,后果不堪设想。一是"上乱天文,下灭地理,中绝人和,治渐终始"(21a/7-8)。搅乱天文,灭绝地理,破坏与天地相通的人之文、人之理,加上专己无道,则"天地人三者皆乱矣"。[③] 二是"虚名相

[①] 胡家聪:《稷下争鸣与黄老新学》,第151~154页。
[②] 《周礼·大宰》"以生万民",注:"生犹养也。"见郑玄注,贾公彦疏《周礼注疏》,第24页。
[③] 傅增湘:《跋唐人〈鹖冠子〉上卷卷子》,《国立北平图书馆月刊》第3卷第6号,1929,第74页。

高，精白为黑，动静纽转，神绝复逆。经气不类，形离正名"（21b/2－5），君臣上下行事处世黑白颠倒，形名失实。他们不踏实工作，而虚与委蛇，沽名钓誉，变乱事实，言行不一，内外相背，行事舍本逐末，马马虎虎，不慎防杜渐，结果，天下大事一败涂地。三是"过生于上，罪死于下。有此将极，驱驰索祸，开门逃福。贤良为笑，愚者为国，天咎先见，菑害并杂。人执兆生，孰知其极"（21b/6－9），君臣上下乖张相违，国家将亡。君主若不以此为鉴，反而趋祸避福，疏贤用小，如此必有后患。人事已乱，天灾屡见。君臣不能穷神知化，没有权宜通变之法，只能归于失败。

可见，君主修身不仅仅是个人之事，同时攸关国家兴亡，故不可不高度重视。

4. 军事上的天人观

鹖冠子虽然在《近迭》篇中反对圣王用兵效法天地四时，但是他在《兵政》篇提出用兵之道是："用兵之法，天之，地之，人之，赏以劝战，罚以必众。"（47b/7－8）统帅应取法三才，参与天地之变化，掌握天地自然变化之规律，才能取胜。

《天权》篇尤其主张用兵要效法天道，制以五行、四时求象："兵有符而道有验，备必豫具，虑必蚤定，下因地利，制以五行：左木，右金，前火，后水，中土。营军陈士，不失其宜。五度既正，无事不举。招摇在上，缉者作下。取法于天，四时求象：春用苍龙，夏用赤鸟，秋用白虎，冬用玄武。天地已得，何物不可宰？"（54b/1－8）用兵打仗要取得胜利，首先要布置周密，计深虑远，如此，可有白鱼入舟之望。其次，因应地利——军队数组列阵要阴阳相对，左阴右阳，前生后死，互相照应。再次，依五行生克原理来架构阵势，左木、右金、前火、后水、中土，运用五行生克原理，施诸实际战斗。如此，每方军队各处其地，进行操练。又画北斗中的招摇星于军帜之上，以指正四方，使行阵进退有常，井然有序，而军旅士卒能奋其威怒，以便作战时收威震敌军之效。最后，将帅效法天道，并依四时季候不同，取法四象：春用苍龙，夏用朱雀，秋用白虎，冬用玄武。把行军与五行四象紧密联系起来，易言之，把术数融于作战思想中，使战争更有理论根据。这里作者阐明将帅的指导思想、军队训练、行阵摆设，强调平素厉兵秣马，效法天道五行四象，必能在战争时百战百胜。

结　论

　　通过上文的论析，可见《鹖冠子》的形上学在先秦汉初道家史上占有一席之地。首先是本体论，它提出泰一的观念，和战国中晚期迄汉初儒道两家视泰一为本体的思想潮流相吻合。其泰一观包含了战国晚期和汉初的两种重要概念：本体与元神。这正说明成书跨越此两时代的《鹖冠子》，其思想观念不能自外于时代潮流，也可见《鹖冠子》成书非出于一人一时之说可靠。《鹖冠子》的宇宙生成说别具特色，尤其是《环流》篇，受到《列子》《黄帝书》《老子》等的影响，不仅阐明混沌之前的状态，而且说明生成万物后人类的活动状态。这是从天人和宇宙生成的角度来看人类活动，在先秦汉初道家史上相当罕见，由此足以肯定《鹖冠子》的地位与价值。先秦汉初道家的宇宙生成说有数种提法，以《列子》《黄帝书》《太一生水》《恒先》《老子》为代表，说明道家学派之间胜义纷呈，内容丰富，各树一帜，百家争鸣。《鹖冠子》的宇宙生成说基本上继承了《黄帝书》《老子》。《环流》篇说明气、道运行之法，阐明法与言、神、明、命等的关系，然较《天瑞》篇和《老子》所论尤深入细腻，这是其他两者乃至《庄子》外篇和《淮南子》所没有的。

　　《鹖冠子》在天论上和庄子学派比较接近。相对而言，庄子学派侧重天论，《黄帝书》《老子》则侧重道论。从天人合一的角度来阐释政治运作，是道家的共同点。《鹖冠子》也不例外，并提出了自己的创见，认为天是神之正、君道，为拥有政治最高权力的君主提供了形上的理论保证。同时，鹖冠子更加强调君主在天人关系上修身对治国具有重要的作用。

第十四章　鹖冠子的理想政治论与其理论渊源

一　诸子的理想政治论

（一）理想社会的产生

生活在不同时代、地域、社会制度里的人，其生活水平、文化水平、精神境界、追求等会有不同，对于理想社会的设计也各有特色。从人类社会发展史来看，过去任何一个社会都不是完美无缺的。当人民的物质生活、精神生活受到限制，就会对现状产生强烈不满，继而反映在其对理想社会的塑造中：有的因生活贫困，希望能在理想社会实现富足；有的虽然衣食无忧，物质富足，但是精神生活得不到满足，或很难提升，希望在理想社会里有丰富的精神世界；有的生活在比较安定的社会里，但是觉得此社会缺少远大的或者符合自己期待的理想，又或是自己的理想不能实现，因此希望在另一种社会里生活，即使这种社会在文化、经济、安全等方面不如现实社会。可见，理想社会的经济、文化、政治等方面不一定比现实社会发达，甚至最落后的社会也可能是最理想的社会。理想社会不仅具有现实社会的优点，而且避免了该社会的缺点，它博采众长，完美无缺。

人民对于理想社会的追求，源于他们对美好生活的渴望、对美好事物的追求、对实现理想的执着、对人性的不同理解和对善与完人的追求。可以说，人类进入文明社会以后，对理想社会的追求成为一种与生俱来的本性。人生理想是人生的最高法则，是中国哲学的核心部分，也就是人道。[①]

---

① 张岱年：《张岱年全集》第 2 册，第 282 页。

（二）诸子对理想社会的看法

诸子的理想社会和一般民众所追求的有同有异，前者关心整个人类社会的前途、人性善恶、理想的社会制度、生活方式等。他们既要发展思想，以求卓然成家，又希望实现自己的理想，这在很大程度上取决于外在条件——时势是否合宜、君主是否贤明、君臣是否有理想、其理想和自己的理想是否相吻合等。只有在内外条件的共同配合下，诸子的理想才能实现。

所谓乱世出英杰，诸子身处乱世，目睹天下汹汹，往往悲天悯人，深入剖析种种社会问题及其症源，提出对应的解决方案，而他们对理想社会的构建也会体现在其解决方案之中。因此，理想社会和解决方案在一定程度上互相涵盖，交相重叠，理想社会中有解决方案的内容，解决方案中也包含着理想的成分。当然，理想社会是解决方案的精华，是诸子向往的治境。因此，分析诸子的理想政治论，要先掌握他们所处的时代背景、所面对的问题、所思考的方法、所提议的解决方案，然后了解他们的理想政治，同时，应当在一定程度上把理想政治论和解决方案区别开来，不可把两者混为一谈。

先秦诸子大都阐发过自己心中的理想社会。简而言之，孔子主张仁爱、均无贫、老安少怀、无讼。墨子主张兼相爱、交相利，"有力者疾以助人，有财者勉以分人"。孟子主张君主推行王政，为民制产，再教以忠孝仁义，一统天下。庄子主张精神上与造物者游、下与外死生者游，帝王无为；其后学认为理想社会是在三皇或以前的至德之世，那时人与人、人与自然的关系相当和谐，人性最自然，虽然有政府，但是上如标枝、民如野鹿。农家许行主张君臣"并耕而食，饔飧而治"。今本《老子》主张小国寡民，无为而无不为。《礼运》篇提出大同、小康的思想。《吕氏春秋》主张天下为公，男耕女织，君统没有世袭，选贤与能，推行法治，人人各当其任。[①]

理想社会和诸子的政治观、人性论等有密不可分的关系，也和他们所处的时代有密切联系。政治观、人性论不同，则理想社会也有所差别，理想政治的内涵、种类、形式等亦随之而异。诸子的理想时代、理想人物、

---

① 有关诸子的理想社会论，可参陈正炎、林其锬《中国古代大同思想研究》，上海：上海人民出版社，1986，第 22~104 页。

理想事件、理想思想观念各异其趣，有时甚至南辕北辙，互相指责是南蛮缺舌。如儒家重视礼乐文化，他们的理想人物是尧、舜、禹、汤、文王、武王、周公；道家——尤其是庄子后学，理想时代是三代以前，有时连黄帝也不屑；[1] 帛书《黄帝书》以黄帝为理想人物。可见，即使同属道家，对于理想人物和理想时代的认识也不尽相同。而且，他们对于儒家的态度也因人因派而异，如庄子很尊重孔子，而其后学中就有人不断攻击孔子，[2] 当然也免不了攻击儒家的理想人物尧、舜、文王、武王等。

诸子的理想政治论和西方政治论有所不同，后者的理论多数围绕着社会和个人的关系、私人和公共活动的范围、自然法和成文法的地位、权利和责任的特点、国家的制裁权、正义的含义等议题展开。诸子所阐释的政治论，多着眼修身、礼法、社会角色等概念，特别强调道德修养的重要，尤其是君主，要内圣外王，将政治秩序和修身相结合。他们强调通过君主的修养，对社会政治秩序产生影响，使上行下效，从而把修身以提高精神境界所赋予的意义带入新的社会环境。[3] 诸子提出理想论，同时提出圣人观。道家圣王的理想治境是无为而治，他从不强制臣下与民众，而把政治秩序建立在多样的基础上，对臣民的各种行为进行协调，以便发挥他们的创造性，从而有益于社会政治秩序的建立。

从诸子的互相批评中可以看出其提出理想政治的原因。《庄子·天下》篇从道术方面说明古圣王之道衰没，当世之人只得圣王之道的"一偏一曲"，就自以为足，不相往来，如此导致"内圣外王之道，暗而不明"，结果"道术将为天下裂"。本篇认为古圣王得道术之全，有内圣外王之道，内则能够体悟本体，"以天为宗，以德为本，以道为门"，即以自然为本，顺应自然、人性，因时变化，能够"判天地之美，析万物之理"，"备于天地之美"；外则施行仁义，制、遵礼乐法分，以刑名为用，推行政治，本末兼用，能够和天下、育万物。这是庄子学派理想的圣王，他们生活在古

---

[1] 此可参杨儒宾《道家的原始乐园思想》，《中国神话与传说学术研讨会论文集》，第 125～170 页。

[2] 有关庄子及其后学对孔子的态度，详见杨兆贵、梁健聪《诸子思辨视野下的孔子形象——庄子及其后学对孔子的论述》，《南都学坛》2014 年第 5 期。

[3] 〔美〕郝大维（David L. Hall）、〔加〕安乐哲（Roger T. Ames）：《孔子哲学思微》，蒋弋为、李志林译，南京：江苏人民出版社，1996，第 97～135 页。

代。如今"天下大乱,贤圣不明,道德不一",① 古圣王所建立的和谐政治秩序已经受到破坏。黄鹤一去,因为没有圣贤,诸子对于大道理解不一,既不深邃,又难得古圣王大道之全。易言之,本篇认为理想圣王存在于古代而非当世,并有复古修全之意。

荀子对此也有同感,认为战国十二子的学说不过"皆道之一隅",未得道之全,若用之于政治,不仅不能解决问题,反而"内以自乱,外以惑人;上以蔽下,下以蔽上",② 上下相蔽,更助长政治混乱:"饰邪说,文奸言,以枭乱天下。"荀子从治政的角度批评诸子,认为奸言出现在王纲解纽的乱世时代。所以他批判魏牟"不足以合文通治",③ 而自己特别强调礼、乐、群、分、辨,"经国定分"。正因为理想政治不复存在,上无明君,即使下有圣贤,也不被重用,权轻言微,不能改变昏暗的社会。荀子认为诸子不得道之全,阻碍理想政治的产生,因此强烈呼吁"十二子者迁化,则圣人之得势者,舜禹是也"。④

诸子各是其是,而非人之是,这在当时很普遍。庄子后学《马蹄》等篇攻击儒家孔子。《吕氏春秋·不二》篇说孔、墨等诸子各执一词,不能统一思想,如此,"异则乱",⑤ 正说明诸子相非可能带来的恶果。事实上,诸子希望自己的学说能够得到时君重用,以其言易天下,因此,诸子学说和治政有着密不可分的关系。史公一语道破:"阴阳儒墨名法道德,此务为治者也。"⑥《汉志》也认为百家所出,乃因王道缺微,诸侯力政,"好恶不同",又认为百家虽然各得王道的一端,也可明六经之术,若得往圣明王之道,则可成为理想君王。

战国时代,百家争鸣,诸子提出理想政治论。鹖冠子作为黄老学派的一员,同样阐述了自己的理想社会。他的理想和所处时代有哪些关系,有何特色,其理论渊源如何,和其他学派的学说有哪些联系,下文析论之。

---

① 王先谦:《庄子集解》,第 287~288 页。
② 王先谦:《荀子集解》,第 393 页。
③ 王先谦:《荀子集解》,第 91 页。
④ 王先谦:《荀子集解》,第 97 页。
⑤ 陈奇猷:《吕氏春秋校释》,第 1124 页。
⑥ 《史记》,第 3288~3289 页。

二　鹖冠子的理想与时代的关系

（一）理想与时代的关系

要了解鹖冠子的理想，应该先讨论他所处的时代与其思想的关系。首先，我们不能把所有发生在鹖冠子生活时代的重要历史事件都当成是他对于时代问题反思的总背景。每一个时代都发生过很多重大的事件，有些事件在当时就产生影响，有的影响较大，有的较小；有些事件在当时没有产生什么影响，但其余韵可能波及后世，其历史意义远较当世为甚。是以同时代的重大历史事件，不一定马上对诸子产生很大的刺激，因为其终极关怀未必和该事件有密切关系。即使重大历史事件和诸子的终极关怀有关，彼此的关联也未必会直截了当地表现出来。

其次，诸子建构其思想体系有一个发展成熟的过程，在这个过程中，他的思想会受到多方面的影响：有的和家庭教育有关，有的和性格、兴趣有关，有的和当时的社会思潮有关，有的和师友学术渊源有关，有的和地域思想文化有关。当思想日益成熟时，他就会以自己的立场来看世界。思想已经成熟，不等于说其就不再发展而停滞不前，相反，有些思想家终其一生精进不已，如孔子十五志于学，三十而立，四十而不惑，五十而知天命，六十而耳顺，七十而从心所欲，是最好的例证。另外，诸子通过学习古文史记，知古鉴今，在此基础上，也可建构起自己的思想体系。

因此，在分析诸子的思想和时代的关系时，不能随便把时代背景当成是解释其思想的唯一重要因素，这样往往会把问题简单化，无助于探寻其本质。

（二）鹖冠子的生活年代与其关心的重点问题

鹖冠子主要生活在赵武灵王、惠文王、孝成王时期，约在公元前300年到前240年。当时，秦国日益强大，不断蚕食山东六国，能够和秦抗衡的只有赵国。在此前后，一些原本强大的国家，由于种种原因日益衰弱，这引起鹖冠子的重视。他告诉庞子："今者所问，子慎勿言。夫地大、国富、民众、兵强，曰足。士有余力而不能以先得志于天下者，其君不贤而行骄溢也。"（18a/3-5）

这里有几点应该注意的。其一，他特别关心地大、国富、民众、兵强的大国不能一早得志于天下，也就是大国君主没有好好地利用、发挥本国所具有的优势，进一步开疆辟土，反而错过良机，最后不仅不能得志于天下，甚至落到"国被伸创，其发则战"（18b/1-2）、"仇既外结，诸侯畜其罪，则危覆社稷，世主慑惧，寒心孤立"（18b/3-4）的难堪地步。易言之，他认为大国本可以一统天下，而且要尽早统一。如他称赞成鸠氏统治："周阖四海为一家。"（32a/4）他希望天下能够早日统一，同时把希望寄托于大国。其二，这些大国使他的希望落空，他的统一之梦不能在短期内实现。鹖冠子深刻反省大国不能得志于天下的原因，其病源是国君昏庸无能、疏贤用小，以致决策屡屡失误，还挑起边衅，反而被敌国打败，最终一蹶不振，遑论一统天下。其三，针对此情况，他认为大国要统一天下，君主必须谙于用兵之道，因此，他特别重视兵法，在《近迭》《王铁》《兵政》三篇中或详或略地阐释了用兵之方。其四，他所说的大国，不排斥秦国，因为他受到秦文化的影响。因此，学者说他所关心的大国只能是楚国，是不合情实的。

通过以上分析，可见鹖冠子特别重视统一天下。可以说，对统一天下的渴望是鹖冠子理想政治论中最重要的部分。他提出五正论、成鸠氏之治，都是其政治理想的反映，也是他特别措意于地大国富兵强民众之国不得志于天下的根本原因。围绕着这一核心，结合战国时代大国不能一统天下的历史来看，就更能了解他痛心疾首于君主昏庸无道的原因。战国时期，一些大国因君主昏庸而导致国削势蹙，其中以魏、齐、楚、赵为代表。

首先是魏国。魏惠王（前369～前319年在位）继文侯、武侯而称霸，遭到齐、赵两国反对，魏国在军事上屡屡失利：公元前341年齐威王派孙膑领军，在马陵杀死魏将庞涓，俘虏太子申，消灭魏国十万大军；次年齐、秦、赵败魏，魏国丧失霸主地位。其后，魏惠王重用谋臣，更导致国削兵败：公元前334年采信惠施的主张，联合齐、楚，因不堪秦国进攻而最终失败；次采取公孙衍（犀首）广泛争取与国的政策，合五弱（韩、赵、魏、燕、中山）以御三强（秦、齐、楚），因三强对此不断破坏而失败；公元前322年接受张仪联合秦、韩攻打齐、楚的连横政策，然惠王的目的在借秦国之力报复齐、楚，并非真正投靠秦国，所以秦怒而伐魏。魏国失败的原因是战争增加人民的负担，战士长期作战，战斗力难以为继，且地处齐、秦夹攻之中，势单力薄。① 魏惠王不能长久称霸，终致国削屈和，和鹖冠子所批评的"君不贤而行骄溢"（18a/5），宠信谋臣、得罪敌国，以致"国被伸创，其发则战，战则是使元元之民往死"（18b/1－3）相同。

其次是齐国。齐威王（前356~前320年在位）推行改革，终于取代魏国而为霸主。至齐宣王（前319~前301年在位）时仍是强国。然愍王十七年（前284），乐毅统率燕、秦、韩、赵、魏五国之兵伐齐，攻入临淄，攻下七十多城。齐国之所以会被攻破，主要有两个原因。一是愍王和一些贵族暴虐无道，《战国策·齐策六》云："齐负郭之民有狐咺者，正议，闵王斫之檀衢，百姓不附；齐孙室子陈举直言，杀之东闾，宗族离心。"② 二是齐连年发动战争，弄得民穷财尽，士卒疲乏，《战国策·燕策一》记苏代之言："南攻楚五年，蓄积散；西困秦三年，民憔瘁，士罢弊；北与燕战，覆三军，获二将。而又以其余兵南面而举五千乘之劲宋，而包十二诸侯……其民力竭也。"③ 愍王为政暴虐，连年战争，也与鹖冠子所说"战道不绝，国创不息"（18b/8）相同。

再次是楚国。自楚怀王十七年（前312）开始，秦不断攻取楚地，如汉中、召陵。公元前279年白起攻取楚都郢，公元前222年王翦平定楚江南地。怀王之时，"大臣父兄好伤贤以为资，厚赋敛诸臣百姓，使王见疾于民"。④ 顷襄王之时（前298~前263年在位），"恃其国大，不恤其政"，以致"良臣斥疏，百姓心离，城池不修"。⑤ 可见，两王皆骄而不贤，且宠信张仪，终致国削兵败。

最后是赵国。鹖冠子生活的年代是战国晚期，也是秦国独强之际，当时尚能和秦国抗衡的只有赵国。赵国经过武灵王（前325~前299年在位）推行胡服骑射后，国势日蒸。然而孝成王（前265~前245年在位）即位不久，用赵括代廉颇为将，与秦国开战，在长平被秦将白起打败，战损四

---

① 徐中舒：《先秦史论稿》，第226~254页。
② 张清常、王延栋：《战国策笺注》，第303页。
③ 张清常、王延栋：《战国策笺注》，第769页。
④ 张清常、王延栋：《战国策笺注》，第375页。
⑤ 张清常、王延栋：《战国策笺注》，第884页。

十多万人，赵国国力被大大削弱。

由上可见，在鹖冠子生活时代的前后，一些大国由于君主昏庸无能，宠信谋臣，不能任用贤能，最后兵败国削，一蹶不振，只能仰人鼻息，遑论一统天下。鹖冠子眼见于此，为了实现他的理想政治，提出两种理想政治论。

关于鹖冠子的理想政治论，葛瑞汉曾有探讨。他认为《鹖冠子》是鹖冠子一人所写，里面有三种理想说：一是《王铁》《博选》《著希》三篇，学近儒墨；二是《夜行》《天则》《度万》《泰鸿》《泰录》五篇，以九皇、泰皇为理想君王，兼融道、法两家；三是《世兵》《备知》，渴望原始的理想政府出现。其后由于经历了秦、楚间的两次政治危机，其思想又有所改变。[①] 葛氏认为《鹖冠子》完全反映鹖冠子的思想，是错误的看法。他常因两篇之间有相同的用语，就断定彼此是同一学派的作品。实际上，如《博选》《著希》虽然都提及道，但是两篇的思想完全不同。[②] 且各篇的写成年代也有不同，如《泰鸿》篇写成于汉武时期，《天则》篇写成于战国晚期，两者时间相去太远。[③] 因此，葛氏所提出的看法不符合《鹖冠子》的原义。鄙意应该把鹖冠子和《鹖冠子》中的部分篇章分开讨论，才能切合《鹖冠子》之理想政治论的历史原貌。

三　鹖冠子的第一种理想政治论
——五正论及其理论渊源

（一）五正论

鹖冠子之理想政治最基本的追求是希望天下统一。他在《度万》篇提出五正论：神化、官治、教治、因治、事治。

其一是神化。鹖冠子说："神化者于未有。"（24a/2）又说："神化者，定天地，豫四时，拔阴阳，移寒暑，正流并生，万物无害，万类成全，名

[①] A. C. Graham, "A Neglected Pre-Han Philosophical Text: *Ho-kuan-tzu*," *Bulletin of the School of Oriental and African Studies*, Vol. 52, No. 3, 1989, pp. 518 – 529.

[②] 详本书第一章、第二章。

[③] 详本书第三章、第七章。

尸气皇。"(24a/4－6)神化是五正中的最高境界。君主司职气皇,能得到元气之本,能定天地之位、序四时之次、拔阴阳之变,既因自然之变化,厘定自然规律,使人类易于循此规律而参与天地万物造化。自然万物并行不悖,则无须措意天下,而天下自治自化,不再需要设置礼乐刑罚。

其二是官治。鹖冠子说:"官治者道之本。"(24a/2)又说:"官治者,师阴阳,应将然,地宁天澄,众美归焉,名尸神明。"(24a/6－8)官治比神化低一级,司职神明。君主要效法阴阳变化交合之道,应"将然"。"将然"不及"未有",神化则"未有",官治应"将然",则官治与神化相差两层境界。官治之君以神明为本来治理天下,神明能得其本性之中,则神燥生水,神形调和。他能秉本以治,可使天澄地宁,众美归之。官治是圣人之治。

其三是教治。鹖冠子说:"教治者修诸己。"(24a/2)又说:"教治者,置四时,事功顺道,名尸贤圣。"(24a/8－9)置,放也,① 模仿之意。贤圣模仿、顺从四时,使臣民行事有时可循。陆佃解说:"春诵夏弦,秋学冬礼,读书之类。因时顺气,于功易也。"(24a/8－9)侧重以儒家来解释,因为儒家重视教化。事,为也,② 意贤圣要顺道而为功。儒、道两家各有理想政治领袖。③ 从鹖冠子思想近于道家来看,此应指道家贤圣。

其四是因治。鹖冠子说:"因治者不变俗。"(24a/2－3)又说:"因治者,招贤圣而道心术,敬事生和,名尸后王。"(24a/9－10)贤圣要修身进德,顺道立功,尤重内在之德。因治则已较注重外在事务,但不改变习俗。言后王,其政治意味比言贤圣为甚。鹖冠子把贤圣置于后王之上,明显重视文化甚于政治。后王重视文教,招徕贤圣以佐治天下,并以因应为心术。敬是儒家所强调的,他们尊圣崇贤,提倡文教,敬事贵和。可见,鹖冠子所言的后王乃是融道家因应之术于儒家理想的圣王。因治基本上是儒家理想政治。

其五是事治。鹖冠子说:"事治者矫之于末。"(24a/3)又说:"事治

---

① 置,《汉书·尹赏传》集注:"放也。"
② 《吕览·谕大》:"故务在事大。"高注:"事,为也。"
③ 有关孔、孟、荀的圣人观,可详本书第四章。道家的圣人观因内部分支不同,看法不一。庄子的圣人是神人、至人、真人、大宗师,他们不屑世事,无意于政。《老子》的圣人是政教合一的最高统治者,即圣王。有关庄、《老》圣人观之异,详钱穆《庄老通辨》,第19～122、125～127、132～136页。

者，招仁圣而道知焉。苟精牧神，分官成章，教苦利远，法制生焉。法者使去私就公，同知壹敬，有同由者也，非行私而使人合同者也。故至治者弗由而名尸公伯。"（24a/10 – 24b/5）事治在五正中的统治境界是最低的。公伯为政，已是天下失道之时，所以从末（制度、用人等）着手以拨乱反正。用人方面，不能招致贤圣，则招徕仁者。君主在卫精养神方面远不能和尸气皇相比，竭心尽力国事，勤于教化，劳苦疲惫，故建立法制，以收去私就公、兴功惧暴、同遵法戒之效。君主为国为民，鞠躬尽瘁，壹敬建法，融儒、法两家之说，远胜昏君庸主。

鹖冠子所说五正论，是以时间（上古到当前）、理想程度（神化到事治）为序，时代越远，君王的精神修养越高。这种厚古薄今的意态和《庄子·缮性》篇相同。

鹖冠子认为阴阳在五正论中起着重要作用，决定神化、官治、教治三者的境界高低。而统治境界最高的是尸气皇，次为尸神明，这两者都是道家的主张。下文就此来阐述先秦黄老道家对此的看法，借以分析鹖冠子此说的理论渊源。

（二）五正论的理论渊源

道家重视本体论和宇宙论，阴阳在此起着重要的作用。他们认为圣王修养、治政要和阴阳紧密联系起来，并将此视为治道之至隆。然而治道属于政治，阴阳属于自然，两者各有自己的内涵和外延，重叠的内容本不太多，为什么道家会把它们紧密联系起来呢？

首先，道家认为，阴阳是本体的一部分，它的变化运动决定自然的变化，四时、天地因之而来，人类也因之而生，人与万物有共同的来源。掌握阴阳，就能掌握自然运行的规律，且自然天道的运行规律也是社会秩序运行的必依之律。那么，君主掌握阴阳，是否即掌握治政？这一点，诸子说得很透彻，如《素问·阳应象大论》解释："阴阳者，天地之道，万物之纲纪，变化之父母。生杀之本始，神明之府也。"《素问·气调神大论》说："阴阳四时者，万物之终始，死生之本也。"阴阳具有一些特征，就形质来说，它包括天地、四时、万物（包括人类）、死生；就本质而言，它是天地变化之道、万物的纲纪、变化的本原，其中应包括社会政治伦理、君臣纲常。同时，它是"神明之府"，黄老学强调君王修身以养神，阴阳就成为养神的府原、终极，这正是圣王所追求的境界。可见，阴阳在自然天道变化等方面有着极其重要的作用。在自然天道方面，《庄子·田子方》的看法很有代表性：“至阴肃肃，至阳赫赫，肃肃出夫天，赫赫发夫地，两者交通成和而物生焉。”① 阴阳与天地具有密不可分的联系，阴阳生成万物，成为万物的本原，而具有本体之义。

其次，在社会政治方面，阴阳成为一以贯之的纲领。《黄帝书·称》云：“凡论必以阴阳，明大义。天阳地阴，春阳秋阴，夏阳冬阴，昼阳夜阴。大国阳，小国阴；重国阳，轻国阴。有事阳而无事阴。伸者阳而屈者阴。主阳臣阴，上阳下阴，男阳女阴，父阳子阴，兄阳弟阴，长阳幼阴，贵阳贱阴，达阳穷阴，娶妇生子阳，有丧阴。制人者阳，制于人者阴。客阳主人阴。师阳役阴。言阳默阴。”② 由此可见，在社会生活的方方面面，凡相对的两者都可用阴阳来看待，这样，阴阳成为贯穿社会政治、家庭伦理的最重要规律。本篇又说"诸阳者法天""诸阴者法地"，就众阳者、众阴者提出行事圭臬：法天就是"贵正"，法地就是"安徐正静"，贵正应是贵动，属于雄节；法地安静，是"柔节先定，善予不争"。③ 这样，阳、天、正与阴、地、静成为既相对又互相转化的统一辩证概念。

阴阳在天道与人道中有如此重要的作用，是以黄老学自然地重视阴阳。

鹖冠子五正论渊源有自，李学勤认为这是对《黄帝书·十六经·五正》篇黄帝说"欲布施五正"的发挥。《五正》篇说明君主先修身，"五正既布，以司五明"，然后能战胜敌人。五正论又见诸长沙子弹库楚帛《天象》篇，该篇说明只有恢复三恒、四兴，才能多见祥瑞，万民怿悦。五正的本义当为君主己身与四方的正（官），鹖冠子是对此两者有所发挥。④ 李说诚是。《五正》篇所言五正偏重说明君主先正己身，而外推及他人万事。鹖冠子所言五正，是阐明五种统治境界。《天象》篇则主要讲历日有失而致灾异，属于战国中晚期阴阳数术一派。⑤

---

① 王先谦：《庄子集解》，第 179 页。
② 陈鼓应：《黄帝四经今注今译》，台北：台湾商务印书馆，1995，第 464 页。
③ 陈鼓应：《黄帝四经今注今译》，第 333 页。
④ 李学勤：《〈鹖冠子〉与两种帛书》，《道家文化研究》第 1 辑，第 342~343 页。
⑤ 李学勤：《失落的文明》，第 245~247 页。

下文主要就鹖冠子五正论中最理想的两种治境——神化与官治来论述其理论渊源。

1. 神化论的理论渊源

《黄帝书》、庄子及其后学、《易传》、帛书《二三子问》对此皆有相关阐述，尤以庄学在这方面的认识最丰富。

首先是《黄帝书》。《黄帝书》主张君王把握阴阳两气，了解、参与自然变化，施之于政，达至治境。《十六经·观》说黄帝命力黑去"观天恒善之法则"，观察自然与人事的各种变化，进而"布制建极""以为天下正"。黄帝认为本体如圆谷，阴阳未分，当两气运行变化，就产生阴阳；阴阳变化，生成四时，并且"行法循□□牝牡，牝牡相求，会刚与柔"，牝牡刚柔是万物变动的两种对立的能量。[①] 黄帝掌握了阴阳四时刚柔的运行变化规律，以施之于政，能一统天下。

对阴阳两气的了解及其于人生精神修养上的应用，庄子的看法和《黄帝书》有所不同。他认为，至人的精神修养达到与天地同为一体的境界，则阴阳为其所御控，可神游于天地之间。《逍遥游》说："若夫乘天地之正，而御六气之辩，以游无穷者，彼且恶乎待哉？"天地，阴阳也；天地之正指纯阴纯阳、至阴至阳；乘，因顺。句意至人能够因顺天地间至阴至阳两气，而御控阴阳六种变气——寒、暑、燥、湿、风、火。阴阳两气交合是出于自然，两气交通，才能生成万物。至人效法两气交合之道，必因道以御控，能合以成和，凝以成神。[②]

庄子又说："（至人）肌肤若冰雪，淖约若处子，不食五谷，吸风饮露，乘云气，御飞龙，而游夫四海之外。其神凝，使物不疵疠而年谷熟。"肌肤冰雪是比喻至人之体纯素无杂，纯素就能与神合而为一，一则能凝合。风指阴阳之变气，吸气就是吸呼阴阳于体内，而加以调和。[③] 易言之，阴阳两气可以为我所用，为我所融。《淮南子·俶真训》释之曰："是故圣人呼吸阴阳之气，而群生莫不颙颙然，仰其德以和顺。"使万物景仰以从，

---

① 余明光：《黄帝四经与黄老思想》，第 281~282 页。
② 刘武：《庄子集解内篇补正》，第 14~16 页。
③ 刘武：《庄子集解内篇补正》，第 20~21 页。

和顺相生。① "乘云气"意同"乘天地之正","御飞龙"意"御六气之辩",即御九五至纯至阳之气。神人能调摄阴阳两气,其着手处是用志不分,则能静、能定、能凝、能无己(与大化合一)。其神游四海之外,四达并流,即《天下》篇"上与造物者游,而下与外死生、无终始者为友"之意。② "使物不疵疠而年谷熟"就是化育万物。③ 庄子认为至人的精神境界,是能因顺御控至阴至阳两气,这与鹖冠子所说神化者"定天地,豫四时,拔阴阳,移寒暑,正流并生"是相同的。不过,庄子乃就内圣言,鹖冠子兼内圣外王言。

庄子复把身体内阴阳两气调和说成是太冲莫胜。首先要用神于至道,"忘肝胆,遗耳目",不用肺而用丹田呼吸,继而阳气由踵上升,与阴气相合,如此,一气流行,气机盛发,浑溢天壤,达到"未始出吾宗",④ 即未出于气之大宗自然之天,也即顺物自然之义。由此看来,至人对于阴阳的驾驭不只在精神方面,身体方面也与阴阳浑然一体。

庄学《刻意》篇所说的理想圣王治国之道继承庄子的看法,并加以发挥,说圣王"静而与阴同德,动而与阳同波",即与阴阳相合,亦是调和阴阳两气。同时,圣王虚无恬淡,"纯粹而不杂,静一而不变,惔而无为,动而以天行"。这是养动之道,如此就能"精神四达并流,无所不极,上际于天,下幡于地,化育万物"。⑤ 圣王的精神盈斥于天地之间,也和鹖冠子所说的"正流并生"相同。

《天下》篇继承、发展庄子的看法,提出内圣外王说,认为古圣王得道术之全,有内圣外王之道,"圣有所生,王有所成,皆原于一"。"一"是指天地之德,它是大本大宗,是天和,神圣明王都生于它。⑥ 所以,圣王能够体悟本体,"以天为宗,以德为本,以道为门"。以自然为本,顺应自然、人性,因时变化,能够"备于天地之美";推行政治,本末兼用,能够和天下、育万物。圣王能兼融天地阴阳之道,使人类与自然相和。

---

① 刘文典:《淮南鸿烈集解》,第 64 页。
② 王先谦:《庄子集解》,第 296 页。
③ 刘武:《庄子集解内篇补正》,第 21～22 页。
④ 刘武:《庄子集解内篇补正》,第 191～194 页。
⑤ 王先谦:《庄子集解》,第 133 页。
⑥ 解释参王蘧常《诸子学派要诠》,第 4 页。

《天下》篇说圣王"配神明，醇天地"，其意与《易传》"易与天地准，故能弥纶天地之道"相同。《易传》说"仰以观于天文，俯以察于地理，是故知幽明之故；原始反终，故知死生之说……乐天知命，故不忧"云云，是说看到太阳的运动，白天变成黑夜，黑夜变成白天，就知道事物在变化，进而知道世界万物都在变化，由有变成无，由无变成有，精气与游魄都是由气的变化而来，精气相聚为物，相散为鬼为变。① 圣人掌握了这种变化规律，也即掌握了阴阳变化、四时运行的规律，才能不忧不惧，这和鹖冠子所说神化者"豫四时，拔阴阳，移寒暑，正流并生"的意思是相同的。

另外，《庄子·缮性》篇描绘古之人与阴阳相和的理想生活，也许为至治社会的具体内涵提供了一个侧面，有助于了解当时百姓的生活状态："古之人在混芒之中……阴阳和静，鬼神不扰，四时得节，万物无害，群生不夭。"② 阴阳交合，四时运行有节有次，人与自然、万物没有任何的冲突。人类没有破坏自然，二者和睦相处，各依其本性发展成长。这无疑是理想生活，虽然未必是鹖冠子的理想生活。

最后，帛书《二三子问》中有关于龙与阴阳密切关系的说法："龙形迁，假宾于帝，倪神圣之德也。"倪，《说文》："譬喻也。"③ 说龙为帝之宾，其地位与重要性可见一斑；又说龙象征帝之德，则龙与帝之关系非同寻常。至于龙如何迁变，帛书进一步说明："高尚行夫星辰日月而不眺，能阳也；下纶穷深渊而不沫，能阴也。"龙能阴能阳，即能御控阴阳，阴阳为龙所用，因此，它能上天下地，能入水陵处，"能云变，又能蛇变，又能鱼变，飞鸟蚰虫，唯所欲化，而不失本形，神能之至也"。④ 龙能变化多端：云变就是能升天，鱼变就是能入海，虫行就是能陆行。龙能行于天地水三界，能阴能阳，而不失其本形，真是神能之至。这种说法为许慎所接受，《说文》说龙"能幽能明，能细能巨，能短能长，春分而登天，秋

---

① 参金景芳《〈周易·系辞传〉新编详解》，沈阳：辽海出版社，1998，第23~30页。
② 王先谦：《庄子集解》，第135~136页。
③ 许慎：《说文解字》，第165页。
④ 陈松长、廖名春：《帛书〈二三子问〉、〈易之义〉、〈要〉释文》，《道家文化研究》第3辑，第424页。

分而潜渊",① 把龙升天潜渊的时间和春秋相配：春天阳气上升,故龙升天；秋天阴气下降,故龙潜渊。这里以"能幽能明"来说明龙能变化而不失其本形,《文子·道原》篇则把"能幽能明"比喻成本体之形。写于战国晚期的《管子·水地》篇对此也有相同的看法："龙生于水,被五色而游,故神。欲小则化如蚕蠋,欲大则藏于天下,欲尚则凌于云气,欲下则入于深泉,变化无日,上下无时。"② 也说明龙能升天下地,能大能小,随时变化,因此相当神。《淮南子·地形训》把黄、青、赤、白、玄五色龙和此五色水、五色云相配。可见,龙是水、云、雨、日这四种功能相结合的一种有生命的灵物。③ 龙在先秦时期已与帝有着密不可分的联系,④ 它能御控阴阳,也可联想到帝能参与三才之变。以龙喻帝,龙御阴阳两气,正说明理想的帝王也能御顺两气以达到最高精神修养。

通过以上论述,可见鹖冠子神化论的要点是圣王的精神修养达到最高境界,能御控阴阳两气,因两气是自然变化与社会发展的根本依据,是人与自然交通的根本媒介。掌握两气就能掌握自然变化、人事变迁,把它施诸决策,就能使人与自然和谐相处,两者又能各自发展,如此,万物正流并生而无害,这就是理想的政治。此理论渊源主要是庄子的理想人格至人的精神修养论,他们能握至阴至阳两气,并控御其他六种变气,以神游于六合之外,与造物者游,超越于生死,使精神达于永恒。庄子侧重说明至人的内圣方面,其后学则兼内圣外王而言之,所论较详。他们的生活年代应该和鹖冠子相同,都在战国晚期近百年之间,因此,他们可能对鹖冠子的理想论有关联：或者他们和鹖冠子同时学习和吸收庄学而加以继承、发展,或者他们同时受到时代思潮的影响,所以彼此的看法很接近。

2. 官治论的理论渊源

官治论是鹖冠子理想政治论的第二层,其重点是"师阴阳",就是施政以效法阴阳,这是黄老学、道家很重要的一个特征。这方面《黄帝书》

---

① 许慎：《说文解字》,第 245 页。
② 戴望：《管子校正》,第 237 页。
③ 何新：《诸神的起源——中国远古太阳神崇拜》,北京：光明日报出版社,1996,第 105 页。
④ 如《史记·天官书》说："轩辕,黄龙体。"《韩非子·十过》篇说："昔者黄帝合鬼神于西泰山之上,驾象车而六蛟龙。"至于其他先秦典籍有关神农炎帝与龙的关系,可参庞进编著《八千年中国龙文化》,北京：人民日报出版社,1993,第 246~253 页。

和庄子后学有较多的论述，可为鹖冠子的思想提供一定的思潮背景。下文简论之。

《黄帝书》在阐述君王施政以效法天道方面，提出独特的看法，把阴阳四时与刑德紧密联系起来，赋政治予自然规律的重要意义。《十六经·观》篇说阴阳变化形成四时，四时与刑德相配合——春生夏长，象征成长，故配德；秋收冬藏，象征肃杀，故配刑。君王推行政教，兼用刑德，"并时以养民功，先德后刑，顺于天"。① 圣王能够如此施政，并且"时反是守"，就能"与天同道"。② 易言之，圣王施政能遵天时，即能遵四时，四时生于阴阳，即能遵阴阳，也即师阴阳。阴阳虽然互相对立，但是"两相养，时相成"，两者不可互缺，相需、相合以时，则可生成四时万物，只要不"过极失当"，就能措刑而当。③《黄帝书》又认为天地各有恒常之法则，天的特性是"作"，地的特性是"静"，当天地"静作相养""相与有成"，相互配合，则有阴阳，而"阴阳备物，化变乃生"。人是此化变所成之一物，既然人是由天地阴阳交合而成，故人应"以天为父，以地为母"，即师阴阳，如此可以"畜而生之，均而平之"。④《十六经·前道》篇提出"上知天时，下知地利，中知人事，善阴阳"，⑤ 以此治国，就是有"前道"，即是治国应以道为原则。

庄子后学认为君主因应天地之道，无为而为，保养精神，臣下有为，才是不易之治道，才有治天下之大功。君主治国，最当重视卫精养神，只有健康的身躯，才有旺盛的精、神，上与天道契合，下可尽无为之君道。《庄子·天道》云："夫帝王之德，以天地为宗，以道德为主，以无为为常。"至于三军、五兵，是德之末；赏罚利害，五刑之辟，是教之末；礼法度数，形名比详，是治之末。⑥ 这说明道德是君主治政最应该把握的精神力量。鹖冠子认为，"道德者，操行所以为素也"（49a/9），自然无为的道德是操行之本，也即师阴阳。

---

① 余明光：《黄帝四经与黄老思想》，第 284 页。
② 余明光：《黄帝四经与黄老思想》，第 287 页。
③ 余明光：《黄帝四经与黄老思想》，第 301 页。
④ 余明光：《黄帝四经与黄老思想》，第 292 页。
⑤ 余明光：《黄帝四经与黄老思想》，第 313 页。
⑥ 王先谦：《庄子集解》，第 115 页。

（三）小结

神化不仅是鹖冠子的最高统治境界，也不仅仅是一统天下而已，更强调君主的精神修养与大自然——尤其是元气有密不可分的关系，在此天人相合的至高境界里，万物并存而不相背，正流并生，只有正义，没有邪恶、争夺、战争，没有大小国之分，没有国界，天下一家，人与自然、人与人和睦相处，各尽其性。这和《中庸》所说的尽人之性、尽物之性、万物并行不悖在一定程度上是相同的。鹖冠子一直强调"天人同文，地人同理"（20b/4），又主张神形相调，"神备于心，道备于形"（22b/1），天为神之正，则神为天，神备于心，心就有天所具有的无往不胜之力。他又说："气由神生，道由神成。"（23a/1），神能够养气，使"气之正"阴阳充实于内，如此神能交融阴阳之气。这样，天、气、道、心、神汇通联系，心统摄神而把握天地阴阳的特性，这是神圣的修养境界。

神化论不只是鹖冠子的理想政治论，而且是黄老学、庄学的理想论。此论固高卓精微，然而只凭明君的精神达到与阴阳交流相和的至高境界，掌握到作为神明之府的阴阳，就能顺利解决战国时代政治社会所发生的种种亟待解决的问题吗？恐怕不然。因之黄老学提出不少解决方案，而鹖冠子也意识到这一点，故此又提出另外一种理想政治论——成鸠氏之治，此论在统治方法上同前论判然有别。可以说，神化论、官治论偏重内圣，成鸠氏之治侧重外王。

四 鹖冠子的第二种理想政治论
——成鸠氏之治及理论渊源

（一）成鸠氏之治

有关成鸠氏的统治，本书第六章已经详细论述，这里只举其要。

首先，成鸠氏注重精神修养，如说"后世之保教也全，耳目不营，用心不分，不见异物而迁。捐私去毒，钩于内哲，固于所守，更始逾新，上元为纪，共承嘉惠"（30a/4-7）。后世继体之君心无旁骛，不纵情于声色，去己之私，涵养睿哲，恪守成鸠氏所制之法，必能承泽嘉惠。但是这种精神境界远不如神化者那么高卓。

鹖冠子的外王之道表现在成鸠氏的统治方法上，其制度为天曲日术，包含人情物理、啬万物、与天地总、与神明体正诸方面。

成鸠氏的"制邑理都"之法是这样的：五家一伍，设伍长；十伍一里，设有司；四里一甸，设甸长；十甸一乡，设乡师；五乡一县，设啬夫；十县一郡，设大夫。郡大夫治属县，啬夫治属乡，乡师治属甸，甸长治属里，里有司治其属伍，伍长治其属家。在这种行政组织下，家庭之间互相观察，出入互相伺控（26b/8），家家相依，利害与共，如此，使移徙去就、亡人等"无所穿窬"（26b/10－27a/1），不能落草为患。另外，父子长少重视道德教育，"父与父言义，子与子言孝，长者言善，少者言敬"（26b/8－10）。百姓"莫敢道一旦之善，皆以终身为期"（29a/5），少则同侪，长则同友，死生同爱，祸灾同忧，如此，"化立而世无邪，化立俗成"（29a/6），情深友于，精诚团结，故"车甲不陈而天下无敌矣"（29b/2）。

成鸠氏之"啬万物"是这样的：下级按时向上级报告所辖地区的情况，否则，依情节轻重各予处罚。如伍长、里有司、县啬夫、郡大夫未按时向上一级官员报告，则连坐、治罪、被诛；柱国不处理好政务，使上下之情不相通达，不仅诛其身，还要灭门（27b/5）；令尹不宣时令，则是乱天下，被处以车裂。可见，成鸠氏重视官员的责任，必要他们名实相副，处事认真、一丝不苟。

成鸠氏之"与天地总"是这样的：每一行政阶层必依规定的日数向上级报告，向下级施政，如此能收到"勉有功，罚不如"（28a/7－8）之效。里长、甸长、乡师、县啬夫、郡大夫、柱国分别每五日、十日、十五日、三十日、四十五日、六十日向上一级官员报告，此即下情上闻。上级也以相同日数向下施政教诲，唯天子每七十二日遣使于郡，体察民情，黜陟官吏，此乃上情下闻（28a/4－8）。把一年分成五段，每段各主一行，以此治天下，此受五行说影响。

在成鸠氏的统治下，天下一统，"周阖四海为一家，夷貊万国莫不来朝"（32a/4－5），"闻者传译来归其义"（31a/7），"近者亲其善，远者慕其德……能畴合四海以为一家"（31a/3－4），这和神化者的统治效果是完全相同。可见，鹖冠子认为，无论是重视内圣的神化还是重视外王的成鸠氏之治，殊道同归。

（二）成鸠氏之治的理论渊源

成鸠氏一统天下的统治方法，从理论来看，主要受到三家学说的影响：一是管子，二是《周礼》，三是商君学派等法家。本书第六章已详论。此略论其要。

1. 受到管子改制的影响

（1）"制邑理都"

管子在齐桓公之时推行军政改革，"作内政而寄军令"，①"参其国而伍其鄙"，② 制国、制鄙措施不同。在国内：五家为轨，设长；十轨为里，设有司；四里为连，设长；十连为乡，设良人。③ 同时推行军事组织，以相配合：五人为伍，设轨长；五十人为小戎，设有司；二百人为卒，设连长；二千人为旅，设乡良人；万人为军，设帅。全国设三军。④ 各层长官集政权与军权于一身。在鄙里：三十家为邑，设有司；十邑为卒，设卒帅；十卒为乡，设乡帅；三乡为县，设县帅；十县为属，设大夫；有五属，设五大夫。⑤

成鸠氏的"制邑理都"乃综合管子推行的国、鄙之制而成：自家迄乡，基本上与国制同，只是名称不同，如连与甸；县与军同级，郡级则是管子时所没有的。另外，管子推行的国制中最高官员为三军之帅，而成鸠氏则把鄙制县帅、五大夫改成县啬夫、郡大夫，又在此两级行政岗位上置柱国、令尹，以统驭全国。齐国的各层官员有政、军两权，而成鸠氏的官员应只有行政权。可见，成鸠氏的"制邑理都"说主要是吸收管子国、鄙之制的内容，并把当时的郡和楚国令尹结合起来。

另外，成鸠氏命令各层行政组织里的家庭互相观察伺控，父子长少、邻里亲朋重视道德教育，这点管子也屡屡申明。管子和鹖冠子都希望父尽其义、子尽其孝，事君尽敬。这样，士人和普通民众通过长期濡染熏陶，便能和睦共处，无敌于天下。

---

① 《国语》，第 231 页。
② 《国语》，第 224 页。
③ 《国语》，第 231~232 页。
④ 《国语》，第 231~234 页。
⑤ 《国语》，第 237 页。

（2）"啬万物"

成鸠氏命令下层官吏及时向上层报告所管辖的情况，否则，依情节轻重各予处罚。此类举措亦见诸《齐语》。齐桓公命令乡长在其管辖范围内推举那些好学、孝顺父母、在乡里有声望者，否则分别处以"蔽明""蔽贤"之罪。[1] 鹖冠子也提到"蔽明""下比"，皆就县啬夫一级而言，其罪较重。

可见，鹖冠子理想政治中的成鸠氏之治，其"制邑理都""啬万物"皆取材于管子所推行的政治改革，并具有战国时期的色彩。

2. 受《周礼》的影响

成鸠氏要求臣属重视教化，依时向百姓教诲，举贤进能，进贤杀不善，并且及时向上级官员报告情况。又严格要求官属，责成他们尽责，否则依法治罪，而自县啬夫以上，若不克厥职，则罪愆尤大，皆诛无赦。这些见解与《周礼》的看法接近或相同，鹖冠子应受到《周礼》影响或与《周礼》有共同的思想来源。下文就几方面略论《周礼》中的相关内容。

（1）《周礼》的治民思想

首先，《周礼》重视教化。教化的内容颇丰富，有积极方面和消极方面。举大司徒为例，积极方面就有十二教，其中有以祀礼教敬、以阳礼教让、以阴礼教亲、以乐礼教和。消极方面采取两种措施：一是防患未然，"以五礼防万民之伪，而教之中。以六乐防万民之情，而教之和"；[2] 另一是实行惩罚，大司徒提出八刑，以纠万民。[3]《周礼》希望从此两方面来教化百姓，使他们的人格能卓然有立。

成鸠氏也重视各级官员对于百姓的教化，要求官员每年依时教诲，唯其方法不如《周礼》细密具体，也没有如《周礼》设置众多官员来推行教化工作。

其次，《周礼》重视选贤进能，且有一套系统的选拔方法。有些官员负责推举贤能，如乡大夫、族师、党正、州长等。乡大夫先受法于司徒，

---

[1] 《国语》，第 233～234 页。
[2] 王弼注，孔颖达疏《周易正义》，第 268～269 页。
[3] 王弼注，孔颖达疏《周易正义》，第 268 页。

然后颁布给乡吏,每三年考乡人之德、行、道艺,选拔有德有才者,再把得选的贤能名册呈交给君主。① 另外,有些官员负责选拔不同地方的贤能,如司谏在外地巡回,根据当时的德行道艺标准访求贤士。如此,可补当地官员选贤之不足,而使野无遗贤。

可见,《周礼》有选贤制度,且详密有加,而成鸠氏要求各层官员选拔善者、能者,其内容较《周礼》疏浅,但基本相同。

(2)《周礼》的治官思想

成鸠氏要求各层官属依时教诲百姓,并且向上级官员推荐善者、能者,否则加以处罚。《周礼》也规定各层官员要尽其职责。官员的职责中重要的一项是向百姓颁法:太宰、大司徒、大司马、大司寇于每年正月之吉,都要悬法于象魏,"以教其所治民"。② 一些武官也颁法给军属。

对于治驭官员,《周礼》也有一套办法,如太宰治官的八法中有官法、官刑。③ 另外,太宰掌握八柄以驭群臣,其中有夺、诛、废之权。④

《周礼》有考核官员的办法:由太宰负责对百官的考核,小宰佐治。官员必须依照法定时间呈报治绩,每隔十天要做一次工作结论(日成),每月有一结论(月要),年底有全年工作的总结(岁会)。日计由各官之长负责,月计则须向小宰呈报,岁会则向太宰呈报。太宰依据各官的工作表现,"听其致事,而诏王废置"。⑤ 又,司谏巡视、了解官员的治绩,"以考乡里之治,以诏废置,以行赫宥"。⑥

《周礼》有一套较成鸠氏完善细密的治民和治官思想,重视选贤与能,并且有相关的选举制度,要求各层官员尽其职责,既要选贤进能,又要依时教化百姓。要之,《周礼》的统治方法较成鸠氏详密。或是鹖冠子受到《周礼》的影响,或是两者有共同的思想来源。

3. 与商君学派等法家的关系

成鸠氏严责各层官属必尽其职,否则,小则惩治其罪、贰其家,或要

---

① 王弼注,孔颖达疏《周易正义》,第 297 页。
② 王弼注,孔颖达疏《周易正义》,第 263 页。
③ 王弼注,孔颖达疏《周易正义》,第 26~27 页。
④ 王弼注,孔颖达疏《周易正义》,第 30 页。
⑤ 王弼注,孔颖达疏《周易正义》,第 52 页。
⑥ 王弼注,孔颖达疏《周易正义》,第 355 页。

其家从坐；大则诛杀。如县啬夫"蔽明""下比"、郡大夫不尽职责，则诛；柱国不政，则灭门残疾；令尹车徇。这些处罚仅就未能举贤扬善言，若犯了其他较大罪行，则惩罚更加严重。鶡冠子强调严治重罚，明显受到法家严刑主张所影响。

法家强调政府要控制百姓，不准他们随便迁居，要他们家家相连，互相告奸。《史记·商君列传》记商鞅推行变法，以五家为保，十家相连，彼此互相纠察，一家有罪，九家连举。《商君书·垦令》篇说："使民无得擅徙。"① 可见商君强令百姓不可迁徙。这和成鸠氏要百姓"居处相察，出入相司"（26b/8）相同。

商君及其学派不仅要民告奸，也要官吏告奸。《商君书·赏刑》篇认为统一刑罚，无论贵贱，凡不服从国君之令、违反国家法禁、破坏国家制度，皆处以死罪。官吏如果不执行国君之令，除处以死刑外，还刑及三族。② 可见，商君学派特别重视官吏守法、执行君命，若稍有不从，辄处以死刑。易言之，官吏必尽其职守，否则只有死路一条。这种要求官吏尽职、否则严刑的主张，恰恰与成鸠氏的治官相同，只是成鸠氏的处罚没有商君那么严重。

成鸠氏之治有一点和法家不同，法家反对以儒家伦理来教化百姓，只强调以刑赏为教、以吏为师。《商君书·赏罚》篇就提出"壹赏""壹刑""壹教"。这样，百姓专心于战争，而不需教育。③《商君书》强调重罚轻赏的主张，不仅是商君及其学派的看法，而且是其他法家的共同看法。④ 商君的生活年代比鶡冠子早，他与其学派应当对鶡冠子有一定的影响。

4. 小结

通过以上论述，可见鶡冠子的第二种理想政治论——成鸠氏之治——受到管子改制、《周礼》治官治民思想、商君学派等法家思想的影响。鶡冠子重视庶民的道德修养，正说明他仍受到儒家影响。从此理想政治论可

---

① 高亨：《商君书注译》，第 25 页。
② 高亨：《商君书注译》，第 130 页。
③ 高亨：《商君书注译》，第 126 页。
④ 韩非是先秦法家之集大成者，强调重刑轻赏，以刑去刑，相关研究详郭沫若《十批判书》中"韩非子的批判"一章。另外，《管子》中有些篇章如《法禁》《重令》《法法》等是法家作品，也强调重刑轻赏，详胡家聪《管子新探》，第 243~250 页。

见，鹖冠子的思想兼融儒、法等家，并以此为指导，组织社会，重视风化，希望借此建立强而有力的政府，解决战国时期社会的各种问题，以期长治久安，一统中国，畴合四海。当然，成鸠氏之治和神化者截然不同，前者用尽各种办法来统治天下，后者只强调君王的精神境界达到与阴阳相通即可。所以，表面看来，鹖冠子的两种理想政治论有明显的相违之处。但是细察其别，两者殊道同归。

五　两种理想政治的成效

上文说过，鹖冠子面临的问题是如何解决战国晚期的政治问题，即如何统一中国，建立一个四海归附的中央集权政府。他认为圣王或以神化或以天曲日术来统治，都能实现这一目的。不过，这两种理想政治的成效有所不同。

首先是成鸠氏之治，侧重在政治方面。其情形是这样的：

第一，举贤任能，贤愚各得其位。由于推行理都制邑之制，各层官员尽其职责，推荐贤能，如此，"不肖者不失其贱，而贤者不失其明"（28a/9－10）。有才能者处上位，无才德者居下位。

第二，吏治严明。成鸠氏责成每层行政官员各尽其责，否则多处以极刑，甚至灭门残族。成鸠氏治国以法，若"诸吏教苦德薄，侵暴百姓，辄罢。毋使污官乱治"（28b/4－5）。诸吏若侵暴百姓，且浇薄民风，马上罢黜，若"不奉令犯法，其罪加民"（28b/5－6），知法犯法，其罪倍于平民。如此，官员"利而不取利，运而不取次"（28b/6），不敢犯禁乱制以取非分之利，而尽其职责。

第三，四海合一。由于成鸠氏统治得方，又得天道（诚、信、明、因、一），如此，四方仰慕，九译重来，"唯恐后至"（28b/7），"上享其福禄而百事理……故莫能挠其强，是以能治满而不溢，绾大而不芒，天子中正"（28a/10－28b/3）。政得其中，天子治政秉握其中道，制节谨度，不偏不倚，天下莫能与之争强。

第四，成鸠氏子孙也得内圣外王之道，即素皇内帝之道，其主要内容是成鸠氏子孙"执正守内"（30b/5）、"主无异意，民心不徙，与天合则"（31a/1－3）。如此，近悦远来，能畴合四海为一家，"夷貉万国皆以时朝服致绩而莫敢效增免"（31a/5－6）。君德德厚流光，教化四方景服，以文德一统中原、宾服四塞（31a/8－9）。可见，成鸠氏虽然也重视内圣，有得天道，但是其功绩主要是由外王而成。

神化之治则侧重在内圣方面，其情形是这样的：

> 唯圣人能正其音，调其声，故其德上及太清，下及泰宁，中及万灵。膏露降，① 白丹发，醴泉出，朱草生，景星光润，② 众祥具，故万凶去。③ 帝制神化，文则寝天下之兵，武则天下之兵莫能当。远乎④ 近，显乎隐，大乎小，众乎少，莫不从微始，故得之所成，不可胜形，失之所败，不可胜名。（23a/2－23b/3）

这里有几点值得注意。第一，尸气皇者（神化者）与尸神明者（官治者）能正音调声，而音声与形神有密不可分的关系："音者，天之三光也；声者，地之五官也"（21a/3－4），"音者其谋也，声者其事也"（21a/2－3）。音为谋，谋近神，天为神本；声为事，事近形，地为形本。敦煌注本这样解释："音声者在天地为三光五官，在人为谋为事，与天地合德。"⑤ 正说明人与音声、天地、神形具有密不可分的关系。能正音调声，即能调和形神阴阳，能得其本。鹖冠子主张水火相生、形神相调："天者神也，地者形也。地湿而火生焉，天燥而水生焉……水火不生则阴阳无以成气。"（20a/8－20b/2）天为神之本，地为形之本，天在上而燥，燥近于火，火生水。地湿能生火。天代表王，则王调和神形，与天相合。

---

① 此句《艺文类聚》卷九八（页9）作"圣人之德，上及太清，中及万灵，则膏露下"，文稍异而意则同。《太平御览》卷一二、卷八七二皆作"圣德"云云，下与《类聚》同。《太平御览》卷八七三作"圣人德及太宁，中及万灵，则醴泉出"，李善《文选》《吴都赋》注（第232页）、《海赋》注（第549页）、《啸赋》注（第866页）、《又赠丁仪王粲》注（第1121页）、《赠何劭王济》注（第1162页）、《七启》注（第1588页）皆作"上及太清，下及太宁"。可见此句各本所见略异。
② "景星光润"，张金城《鹖冠子笺疏》认为此乃众祥之一，宜置于此（《国文研究所集刊》第19期，1975，第51页），可从。
③ "万凶去"，《子汇》本作"万□云"，张金城《鹖冠子笺疏》依陆注及押韵认为当改作"万凶去"（《国文研究所集刊》第19期，1975，第51页），可从。
④ "乎"，众本作"之"，道藏本《鹖冠子》作"乎"，依道藏本。
⑤ 傅增湘：《跋唐人〈鹖冠子〉上卷卷子》，《国立北平图书馆月刊》第3卷第6号，1929，第724页。

第二，神化者具有外帝内神之道，其休祥之气充塞天地之间，天地万物皆受此瑞气影响，并生不背，正流同存，符瑞并至：天降膏露，地出醴泉，朱草生长，德星出现。可见圣王参天地之功极大。这是成鸠氏所不能比肩的。

第二，神化之至，文能附众，武能威敌，天下莫能抵挡。这与成鸠氏一统天下万余年几无差别。

第四，圣治如此显著，乃由圣王修一己神明的细微事情做起，治绩由微而著，由小而大，由少而多，其最终的成效盛大，非形名所能形容。

可见，神化与官治所达到的治境远比成鸠氏之治高卓。同时，这两者解决了鹖冠子所面对的问题——战国时期一些大国因君王昏庸，以致国弱兵败，不能统一天下。如今，在神化者、官治者与成鸠氏的统治下，不仅一统中国，且四海一家，华夏蛮夷和睦共处。这意味着无论大国小国，只要君王推行这两种政策，或者任意推行其中一种，就能一统天下，世代罔替，天下太平。百姓安居乐业，教化远播，功在当代，德泽万世，由此可为一代圣王、百世楷模。

结 论

结论部分，先论鹖冠子政论的特色及其地位。为此，先从内圣外王这一角度简介诸子的相关政论。

儒家方面，孟子重视内圣外王，但是认为圣与王有别，圣未必是王，如孔子为圣之集大成者，但不是王。孟子的圣王说比较简略，内圣的功夫主要是尽心尽性以知天，外王之道基本上是选贤举能、减少税收、为民制产、推行仁义教化。

郭店楚简《唐虞之道》的看法基本和孟子相同，认为先内圣后外王，舜就是典型。他孝事瞽父，关爱弟弟，推而能爱天下之民，能尽仁义，就能内圣。能亲亲，又贤贤，能外王，故为圣人。本篇以为修身进德最重要，它操之在我，不因外在环境改变而改变，知命尽仁。舜注重内圣之德，先成己立己，后成己立人。

荀子重视圣王的程度远甚于孟子，认为圣王合一，圣人知统明类，博学古今，制礼作乐，心无一蔽，是人伦的最高典范。他仁智兼备，兼君师而有之，以礼义之统来治人性之恶，以礼乐治天下。

　　道家方面，《黄帝书》《老子》也重视内圣外王。内圣方面，两者要求君王效法天道，无为以保精养神。外王方面，主张以柔克刚，守雌节雄。不过，两者对一些事情的看法有所不同：《黄帝书》兼重道法，要建立法制，重视生产，责成群臣，刑德并重，选贤与能，重用民智；《老子》的看法相反，同时认为圣王合一，效法、顺应天道即可。《老子》没有特别阐释内圣之道如何才能达到与天相通的境界。①

　　庄子重内圣而不重外王。他认为至人的精神修养达到与造物者相游即可，而不必制定经式法仪。其后学著述如《天地》《天道》《天下》等篇应受到黄老学派影响，重视内圣外王之道。唯庄子后学受庄子至人说影响，侧重阐述圣王的精神境界如何提升，与本体、阴阳相通。较之黄老学高深。

　　鹖冠子的理想政治论受到庄子及其后学、黄老学派影响，重视圣王精神修养的提高，尤其是强调神化者之尸气皇能与阴阳交合相通。他一方面关心战国时局，另一方面吸收庄学和黄学的精髓，加以调和融化。同时接受《周礼》的看法，运用、变通管子政改，寻求解决时代问题的方案。鹖冠子吸收儒、道、法诸家学说，以铸成一家之言。

　　当然，鹖冠子的两种理想政治，其治境并非完全相同，而有高低之别。他认为圣王能掌握阴阳两气，不仅掌握万物的本源及其变化规律，而且掌握治政的最高原理——不仅收获国治天下平之效，而且保精养神。这正是道家所追求的。

　　鹖冠子的两种理想政治论，无论其境界高低，都有明显的托古意识，其所托之古，并非复周代之宗法封建制，乃复远古之治。神化、官治者之治宜在远古，成鸠氏何尝不然？当然，智者百虑一失，两者的时代虽相当接近，然而一为神化、官治，不用复杂系统的官僚制度；一为天曲日术，有一套严密细致的统治制度，相当于五正论中的第五层，时代近于晚周。可见鹖冠子未能在时间上妥善安排两者，以致相互径庭。虽然两者时代久远，但是其统治方式受到《周礼》、法家、管子影响。则所谓托古，不过把一己之理想托诸古人来阐述，以自高位置，希望为时君所重所用。不仅

---

① 有关《黄帝书》与《老子》之别，详余明光《黄帝四经与黄老思想》，第 139~150 页。

是鹖冠子,道家也喜言古圣王(尤其是三皇甚至更早的帝皇),以表示自己的学说由来有自,源远流长,并非信口开河。儒家亦喜谈三代。庄子后学还以本派所推崇的人物早于儒家而"自以为是"。鹖冠子虽然是黄老学派中颇具特色的一员,但是并不排斥儒家,可见其包容之大。

后论诸子思想之兼融。

战国时期,各个学派交流频繁,学说互相影响,诸子取长补短,司空见惯。诸子学有宗主,先以某学说为核心,继而吸收他家之长。问题是,诸子怎样理解他家学说,是否能够完全掌握?是一知半解,对他家学说割裂分件,随意使用?还是完全掌握,但是为了完善己说,对其断章取义?

鹖冠子身处战国晚期,其学以黄学为宗,兼融百家,其中比较重要的有:庄子的至人精神修养论,庄子后学的道德论、神形论,儒家的仁义礼乐论,《周礼》的治官治民论、教化论,管子改制,法家的重刑论,兵家的用兵之道,阴阳家的阴阳学说,等等。就鹖冠子的两种理想政治论而言,他并非完全掌握了各家学说,有的理解不深,有的存在曲解。如他对于庄子的至人精神修养论可能理解不深,所以很少深入阐述神化者、官治者的精神修养是怎样的,反而《泰鸿》《泰录》《天权》三篇详细阐述了神圣的精神境界如何与本体相通。又如他对儒家仁义礼乐的内涵可能不太理解,以致对此等德目的看法都只得其皮相。[①] 当然,鹖冠子在取舍百家学说时,必以黄学之说为标准,以巩固君权为重,吸取一切有利于此的学说,反对任何暴民劳民之举。如不采纳法家对百姓实行严刑峻法一说。有关鹖冠子和先秦诸子思想兼融百家之说,有待进一步研究。鹖冠子和《老子》、荀子、韩非立论虽然不同,但是其言为秦汉之统一政府开辟先路。将这三家的思想境界与包容性同鹖冠子相比,只有荀子过之,《老子》和韩非则不逮。

---

① 详本书第十章。

结　论

一　鹖冠子其人

（一）生平

鹖冠子是战国晚期的思想家，《鹖冠子》除了有五篇记他和庞子的对话外，没有提供有关他生平的任何直接材料，因此很难对其出生地和生活地下确切的论断。他未必是楚国人，也不一定长期生活在赵国。其思想和楚、赵、秦、齐四国有一定的关系，受到四国文化的影响。通过《鹖冠子》中的《武灵王》《近迭》《度万》《王铁》《兵政》《学问》《世贤》七篇的相关记载，可见庞焕、庞煖有别，鹖冠子是庞煖的老师。他生活在赵武灵王、惠文王、孝成王时期，隐居在山林之中，喜欢戴鹖冠，具有尚武精神，这和一般隐士过着不问世事的生活不同。他胸怀大志，满腹经纶，痛心于战国时期大国不能一统天下，故而寻根究底，提出统一天下的方案。这是韩愈、高似孙等既对他称誉又惋惜其不得志之故。他的学生庞煖后来得志于赵国，他不想入世，故与庞氏割席。他生活在百家争鸣之世，深受各家思想影响，兼收并蓄，陶铸百锤，成一家之言。可惜到了唐代，柳宗元指责《鹖冠子》抄袭贾谊《鹏鸟赋》，以致自唐以迄清，学者大多没有对其深入研究。直到马王堆帛书出土，他才被重新发现，赋予应有的历史地位。

（二）思想

通过对《鹖冠子》中的《近迭》《度万》《王铁》《兵政》《学问》五篇的分析，可见鹖冠子的思想应属于黄老学（更确切地说是黄学）。他兼通道、儒、法、兵、阴阳诸家学说。其思想最有特色的部分是提出形神调和、水火相生论、五正论。他的理想政治论有两种：一是五正论，一是成鸠氏之治。这主要是为解决战国时期一些大国国削兵弱以致不能一统天下之弊。鹖冠子认为，圣王实施其中的任何一套政治理论，或兼两套而用之，都能统一天下。

五正论按照时代先后来论评君王治境的高低，时代越远，君王的精神修养和治境就越高深，反之则越低下。五正论中以神化和官治最为重要，也是鹖冠子最理想的政论。他认为尸气皇的圣王的精神境界极其高远，与阴阳相通，能置四时万物，使万物并存不背，正流并生。这种理论侧重阴阳在施政、修身、养气等方面发挥的重要作用，渊源于《黄帝书》、庄子及其后学，偏重在内圣方面。

与之相对，成鸠氏之治偏重在外王方面，成鸠氏之子孙世代深得天道，推行天曲日术，一统天下近两万年。这种思想受到管子军政改革、《周礼》治民治官、商鞅学派等法家的重刑罚思想的影响。上述两种理想政治都可使天下一统、四方来归、四海升平，在先秦思想史上占据独特的地位。

鹖冠子的其他主张还有：建立法制，选贤任能，效法天道，重视兵政，保精养神。然他的理想政治论、天道论在逻辑上有一定的矛盾。

二　《鹖冠子》的内容

今本《鹖冠子》有十九篇，不是鹖冠子一人所写，也非反映一时一派之作。其中五篇《近迭》《度万》《王铁》《兵政》《学问》反映鹖冠子的思想。其他大部分篇章反映战国晚期黄老学派的思想，也有单纯反映兵家思想的。《武灵王》篇是年代最早的一篇，记赵武灵王和庞焕的对话，反映庞焕的兵家主张。《天权》篇阐释用兵之道，认为统帅要了解客观事物的本质，效法天道，制以五行四时，才能战无不胜。《世贤》篇反映庞煖的政见，认为明君能治患于未形。

《天则》篇主张以各种方法巩固君权，这些方法受庄子（天道论）、儒家（重民智、求传名）、墨家（重贤能）、慎子（重势）等学说的影响，以九皇之治为理想政治，作为施政的圭臬。而对黄老学的理想政治论，尤其是君王神圣的精神境界，《泰录》《泰鸿》《能天》三篇有详细阐释。

《能天》篇侧重阐释理想圣王的至高精神境界，与本体并存，且具有相同的造化万物之功。《泰录》篇主张以道德精神境界为标准，至高者继承君统，其理想人物——神圣的精神修养至高，也与本体同在。而这种理想政治社会在《备知》篇看来，只能存在于远古时代，其理想社会生活与庄子后学之《马蹄》《胠箧》《盗跖》三篇和《老子》的看法相同，主张小国寡民、百姓不相往来，然而如今世乱，贤人要谨慎处世。

《夜行》篇对春秋战国时期一些名词做概要的定义，其道论受到通行本《老子》影响。《环流》篇是《鹖冠子》中最详细阐释形上学的篇章，说明了本体、万物生成、一与道的关系，在战国汉初道家史上占有一席之地。

《博选》篇是秦代黄老学之作，提出五至论，希望君王重用师友以一统天下，推行帝、王、霸三道。此理论源远流长。虽然和《博选》篇写于同一时代，但是在秦始皇的高压统治下，荀子后学把孤苦无助、勉力尽职、正道直行的情志表现在《著希》篇中。可见同处同一时代，不同学派对时局、理想的态度有所不同。战国儒家《道端》篇则对前途充满信心，要求君王重用儒家九德之士，进可以一统天下、教化臣民，退可以修身正德、政通人和。

最后，写于汉武帝时的《泰鸿》篇吸收战国以来太一（泰一）的主要内涵，把本体和元神结合起来，为武帝推行太一为中心的祭祀奠定了理论基础。同时，它继承了鹖冠子和《泰录》《能天》等篇的神圣精神境界说而加以阐发。

综上，《鹖冠子》保存了自战国迄汉初百余年的诸子思想，其虽以黄老学为主，但并非以道法为核心。鹖冠子的思想和《泰鸿》《泰录》《能天》三篇比较接近，这三篇的作者应是鹖冠子的后学。可见，《鹖冠子》不成于一时一手，不反映一派一家之见，和先秦汉代子书是一家一派言论总汇的体例有所不同。这也许是因为《鹖冠子》到唐宋时期流传散乱，且编者受三教合流影响，没有细心爬梳，把道、儒等诸子之章汇编在了一起，或者是战国末黄老学兼儒、法、道、阴阳诸家学说之故，又或者是《鹖冠子》多篇涉及道、法，所以后世编撰者把它们汇集在一起。

三 《鹖冠子》的形上学

  道家重视形上学，不仅自觉探索自然的本原和宇宙万物形成、运行的规律，而且把自然和人文社会密切联系起来。先秦道家对宇宙形成约有六种看法，其代表分别是列子、《黄帝书》、郭店简《太一生水》、上博简《恒先》、《老子》、《吕氏春秋·大乐》和《易传》。本体论以《黄帝书》说为主，认为本体如囷，虚而不盈，无所不包，阴阳未分，无形无状，独立不偶，一片混沌。它是气与万物之始。宇宙生成说以本体生二（阴阳、天地）继而生万物为主要内容。

  有关《鹖冠子》本体论（包括道、一、泰一）和宇宙生成论的内容，主要见于《环流》《泰鸿》《泰录》三篇，其中以《环流》篇最为重要。《环流》篇详细说明本体的情况和由一生万物的具体过程，说明气、道运行之法，常往而返，并阐明法与神明、一与道、一与命等的关系，进而指出圣人（圣王）因时制命，不为命所限，效法天道、北斗，制定法制，则可一统天下。《环流》篇对法的看法比《老子》更细腻具体，其本体论、宇宙生成论受列子影响较大，也受《庄子》《老子》影响，博采众长，铸冶一炉，青出于蓝。《环流》篇侧重述气，《老子》偏重述道。及后《淮南子》的宇宙生成论当以《天文训》最为精微，《精神训》则重视三才。《环流》篇对《淮南子》的宇宙生成论影响较大。

  另外，自战国晚期以来，本体之名不限于"道"一词，太一（泰一）也成为本体的新名词。儒、道两家重视和运用太一观念，《太一生水》、《老子》、《庄子》杂篇、《吕氏春秋·大乐》、《文子·自然》均认为太一是本体，荀子认为其指远古时代，屈原以之为天神。《淮南子》继承道家的看法，认为太一既是元气、本体，又是元神，《鹖冠子·泰鸿》篇中的泰一就具有这两种概念。因此，从思想内涵的发展来看，可以推见《鹖冠子》成书的最晚年代。

  道家重视天人关系，并将此关系运用于政治层面。《鹖冠子》也重视天人关系。鹖冠子对于天的看法既有继承传统者，又有自创新义者，其中最重要的是认为天是神之正，是"然物而无胜者也"，天道代表君道。《鹖冠子》中其他篇章对天的看法与鹖冠子本人有同有异，或指自然天，或指神之形,或指阴阳两气之原(本体),或指本体与万物之间的中介。天道论的目的在于为明君提供形上的保证,要求明君效法天道而施政,不要违背自然规律,如此既可使政治运作走上康庄大道,又可保精养神。

鹖冠子很重视天人关系在政治运作中发挥的重要作用。他认为理想君王效法天道,使政权巩固,传诸久远。《鹖冠子》其他篇章认为明君或效法天道、无为因任,或调顺阴阳两气,或因循四时节气而推行不同的政令,或效法北斗、三光之运行规律,如此德刑相合,自可治天下于股掌之中。明君还要重视时,审时度势,并且明白学术与世运有密切的关系,推行相宜的政策,就能安邦定国,否则,背道逆常,国将不国。鹖冠子主张形神调和论,认为天为神之本、神之正,地为形之正,调和形神,就调和天地阴阳,有助养生怡神。明君重视形神调和,不仅保精养神,而且有益于治国兴邦。最后,鹖冠子和《天权》篇都主张把三才之道用之于军事,不仅要顺应天道,而且要占据有利地形,更要在平日深得民心,如此在作战时相机而动,就能打败敌军。

四 鹖冠子与《鹖冠子》在先秦秦汉思想史上的地位

(一) 鹖冠子

鹖冠子生活在战国晚期,主要是在赵武灵王、惠文王、孝成王时期。当时很多思想家都主张天下一统,然对于统一的方式、统一后的统治方法莫衷一是。鹖冠子也不能自外。他的学说以五正论、成鸠氏治国论、形神调和论(天神地形论)最具特色,其不仅是阐明统治天下的方案,而且希望圣王能提高精神修养,达到与元气乃至本体相融合的境界。两者实二而一,相为表里。鹖冠子学宗黄老,受儒、道、法、兵、阴阳、五行等诸家学说影响,继承《黄帝书》、庄子之学,在道家乃至先秦秦汉思想史上均有继往开来之功。下面从几方面说明。

首先就内圣方面言,鹖冠子继承了庄子对于至人精神境界的说法。庄子认为至人能够因顺天地间至阴、至阳两气,御控阴阳六种变气,合和凝神,这与鹖冠子所说神化者"定天地,豫四时,拔阴阳,移寒暑,正流并生"是相同的。庄子乃就内圣言,且其理想人物至人只重视精神境界的提高,而无意于外王。鹖冠子继承内圣说,与庄子后学一样,兼重内圣外王。他认为尸气皇(神化者)的精神境界与治境是最高的,能得到元气之本,定天地之位、序四时之次、拔阴阳之变,使自然万物并行不悖。官治者能调和神形,使天澄地宁,众美归之。至于教治、因治、事治则或选贤与能,或厘定法制,外王功夫较多。庄子后学也有相同看法,如《天下》篇认为古圣王有内圣外王之道,是理想君王。《刻意》篇也说圣王与阴阳相合,调和阴阳两气。鹖冠子提出素皇内帝说,其理论渊源也与庄子后学有密切关系。

其次就水火相生论言,鹖冠子对水、火赋以接近本体之义,使水火与阴阳成了一对相通的形上概念。这和《庄子·田子方》所说肃肃的阴气出于天、赫赫的阳气出于地的看法相同。后来《子华子·大道》、《淮南子》之《览冥训》《天文训》都继承了这种看法:《览冥训》说"至阴飂飂,至阳赫赫,两者交接成和而万物生焉",《天文训》说"天不发其阴,则万物不生;地不发其阳,则万物不成",都明说阴在天,阳在地,两者交合才能产生万物。可见,鹖冠子的水火相生论和天阴地阳说在先秦秦汉道家史上具有承先启后的作用。

最后就外王言。鹖冠子提出的外王政策,吸收黄老、儒家、法家的学说。如五正论就是变化自《黄帝书》,而其中的因治、教治、事治则兼融儒家尊圣崇贤、提倡文教、敬事贵和说,也强调建立法制,受到法家影响。最能看出鹖冠子外王思想渊源者,当属成鸠氏之治,此说受到管子改制、《周礼》、商君学派等法家学说影响。另外,他重视用兵,主张君王整军经武,其兵家思想承自孙子以后的理论。可以说,他涉猎了先秦诸子百家思想,成为黄老学中的一个重要成员,对于后来秦汉之统一、治国,在理论上当有一定贡献。

鹖冠子的思想兼融诸家,不等于说他通晓诸家。他对一些学说了解较深,而对一些学说了解较浅。如他对兵家了解较深,在《近迭》《兵政》两篇里阐述用兵之道,继承孙武、吴子、孙膑等的兵家思想;而对儒学了解较浅,从他在《学问》篇对于仁、义、礼、乐的看法可见。也许是因为他最关心的是天下统一的问题,尤其是如何依靠军事力量来取得胜利,因此较潜心于用兵之道。也可能他学宗黄老,平素一心钻研,希望建立一己之学，无暇深究他家之故。也许他并非不了解儒学，只是为了阐述己意，对儒学断章取义，加以附会。也许他出于如何使自己的理论实现的目的，只要能派上场的学说就派上场，儒学中有些看法也就被加以利用。这样，他是以实用的立场来理解、使用其他学说的。

总而言之，鹖冠子有一家之言，继承《黄帝书》、庄子之学，可惜他对于神圣的境界如何提升没有深入阐明，故其论理想人物的精神境界不及庄子。其外王理论也不如《黄帝书》那么细密，没有对宇宙论提出一己的看法。这样，他在先秦道家史乃至思想史上还无法达到最高的一流水平，但是作为具有代表性的思想家，应该说当之无愧。

（二）《鹖冠子》

《鹖冠子》汇集自战国晚期到汉初的一些道、儒、兵等诸家的篇章，反映了这些流派的一些思想。《环流》篇提出的宇宙生成说，在先秦道家宇宙生成论中占有一席之地，在一些具体问题上，如阐明由一而气、而象、而名、而形这一宇宙生成发展阶段，以及法与言、神、明、命等的关系时，比《老子》细密深入，可谓后来居上。其次是《泰录》《泰鸿》言及泰一，尤其是《泰鸿》篇的泰一观包含了战国晚期和汉初的两种重要的观念——本体与元神，为汉武帝把泰一祀典当成王朝最高祀典奠定了理论基础。《能天》篇极力阐明神圣与道相合，具有与本体一造化万物的力量。这几篇在先秦秦汉道家史上具有独特的地位，应该给予足够重视。

其他如《道端》篇主张明君应该重用儒家九德之士，从政治方面来阐述儒家九德的内涵和其对于统一天下的作用，在先秦儒学史上也具有一定地位。《天则》篇的思想兼融诸家，是战国晚期百家互融的明证。《著希》篇可以使学者从一个具体案例来了解儒士在秦皇统治下的孤苦。《天权》篇阐述用兵之道，要将帅效法天道，制以五行，求象四时，而且阐明圣王挈天地而游、独化终始、随能序致、独立宇宙的精神境界，在战国晚期的兵家思想中有重要的意义。

可见，《鹖冠子》的一些篇章在战国晚期和秦汉思想史上具有重要的价值和地位，学者对之应予相当的重视。这可丰富此一时期的思想史研究，并赋予《鹖冠子》以其应有的历史地位和面貌。

附录一 论《鹖冠子》与管子、《管子》的关系

今本《鹖冠子》有十九篇。据本书上编考证,柳宗元《鹖冠子》伪书说经不起出土文献的检验。《鹖冠子》不是鹖冠子一人所写,也非一时一派之作,其中《近迭》《度万》《王铁》《兵政》《学问》五篇反映鹖冠子的思想,其他大部分篇章分别是战国至汉武时的黄老学、兵家、儒家作品。

无论是鹖冠子本人的思想还是《鹖冠子》其他篇章所反映的不同学派的思想,或多或少都与管子及《管子》存在相同处。学界对这方面的关注极少,本章拟就此问题加以论述,由此进一步窥见《鹖冠子》受到齐国思想文化的影响。

先厘清管子与《管子》的关系。学界对《管子》主要有三种看法:一认为它是由先秦儒家、道家、法家等作品杂凑而成,一认为它出于稷下学士之手,一认为它的全部或部分出自"管子学派"或"管仲学派"。笔者认为不能简单把《管子》看成诸子百家的作品汇编。张连伟根据余嘉锡《古书通例》及古代史志分类,认为《管子》有自己的传承系统,应是在管仲之后、韩非之前的时段写定的。[①] 可以说,《管子》是汇集了管子及其后学思想的作品集,其中部分篇章是战国时人记载管子的言行,内容有战国时期色彩。胡家聪认为它是田齐变法的时代产物,他与白奚都认为《管子》的作者是稷下齐人。[②] 要研究管子的言行,除了参考《管子》相关篇章外,对《国语》及出土文献也应重视。

---

① 张连伟:《〈管子〉哲学思想研究》,成都:巴蜀书社,2008,第 5~15 页。
② 详胡家聪《管子新探》,第 9~21 页;白奚《稷下学研究——中国古代的思想自由与百家争鸣》,第 216~221 页。

由于管子比《管子》早,所以本章先论管子对《鹖冠子》的影响,次论《管子》相关篇章与《鹖冠子》的关系。

(一)《王鈇》篇所记成鸠氏"制邑理都"深受管子军政改革影响及其与《五行》篇的关系

1. 成鸠氏"制邑理都"受管子军政改革影响

《鹖冠子·王鈇》篇论述鹖冠子的一种理想政治论——成鸠氏之治,其在行政层级方面与《国语·齐语》《管子·小匡》所记管子的军政改革有相同或相近处,本书第六章、第十四章已详论,故举其要。

成鸠氏推行的行政层级是这样的:五家一伍,设伍长;十伍一里,设有司;四里一甸,设甸长;十甸一乡,设乡师;五乡一县,设啬夫;十县一郡,设大夫。大夫之上有郡大夫,郡大夫之上有柱国、令尹。

管子推行军政改革,"作内政而寄军令""参其国而伍其鄙",① 其制国法、制鄙法不同。管子在"国"内以五家为轨(五人为伍),设长;十轨为里(五十人为小戎),设有司;四里为连(二百人为卒),设卒长;十连为乡(二千人为旅),设良人(韦昭认为是乡大夫君);五乡一帅,万人一军,全国设三军。② 每层官员同时负责行政与军事指挥工作。管子在"鄙"里以三十家为邑,邑有司;十邑为卒,卒有卒帅;十卒为乡,乡有乡帅;三乡为县,县有县帅;十县为属,属有大夫;全国有五属,设五大夫;五大夫之下设五正。③

成鸠氏推行的"制邑理都"是综合管子改革的国、鄙两制而成的:自家迄乡,基本上与国制相同,只是名称不同,如连与甸。县与军同级,郡级则是管子时所没有的。另外,管子推行的国制中最高官员为三军之帅,而鹖冠子则把管子的"鄙制县帅""五大夫"改成县啬夫、郡大夫,又在此两级上设置柱国、令尹,统御全国。齐国的各层官员有军、政两权,而成鸠氏手下的官员应只有行政权。为便醒目,把管子改革的国、鄙行政层级与成鸠氏之"制邑理都"列表对比如下(附表1)。

---

① 《国语》,第 231、224 页。
② 《国语》,第 231~234 页。
③ 《国语》,第 237 页。有关管子寓军于政的情况,详邵先锋《论管子寓军于政、平战一体的军事思想》,《管子学刊》2009 年第 2 期。

附表 1　管子国、鄙行政层级与成鸠氏"制邑理都"对比

管子在"国"内实施的行政层级	管子在"鄙"内实施的行政层级	鹖冠子所设计的成鸠氏之"制邑理都"
五家一轨（五人一伍），设长	三十家为邑，设有司	五家一伍，设伍长
十轨一里（五十人一小戎），设有司	十邑为卒，设卒帅	十伍一里，设有司
四里为连（二百人为卒），设卒长		四里一甸，设甸长
十连为乡（二千人为旅），设良人	十卒为乡，设乡帅	十甸一乡，设乡师
五乡一帅，万人一军	三乡为县，设县帅	五乡一县，设啬夫
	十县为属，设大夫	十县一郡，设大夫
	全国有五属，设五大夫	柱国、令尹

此外，成鸠氏命令各层级里的家庭互相观察伺控，要求父子长幼、邻里亲朋重视道德教育。这一看法也受管子影响。管子主张分处四民，其中士独处一处，他们"闲燕则父与父言义，子与子言孝，其事君者言敬，其幼者言弟"。[①] 士人幼子长期受濡染熏陶，就可收事君者敬其君、尽其事之效，子子孙孙永远为士。

鹖冠子强调"父与父言义，子与子言孝，长者言善，少者言敬"（26b/8-9），百姓"莫敢道一旦之善，皆以终身为期"（29a/5），他们把提高道德修养当作人生目标。百姓的日常生活，彼此息息相关，少则同侪，长则同友，祸灾同忧，居处同乐（29a/6-8），如此，"化立而世无邪，化立俗成"（29a/6）。百姓精诚团结，万众一德，故"车甲不陈而天下无敌矣"（29b/2）。

成鸠氏治国这一理想政治论，多受《齐语》影响。《齐语》云："民皆勉为善。与其为善于乡也，不如为善于里；与其为善于里也，不如为善于家。是故士莫敢言一朝之便，皆有终岁之计；莫敢以终岁之议，皆有终身之功。"[②] 这是就士而言。齐桓公希望士终身为善，建功立业。管子就作

[①]　《国语》，第 226 页。
[②]　《国语》，第 235 页。

内政以寄军令,指出其效果显著:"内教既成,令勿使迁徙。伍之人祭祀同福,死丧同恤,祸灾共之。人与人相畴,家与家相畴,世同居,少同游。故夜战声相闻,足以不乖;昼战目相见,足以相识;其欢欣足以相死。居同乐,行同和,死同哀。是故守则同固,战则同强。君有此士也三万人,以方行于天下,以诛无道,以屏周室,天下大国之君莫之敢御。"① 这是就国制言。管子主张不使百姓迁徙,使他们世守其业,自幼就同居世游,情深友于,如此,披甲上阵,同声同气,能战无不胜。可见,鹖冠子所说的成鸠氏之治,其中的"制邑理都"深受管子军政改革影响。

2. 《王铁》篇与《管子·五行》篇的关系

《王铁》提出成鸠氏施政时,"与天地总",即效法天地四时,明确下情上闻、上情下究所需的时间,每一行政层级必依其规定的日数向上级报告、向下级施政。如县啬夫每三十日(月)向郡大夫报告,郡大夫每四十五日(气分所至,即春分、秋分之类)向柱国报告,柱国每六十日(六律)向天子报告。上级也以相同日数向下层施政教诲。唯天子每七十二日遣使于郡,体察民情,黜陟官吏。此乃"与天地总下情"(28a/4-8)。

《王铁》又指出成鸠氏之治"天用四时,地用五行,天子执一以居中央,调以五音,正以六律,纪以度数,宰以刑德,从本至末,第以甲乙。天始于元,地始于朔,时始于历"(27b/8-28a/2)。敦煌本注解说:"四时成岁,天之用也;五行木火金水土,地之用也。天子居中御外,调音、正律、纪度、宰刑,萃天下政事,考其本末,判其甲乙,故天之道始于无极,地之道始于太极,四时之道始于岁历,天子之道始于执一。"② 这样解释颇符合原意,也基本上说明了天道、地道、王道三者的关系。

成鸠氏这种依日数而上闻下达的"与天地总下情"的方法有"事简用期短,事繁用期长"的特点。③ 这里提到天子每七十二日遣使向下层宣达上情,把一年分成五段,陆佃认为是"用五行分王之数""各王七十二日"(28a/7)。这种说法出自《管子·五行》。《王铁》篇只说天子"用四时"

---

① 《国语》,第232页。
② 傅增湘:《跋唐人〈鹖冠子〉上卷卷子》,《国立北平图书馆月刊》第3卷第6号,1929,第725页。
③ 傅增湘:《跋唐人〈鹖冠子〉上卷卷子》,《国立北平图书馆月刊》第3卷第6号,1929,第726页。

"用五行";《五行》篇则明确把五行、天子每七十二日该做的政事、该做而不做所产生的后果、时辰等联系起来：

> 五声既调，然后作立五行，以正天时……睹甲子，木行御，天子出令……七十二日而毕。睹丙子，火行御，天子出令……七十二日而毕……睹戊子，土行御，天子出令……七十二日而毕……睹庚子，金行御，天子出令……七十二日而毕……睹壬子，水行御，天子出令……七十二日而毕。[1]

《五行》《四时》《幼官》三篇是阴阳说与五行说融合的成熟作品，它依木、火、土、金、水为次，把一年分成五个七十二日。天子依次推行不同政令，若不推行，会有灾难性的后果。《五行》篇说"五声既调，然后作立五行"，可见它也重视声教。这与《王铁》篇"调以五音，正以六律"云云是相同的。

由上可见，《王铁》篇说成鸠氏以七十二日"与天地总下情"，依次根据季节性质而施行不同政命以治天下说，与《五行》篇内容基本相同。先秦五行说只有这两篇直接以七十二日来说施政如何如何，这在五行学说史上相当独特。《五行》篇是齐国管子学派的作品，其思想必然与齐国有密切关系。《王铁》篇深受齐国五行说影响，是鹖冠子理想政治论的代表作之一，则鹖冠子思想深受齐国思想文化影响，不言而喻。

（二）《博选》篇与《立政》《五辅》《内业》三篇的关系

《鹖冠子·博选》是写成于秦代的作品，主要提出五至说。另外，本篇提出的天道观包含自然天、理万物之情，指出人的本质是乐生恶死。本篇深受战国以来黄老学的影响。[2] 本篇在阐述选贤用贤说、天人关系上说与《管子》之《立政》《五辅》《内业》等篇有密切的关系。兹分论如下。

1. 《博选》篇与《立政》篇论述选贤用贤的原则

《博选》篇在选贤用贤方面提出五至说。文章从德、才两方面，把士

---

[1] 戴望：《管子校正》，第243页。
[2] 详本书第一章。

分成五等，分别是"伯己""什己""若己""厮役""徒隶"（1a/6-7）。这五种人对君主治理国家发挥着不同程度的作用。因此君主应以不同的方式对待他们："帝者与师处，王者与友处，亡主与徒处。"（1b/10-2a/1）这里把君主分成帝者、王者、亡主三种。君主任用不同人士，关系到国家兴亡，则国家兴亡与君主对人才的态度有密切关系：君主重贤则可一统天下，为帝为王；相反则为亡国奴。本篇认为君主应重用"伯己""什己""若己"三者，才能国富兵强，统一四海。可见士的作用极其重要。

另外，《博选》篇提出以功、德作为选拔臣下的两个重要手段："计功而偿，权德而言，王铁在此，孰能使营？"（2a/8）以臣下的功、德来奖赏罚黜，这是黄老学派政治思想的主要特点。黄老学派主张君主重用贤能，既委以权力，又循法考核，分清君臣的职责，做到君尊臣卑、君逸臣劳、君无为而臣有为。①

《博选》篇没有提出选贤用贤的具体方法，只提出了大的原则。黄老学派在这方面的论述比较多。就《管子》言，《立政》篇也提出用贤的原则，比《博选》篇稍详："一曰德不当其位，二曰功不当其禄，三曰能不当其官。"指出选贤立官，以德为首要，强调德与位、功与禄、能与官必相符合，否则就有过失："德厚而位卑者谓之过，德薄而位尊者谓之失。"易言之，德位、名实必须相副。它又指出："大德不至仁，不可以授国柄；二曰见贤不能让，不可与尊位"。② 可见，《立政》篇强调儒家提倡的"仁""让"德目，明显融合了儒、道思想。因此，《立政》篇主要从名实相副的角度来考核贤人之德行、功绩、才能，提出"审德""审功""审能"说。③《立政》篇特别重视德位、功禄、能当的名实相合，认为这是治国"三本"。其对德、功的评核，比《博选》篇深入。

2.《博选》篇与《五辅》《内业》篇论天人关系

《博选》篇说："道凡四稽：一曰天，二曰地，三曰人，四曰命。"（1a/5-6）这里提出天地人三才观，并把君命视为与三才同样重要的观念，主

---

① 参于孔宝《简论稷下诸子学说》，《东方论坛》2002年第6期；于孔宝《稷下学宫与黄老之学述论》，《管子学刊》2008年第4期。
② 戴望：《管子校正》，第59、62页。
③ 徐汉峰：《〈管子·立政〉篇经济思想对中国会计文化的贡献》，《晋城职业技术学院学报》2009年第2期。

张巩固君权。本篇又说:"所谓天者,物理情者也。所谓地者,常弗去者也。所谓人者,恶死乐生者也。所谓命者,靡不在君者也。"(1a/8 – 1b/1)"天,物理情者",则天不只包括了自然天的运行规律,而且包括了总理万物之情。若情包含人情,则天包含了自然天、人情等方面;若情指物的本质,则天包括了自然天与万物之理。①

三才观在战国中期已蔚然成风,尤其是道家黄、老、庄学派,莫不为然。他们主张君主把握天地人三才相与之道,作为施政的圭臬,同时要审时度势;君臣分工,君道无为,臣道有为;把三才与方位、四季、五行等联系起来;重视三才与修养的关系,提出内心虚静的精气说、身心正静的养生论、养气论、正静论等。② 就《管子》言,《宙合》《五辅》《内业》等也论及三才观。可见,《博选》篇只提出天地人命这一概念,而没有论述三才观与政治决策、五行、养生的关系。

《五辅》篇是儒家作品,或曰深受儒家影响的作品,文中提出"六德有兴,义有七体,礼有八经,法有五务,权有三度",都是从儒家角度来阐述的。文章提出解决民生问题,进行礼义教育后,还希望百姓能知权、知三度:"所谓三度者何?曰:上度之天祥,下度之地宜,中度之人顺,此所谓三度。故曰:天时不祥,则有水旱;地道不宜,则有饥馑;人道不顺,则有祸乱。"希望百姓都能知天时、地道、人道,能趋吉避凶,有利民事。本篇提出"审时以举事",③ 可说是对知道、依循天地人三才而行事的最简要说明。《博选》篇在三才外提出命的重要性,强调君权;《五辅》篇则希望全民掌握三才,且能审时举事,可见后者重视百姓。

《内业》篇也提到三才:"天主正,地主平,人主安静。春秋冬夏,天之时也;山陵川谷,地之枝也;喜怒取予,人之谋也。是故圣人与时变而不化,从物而不移。"④《内业》篇及其他三篇(《白心》和《心术》上、下)的主旨是谈论"务为治""心治即国治",⑤ 因此,《内业》篇谈君主

---

① 有关先秦儒、道两家对天的看法,参冯友兰《中国哲学史》,台北:台湾商务印书馆,2015,第 43 页。
② 胡家聪:《稷下争鸣与黄老新学》,第 150~151 页。
③ 戴望:《管子校正》,第 199 页。
④ 戴望:《管子校正》,第 269~270 页。
⑤ 柴永昌:《试析〈管子〉"四篇"的君道论》,《管子学刊》2014 年第 1 期。

根据天地正平的特点、四时变化的规律，保持内心"安静"，不被外在环境影响，而能"不化""不移"。从这点看，《博选》篇强调君命的重要性，《内业》篇重视君主的内心安宁以达到国治的效果，两者有所差异。

由上可见，《博选》篇提出以德、功论赏臣下的治政原则，是黄老学思想的特点之一。《立政》篇就德位、功禄、能官三对关系提出选拔臣下的原则，明显比《博选》篇详细。两篇都以德、功为标准，而未详谈赏、罚，可见《立政》篇影响《博选》篇。另外，《博选》篇提出在三才观外重视君命，这也许与秦皇一统后提高君威有关；《内业》篇重视君主的内心安宁，以求达到国治之效；《五辅》篇除了希望君主把三才观运用在政治上，更希望全民掌握三才，且能审时举事。可见，三篇虽然都重视三才，但是《内业》《五辅》两篇所着重者与《博选》篇有所不同。

（三）《天则》篇与《内业》《五辅》的关系

《天则》篇是受儒、道、法、墨四家学说影响的写成于战国晚期的黄老学派作品。它的主旨是强调巩固君权，提出各种统治措施。这些措施有些受儒家影响，如重视民本，体恤下情，希求君主传名立万，尊重士大夫，重视民智；也有受道家影响的，如强调施政依循天道，无为而治；其他又如主张掌握权势，以势制人，受慎子重势说影响；反对亲亲，提倡贤贤，受到墨家影响。除了以上四家学说的影响，《天则》篇之控制君主情感、主张逐奸屏谗说，与《内业》篇有相通处。

1. 《天则》篇与《内业》篇重视控制君主情绪

《天则》篇关注到君主的情绪对施政的作用，说："严、疾，过也，喜、怒，适也，四者已仞，非师术也。"（9b/6－7）君主如果不能平正大方，而挟以严、疾、喜、怒四种过失的情绪，则非明君的治术。君主施政不掺杂一己的情绪，这样制定法令、推行政策，对化民成俗起着事半功倍之效。

儒家也有这种看法。如孔子言："一朝之忿，忘其身，以及其亲，非惑与？"（《论语·颜渊》）因为偶然的细小的忿怒，而祸及亲人，因小祸大！可见情绪控制对个人、家庭具有重要影响。[①] 所以，孔子又说"忿思

---

① 说法参朱熹《四书章句集注》，第139页。

难"(《季氏》),将发怒了,就好好考虑会有什么后果。郭店简《尊德义》篇说:"去忿戾,改惎胜,为人上者之务也。"① 去忿窒欲是君主修身施政的要务。

《管子·内业》篇也重视情绪,文中提及忧、乐、喜、怒、忿的有:"其所以失之,必以忧乐喜怒欲利。能去忧乐喜怒欲利,心乃反济","喜怒取予,人之谋也","慢易生忧,暴傲生怨","忿怒之失度,乃为之图。节其五欲,去其二凶,不喜不怒,平正擅匈","所以失之,必以喜怒忧患。是故止怒莫若诗,去忧莫若乐,节乐莫若礼","凡人之生也,必以其欢。忧则失纪,怒则失端。忧悲喜怒,道乃无处。爱欲静之,遇乱正之"。另外,也提到怎样控制情绪,如"善气迎人,亲于弟兄;恶气迎人,害于戎兵","平正擅匈,论治在心","节欲之道,万物不害",都说明君主应该重视情感的作用。②《内业》篇如此重视情绪,是因为控制情绪是修养内心、虚静心意,进而悟道、得道,最终实现内圣外王的第一步。③

《内业》篇可以说是先秦诸子中比较详细论述控制情绪的作品,它阐明情绪控制与修心得道的关系,内容比较偏向抽象的理论。《天则》篇也强调君主控制情绪对治理国家起着不可低估的作用,应把情绪控制应用在政治上。这是对孔子、郭店简《尊德义》篇的发展。它与《内业》篇言重视君主控制情绪在学理上是相通的。

2. 《天则》篇与《五辅》篇主张君主逐奸屏谗

《天则》篇一开头就说:"圣王者,有听微决疑之道,能屏谗权实,逆淫辞,绝流语,去无用,杜绝朋党之门。嫉妒之人不得著明,非君子术数之士莫得当前,故邪弗能奸,祸不能中。"(4a/10 – 4b/4)强调明君退小进贤,不要听信谗言淫辞,杜绝朋党。可见本篇相当措意于此事,认为君主要推行良政。另有荀子、苏秦、《管子·五辅》篇也都提到此事。《荀子·致士》篇只简单提出"退奸、进良之术",就是君子不用"朋党比周之誉""残贼加累之谮""隐忌雍蔽之人",采取"定其当而当,然后士其刑赏而还与之"的方法,就可以收到退奸进良的效果。

---

① 李零:《郭店楚简校读记》,第139页。
② 戴望:《管子校正》,第269~272页。
③ 沈尚武、袁岳:《论〈管子〉的内圣外王之道》,《管子学刊》2014年第3期。

《五辅》篇在说明君主推行"六德有兴，义有七体，礼有八经，法有五务，权有三度"这"五经"后，也说逐奸屏谗："五经既布，然后逐奸民，诘诈伪，屏谗慝，而毋听淫辞，毋作淫巧。若民有淫行邪性，树为淫辞，作为淫巧，以上谄君上，而下惑百姓，移国动众，以害民务者，其刑死流。故曰：凡人君之所以内失百姓，外失诸侯，兵挫而地削，名卑而国亏，社稷灭覆，身体危殆，非生于谄淫者，未之尝闻也。"① 《五辅》篇把谗慝淫辞的危害性提高到政权兴亡的高度来加以批斥，这比荀子、《天则》篇说得更严重——当然后两者也从政治方面说明了君主逐奸屏谗的必要性和重要性，但是《五辅》篇更加重视。

可见，《天则》篇主张君主控制情绪、逐奸屏谗，《内业》《五辅》两篇都有相同看法，而且比较深入细致。当然，《管子》这两篇就相关议题阐述得比较深入详细，不等于说它们写于《天则》篇之后，而且三者关心的重点不同，这是值得注意的。

（四）《道端》《泰鸿》篇与《四时》《五行》篇的五行关系说

1. 《道端》篇与《四时》《五行》篇的五行关系说

《道端》《泰鸿》两篇都论及五行与施政的关系，因此一并论述。

《道端》篇是写成于孟、荀之间的儒家作品，要求明君重用儒士，尊贤使能，修身进德，以正一国，进而一统天下。它依仁、勇、辩、智、谦、礼、贤、信、忠、义等德目把儒士分成不同专才，解决政治上的不同问题，这在儒学史上很独特。② 《道端》篇把仁、忠、义、圣四个德目与四方、四季联系在一起：

仁人居左，忠臣居前，义臣居右，圣人居后。左法仁则春生殖，前法忠则夏功立，右法义则秋成熟，后法圣则冬闭藏。(14a/1-3)

战国时期儒家提倡五行，但五行的内涵后世学者言人人殊，有指仁、义、礼、智、信，有指亲、义、别、序、信，有指仁、义、礼、智、诚，

---

① 戴望：《管子校正》，第47～49页。
② 见本书第四章。

有指天、地、民、神、时，有指五伦，有指五德终始说，还有郭店简的仁、义、礼、智、圣。① 五行，《尚书·洪范》篇指五才。② 思、孟时才把儒家五种德目视为五行，但是没有把它们与方位相配。《道端》篇把四德（仁、忠、义、圣）与四方（左、前、右、后）、四季（春、夏、秋、冬）联系起来。

《管子》一些篇章提倡阴阳五行说，既对春秋以前的阴阳五行说有继承与创新，又对邹衍之说产生影响。《管子》阴阳五行说主要集中在《幼官》《四时》《五行》《轻重己》篇。它们提倡五行相生说，并以五行配四时。为了使四季与五行相配，在夏、秋间加上"中央土"。③

《四时》篇把五方（东、南、中、西、北）与四季（春、夏、秋、冬，中间加土）、四气（风、阳、阴、寒，中间加土）、五德（喜赢、施舍修乐、和平用均、忧哀静正严顺、淳越温恕周密）相连。可见，《四时》篇比《道端》篇更详密。

《五行》篇则进一步把历史或神话人物与天地四方、颜色、瑞兽、官名联系起来："昔者黄帝得蚩尤而明于天道，得大常而察于地利，得奢龙而辩于东方，得祝融而辩于南方，得大封而辩于西方，得后土而辩于北方。黄帝得六相而天地治，神明至。""春者土师也，夏者司徒也，秋者司马也，冬者李也。"④ "奢龙"即苍龙、青龙，此把青龙与东方连起来；"神明至"即"神明之至"；"土师"即司空；"李"即狱官。四个官职与四季相连，司空掌建筑，主生长；司徒掌教育；司马主兵马出征；狱官"取使象水之平也"。⑤ 这四官与四季配合，与《周官》春官为天官、地官为司徒和春官为宗伯、夏官为司马、秋官为司寇的说法、排列不同，显然《五行》与《周官》不是同一系统。

《道端》篇写于孟荀之间，与《四时》《五行》篇的时代差不多。可见，儒家作品《道端》篇也受到战国时期阴阳、五行、四季、四方、五德相连说的影响。

---

① 详邢文《帛书周易研究》，第 217～219 页。
② 孔安国传，孔颖达疏《尚书正义》，第 302 页。
③ 于孔宝：《简论稷下诸子学说》，《东方论坛》2002 年第 6 期。
④ 戴望：《管子校正》，第 242 页。
⑤ 戴望：《管子校正》尹知章注，第 242 页。

2. 《泰鸿》篇与《四时》《五行》篇的五行关系说

《泰鸿》篇是写成于汉武时期的作品。它继承先秦汉初诸子对泰一的看法，并把它作为地位最高的神、本体相合者。本篇从本体泰一出发，阐述为政之道。述及圣王施政时，指出圣王不能独理万机，事事亲躬，而需要左右辅治，设官分职，各司其责，"五官六府，分之有道"（35a/6），易于责成，提高办事效率。本篇又指出："有道（指圣王、天子）南面执政，以卫神明，左右前后，静侍中央。"（35b/4-5）把五方、五行、四季相联结，以化天下：

> 所始为东方，万物唯隆，以木华物，天下尽木也，使居东方，主春。以火照物，天下尽火也，使居南方，主夏。以金割物，天下尽金也，使居西方，主秋。以水沉物，天下尽水也，使居北方，主冬。土为大都，天下尽土也，使居中央，守地。（36a/6-10）

这里的安排是方位（东、西、南、北、中）、四季（春、夏、秋、冬）、五行（木、火、金、水、土）相对应连接，天子依此治理天下，调和两气，就能和睦天下。这种安排和《五行》篇基本相同。不赘。

可见，《道端》《泰鸿》两篇都接受五行说，并运用在政治上。《道端》与《五行》篇都提到以七十二日为限依次根据季节性质而施行不同政令以治天下说，可见两篇的关系比较密切，深受齐国思想文化影响。

（五）《近迭》《兵政》篇与《管子》军事篇章的关系

《近迭》《兵政》两篇反映了鹖冠子的军事思想。《近迭》篇分析了大国兵诎辞穷、出师不利的原因，主要是君主愚昧骄纵，不学习先王治典，宠信谋臣，终有生栋覆屋之虞；又主张行军打仗要有原则，但不提倡效法天地四时阴阳。《兵政》则强调用兵必依三才之道，参与天地之变化，掌握天地自然变化之规律，并以赏罚同治。[1] 鹖冠子的军事思想与《管子》有关军事的篇章有相同之处。下文从几方面论述。

---

[1] 详本书第五章。

1. 论战争性质

先秦兵家对战争性质有不同看法。《黄帝书》把战争分成三类：君主争利之战、君主为泄私愤而发动的"行忿"之战、"为义"之战。鹖冠子认为战争是为义而战："行柱则禁，反正则舍，故不杀降人。"（17b/5－6）还要给降兵投诚自新的机会。《管子》也认为要为正义而战。《幼官图》篇指出："大胜者，积众胜而无非义者，焉可以为大胜？大胜无不胜也。"① 认为打胜仗是为了正义，惩恶扬善，废除昏君，顺民所欲，如此则无所不胜："至善之为兵也，非地是求也。罚人是君也。立义而加之以胜，至威而实之以德，守之而后修，胜心焚海内。民之所利，立之；所害，除之，则民人从。"②《法法》篇说："军之败也，生于不义。"③

2. 军事关乎国家安危存亡，政治对军事产生重要影响

鹖冠子认为"兵者百岁不一用，然不可一日忘也，是故人道先兵"（17b/2），注意到军事对保障国家安全、发展国家经济有重要的作用，所以劝诫君主着意军事建设，提出整军经武是施政的第一要务。可见，明君高度重视军事。这一点《管子·参患》篇有相同看法："君之所以卑尊，国之所以安危者，莫要于兵……兵者外以诛暴，内以禁邪。故兵者，尊主安国之经也。"④ 管子学派反对寝兵，认为军队很重要，《法法》篇说："今德不及三帝，天下不顺，而求废兵，不亦难乎！"⑤ 因此，《立政》篇说："寝兵之说胜，则险阻不守。"⑥ 把寝兵说列入九败之一。⑦

鹖冠子认为政治对军事有重要的影响，政治好坏影响战争胜负。管子学派也有相同的看法。《地图》篇说："主明、相知、将能之谓参具。故将出令发士，期有日数矣。宿定所征伐之国，使群臣、大吏、父兄、便辟左右不能议成败，人主之任也。论功劳，行赏罚，不敢蔽贤有私；行用货财，供给军之求索，使百吏肃敬，不敢解怠行邪，以待君之令，相室之任

---

① 戴望：《管子校正》，第45页。
② 戴望：《管子校正》，第42页。
③ 戴望：《管子校正》，第92页。
④ 戴望：《管子校正》，第160页。
⑤ 戴望：《管子校正》，第94页。
⑥ 戴望：《管子校正》，第338页。
⑦ 〔日〕重泽俊郎：《〈管子·立政〉"九败"臆解》，路英勇译，《管子学刊》1994年第2期。

也。缮器械，选练士，为教服，连什伍，遍知天下，审御机数，此兵主之事也。"① 指出君主、相、将各有所司：君主决定出兵打仗的日期和征伐的国家；相的责任是论功劳定赏罚，供给军需；将帅的任务是选拔战士，加以训练。虽然君、相、将各有所司，从另一方面说，君、相尽其责，则政治清明，易于战胜。

3. 行军打仗效法天道

鹖冠子在《兵政》篇主张根据三才之道用兵："用兵之法，天之，地之，人之，赏以劝战，罚以必众。"（47b/7-8）除了因循三才观用兵，还须赏罚分明，这样用兵尤能成功。《管子》有关军事的篇章大都主张用兵效法天时，《霸言》篇说："（圣王）以备待时，以时兴事。时至而举兵。"②《七法》篇说："曲制时举，不失天时，毋圹地利。"③《幼官图》篇说："举发以礼，时礼必得""八举时节"。④ 该篇重视时节、时令，认为季节对应不同政事，出兵打仗最好在秋天。这与当时春耕秋收的农事活动有密切关系。凡此可见《管子》重视天、地、人三才关系。

4. 强调平素训练军队

鹖冠子主张平时要训练军队，以防不虞之需。管子学派也很重视此点，《幼官》篇说："定选士胜。"⑤ 重视士兵日常的教育与训练。《兵法》篇提出"五教""因便而教""教无常"等。

5. **大国兵诎辞穷、禁不止、令不行之故：君主重用谋臣，招致丧师辱国**

鹖冠子和庞子很关心当时大国兵诎辞穷、禁不止、令不行，最后被灭亡的现象："今大国之兵反诎而辞穷，禁不止，令不行。"（17b/9-10）鹖冠子认为主要原因是庸君愚昧骄奢、重用谋臣。管子学派有相同看法，《形势解》篇说："地大国富，民众兵强，此盛满之国也。虽已盛满，无德厚以安之，无度数以治之，则国非其国，而民无其民也。"⑥《重令》篇也

---

① 戴望：《管子校正》，第159~160页。
② 戴望：《管子校正》，第143页。
③ 戴望：《管子校正》，第31页。
④ 戴望：《管子校正》，第44页。
⑤ 戴望：《管子校正》，第165页。
⑥ 戴望：《管子校正》，第332页。

对"地大国富"的诸侯提出戒忌的警示:"巧佞之人,将以此成私为交;比周之人,将以此阿党取与;贪利之人,将以此收货聚财;懦弱之人,将以此阿贵事富,便辟伐矜之人,将以此买誉成名。故令一出,示民邪途五衢,而求上之毋危,下之毋乱,不可得也。"① 任用巧佞之人将导致政权覆亡。这种看法和《鹖冠子》劝君主戒骄矜之见不谋而合。

由上可见,《管子》的军事思想在很多方面与《鹖冠子》相同,这应是《管子》对鹖冠子的影响。

(六)《世兵》篇与《小匡》《大匡》篇的关系

《世兵》篇由两部分组成,前部分从开头到"得此道者,驱用市人"(43b/9),分析用兵之道;后部分自"乘流以逝"(43b/9)迄结束,是柳宗元认为《鹖冠子》抄袭贾谊《鵩鸟赋》进而断定其是伪书的部分。本篇上部谈用兵之道,与鹖冠子在《近迭》《兵政》两篇所谈的基本相同,故不赘。《世兵》篇比较偏重培养将帅的德行与战术的运用,《管子》也重视军事人才,《小匡》篇记管子任相三月,评论百官,说:"平原广牧,车不结辙,士不旋踵,鼓之而三军之士视死如归,臣不如王子城父,请立为大司马。"② 可见,管子认为要重用有军事才能的人,由他们带兵打仗,必能取得胜利。

另外,《世兵》篇提到曹沫,说他身为鲁将,曾与齐国三战三败,亡地千里。然而他能忍辱负重,为取回失地,不惜然自杀,因自杀会导致"国削名灭""身死君危"(42b/8),是不智不勇不忠之举。因此,他"去忿悁之心""弃细忿之愧"(43a/2-3),并与鲁君商议,在参加由齐国主持的盟会时,把握良机,提三尺之柄,劫持桓公,迫使桓公归还失地,"天下震动,四邻惊骇,名传后世"(43a/1-2),得"终身之功""累世之名"(43a/3)。因此,本篇称赞"曹子为知时,鲁君为知人"(43a/3-4)。

有关曹沫劫持齐桓公一事,根据《左传》、《公羊传》、《战国策》、上博简《曹沫之阵》、《吕氏春秋》、《淮南子》、《史记》等书的记载,可见他最先以鲁国士族的身份出现。到了战国时期,他被塑造成在盟会中劫持齐桓公而夺回鲁地的英雄,是勇、智、知耻三者合一的化身,也成为儒

---

① 戴望:《管子校正》,第80页。
② 戴望:《管子校正》,第447页。

家、纵横家、侠客的典范。①

《大匡》篇对曹沫的记载与上述记载有同有异。齐桓公四年，齐攻打鲁，鲁国被迫让出五十里国土，请求齐国与会盟，并提出齐桓公不要带剑、齐随行者不要带兵器的请求。桓公答应。管仲认为此举极其冒险，指出"诸侯又加贪于君"，鲁国爱贪小便宜；又说曹沫"之为人也，坚强以忌，不可以约取也"，②是个坚强且有心机的危险人物。这是管子对曹沫的评价。在齐鲁会盟上，鲁公与曹沫都带剑，可见两人早有预谋。鲁庄公说齐国占领鲁国五十里国土，只剩尚未亡国，"均之死也，戮死于君前"。③管子要救桓公，曹沫持剑胁迫桓公，桓公只好答应交还汶水以南的鲁国疆土。《大匡》篇是《管子》、齐国的作品，站在齐人的立场，批评曹沫是阴险狡诈之人，然而站在鲁人的立场，曹沫则是保卫国土的英雄。④ 管子、《大匡》篇对曹沫这样的评论，在先秦秦汉文献中是很特别的。

（七）《学问》篇与《管子》的关系

《学问》篇反映鹖冠子的学问。他提出九道（道德、阴阳、法令、天官、神征、伎艺、人情、械器、处兵）说，并说此乃"天下至道"（50b/1）。鹖冠子对阴阳、法令的看法与《管子》有相同之处。

1. 阴阳

鹖冠子说"阴阳者分数，所以观气变也"（49a/9-10），其意说君主把握阴阳变化之道，由阴阳变化、历数之分来掌握二十四节气变化特征，进而推行相关政令。《管子》中有丰富的阴阳五行思想。谈到阴阳，《五行》篇从另一角度主张"人与天调"，希望天子每年依四时与五行的天时配合，颁发五种政令。⑤《五行》篇说："通乎阳气，所以事天也，经纬日月，用之于民。通乎阴气，所以事地也，经纬星历，以视其离。"⑥ 君主能通阴阳两气，效法天地，因应日月星历的运行，推行政令。

---

① 详本书第九章。
② 戴望：《管子校正》，第355页。
③ 戴望：《管子校正》，第355页。
④ 孔令元：《春秋曹刿形象之研究》，台北：万卷楼图书有限公司，2016，第19页。
⑤ 胡家聪：《管子新探》，第308页。
⑥ 戴望：《管子校正》，第242页。

2. 法令

鹖冠子重视法令。他说："法令者，主道治乱，国之命也。"（49b/1）法令是君主治国的重要手段，攸关国家存亡。战国时期道家、法家特别重视法在治国中所起的作用。《黄帝书·道法》篇甚至提出"道生法"，赋法予形上的根据。① 《管子》也重视法，不少篇章都提到法。如《任法》篇认为君主若能"任法而不任智，任数而不任说，任公而不任私，任大道而不任小物"，就是圣君。法具有公正性、排私性、稳定性，圣君以法治国，则"身佚而天下治"。② 作者认为，黄帝、尧皆以法治天下，"善明法禁之令而已矣"，连仁义礼乐也出自法，因此，法是"存亡治乱之所从出"，"上之所以一民使下也"。③ 这种看法和《学问》篇多有相同之处，强调明君以法治国，法关系国家存亡。

结　论

通过以上论证，可见《鹖冠子》在君主修养、施政、军事等方面的思想与管子和《管子》有不少相同之处。两者有相同看法，一则受到黄老学说影响，二则成书偏早且影响力大的《管子》对《鹖冠子》也产生影响。正因《鹖冠子》的学说与齐学有诸多相同处，本书质疑鹖冠子楚人说，认为他应与齐国思想有密切关系。④

---

① 余明光：《黄帝四经与黄老思想》，第 240 页。
② 戴望：《管子校正》，第 255 页。
③ 戴望：《管子校正》，第 256 页。
④ 详本书绪论、第十二章。

附录二 与汉学家葛瑞汉商榷《鹖冠子》书

一 葛瑞汉研究《鹖冠子》的学术背景

《鹖冠子》一书，自汉迄唐初，学者都认为是先秦子书。自柳宗元认为《鹖冠子》抄自贾谊《鵩鸟赋》后，《鹖冠子》是伪书几成定论。然长沙马王堆帛书出土《老子》乙本卷前佚书（本书称为《黄帝书》），有十八处与《鹖冠子》意同或语同。现代学者反思柳氏之见，认为《鹖冠子》并非伪书。至于《鹖冠子》的成书年代、思想学派、主题思想等，学者看法纷纭，或以为是先秦子书，或以为乃汉代作品，其作者为鹖冠子。[1]

葛瑞汉（A. C. Graham，1919～1991），英国著名汉学家，研究中国传统哲学，翻译有《庄子》《列子》等，代表作有 Studies in Chinese Philosophy and Philosophical Literature 和 Disputers of the Tao: Philosophical Argument in Ancient China。他研究《鹖冠子》一书，先后发表了三篇论文。[2] 其中1989年发表的《〈鹖冠子〉——一部被忽视的汉前哲学著作》（"A Neglected Pre-Han Philosophical Text: Ho-kuan-tzu"）一文，就《鹖冠子》的版本、作者、成书年代、结构、思想等方面进行论述，可视为他研究《鹖冠

---

[1] 详本书绪论。
[2] A. C. Graham, "A Neglected Pre-Han Philosophical Text: Ho-kuan-tzu," Bulletin of the School of Oriental and African Studies, Vol. 52, No. 3, 1989, pp. 497–532; "A Chinese Approach to Philosophy of Value: Ho-kuan-tzu," Unreason within Reason: Essays on the Outskirts of Rationality, pp. 121–135; "The Way and the One in Ho-kuan-tzu," Epistemological Issues in Classical Chinese Philosophy, pp. 31–43.

子》的代表作。① 他山之石，对我们正确了解《鹖冠子》有莫大帮助。为便论述，我们先讨论中外学者 1989 年以前对《鹖冠子》所做研究，从而便于明确葛氏与前人研究的一些不同看法。

1. 有关《鹖冠子》的内容研究

吴光研究《鹖冠子》的思想，指出《鹖冠子》中"一"就是"道"，两者比"气"高出一个范畴，"气"形成万物，是沟通"道"与万物之桥梁。"气"分阴阳，天地是由阴阳运动变化构成的。《鹖冠子》最重要的贡献是提出元气论。② 谭家健认为"一"不是"道"，而是组成气的最精微的物质。③

曹旅宁研究鹖冠子的政治思想，认为鹖冠子反对君主世袭，提出"五至""三处"说，主张设立郡县以管理一统的天下，其思想渊源于黄老学派与楚国文化。④

大形彻认为《鹖冠子》言"道"继承《老子》之说，其"道"不只指单一原理，而包含"一"与其他诸多概念。"天"不指自然天，而指有原理、规则之天。他还重视鹖冠子的军事思想，认为鹖冠子强调日常整军练武，以备不虞之变，因为他以国家会被消灭而感到不安为出发点，思考防御之道，并由此建构思想体系。大形彻认为鹖冠子提出的法，是根本原理，是天地法则，落实到人生界成为具体的法律、法令。⑤

2. 有关《鹖冠子》是否为伪书

吴光反对柳宗元提出的《鹖冠子》伪书说，认为不能以文字鄙浅或精深作为辨别古籍真伪的根据；文句有相同，也很难断言谁抄谁，如"水激则旱，矢激则远"见诸《鹖冠子》《鹏鸟赋》《吕氏春秋》《淮南子》，即使《鹖冠子》"剽窃"《国策》，只能说它晚出，不能断定它是伪书。又，不能以史迁是否提及某书，就作为判定某书真伪的标准。《鹖冠子》篇数

---

① 为省篇幅，附录二中涉及本篇的引文随文标注页码。
② 吴光：《黄老之学通论》，第 158~161 页。
③ 谭家健：《〈鹖冠子〉试论》，《江汉论坛》1986 年第 2 期，第 58 页。
④ 曹旅宁：《〈鹖冠子〉述评》，《青海师范大学学报》1988 年第 4 期，第 77~81 页。
⑤ 大形徹「『鶡冠子』——不朽の国家を幻想した隠者の書」『東方宗教』第 59 号、1982、50-54 頁。

历代增多，原因之一是《汉志》著录者的省略，原因之二是后代目录家混淆。① 谭家健认为鹖冠子生于郭隗之后，《鹖冠子》摘录《战国策·燕策》"帝者与师处"节入自己文章，本无可厚非；且该节是当时名言，《黄帝书·称》《韩诗外传》《新书》都有引用，为什么《鹖冠子》不能引用呢？至于《鹖冠子》与《国语·齐语》的关系，《周氏涉笔》已指出两者所述制度不同，所以《鹖冠子》当是参考过《国语》，而没有抄袭《国语》。综上所论，《鹖冠子》不是伪书。②

3. 有关《鹖冠子》的成书年代

吴光、大形彻都认为《鹖冠子》成书于战国末迄秦楚之际。③ 陈克明认为其成书在汉初。④ 杜宝元认为成书在汉武、昭之间。⑤

4. 有关《鹖冠子》一些篇章问题

吴光根据避讳指出《鹖冠子》之《博选》《著希》两篇写于秦代，因为这两篇的"端"字避秦皇政之讳。⑥

杜宝元认为先秦、秦汉著作引前人文句，吸取前人成果，是很普遍的现象。这样，《鹖冠子·世兵》篇一些文句与贾谊《鹏鸟赋》相同也并不奇怪，可说明两篇有共同的材料、思想来源，柳宗元说《世兵》篇抄袭《鹏鸟赋》显然不当。⑦ 谭家健认为《世兵》篇和《鹏鸟赋》两篇次序不一，《鹏鸟赋》文字技巧尤密致，符合后出转精的规律。⑧

有关《鹖冠子》的《泰鸿》与《泰录》篇的关系，明代孙矿评论："此篇与前篇相表里，而幽奥处似过之。"⑨ 杜宝元赞成他的看法。⑩ 学者多认为这两篇是姐妹篇。

---

① 吴光：《黄老之学通论》，第 151~156 页。
② 谭家健：《〈鹖冠子〉试论》，《江汉论坛》1986 年第 2 期，第 57~58 页。
③ 大形彻「『鹖冠子』の成立」『大阪府立大学纪要』第 31 号、1983、157 页。
④ 陈克明：《试论〈鹖冠子〉与黄老思想的关系》，《哲学史论丛》，第 231 页。
⑤ 杜宝元：《〈鹖冠子〉研究》，《中国历史文献研究集刊》第 5 集，第 60 页。
⑥ 吴光：《黄老之学通论》，第 157 页。
⑦ 杜宝元：《〈鹖冠子〉研究》，《中国历史文献研究集刊》第 5 集，第 51~53 页。
⑧ 谭家健：《〈鹖冠子〉试论》，《江汉论坛》1986 年第 2 期，第 57~58 页。
⑨ 见《子书二十八种》本《鹖冠子》，叶 11。
⑩ 杜宝元：《〈鹖冠子〉研究》，《中国历史文献研究集刊》第 5 集，第 56 页。

5. 有关《鹖冠子》版本

学者在这方面的研究比较少。傅增湘于 1929 年公布贞观三年敦煌手写本首尾两页，可发现今本《博选》篇 "人有五至" 一段乃 "四稽" 之注，为注文混入正文。又该本不标篇名，全卷约当今本八篇半，作者佚名，应为隋代以前人。[①] 何凤奇、王洪生发表有关唐代《鹖冠子》残卷本的论文，阎文儒发表有关唐代残卷《道端》篇的材料，都有助于校勘。[②]

二　葛瑞汉论《鹖冠子》

我们研究先秦子书，尤其是佚书时，常常提出几个问题：这本书作者是谁？只有一个作者吗？这本书的内容是什么？它属于哪一流派？它在什么时代写成或编成？它反映了哪些思想观念、历史事件？它有哪些版本，哪个版本最好？有没有注本，哪个注本最好？对于这些问题，葛瑞汉从以下几方面予以论述。

1. 版本问题

葛瑞汉简单指出《鹖冠子》几种版本的先后和优劣：《道藏》本正文和注文有空格，《四部丛刊》本虽然承自宋版，但是已在这些空格上填补了文字（第 498 页）。

2.《鹖冠子》的一致性问题

今本《鹖冠子》有十九篇。葛瑞汉认为《世贤》《武灵王》两篇应是后人加入的，原因如下：第一，这两篇没有《鹖冠子》宇宙论的特征；第二，这两篇和其他篇章的命名方式不同，其他篇章的篇名都是两个字，其中一或两字来自该篇，但这两篇没有这种情况；第三，这两篇的篇名不是思想撮要，而是人名；第四，这两篇不是问鹖冠子，而是回答国王（第 500~501 页）。他还从语言与思想的统一性论述了《鹖冠子》除《世贤》《武灵王》两篇外其余篇章的整体性（第 503 页）。

[①] 详傅增湘《跋唐人〈鹖冠子〉上卷卷子》，《国立北平图书馆月刊》第 3 卷第 6 号，1929，第 719 页；王重民《敦煌古籍叙录》，北京：商务印书馆，1958，第 180~181 页。

[②] 详何凤奇、王洪生《唐人写本〈鹖冠子〉残卷跋》，《文献》1987 年第 4 期，第 162~171 页；阎文儒《关于唐代残卷〈鹖冠子〉及其他》，《文献》1987 年第 4 期，第 172~174 页。

3. 成书年代

葛瑞汉曾使用十一条古汉语的标准考察《鹖冠子》，结论倾向于把文本写成年代定在汉代以前（第 504~505 页）。他也把《鹖冠子》一些用语如"名理""五正"和帛书《黄帝书》比较，认为《鹖冠子》是反映帛书成书时代的作品（第 508 页）。他赞成吴光的避讳说，认为《博选》《著希》避秦始皇之讳，把"政"改为"端"，因此这两篇在公元前 207 年写成。进而认为，既然《鹖冠子》大部分篇章是一个整体，那么，《鹖冠子》全本的写成年代要么在公元前 210 年，要么在公元前 207 年后不久（第 507 页）。易言之，他认为《鹖冠子》有些篇章写成于秦始皇时期，有些则写成于秦汉之际。

具体而论，葛瑞汉通过五行相克之说，认为《度万》篇"法猛刑颇则神湿，神湿则天不生水。音□声倒则形燥，形燥则地不生火"一句，是作者批评水德的秦政（第 507 页）；《泰鸿》篇"用法不正，玄德不成"句也反映了作者反秦，因为"玄德"指水德（第 507~508 页）。

同时，他认为《近迭》篇应写在前秦或秦汉之际，因为该篇提到"大国"曾经得意于天下，后来败亡，葛氏认为此论是针对秦国（第 509 页）。

可见，葛瑞汉倾向于认为《鹖冠子》的绝大部分篇章是由一个作者（即鹖冠子）所写（《世贤》《武灵王》两篇除外），并推论《鹖冠子》中部分篇章写于秦始皇至秦汉之际。葛氏有这样的推论，是因为他知道《鹖冠子》一书内容庞杂不一。为了更好地解释《鹖冠子》的内容，他把《鹖冠子》的不同篇章分成三组。

4. 三组乌托邦说

葛瑞汉认为，《鹖冠子》作者的生活年代可能由战国末期至汉初，他目睹政局变换，思想有了变化，因此，在不同阶段提出三组乌托邦政治学说。

第一组包括《博选》《著希》《王铁》三篇。《博选》《著希》本来可能同篇，后来一分为二；又因避秦政之讳，可能写于秦二世。《王铁》篇不用秦讳，而用楚国官名（柱国、令尹），应写成于楚灭亡之前（前 223）。《王铁》篇比《博选》篇早。易言之，这一组三篇都在秦亡之前写成。三篇放在同一组，因《王铁》篇和《博选》篇都提到"王铁"一词

（第 518～522 页）。

第二组的五篇是：《度万》《泰鸿》《泰录》《天则》《夜行》，主题是论述九皇制度。葛瑞汉以"用法不正，玄德不成"为据，推论《泰鸿》篇反秦。这几篇没有避秦讳，应该写成于秦亡，比第一组时间晚（第 522～527 页）。

第三组包括《世兵》《备知》。这两篇的内容不同，其中论述五帝、三王、黄帝等，对理想国失去、战争兴起表示哀悼并幻想原始政府出现。《备知》篇和《庄子》之《盗跖》《缮性》的内容接近，主张无为，抨击世袭制（第 527～529 页）。

葛瑞汉把《鹖冠子》分为三组，认为是作者（鹖冠子）经历了秦汉之际的两次战争和危机后，产生了思想变化。他在第一次经历（指秦亡）中发明了新乌托邦，在第二次经历（葛瑞汉只简单说是过渡时期重建政府的信心崩溃，但没有确指是项羽重分天下，还是楚怀王未能重建楚国）中放弃了前说，投入道家与杨朱学派，强调无政府主义（第 529 页）。

三　对葛瑞汉三组乌托邦说的评论

前文已论，葛瑞汉就《鹖冠子》（除《世贤》《武灵王》篇）的内容，将其分成三组。但是，他只论述了十篇，对另外九篇的思想如何，应属于哪一流派或哪一组，他没有明说。可见，葛氏的三组乌托邦说显然不能包括整本《鹖冠子》。以下简要评论。

（一）有关第一组说法的评论

葛瑞汉把《博选》《王铁》归入同一组，是因为这两篇都提到"王铁"一词；《博选》篇和《著希》篇分别提到"四稽"和"道有稽"；两篇又都避秦政讳。笔者认为，葛氏这一看法，值得商榷。

首先，讨论篇章之间的关系，最基本的做法是分析每篇的主体思想、学派归属、写成时期，然后才讨论篇章的彼此关系。据本书考证，《博选》《著希》两篇虽然避秦皇之讳，同时写成于秦代，但是，两篇的思想主体截然不同。《博选》篇的思想核心是提出"五至说"，希望君主以不同态度、礼数等招揽"伯己者""什己者""若己者"这三等贤才，而不屑用"厮役"

和"徒隶";并以建功立德为标准来考核三等贤才,这样,君逸臣劳,君主卫精养神,并能一统中国,臻列帝王("帝者与师处,王者与友处")。作者依德、才高低把人才分为五等,不同于孔儒依德、礼而把人分等、把社会分层。作者这种看法,与先秦、汉代重视师、友对君主治国治天下的重要性的看法一脉相承。本篇写成于秦代,总结、深化战国以来有关师、友之说与帝道、王道、霸道的关系论,深受黄老学影响。①

《著希》篇虽然避秦政之讳,写于秦代,但是其思想主体和《博选》篇不同。据本书考论,《著希》篇应是荀子后学在秦朝焚书以后所写,作者强烈表达儒家贤人在强权统治下的极度悲苦。他强调儒家贤人虽处乱世,必须勉励从义("事业虽弗善,不敢不力;趋舍虽不合,不敢弗从!"),表现儒家知其不可而为之的精神。② 葛瑞汉认为《著希》篇"道有稽"和《博选》篇"道凡四稽"都有"道""稽"之字,推断两篇本为一篇,将其归入第一组别。此说论据不足,且两篇所言之"道"未必相同。《博选》篇所说的"道"可征之于天、地、人、命("道凡四稽:一曰天,二曰地,三曰人,四曰命"),并就此四者简单解释其内涵,但是没有直接阐明"道"之内涵,而《著希》篇只说"道可稽,德有据","道"之具体内涵为何亦没有说明。用词相同,其内涵未必相同。如先秦儒、道、法等家均言"道""德",但是二者在不同学派、不同时期,含义未必完全相同。

另外,葛瑞汉在第一、二组中把几篇有相同用词的篇章放在同一组,按照这一逻辑,则《鹖冠子》不同篇章凡有相同的词、词组,就应该放在同一组,但是,他没有完全这样做。比如,《度万》篇有"日信出信入""月信死信生""列星不乱"等语,《王铁》篇也有"日诚出诚入""月信死信生""列星不乱",他把《王铁》篇放在第一组,把《度万》篇放在第二组。可见,葛氏的分组原则存在随意性。我们通过比较《博选》《著希》两篇的思想主体,可发现两篇的思想内容、学派归属不同。因此,葛瑞汉的分组不可信。

同样,葛瑞汉认为《博选》和《王铁》两篇都用"王铁"一词,因此,把这两篇放在同一组。如上所述,用词相同,内涵未必相同,篇章的

---

① 详本书第一章。
② 详本书第二章。

思想内容、思想主体更不一定相同。《王铁》篇是鹖冠子的理想政治论之一。他阐述了理想政治人物——成鸠氏一族统治一万八千年，指出成鸠氏统治的制度"天曲日术"（包含"人情物理""啬万物""与天地总""与神明体正"诸方面）。另外，《王铁》篇不会写于秦代，因为该篇多处用"正""政"，如"莫弗以为政""与神明体正""柱国不政"等。它应写成于战国末期：该篇把一县之长称为"县啬夫"，这只有战国时期的秦国才使用。其他国家有啬夫，但是没有"县啬夫"的称呼；汉代称为县令、县长，不称"县啬夫"。①

综上，《王铁》篇和《博选》篇的写成年代、思想主体等方面都不同，如何能放在同一组？《博选》与《著希》有黄老学与儒学之别，亦不是同一篇。因此，葛瑞汉只根据篇章中有相同的词就推断其是同一作者在同一时期所写的文章，是不符合事实的。

（二） 有关第二组说法的评论

第二组包括《度万》《泰鸿》《泰录》《天则》《夜行》，均论述九皇制度，且葛瑞汉以"用法不正，玄德不成"为据，推论《泰鸿》反秦。这几篇没有避秦讳，应该写成于秦亡后，比第一组晚。笔者认为，葛瑞汉这一看法也值得商榷。

上文已言，讨论《鹖冠子》这类被认为是伪书的文献，应该逐篇论证其写成年代、思想主体、学派归属，这是研究传统文献的一个重要方法。葛瑞汉没有逐篇证论，只就个别用词来佐证，立论不容易靠得住。

另外，葛瑞汉指出这一组的重点是论述九皇制度，并认为九皇是五正中的第二层"官治"，但并没有论证两者的关系。

五正论是《度万》篇提出来的。《度万》篇明确记载是鹖冠子回答庞子提问的文章，它反映了鹖冠子的一种理想政治论，也是鹖冠子政治理论中最具有特色的部分。他以天人、神形、阴阳相调和为准，来阐述理想政治五正论：神化、官治、教治、因治、事治。

鹖冠子认为统治境界最高的是尸气皇，次为尸神明，此两者皆属于道家。这两种思想的理论渊源，应当来自《庄子》内、外篇和帛书《黄帝书》。

---

① 裘锡圭:《古代文史研究新探》，第 432~435、447~455 页。

"九皇"一词出自《泰鸿》篇、《天则》篇。《泰鸿》说:"九皇受传,以索其然之所生。"该篇指出:"泰一者,执大同之制,调泰鸿之气,正神明之位者也。故九皇受傅以索其然以生。"又说:"九皇殊制,而政莫不效焉,故曰泰一。"《泰鸿》篇其实不是阐述九皇统治的具体措施,而是借泰皇(葛瑞汉说是九皇之首)向泰一请教有关天地人三者的关系,泰一由此回答,提出治国的理念,要求神圣以宇宙本体泰一为效法的最高典范,爱精养神,修身进德,为政要效法自然,立明官,置范仪,以和天下,并配合五方、五行、四季的变化,以化天下。① 因此,该篇不是论述九皇制度如何如何,而是借泰一的回答,提出作者的政治理念。另外,据本书第七章考证,《泰鸿》篇写成于汉武建元二年至元鼎四年,作者不会是鹖冠子,自然不能与《度万》篇放在同一组。

《天则》篇提到九皇之治:"主不虚王,臣不虚贵,阶级尊卑名号,自君吏民,次者无国,历宠,历录,副所以付授,与天人参,钩考之具不备,故也。"九皇有崇高的道德修养,号不虚称,臣下颇有才能,君臣尊卑,各得其当。群臣共尊九皇,又统治自己的氏族。九皇依臣下之才、德而授予爵禄,使他们之爵位与才能相当,又能参天地之化育,不必对臣下用督责之术;臣下能克尽厥职,这是理想的政治。《天则》篇提到的九皇之治是理想政治,而非史实。该篇的思想主体是强调巩固君权,提出各种统治措施。这些措施分别受到孔儒、道家、帛书《黄帝书》、慎子、墨家影响,主要反映战国末期的思想。②

可见,《度万》篇反映鹖冠子的理想政治五正论;《泰鸿》篇和《天则》篇虽然都提到九皇之治,但是两篇的思想主体不同,所论九皇之治也殊异。此三篇不能因为有若干相同名词,就被认为是鹖冠子在同一时期所撰写的文章。

最后,葛瑞汉指出"法猛刑颇则神湿,神湿则天不生水。音□声倒则形燥,形燥则地不生火"一句,是作者批评水德的秦政(第507页)。他的学生戴卡琳不赞同:"研究影射的批评,只能是推测性的而且也是永无

---

① 详本书第七章。
② 详本书第三章。

终结的。"① 另外,《度万》篇中,鹖冠子提出水火相生而不相克的看法:

> 天者神也,地者形也。地湿而火生焉,天燥而水生焉。法猛刑颇则神湿,神湿则天不生水,音□声倒则形燥,形燥则地不生火。水火不生则阴阳无以成气,度量无以成制,五胜无以成势,万物无以成类,百业俱绝,万生皆困。济济混混,孰知其故。

鹖冠子所说的天,不单指自然界的天,且具有形上之义。他认为天是神,地为形;天为形上,地为形下;形上不可见为神(此也指精神),形下可见则为形。鹖冠子认为天燥能生水,即火生水;天为神,"天燥而水生",则神燥也生水。相反,神湿则天亦湿,天湿则不生水。这种看法很特别,不同于五行相克、相生说。水火相生而不相克,阴阳才能调和而生万物。此水、火当然不是指有物质属性的水、火,而具有形上之义。② 这一段和反秦没有关系。

可见,葛瑞汉的第二组分类亦存有问题。

(三) 有关第三组说法的评论

葛瑞汉把《世兵》篇和《备知》篇列为第三组。这两篇谈的是五帝、三王以至战国时的一些人物,他们都表达了对理想政治衰落、战争兴起的哀伤,提出无政府的看法。其中,《备知》篇和《庄子》之《盗跖》《缮性》两篇有相同的文句和思想。这一组当写于秦汉之际,因为作者目睹暴秦一统天下既快,其亡也速,这使他相当失望,而对原始社会抱有幻想。

葛瑞汉把这两篇归入同一组,值得商榷。

先谈《世兵》篇。据本书考证,该篇由两部分组成:前部分从开头到"得此道者,驱用市人",分析用兵之道;后部分自"乘流以逝"迄结束,是被柳宗元指为抄袭贾谊《鵩鸟赋》的部分。前部分开头虽有"五帝在前,三王在后,上德已衰矣"之句,但这不是感慨,也非本篇重点。其最重要的内容是提出君主要重视统帅平时的修养,不因小失大,能忍辱负重。作者认为要打胜仗,君主要有知人之明,重用将才。君主有知人之

---

① 〔比利时〕戴卡琳:《解读《鹖冠子》》,第32页。
② 详本书第十四章。

明，要以平素有道德修养者为统帅，这对作战成败起着关键性作用。作者举曹沫和剧辛为正反面教材，强调将帅注重修养道德，胸怀大志，能忍辱负重，是作战取胜必不可少的条件。另外，本书前论从曹沫劫桓公一事在战国、汉初的流传，推定这部分在战国末期至汉初间写成。

《世兵》篇后部分与《鹏鸟赋》在材料、思想观念上有一些共同来源（如《庄子》《老子》等），两篇所表达的思想有同有异，同时，它们与汉初四言赋的思想特征有共通点，如作者借此种赋体表达对人生祸福无常、时命遭逢难测、体悟天道的看法，既对现实政治所带来的压抑感到无奈，又服膺庄老，以超然态度面对，借以自慰。[①]

《世兵》篇前部分探讨战胜之法，自然并非葛瑞汉所说的表达对理想政治失落、战争兴起的哀伤，相反，作者对战争有极大热情。后部分反映了汉初赋家感叹人生之无常。显然，葛瑞汉对《世兵》篇有很大的误解。

《备知》篇是战国晚期受到儒家影响的道家作品，其思想与庄子及其后学之《马蹄》《盗跖》《胠箧》及《老子》第80章所言的理想社会相同。作者认为至德之世不再，政治腐败，贤人不应效法伯夷、叔齐不食周粟和申徒狄抱石投河的行为。贤人要修身进德，不同流合污，应相时行事：若君主求才若渴，则入仕酬道，此所谓"时有所至而求"；若否，贤者应卷藏自退，所谓"时有所至而辞"。应明白个人的命运有否有塞，只要上有明君，贤臣才出山襄助，如此才能成事，故云："非无汤武之事也，不知伊尹太公之故也。"这是《备知》篇的要旨。因此，《备知》篇虽然有些词句和《庄子》外、杂篇相同或相近，也都表达了对理想国失落的感慨，但是，该篇的中心思想是劝告贤士处世、进退之道。葛瑞汉只抓住该篇对理想的感慨，不免以偏概全。

由上所论，《世兵》《备知》两篇虽表达了一些作者的感慨，但是两篇的重点并不在这。后者讨论贤人在黑暗政治环境下的自处之方，强调或仕或隐，因时而动，且应修身进德，尽之在我。前者则分两部分，前部分谈战争，希望国君重用贤将，贤将平素重视修养；后部分表达了汉初士人对祸福、时命、政权的看法。就写成时间来看，《世兵》篇前部分写于战国末期，后部分写于汉初；《备知》篇写于战国末期。这三部分讨论的主题

[①] 详本书第九章。

各不相同,写成时间亦先后有别,如何能放在同一组呢?

结　论

　　葛瑞汉是研究《鹖冠子》的西方汉学家,对此文献用力甚勤。有关鹖冠子其人其事、生活年代等方面,由于《鹖冠子》本身没有提供直接材料,因此,葛瑞汉和其他学者一样,没有提出令人信服的解答。葛瑞汉没有运用中国传统文献解读法,也没有掌握先秦、秦汉一些古籍通例,而是依靠影射法,并着眼于不同篇章出现的相同思想名词来组织全书架构,提出三组乌托邦说。葛氏未能全面地参考、消化中国、日本学者的研究成果,其所得结论难免留有遗憾。为了客观反映《鹖冠子》的文本情况,本书根据古籍通例,从思想主干、学派归属、成篇年代三方面逐篇论证,认为《鹖冠子》的写成年代,上自战国晚期,下迄汉武,非一人所撰。又,依学派来分,《鹖冠子》中有不同学派的作品:有儒家的,有兵家的,而属于黄老学的数量最多。依写成年代分:有写于战国末期的,有写于秦代的,有写于汉武之时的。葛瑞汉提出的三组乌托邦说,不符合《鹖冠子》的本来面貌。

附录三 《鹖冠子》敦煌本上卷注研究

《鹖冠子》有不少版本，其中比较著名的有《道藏》本、《四部丛刊》本、《子汇》本，另《群书治要》节录《博选》《著希》《世贤》三篇，《永乐大典》收录《泰录》篇。其最早的版本当是敦煌本注本，[1] 现藏于齐齐哈尔市图书馆的唐残本、卷子本，[2] 都是在贞观三年抄写，且是最早注解《鹖冠子》的。唯敦煌本上写有"敦煌教授令狐衰传写"，唐残本写有"校勘定毕"，两者在文字上还有一些不同。[3] 现存唐代《鹖冠子》写本还有写于贞观四年的《群书治要》（卷三十四）节选本。可见，现存唐代初年《鹖冠子》写本有四种。

就目前掌握的有关《鹖冠子》注的材料来看，敦煌本最多，包括今本第一篇《博选》篇到第九篇《王鈇》篇，但是没有注第七篇《近迭》，因此，敦煌本注解了全本《鹖冠子》篇章近五分之二的部分。残本保存了今本第五篇《环流》篇到第七篇《近迭》篇的注。《群书治要》本节录《博选》篇整篇和《著希》《世贤》两篇的部分内容；卷子本有第六篇《道端》，两者都没有注。

各本关于卷、篇的分法，互有同异。敦煌本不标篇名，且把《鹖冠子》前八篇当成一卷。残本与敦煌本同。《群书治要》本则明标篇名。可见，唐代初年对于《鹖冠子》的分卷、分篇已有不同，当时明显有不同版本。

研究《鹖冠子》的学者一般以今本（宋代陆佃注本）为据，其中较好

---

[1] 傅增湘：《跋唐人〈鹖冠子〉上卷卷子》，《国立北平图书馆月刊》第3卷第6号，1929。附录三敦煌本引文皆自出此文，为省篇幅，引文后径标页码。
[2] 阎文儒：《关于唐代残卷〈鹖冠子〉及其他》，《文献》1987年第4期，第172~174页。
[3] 何凤奇、王洪生：《唐人写本〈鹖冠子〉残卷跋》，《文献》1987年第4期，第162，169~170页。

的有明影宋本《子汇》本、《道藏》本、《四库丛刊》本,此三种版本各有长短。① 此系经陆佃取舍,可能有些文字未必合乎原义,因此,唐代四种版本对校勘、考订全本《鹖冠子》有莫大帮助,而敦煌本的作用尤其显著。因为它的含量最大,年代又早,自《博选》篇迄《王铁》篇(除了《近迭》),逐篇注解。把敦煌本和残本、卷子本及现存最早注释通书的陆佃注对勘,对研究《鹖冠子》有莫大贡献。

一 校勘

敦煌本既然是《鹖冠子》现存最早版本之一,其在文字校勘上具有重要价值。现通行全本《子汇》本、《道藏》本、《四库丛刊》本、《学津讨原》本、《十子》本、《百子》本绝大部分相同,而《子汇》本尤有出色之处,故下引原文以《子汇》本为准,逢其他版本不同,则引录比较。兹依篇次比较敦煌本、残本、卷子本、《子汇》本如下。

(一)《博选》篇

1. 《子汇》本:"王铁非一世之器者,厚德隆俊也。"(1a/4)敦煌本同。《四库》本作"厚德隆后",《群书治要》本写成"博选者,序德程俊也"。

2. 《子汇》本:"道凡四稽,一曰天,二曰地,三曰人,四曰命。"(1a/5-6)敦煌本"四曰命"下有"权"字,《四库》本句读与此同,其他诸本下读为"权人有五至"。又敦煌本没有"人有五至"至"五曰徒隶"数句,如此,本篇最重要的五至说乃是注文,而非原文。此攸关《鹖冠子》的政治思想研究。若敦煌注本完全与《博选》原本相同,则《博选》篇没有提出五至说!

3. 《子汇》本:"所谓天者,物理情者也。"(1a/8)敦煌本和其他诸本皆作"物理有情者",《群书治要》本作"理物情者也"。依敦煌本,则此认为天包括物理与情。依《群书治要》本,则应理解成天能理治物之情。依上下文义,当以敦煌本为是。

---

① 有关三种版本的优劣,参见〔比利时〕戴卡琳《解读〈鹖冠子〉》,第97~105页。

4.《子汇》本:"所谓地者,常弗去者也。"(1a/9)敦煌本"弗"作"不"。陆佃解在"弗"下注:"一作不。"则陆氏所见之本与敦煌本同。

5.《子汇》本:"人者以圣贤为本者也。"(1b/2)敦煌本作"人以圣贤为本者也",《群书治要》本作"人者以贤圣为本",其他诸本作"人者以贤圣为本者也"。可见,"圣贤""贤圣"倒转。另,诸本不同文句或祖敦煌本,或祖《群书治要》本,混两本而为一。

(二)《著希》篇

1.《子汇》本:"道与德馆。"(2b/1)敦煌本注云:"道以德为依归。"(第720页)则敦煌本此句作"道以德馆"。

2.《子汇》本:"心虽欲之而弗敢信。"(2b/10-3a/1)敦煌本注云:"虽可意欲而不敢言。"(第720页)则敦煌本"心"作"意"、"信"作"言"。

3.《子汇》本:"义节欲而治,礼反情而辨者也。"(3a/1-2)敦煌本注云:"节欲为治,反情而辨者,义也。"(第720页)则敦煌本应作"节欲而治,反情而辨者,义也"。

4.《子汇》本:"以中险为道。"(3a/3)敦煌本注云:"皆中俭所为。"(第720页)险,敦煌本作"俭"。敦煌本失原义,盖本篇作者批评昏君是乱世者,"以粗智为造意,以中险为道"(3a/2-3),其中"中"疑为衍文,此即《老子》"大道甚夷而民好径"(第53章)之意。君主不能依循中道行事,而是以险为道,① 因此不可能以"中俭"为道。

(三)《夜行》篇

1.《子汇》本:"月,刑也;日,德也。"(3b/7)敦煌本注云:"德,被也。刑,克也。"(第721页)则敦煌本此句次序为"日,德也;月,刑也",这种次序比较合理。

2.《子汇》本:"五味,事也。"(3b/10)敦煌本注云:"和,合也。"(第721页)则本句敦煌本为"五味,和也"。敦煌本较合原意。盖自春秋以来,论者都谓五味调和,如《左传》昭公二十年记晏子言"和如羹焉""齐之以味",② 可为明证。

---

① 说参张金城《鹖冠子笺疏》,《国文研究所集刊》第19期,1975,第10页。
② 杨伯峻:《春秋左传注》,第1419页。

3.《子汇》本:"此皆有验,有所以然者。"(4a/1)敦煌本注云:"事虽有验,能知其然而莫知其所以然。"(第721页)则此句敦煌本宜作"事皆有验,而莫知其所以然"。

4.《子汇》本:"图弗能载,名弗能举。"(4a/4)敦煌本注:"图之无状,举之无名。"(第721页)则载,敦煌本作"状"。

(四)《天则》篇

1.《子汇》本:"自君吏民,次者无国,历宠历录,副所以付授。与天人参相结连,钩考之具不备故也。"(6a/6-9)历宠历录,俞樾云:"下历字衍文也。"① 然敦煌本注云:"历宠历录,必副其所以付授。"(第721页)则此句原本应作"历宠历录"。

2.《子汇》本:"与天人参相结连,钩考之具不备故也。"(6a/8-9)难解。敦煌本注云:"必与天人相参,不须钩考之具也。"(第721页)则原文应作"与天人参,钩考之具不备故也"。

3.《子汇》本:"举以八极。"(6b/4)敦煌本注云:"举天之人极。"(第722页)则"八",敦煌本作"人"。

4.《子汇》本:"差缪之间。"(6b/7)敦煌本注云:"差谬之间。"(第722页)则"缪"字敦煌本作"谬"。缪、谬古通。

5.《子汇》本:"月望而晨,月毁于天,珠蛤嬴蚌,虚于深渚。"(6b/9-10)敦煌本注云:"如日望月毁,蚌虚深渚,此化之自然妙用也。"(第722页)则月望而晨,据敦煌本应作"日望而晨"。

6.《子汇》本:"上纥下抚者,远众之慝也。"(7a/3)敦煌本注云:"上纥下抚者,众之慝也。"(第722页)则"远"为衍文。如此,"上纥下抚者,众之慝也",始与上文"上下乖谬者,其道不相得也"、下文"阴阳不接者,其理无从相及也;筹不相当者,人不应上也"(7a/4-5)之意相合。

7.《子汇》本:"为而无害,成而不败,一人唱而万人和,如体之从心,此政之期也。"(7a/5-6)敦煌本注云:"上下相应,如体之从心,一人唱于上,万人和于下,有为有成,不害不败,政之所期如此。"(第722

---

① 俞樾:《曲园杂纂》卷二〇,叶1、2。

页）则此句原本次序为"一人唱而万人和，如体从心，为而无害，成而无败，此政之期也"。

8.《子汇》本："圣王天时人之地之，雅无牧能，因无功多。"（9a/8 - 9）敦煌本注文下引原文云："无功能多。"（第722页）则此句原作"圣王天时人之地之雅无牧能因无功多能"。

（五）《环流》篇

1.《子汇》本："有一而有气"至"约决而时生，时立而物生"（10a/7 - 10）。敦煌本注云："万事万物根于一，有一而后生时约，是一与时约为始终也。"（第722页）则敦煌本此句次序应是先时后约，而《子汇》本则先约后时。

2.《子汇》本："一为之法。"（11a/7）敦煌本注云："一之为法。"（第723页）则本句原应作"一之为法"。

3.《子汇》本："名曰大埶。"（12a/6）敦煌本注云："名曰大敦。"（第723页）则"埶"当作"敦"。

4.《子汇》本："东西南北之道踹。"陆佃注："一作端。"（12a/7）敦煌本作"端"（第723页）。踹，义为跃足，不合句义；端，正也，则"踹"改成"端"。

5.《子汇》本："五声不同均，然其可喜，一也。"（12a/10）敦煌本注云："五声之可听。"（第723页）则"喜"当为"听"，且合原义。

6. 敦煌本注云："凶吉征于人。"（第723页）残本作"吉凶征于气"，当以残本为是。

7.《子汇》本："贤者万举而一失，不肖者万举而一得，其冀善一也。"（12b/6 - 7）敦煌本注云："贤者一失，不肖者一得，其一失之外，一得之内，共善一也。"（第723页）残本同，陆佃注："或作共。"则此句"其冀善一也"当作"其共善一也"。

8.《子汇》本："积往生跂，工以为师。"跂，敦煌本作"政"；工，敦煌本作"王"（第723页）。残本同。陆佃注"或作政""或作王"（13a/4），皆为证。

（六）《道端》篇

1.《子汇》本："天定之，地处之。"（13b/1）敦煌本注云："定之居之。"(第723页)残本同,则此句应作"天定之,地居之"。

2.《子汇》本:"寒温之变。"(13b/2)敦煌本注云:"温寒交变。"残本同。则此句应作"温寒交变"。

3.《子汇》本:"天下之事,非一人之所能独知也。"(13b/2 - 3)敦煌本注云:"非一人所独为。"(第723页)残本注:"非一人所独知。"则此句唐代有两个版本。

4.《子汇》本:"至神之极,见之不忒,匈乖不惑,务正一国。"(14b/4 - 5)敦煌本注云:"至神之极,不忒不惑,以错国于正。"(第724页)残本、卷子本皆同。《子汇》本"见之""匈乖"疑为衍文,盖至神之"至"不可见,故当从唐代版本。

5.《子汇》本述"臣术知事",依次言仁、勇、辩、智、谦、礼、贤、信、圣九臣,而敦煌本注则云仁、勇、智、谦、礼、信、圣七者,缺辩、贤两臣。

6.《子汇》本:"制天地御诸侯使圣。"(15a/3)敦煌本、残本没有"地"字。

7.《子汇》本:"然后有以量人。"(15b/6)敦煌本、残本作"后有量人"。

8.《子汇》本:"有道之君,任用俊雄。"(16a/6)敦煌本、卷子本"俊雄"作"英俊"。

9.《子汇》本:"长者之事其君也","小人之事其君也"(16b/5、7)。敦煌本、残本皆无"其"字。

10.《子汇》本:"凡可学而能者,唯息与食也,故先王传道,以相效属。"(16b/10 - 17a/1)敦煌本、卷子本作:"凡人不学而能者,息与食也,先王传道之效属,于息食之易能。"(第724页)

(七)《度万》篇

1.《子汇》本:"济济混混。"(20b/3 - 4)敦煌本作"济之混"(第724页)。

2.《子汇》本:"音者其谋也,声者其事也。音者天之三光也,声者地之五官也,形神调则生理修。"(21a/2 - 5)敦煌本注云:"音声者在天地为三光五官,在人为谋为事,人与天地合德则形神调而生理修。"(第

724 页）则此句次序应先"音者天之三光"，后"音者其谋也"。

3.《子汇》本："立官以授长者。"（22a/5）敦煌本注云："授官必择长者。"（第 724 页）则此句应从敦煌本。

4.《子汇》本："用法则平治。"（22a/6）敦煌本注云："用法平允。"（第 724 页）当从敦煌本。

5.《子汇》本："令出一原，散无方，化万物。"（22a/7）敦煌本注云："令者纪万物。"（第 724 页）则"化万物"应作"纪万物"。

6.《子汇》本："吾亦弗胜言。"（23b/4）敦煌本"弗"作"不"（第 724 页）。

（八）《王鈇》篇

1.《子汇》本"扁"，敦煌本注与陆佃注皆作"甸"，兹从。

2.《子汇》本："克啬万物而不可猒者也，周泊遍照。"（25b/7）敦煌本注云："无所不照，无所不周，啬万物而不厌。"（第 725 页）则此句为"遍照周泊，克啬万物而不猒者也"。

3.《子汇》本："明于蚤识逢臼（远白），不惑存亡之祥。"（25b/8-9）敦煌本注云："必须蚤识而后不惑。"（第 725 页）

4.《子汇》本："郡大夫退修其属县。"（26b/6）修，敦煌本注作"循"，陆佃注："或皆作循。"则从敦煌本为是。

5.《子汇》本："轸令尹以狗。"（27b/6）敦煌本注云："失职徇法。"（第 725 页）则"狗"当作"徇"。

6.《子汇》本"此其所以啬物也。"（27b/8）敦煌本："天之啬以啬物也。"（第 725 页）

7.《子汇》本"天子执一居中央……时始于历"云云（27b/9-28a/2），敦煌本注云："天子居中御外……四时之道始于岁历，天子之道始于执一。"（第 725 页）则此句原作"天子居中央……时始于历，天子执一"。

8.《子汇》本："郡大夫用气分所至。"（28a/3-4）敦煌本注云："用气至分。"（第 726 页）则此句当从敦煌本。

9.《子汇》本："下情六十日一上闻，上惠七十二日一下究。"（28a/8-9）敦煌本注云："下情无不上达，上惠无不下及。"（第 726 页）则"闻"作"达"，"究"作"及"。

10.《子汇》本："上亨其福禄。"（28a/10）亨，敦煌本及陆佃注作"序"。

11.《子汇》本："而百事理。"（28a/10）敦煌本注云："百事理于下。"（第726页）当从敦煌本而增"于下"两字。

以上比较敦煌本与《群书治要》本、《子汇》本及其他版本，可以发现，敦煌本所用的文字皆较合原义，一些本来不易理解的句子若读敦煌本注，则迎刃而解。敦煌本为《鹖冠子》保存了较多原貌。有些字句与今本不同，足以影响对《鹖冠子》思想观念的解释。可见，研究《鹖冠子》的思想，不能不看敦煌注本。文字校勘对于思想研究具有重要作用，于此可见一斑。

二 训诂

（一）敦煌本注继承汉代经师注释条例

敦煌本注很少逐字训解，绝大多数都逐句注释。敦煌本注有与汉代经师训诂条例相同者，下文略举数例说明。

1. 某，某也

《夜行》篇"天，文也"一段（3b/7 - 4a/1），敦煌本注："德，被也。刑，克也。检，校也。节，制也"，"业，事也。道，行也。调，和也。"（第721页）这种注释很简明，不过实例较少，因为敦煌本注多随句而注，很少逐字作解。因《夜行》篇所言十三种观念特别简括，所以敦煌本注也随篇赋义。这是敦煌本注的一大特色。

2. 某某谓之某

汉代经师以某某两字训某，敦煌本注有相近者。《博选》篇"五曰徒隶"，敦煌本注："德量百倍于己者谓之百己，什倍于己者谓之什己，与己相若者谓之若己，使令奔走谓之厮役，长君冯恶谓之徒隶。"（第720页）又《天则》篇"知足以滑正"，敦煌本注云："小知离正道，谓之滑正。"（第721页）《道端》篇"与天与地"（13b/5），敦煌本注："法天则地谓之与。"（第723页）

可见，敦煌本注具有简明扼要、直截了当的特色。

(二) 敦煌本注与《鹖冠子》原义的异同

敦煌本注最多的是注释文句,其注文多简要切实。这些注文有的符合《鹖冠子》原文之义,有的则未必,但是可以反映注者的看法。以下就此分析其注的特点。

1. 补充解释原文文意不备之处

如《博选》篇没有具体阐明师、友、徒隶对君主在施政过程中发挥了怎样的作用,只从结果来说:"帝者与师处,王者与友处,亡主与徒处。"(1b/10-2a/1)君主与师长相处就能成为帝,与友辈相处则为王,与徒隶相处则为亡国之主。为什么会这样?敦煌本注补充解释:"师可以潜移默化,养成帝德;友可以拾遗补阙,匡其王业。"(第720页)师就是百于己者、什于己者,他们的道德修养很高,与君主相处可以对其产生潜移默化之效,把君主培养有大志、有远见、有能力的明主,如此君主有望一统天下。帝之道德修养、学识高于王,故君主在师的辅导下易于养成帝德,在友的辅助下可以成就王业。

又如《天则》篇云:"圣王者有听微决疑之道,能屏谗权实,逆淫辞,绝流语,去无用,杜绝朋党之门。"(4a/10-4b/1)这里没有说明圣王如何听微决疑,敦煌本注补充解释道:"圣王在上,辟门明目,洞照无遗,进君子,退小人,邪说诐行不容于世,如是朋党何由兴?"(第721页)以圣王明目洞照为喻,说明圣王深具洞见,见微知著,能知之于未形,如此能不为奸佞所蒙蔽,进贤退小。此与该篇说"嫉妒之人不得著明,非君子术数之士莫得当前"(4b/2-3)意同。

2. 注释符合原文之义

《天则》篇云:"彼天地之以无极者,以守度量而不可滥。日不逾辰,月宿其列,当名服事,星守弗去,弦望晦朔,终始相巡,逾年累岁,用不缦缦,此天之所柄以临斗者也。"(4b/4-9)敦煌本注:"圣王制世之道,与天地同其无极;百僚士庶,各守其职而不忒,如星辰日月,终始相巡,用不缦缦,此法天之以柄临斗者也。"(第721页)认为圣王治天下,要与天地一样无极,百僚则各守其职。如此,强调圣王积极进取、开拓奋进、广大不可测而有权威,臣民安分守己、克尽厥职,重视圣王的积极面、臣民的守成面。所以敦煌本注"前张后极"迄"其泽四被而不竭"(4b/10-

5a/4）云："法天之道以成位，左右前后守其职而不忒，举其事而无咎，故其威泽四被而不竭也。"（第721页）也强调臣下守职尽职，举措无咎，如此始能使四方信服。这种看法和该篇原义相吻合。

又如《环流》篇云："时命者唯圣人而后能决之。"（12a/1）敦煌本注云："时与命得则调，时与命失则广，其道精微，唯圣人乃能决之。"（第723页）《环流》篇认为一般人的富贵贫贱、寿夭、贤愚等都决于命，可谓有宿命论，唯独说圣人知命而不受制于命，能因时而行，相机而动，故可制定法度。敦煌本注解释圣人完全符合原义。

3. 注释未合原文之义

如《博选》篇注评徒隶"骄奢淫佚"，是不合原义的。因为徒隶在五至者当中是最低下的一级，原文说君主对其"乐嗟苦咄"（1b/9），态度何等轻视，陆佃说："不礼甚矣，苟非无耻之人，岂所甘心哉？"（1b/9-10）是相当有理的。如此，徒隶怎能"骄奢淫佚"？

又如《著希》篇说："希人者无悖其情，希世者无缪其宾。"（2b/5）敦煌本注云："悖其情则不能希人，谬其宾则不能希世。"（第720页）意不违其真情才能希求于人，不谬其宾才能希求于世。这和陆佃解释有别，陆注云："方是之时（指君主无道），俯而徇俗，仰以阿时者至矣。"（2b/6）陆氏就上文"端倚有位，名号弗去"，认为君主不能明察秋毫，以致那些阿时曲学者应时而来。张金城释"宾"为名，认为此句可解为："希人者皆冀见用，而得其实，希世者则得其名耳。"① 张说颇有见地。"希世"见《庄子·让王》，该篇记原宪之言云："夫希世而行……宪不忍为也。"司马彪注："希，望也。"② "希世"指行事顾虑世誉。唯本篇意宜与此有别：希望君主重用之士要有真情实干，不要阿媚奉上；希望得到世誉之士不要矫饰行事，要名实相副，这样，才是真正的士。可惜这种儒者在乱世不受重用而被排挤，故《著希》篇作者对得志小人"文礼之野，与禽兽同则"（2b/6）表示愤叹。综上，敦煌本注和陆佃注都未合原义。

又如《道端》篇言"出究其道，入穷其变，张军卫外，祸反在内"（13b/8-9），内部安定团结、对君主心悦诚服，是政权稳固的基础；内部

---

① 参张金城《鹖冠子笺疏》，《国文研究所集刊》第19期，1975，第9页。
② 郭庆藩：《庄子集释》，第977页。

离心离德，君主即使苦心竭力，运筹帷幄，决胜于千里之外，拓边服远，然而不能察觉亲属宗室有人心怀异志，防患未然，则恐有江山之恨。所以作者特别强调："所备甚远，贼在所爱。"（13b/9－10）兵力若重驻边陲，造成外实内虚，君主身边的亲（父兄宗室）、臣（宠臣）、妻（外戚）、子（太子党）等就可能伺机发难，夺权于无形无备无措之中。敦煌本注云："张军设备，不能防祸远贼。"（第723页）认为君主要防外贼，不合原义。

（三）比较敦煌本注与陆佃注

两者相比，有以下几方面的差别。

第一，敦煌本注简练切要、平实，陆佃注则多阐己见。如敦煌本注《夜行》篇"天，文也；地，理也"（3b/7）为"文，天章也。理，地脉也"（第720页）。一般提到天，就联想到天道。敦煌本注切实平近，依文注释，没有赋天以形上之义，这符合原义。这里的天指日、月、星辰这些天文。这段原文比较有形上义的几句话是"日，德也；月，刑也；四时，检也；度数，节也；阴阳，气也；五行，业也；五政，道也"，敦煌本注则没有赋予形上义，也没有借此发挥一己之微言大义，只逐字而注。

陆佃注则多阐以己意，且多赋予形上之义，如解"刑"云"阴以刻制"（3b/7），解"德"为"阳以昭苏"（3b/7），以阴阳来解释刑德。又如解"度数，节也"，云："天地之节，盖有度数存焉。"（3b/8）解"五政道也"云："五辰也在天成象，故曰道。"（3b/9）以天地来解释度数、五政。这和敦煌本注很有差别。

第二，敦煌本注有些注释较陆注清楚。如《博选》篇"五曰徒隶"，敦煌本注："德量百倍于己者谓之百己，什倍于己者谓之什己，与己相若者谓之若己，使今奔走谓之厮役，长君冯恶谓之徒隶。"（第720页）所谓百己、什己、若己、厮役、徒隶，是就君主而言，《博选》篇的作者希望君主重用这五种人才，如此易于统一天下（此即五至说）。敦煌本注从道德方面对五至者下了简明的定义，陆佃则没有详细说明，只说"百于己者""十于己者""与己等也"（1a/6－7），并未明确到底是从德方面还是从才方面来比较。可见陆佃注在解释一些重要含义时略显含混。

第三，敦煌本注释一些重要字词，陆佃注则阙如。如《天则》篇"知足以滑正"，敦煌本注："小知离正道，谓之滑正。"（第721页）陆注没有解释。《天则》篇作者反对"滑正"之知,认为圣王要因循天道,反对肇祸之知略:"知足以滑正,略足以恬祸。"(5a/8 - 9)又说:"自知慧出,使玉化为环玦者,是政反为滑也。"(9b/4 - 5)可见,所谓"滑"指统治者推行政策,不能因顺自然,把不合自然的政策强加于自然(人性或万物各自的特性)之上,结果违反自然本性。圣王反对这种肇祸之智、破坏自然的小智小慧,并不反对百姓有智能,反而要充分利用百姓的智能来建设国家。陆佃对此关键词没有直接解释,敦煌本则予注解,使其文义更明。

又如《博选》篇首句"王鈇非一世之器者,厚德隆俊也"(1a/4),敦煌本注云:"王鈇,王者之鈇,宰制百世之用,不仅一世之器,所以然者,厚德隆俊,与天地合其德也。"(第720页)说明王鈇的目的在于尊贤用能、崇德敬才,如此君主统治才能长治久安,与天地合德。

三 述意

敦煌本注在注释《鹖冠子》时,阐明一己之见,本末兼备,自有体系。

(一)天道观

首先说明一与道的关系。《天则》篇云:"天之不违,以不离一。"(5a/5)敦煌本注:"先天而天不违,天得一以清,道得一以治,天不能离之则乱('不'字衍)。圣人制世,与天地合其德,如日月之相应,为世所宜也。"(第721页)说明"一"是先于天而存在,天不能离开"一",否则将乱,而且天只有得到"一"才能清,道得到"一"才可以治,此道指治道。可见,敦煌本注视"一"为天、天道之本,也是政道之本。敦煌本注又云:"一者万物万事之根,天得一以清,故耳卑也。"(第722页)认为"一"是道之本,也是万物万事之根本,天也需得到"一"才能清。《王鈇》篇注云:"成鸠氏得先天之道,先天而为天。"先天早于天,而天道具有诚、信、明、因、一的特性,成鸠氏得一,因此其族能治理天下达一万八千年之久,这是"后天之制也"(第725页)。敦煌本注者从先天、后天来阐释成鸠氏长治久安之故。

敦煌本注提出无极、太极的观念。《王鈇》篇说:"天始于元,地始于朔。"（28a/1）敦煌本注"元"为"无极"，注"朔"为"太极"（第725页），此注不合原义。陆注言："元以气言之，朔以方言之。"（28a/1）一指气，一指方，得其本意。敦煌本注提出无极、太极说，显然赋元、朔、天、地予形上义。到了宋明理学中，无极、太极成为重要哲学范畴。

敦煌本注认为天人相通。《度万》篇注云："人身为天地之小者，阳数五，阴数六，所之于身，布之于政，故曰稽之于身。五奇数，六偶数，以奇数理天下，以偶数定四时。"（第724页）认为人是天地中的小者，人就是天地的缩影。天地间的阴阳奇偶，可以稽征于身，人与天地相通，故可以奇数阳数治天下，以偶数阴数理四时。这就从数方面来解释人、天、阴阳、政治的关系。

（二）王道观

要治理好天下，君主需重视自身修养。敦煌本注和传统诸子相同，强调王德。《天则》篇注云："三皇之世，无虚设之制，有王者之德乃可为主。"（第721页）强调"有王者之德乃可为主"，说明王德对于为王的重要性。

敦煌本注认为君德固然重要，法也必不可缺。如《王铁》篇言成鸠氏要求每层属官必须依时教诲百姓，并且及时向上级官员报告情况，否则就施以惩罚。敦煌本注从重法这一层面来解释："乱法者，非罪即诛，而后法行令止……再上而之柱国綵政，罪与县郡等。所谓法自贵始，令尹宣时令，安百姓者也。失职徇法，天之啬以啬物也。"（第725页）强调法的重要性与公正性，无论贵贱贤不肖，凡违反法律，则处以刑罚。令尹失职，就要徇法，更要彰显"法自贵始"，一切严刑厉法之执行由权贵开始，则法令不成具文。《度万》篇注"法猛刑颇则神湿"一句云："形法不中则阴阳之气乖戾，水火不生，故猛以济宽，法天之燥而生水；宽以济猛，则地之湿而生火。"（第724页）除了符合原文天燥生水、地湿生火这种水火相生之意，也提出用法要宽猛相济，文武兼用。

结　论

通过以上论述，可见敦煌注本是现存《鹖冠子》最早的版本和注解本之一，对于全本《鹖冠子》的文字校勘、训诂等皆有重要的价值，非残本、卷子本所能及。其注解多简要切实、合乎原义，有些地方连陆佃注犹不及。敦煌本注寓思想于注中，提出天人合一观，重视王德与法制对于治国的作用，秉承传统思想。可惜现存只有上卷。附录三粗陈大要，待日后再予详探。

附录四 鹖冠子教育思想新论

一 先秦诸子对教育的看法

在讨论鹖冠子的教育思想前，先谈谈先秦时期诸子的教育观。

中国素重教育。根据文献记载与出土文物考证，中国自夏代开始就有教育组织。到了西周时期，教育的各种制度已较系统化：学校有国学与乡学之分、大学与小学之别；教育的内容以礼乐之教、政治教育、道德教育为主。西周建立之初，周公旦制礼作乐，重视师保的作用，致力于社会教化。这些对周代教育有很大的作用，并产生深远的影响。[①] 春秋末期，孔子开创私学，把官学传播到民间。其后士阶层因时崛起，思想活跃，百家争鸣。

一般来说，先秦诸子重视教育，视品格教育与知识教育为一整体，且品格教育比知识教育更重要。传统看重的是广义的教育。所谓的广义的教育，是"指人生的全部过程，自幼儿以至老死，以及人生的各种活动，包括家庭与社会中人与人的一切交往在内。因此，中国自古以来就没有单纯的所谓教育家"。[②] 这样，政治、文化、社会、人生等各方面都属于教育范畴，且都在关心、改进全人类的福祉这一大的理想前提下发展。先秦诸子都有理想，希望"以其言易天下"，希望君主接纳他们的主张，改变社会现状，移风易俗。虽然当时也有学校，但是他们不把教育理念局限在学校里，他们关心的是人类、社会的前途，重视的是以群体发展为目的的教

[①] 毛礼锐、沈灌群主编《中国教育通史》第 1 卷，济南：山东教育出版社，1985，第 54～192 页。

[②] 胡美琦：《中国教育史》，台北：三民书局，1995，引论，第 2 页。

育。这样，可以说，诸子的思想本身也反映了他们的教育思想。推而言之，"一部中国思想史即是一部中国教育思想史"。[1]

诸子有政治和道德的理想，由此也可反映他们的教育理想。除儒家孔子、孟子、荀子外，其他诸子一般没有就狭义的教育提出具体的理论，也没有固定的教材、教学法等。先秦诸子的理想，就是要君主通过提高修养、制定相关措施，以提高百姓的道德修养，最后达到富国强兵、一统天下之效。这是他们的政治理想，也是他们的教育理想。

二 鹖冠子的教育思想

鹖冠子是先秦诸子之一，其教育思想与其他诸子的教育思想有相同之处。下文讨论鹖冠子的教育思想，以《鹖冠子》之《近迭》《度万》《王铁》《兵政》《学问》五篇为主。

（一）人性论

诸子对人性的看法不同，其教育论也自有异。鹖冠子在《王铁》篇对人性提出这样的看法：

> 虎狼杀人，乌苍从上，螾蛾从下聚之。六者异类，然同时俱至者，何也？所欲同也。由是观之，有人之名，则同人之情耳，何故不可乎？（32a/6－9）

他从不同动物都嗜吃死尸以饱其腹这一简单事实推断动物有相同的本性，"所欲同也"，皆有食欲。死尸适合这几种动物的口胃，则利之所在，动物无不趋之若鹜。同理可推，人同此心，人同此情，凡人皆希望生活于太平盛世。鹖冠子认为他的理想国君成鸠氏之治既得民心，天下人当然愿意在其族统治下过安康丰阜的日子，成鸠氏之治才能长达一万八千年。[2]由此可推，鹖冠子认为人性自古相同，人人都希望过好日子，趋利避害、趋吉避凶。当然这不意味着人性唯利是图，也不意味着人人好逸恶劳。在

---

[1] 胡美琦：《中国教育史》引论，第2页。
[2] 详本书第六章。

盛世生活不意味着逸而不劳、放任恣纵，相反，百姓乐意接受成鸠氏的"天曲日术"之治，甚至"事相斥正，居处相察，出入相司"（26b/8），互相监察，不让任何一家为非作歹。因此，鹖冠子云"有人之名，则同人之情"，其人性观有这样的意涵：人皆趋利趋吉，皆求治求安，人同此心，心同此理，圣王成鸠氏先得民心之同然，故成鸠氏之治能历万古而不衰。若明白古今人性相同，则不亦居今而可推想不可见的远古成鸠氏时代吗？

（二）教育内容

鹖冠子既然认为人性自古皆同，愿意接受明君统治，那么，君主制定措施，应使百姓能安居乐业。若想实现此理想，政制、政策很重要。而政制、政策的制定，端在君主一人，则君主的心性修养很重要，其精神修养也极重要。君主的精神修养越高，政治就会越清明，越受百姓支持，统一天下就易如反掌，且能世代相承，以垂永久。鹖冠子强调，明君推行教化，必须提高官员的精神修养，进而提高百姓的道德修养。如此，天下长治久安。

1. 鹖冠子强调君主提高精神修养和精神境界

鹖冠子的理想政治是希望君主统一天下，统治好天下。他提出两种理想政治与两种理想君主：一是《度万》篇提到的五正论，一是《王铁》篇提到的成鸠氏之治。现简论如下。

（1）第一种型态：五正论中的五层精神境界

鹖冠子在《度万》篇提出五正论——神化、官治、教治、因治、事治，这是他认为五种理想统治情形。他认为，国君应不断提高自己的精神修养与精神境界，由事治而神化。

首先，修养境界最低的是事治者。鹖冠子说："事治者矫之于末。"（24a/3）又说："事治者，招仁圣而道知焉。苟精牧神，分官成章。教苦利远，法制生焉。法者，使去私就公，同知壹敬，有同由者也；非行私而使人合同者也。故至治者弗由，而名尸公伯。"（24a/10－24b/5）所谓事治者，在天下失道之际，所以只能从"末"（制度、用人等）着手，以拨乱反正。明君为国殚精竭虑，分官设职，建立法制，以收去私就公、同遵法戒之效。

如果明君进一步提升精神修养，就达到因治之境。因治比事治高一层。鹖冠子说："因治者不变俗。"（24a/2-3）又说："因治者，招贤圣而道心术，敬事生和，名尸后王。"（24a/9-10）贤圣要修身进德，顺道立功，尤重内在之德。因治者同样重视政务，但不改变民俗。明君更重视文教，招徕贤圣，以佐治天下，并以因应为心术。这样，因治者治理国家，糅合了儒、道两家的统治方法，其统治的效果较事治者为佳。

如果明君再进一步提升精神修养，就达到教治之境。教治又比因治高一层。鹖冠子说："教治者修诸己。"（24a/2）又说："教治者置四时，事功顺道，名尸贤圣。"（24a/8-9）明君依循四时气候的不同而推行相应的教化政策，能收立化之效。在诸子学派中，儒家特别重视教学。鹖冠子认为这种明君，既重视教育，又依循四时以顺道而推行政策措施，才有成功，可称为贤圣。但是他没有具体说明尸贤圣的精神修养是怎样的。

如果明君再进一步提升精神修养，就达到官治之境。鹖冠子说："官治者道于本。"（24a/2）又说："官治者师阴阳，应将然；地宁天澄，众美归焉，名尸神明。"（24a/6-8）官治在五正中属于最高的第二层。鹖冠子认为，此明君要效法阴阳，"因阴阳之大顺"，应"将然"。官治者治理天下以神明为本。根据鹖冠子在《度万》篇中的看法，神明能得本性之中，神燥而生水，水火相生而不相克，神形调和。明君能秉本以治，可使天地安清，一切美善之物皆归之。

如果明君再进一步提升精神修养，就达到最高一层——神化之境。鹖冠子说："神化者于未有。"（24a/2）又说："神化者定天地，豫四时，拔阴阳，移寒暑；正流并生，万物无害，万类成全，名尸气皇。"（24a/4-6）此明君司职气皇，能得到元气之本，能定天地之位、序四时之次、引移阴阳之变，甚至改变寒暑之序。他能厘定自然规律，能匡正天地阴阳的变化运行，使天地各正其位，万物各行其道。他无须措意天下，而天下自治自化，更没有必要分官设职、设置礼乐刑罚教化、招揽贤圣之流，而其统治的效果最显著。

从五正论可见，鹖冠子所说的五正之治，是以精神修养和境界的高低为次。最高境界的神化者是道家中的理想人物，其中阴阳两气起着重要作用。明君只要不断提高自己的精神修养，其精神境界就能由事治而达至神化。

(2) 第二种型态：成鸠氏深得天道，提高精神修养

鹖冠子在《王鈇》篇提出另一位理想的天子——成鸠氏，他也很重视提高精神修养。鹖冠子说成鸠氏治理天下深得天道："彼成鸠氏天。"（25a/2-3）意即成鸠氏的精神修养高似皇天。天具有诚、信、明、因、一五种特性，而成鸠氏完全掌握这五种特性，并把它们施之于政治上，结果，"成鸠得一，故莫不仰制焉"（25b/4-5）。得一，即得天之数，不可增减，所以天下莫不仰慕，而成鸠氏也就能一统天下一万八千年。

不仅成鸠氏如此，其后世子孙亦遵守他所建立的法制，并重视精神修养："后世之保教也全，耳目不营，用心不分，不见异物而迁。捐私去毒，钩于内哲，固于所守，更始逾新，上元为纪，共承嘉惠。"（30a/4-7）后世继体之君治理政务，心无旁骛，不纵情于声色，不断提高精神修养，除去狠毒之心，并发掘自己的智慧。他们恪守先王之法，"奉业究制，执正守内，拙弗敢废"（30b/4-5），守成敬业，究心于政制，掌握王鈇，能从中制外，并深得民心，"民心不徙，与天合则"（31a/2-3）。是以，近者亲其善，远者慕其德，而四海畴合为一家。

2. 鹖冠子重视各级官吏的教化职责，强调提高百姓的道德修养

鹖冠子除了重视君主不断提升精神修养，也重视各级官吏的道德修养与教化职责。他在《王鈇》篇提到成鸠氏之治时，强调各级官吏要克尽厥职，即治民与教化。

首先，鹖冠子指出成鸠氏推行"制邑理都"之法统治天下，他强调伍长、里有司、甸长、乡师、县啬夫、郡大夫的职责是治理好所属的官吏和百姓。另外，他们还有一个重要的职责，就是必须"以时循行教诲"，即对所管治的百姓推行教化。如果官员不"以时循行教诲"，那么，他们会受到相应的严厉处罚：甸长、乡师会被治罪，并"贰其家"（27a/6），即家财被分割；县啬夫、郡大夫则被诛无赦。

可见，各级地方官员应相当重视教化工作，反过来说，教化百姓是这些官员的职责中最重要的部分，因为他们如果没有因时推行教化政策，所受到的处罚是相当严厉的。另外，官员也应该不断地提高自己的精神、道德修养，以表率属民。至于官员应该怎样提高精神、道德修养，鹖冠子并未详述。

既然各级官员重视教化,那么,怎样提高百姓的道德修养便是一个重要的问题。鹖冠子认为,应该把生活习惯相同的百姓编在同一行政层级里,"使瞫习者五家为伍"。瞫习者,即生活习惯相同者。① 他们在同一行政组织里一起生活,相处会比较融洽。另外,由于百姓关系融洽,他们会互相鼓励,对后辈提携、培养、提高他们的道德修养,一举数得。鹖冠子说:"父与父言义,子与子言孝。长者言善,少者言敬,旦夕相薰芗以此慈孝之务。"(26b/8－10)父辈、子辈、长者、少者都有自己特定的道德修养,并且互相熏陶、影响,形成良好的社会风气。百姓"莫敢道一旦之善,皆以终身为期"(29a/5),少则同侪,长则同友,祸灾同忧,居处同乐,如此,"化立而世无邪,化立俗成"(29a/6)。情深友于,亲同骨肉,征战时必能互相保护,"入以禁暴,出正无道,是以其兵能横行诛伐,而莫之敢御"(29a/10－29b/1)。成鸠氏之臣民精诚团结,故"车甲不陈,而天下无敌矣"(29b/2)。他强调以文化融合的力量发挥一统天下的威效。

鹖冠子认为,以伍、里这种行政组织管治百姓,除了有助于提高他们的道德修养,也有利成鸠氏治理天下。百姓除了提高道德修养,在日常生活上,还应该互相指正、监控,"居处相察,出入相司"(26b/8)。家家相依,利害与共,如此,"若有所移徙去就……亡人、奸物无所穿窜"(26b/10－27a/1),逃亡之人便不可能落草为患,与政府作对。

成鸠氏"制邑理都""人情物理"之法,既可提高百姓的道德修养,又可监控百姓,就能收海不波溢、天高听卑、天下归心之效。

3. 鹖冠子重视国防军事教育

鹖冠子虽然特别强调明君提高精神修养和境界的重要性,但他生活在赵武灵王至孝成王时期,目睹各国争霸。在其生活的时代,一些大国曾经强大,可是由于君主昏庸无能,宠信谋臣,不能任用贤能,以致最后兵败国削,一蹶不振。有鉴于此,他也特别重视国防军事教育。

鹖冠子要求明君要高度重视军事,认为军事是人道极重要的一环,重视人道甚于天道。他在《近迭》篇提出,圣王之道是以人为先,而非天地四时之道,因为"天高而难知"(17a/6)。天高难知,人要避祸就福,天

---

① 黄怀信:《鹖冠子汇校集注》,第 178 页。

不可请求歆动，则福祸由己，无涉天道。

鹖冠子还提出，用兵取胜之道，必须掌握事物的特性，因应形势，"物有生，故金木水火未用而相制"（47b/10 – 48a/1）。了解各种事物之间有相克相制的特性，这样就能因应事物间的相克之道，取胜敌方于未萌，此为善战之上者。他还要求将帅善于审时度势，权变通达，发展经济，为军队提供物资。两者相辅相成、相得益彰："财之生也，力之于地，顺之于天；兵之胜也，顺之于道，合之于人。"（48b/2 – 3）无论是生财还是打胜仗，都有共通点，就是顺应自然之道，且尽之于人力。要耕种生财，既要顺应四时之气候、物候，又要尽人力。

鹖冠子要求明君重视臣民安危，平素要整军经武，以防不虞之变；重视内部政治清明，主张君主贤明谦虚，用人唯才，不宠信谋臣，赏罚公正；师出有名，义战为上，严守礼信，才能取信于天下。[①]

（三）鹖冠子的学问观

鹖冠子如此重视明君的精神修养和境界，和他的学问观有密切联系。他在《学问》篇提出对学问的看法。首先，他认为那些"拾诵记辞"（49a/3）不是学问，真正的学问以九道为最终目标，有始有终，方为"天下至道"（50b/1）。易言之，他不把一般记诵之学当成真学问，而提倡九道。九道是什么？鹖冠子说：

> 一曰道德，二曰阴阳，三曰法令，四曰天官，五曰神征，六曰伎艺，七曰人情，八曰械器，九曰处兵。（49a/6 – 8）

本书第十章已详细论述以上九道，故下文简释其义，以明鹖冠子之学问观。

1. 道德

本篇说："道德者，操行所以为素也。"（49a/9）《泰鸿》篇说："九皇受傅，以索其然之所生。傅谓之得天之解，傅谓之得天地之所始，傅谓之道，得道之常，傅谓之圣人。圣人之道与神明相得，故曰道德。"（33a/

[①] 有关鹖冠子的军事思想，详本书第五章。

6-10）圣人是鹖冠子的理想君主，九皇生活在远古时代。圣人与九皇都以本体泰一为师，才掌握天地生成、自然运行的规律，并能与天地之正道相辅相成，此为道德。① 可见，道德只能是理想的君主所拥有的。再次，道德具有形上与先天之义，它来自本体泰一，由理想的君主通过不断提高精神修养，才能把握。这样，理想君主（如神化者、自治者）、精神修养、道德、天地生成、自然运行规律、泰一等都被联系在一起。泰一是源头一端，理想君主是另一端，在两端的中间，是道德自然（如阴阳、天地、四时、万物）以及自然的运行规律。可见，鹖冠子所说的道德和自然有密切的关系。所以，他把阴阳放在九道的第二位。

2. 阴阳

鹖冠子说："阴阳者分数，所以观气变也。"（49a/9-10）意谓明君把握阴阳变化之道，由阴阳变化、历数之分来掌握二十四气变化的特征，进而推行相关政令。此涉及星占、观象、历法之学，是圣王"参政""知命"之术。鹖冠子把阴阳置于第二位，希望君主重视施政与自然的密切关系，制定措施，有利于百姓的经济生产活动。

3. 法令

鹖冠子说："法令者，主道治乱，国之命也。"（49b/1）他强调法治的重要性，在《度万》篇中说："令出一原，散无方，化万物者，令也。守一道，制万物者，法也。法也者，守内者也；令也者，出制者也。夫法不败是，令不伤理。"（22a/7-10）他区分法与令之别：令只由拥有最高权力的君主掌控，如此可以杜绝政出多门之弊；法依道而制定，此道可以超越政治而永存。法一制定，君主行事必循法而动。法有稳定性、统制性、划一性，令有因应性、变通性、人为机动性。

鹖冠子认为，道德、阴阳、法令是圣王治政最重要的三种手段，这是他先解释这三道的原因。

4. 其他六道

以下六道，包括政治、事鬼神、伎艺、人情、用兵等。第四道"天官者表仪祥兆，下之应也"（49b/1-2），指统帅百官臣僚，对一些隐患防于

---

① 有关《鹖冠子·泰鸿》篇的政治理念与泰一的关系，详本书第七章。

未然，做好准备功夫。第五道"神征者，风采光景，所以序怪也"（49b/3-4），注家或以此乃占卜之学。[1] 第六道"伎艺者，如胜同任，所以出无独异也"（49b/5），是说人人所学的技艺也许相同，强调学以致用。第七道"人情者，小大愚知贤不肖雄俊豪英相万也"（49b/6-7），意谓人在智力高低、才能大小、眼光远大浅短等方面有不同表现，这是观察人情之学。[2] 第八道"械器者，假乘焉，世用国备也"（49b/7），说君主掌握军权，藏有兵器，不担心有人心怀异志，如此政权无忧。第九道"处兵者，威柄所持，立不败之地也"（49b/7-8），君主掌握军权，对外开战，能战无不胜，此就对外作战言。

可见，九道乃就明君治国而言，其次序是君主提高精神修养，以道、德为修行的根本。体悟道，掌握阴阳时令变化、运行规律，便以施政。再而建立法典，以明刑弼教；设置官吏，辅治国家。继而敬事鬼神，沟通阴阳。其后明白人之才智德性各有禀赋，各不相同，如此能用人唯才。处理好这些政务，才是对外用兵取胜的必备条件。因此，九道也就是君道。

鹖冠子的学问是指政治学，更是帝王之学。他可以通过教导明君，使他们进可为理想君主（圣王），退可为帝王师。可见，鹖冠子的学问观与上文所说的教育内容是相同的，就是要君主以九道为学习内容，成为一位有道德、通天人的明主。

（四）鹖冠子论教育的目的与作用

鹖冠子和其他诸子一样，他的教育目的是培养理想的人物。根据上文所论，鹖冠子希望培养以天下为己任、不断提高精神修养的国君，进而一统天下，成为天子。易言之，鹖冠子教育思想的核心是培养圣王，而非一般的国君、诸侯、贵族。他最关心的是当时混乱的局势能否尽快结束，英明的国君能否一统天下。因此，他提出的理想政治论，针对的是有志为天子者，而非碌碌无为的诸侯。五正论、成鸠氏之治，既是他的理想政治论，也可视为他的教育理想。

进一步说，鹖冠子的教育核心不仅是培养天子，或言一位精神修养、

---

[1] 黄怀信：《鹖冠子汇校集注》，第 323~324 页。
[2] 黄怀信：《鹖冠子汇校集注》，第 325 页。

道德境界最高的统治者，更重要的是，他重视天子教育，是出于关心人类的命运和福祉。当时各国混战不休，"战道不绝，国创不息"（18b/8），作为思想家，他悲天悯人，关心世道和黎民百姓，希望国君通过不断提高精神修养，以消弭战争于无形，使人们可以安居乐业，社会可以和谐。

当然，其他各层官吏和百姓的道德修养也很重要。在天子的领导下，臣民以天子为榜样，修身向善，这样就能天下大治。

鹖冠子不是狭义的教育家，即他没有在学校里授业传道，更没有所谓的门生群体。他没有特定而具体的教材，也不像孔子那样提出专门的教学方法。但是，他有自己的思想体系，有教育目的，有诸多后学，他希望借此来实现自己的理想。

鹖冠子强调君主的精神修养，强调君主要有强烈的政治责任感和自我提升精神修养的自觉性和自发能力。从这一点来看，鹖冠子相信人性向善。只有人性向善，人们才有自觉，会自发地去提升自己的精神境界，而不是靠外在的强制力量去促成。

鹖冠子认为自然万物与人类精神都是教育的内容，即他把自然天道与人类的精神修养交融在一起，认为人类要不断提高精神修养。鹖冠子所主张的教育内容，已经涵盖了天人关系、古今四方。而他的教育理想是国君在此关系中不断提升精神修养，成为万世学习的楷模。这样，上下君民的修养都提高了，天下就达至大治。从这点上来说，鹖冠子的教育理想也是他的政治理想。

结　论

鹖冠子最关心在混乱的时局里，天下如何尽快统一，百姓如何安康和乐。他相信人性求安趋利，因此，才有治世与理想的圣王。他要教导当时的国君，不断提高自己的精神修养、境界，最后能成为神化者或官治者，成为一统天下的明君、圣王。当然，他还要责成各级官员提高修养，依时教诲百姓。这样，上至君主，下迄百姓，都在提升自我的修养。同时，处在战国混乱之际，他要求国君平时整军经武，提高国防力量，重视国防军事教育。

可以说，鹖冠子的教育内容是以精神道德教育为中心的。他的教育思想与先秦诸子的教育思想基本相同,即关心人类共同的命运、福祉。他的教育思想以黄老学为中心,加入儒家重视教化、学习等元素,具有融合百家的特色。① 当然,他是广义的教育家,不像儒家有具体的教材、理论等,但是,作为一位广义的教育家,他的思想应得到重视。

---

① 有关黄老学派的教育思想,可参米靖《论先秦道家黄老学派教化观的特点和影响》,《内蒙古社会科学》(汉文版) 2002 年第 6 期,第 20 ~ 22 页。

附录五　陆佃《鹖冠子解》思想研究

一　研究综述与研究意义

（一）陆佃及相关研究

陆佃（1042～1102），宋代山阴（今绍兴）人，字农师，号陶山，著名诗人陆游的祖父，著有《陶山集》《埤雅》《礼象》《春秋后传》《鹖冠子注》等，共242卷，《宋史》有传记，并传于世。他年幼家贫苦学，"夜无灯，映月光读书"，曾在金陵师从王安石。虽然王安石是他的老师，但陆佃性格秉直，曾批评王安石熙宁新政"法非不善，但恐推行不能如初意"（《宋史》本传），导致王安石与他疏远。熙宁三年进士，授蔡州推官、国子监直讲。后历神宗、哲宗、徽宗三朝。后被谗诬，罢为中大夫，贬知亳州，卒于任上，享年六十一岁。[1]

现有研究，主要从陆佃的生平事迹和文学成就等方面着手，兹简介如下。

一是研究陆佃的生平事迹，尤其是他与王安石的关系。易家言称赞陆佃无论在王安石得势还是失志时，始终对他诚敬有加，撰写《神宗实录》对王氏进行客观评价。[2] 俞兆鹏认为陆佃肯定了王安石的变法宗旨，反对党争。[3] 另有四篇硕士学位论文研究陆佃的文学、小学等成就，都介绍了

---

[1] 有关陆佃生平，见《宋史》卷三四三《陆佃传》，附录五径称《宋史》本传。现有研究包括：欧明俊《宋代文学四大家研究》，北京：人民出版社，2013，第149～150、170～173页；吴自力《陆佃研究》，暨南大学硕士学位论文，2006，第1～2、6～26页；余琼霞《陆佃及〈陶山集〉考述》，华东师范大学硕士学位论文，2010，第3～24页。

[2] 易家言：《仰陆佃其人》，《学理论》1996年第4期，第45页。

[3] 俞兆鹏：《评陆佃对王安石新法的态度》，《抚州师专学报》2001年第2期。

他的生平。①

二是研究陆佃的《埤雅》。《埤雅》是宋代著名的名物训诂专著，学者大多研究此书的特点、成就等。夏广兴认为《埤雅》在语言学、古籍整理、文化研究等方面有贡献。② 赵诚等阐释《埤雅》的创新处，即传统训诂学的名物训释与生物学的朴素自然科学分析相结合。③ 范春媛论述《埤雅》的产生、使用训诂术语及其与《尔雅》的比较，说明其专科辞书的性质及在辞书史上的地位。④ 黄新强指出《埤雅》的训诂内容、训释方法别具特色，开创雅学名物研究之路。⑤ 庄斐乔从编排体例、训诂、引书三方面论述陆佃《埤雅》与南宋罗愿《尔雅翼》的异同，以见宋代《尔雅》学的发展。⑥ 杨晋龙从经学传播角度出发，论述《埤雅》与《诗经》的关系及其在宋代的传播情况。⑦ 李冬英则研究陆佃《尔雅新义》，认为陆氏注重辨析同义词之间的差别，发现一名两读现象。⑧

三是研究陆佃的诗、文。吴自力简论陆佃诗歌的思想内容，认为其风格平易含蓄，喜用七律，好借梅抒情。⑨ 卢会艳论述陆佃诗、文的内容及艺术表现特色。⑩ 朱如意专门研究陆佃诗歌，包括诗歌的题材内容，创作理论与风格，诗学渊源及所属流派，以及其在中国诗歌史中的地位。⑪

由上可见，学者对陆佃思想的专题研究相对较少。值得注意的是，陆佃所著《鹖冠子解》作为其传世的完整著作，正可作为研究其思想的重要着手点。

---

① 详吴自力《陆佃研究》，第 21~63 页；余琼霞《陆佃及〈陶山集〉考述》，第 3~24 页；卢会艳《陆佃诗文研究》，山东师范大学硕士学位论文，2016，第 6~28 页；朱如意《陆佃诗歌研究》，西南交通大学硕士学位论文，2017，第 9~72 页。
② 夏广兴：《陆佃的〈埤雅〉及其学术价值》，《上海师范大学学报》1994 年第 1 期。
③ 赵诚、康素娟：《陆佃与〈埤雅〉》，《陕西教育学院学报》1999 年第 4 期。
④ 范春媛：《陆佃〈埤雅〉评述》，《宁夏大学学报》2005 年第 3 期。
⑤ 黄新强：《论陆佃〈埤雅〉的训诂学价值及其训释特色》，《濮阳职业技术学院学报》2010 年第 1 期。
⑥ 庄斐乔：《〈埤雅〉、〈尔雅翼〉异同论》，《东吴中文在线学术论文》第 35 期，2016。
⑦ 杨晋龙：《论〈埤雅〉及其在宋代〈诗经〉专著中的传播》，《中国学术年刊》第 35 期，2013。
⑧ 李冬英：《陆佃〈尔雅新义〉管窥》，《信阳师范学院学报》2009 年第 4 期。
⑨ 吴自力：《陆佃研究》，第 61~63 页。
⑩ 卢会艳：《陆佃诗文研究》，第 29~74 页。
⑪ 朱如意：《陆佃诗歌研究》，第 73~136 页。

(二) 研究意义

陆佃的《鹖冠子解》是现存最早对整本《鹖冠子》进行注解的注本。[①] 学者极少研究此书。王闿运批评此书说:"本注多玄语隽词,而训诂则望文生义,无所取也。"[②] 孙福喜从文献学角度研究,撰文指出该注解虽创作不精,或失简误,但运用对校法,校正了《鹖冠了》中错、讹、衍、误、脱的字句,引用经史古书,用断句、注音、释义、补事、述评等方法来解释、疏通原文。[③]

陆佃思想少有学人关注,实属遗憾。陆佃与王安石关系密切,研究陆氏思想,对研究王、陆思想关系,研究北宋中期儒、道融合的思想趋势有重要意义。同时,陆佃《鹖冠子解》是注解《鹖冠子》的最早、最完整的版本,对研究《鹖冠子》有很大作用。兹不揣浅陋,草成斯文,以期由此见陆佃的思想,并补充北宋思想观念发展过程及《鹖冠子》学在北宋的发展情况。

二 《鹖冠子解》反映陆佃的思想

陆佃生于北宋。北宋初期,释、道思想影响颇大;王安石推行新政,偏重法而不重人。[④] 陆佃受时代思潮、政治影响,特别重视道家黄老之学。这在《鹖冠子解》里充分表现出来。《鹖冠子解》阐述了陆佃对道、宇宙生成论、天道、天人关系、理想政治、圣王、法、因任之道、赏罚等方面的看法。这些看法基本上继承了先秦道家、法家的思想,又融合部分儒家思想,与当时的思潮有暗合之处。[⑤]

(一)"道"论

道是中国哲学中一个极重要的概念,[⑥] 也是《老子》哲学的中心观念。

[①] 有关《鹖冠子》最早注本,有唐代敦煌本《鹖冠子》上卷,见本书附录三。
[②] 王闿运:《鹖冠子注》,《王湘绮先生全集》,北京师范大学图书馆古籍部藏。
[③] 孙福喜:《陆佃〈鹖冠子解〉研究》,《齐鲁学刊》2000 年第 3 期。
[④] 钱穆:《国史大纲》,台北:台湾商务印书馆,2009,第 557、568 页。
[⑤] 宋代初期学术重《易》《春秋》,倡道统,至王安石则旁及佛老,喜谈性理,风气有变。见钱穆:《中国学术思想史论丛》(五),台北:东大图书股份有限公司,1981,第 1~5 页。
[⑥] 张岱年:《中国古典哲学概念范畴要论》,第 23~30 页。

《老子》道的内涵包括形而上的实存者、一般规律、人生的准则、典范等,① 对后世思想产生重大影响。陆佃对道的看法,有的继承《老子》,有的则属新见。

1. 实存意义的道

(1) 对道的描述

陆佃认为道是实存的,他对道这样描述:"其所以然者道也。道无首尾,而欲从迹其所为,譬如捕风,逆之无前,从之无后,此虽颜子恍然不能定也。"(4a/2-3)"貌且无之,况于形乎?"(4a/7)

道是一切现象背后的原因、动力、所以然,是实存的本体。它无形无貌,无首无尾,无迹可寻,意即不受时空限制,既外于时空而独立,又存在于时空中,时刻运动。至于它怎样运动,陆佃没有明说。也许他受《老子》影响,认为道的运动是"反"。虽然道不受时空限制,超越人类的感知,但"夫道有情有信,非若断空,虽无形而非理也,要在致而究之"(4a/6),这与《庄子·大宗师》"夫道,有情有信"和《老子》第 21 章所说"其中有信"的意思相同,即道是一实存的本体。它绝非什么都没有,只要尽力探究,就能掌握它的规律、作用。

(2) 道、"泰一"生成宇宙天地万物论

陆佃认为道是本体,能产生天地:"夫道者天地之母。"(32b/9)道能产生天地,也能产生万物,即能产生宇宙。那么,道怎样生成天地万物?陆佃除了继承《老子》"一"的观念,又提出"元气""泰一"概念。以下是他有关"元气""泰一"生成宇宙万物的说法:

> 泰一含元气者,故曰调泰鸿之气。鸿蒙,元气也。泰鸿,元气之始也。(33a/5-6)
> 一者元气之始。(10a/7)
> 元气,太虚也。太虚含天地,天地含万物。(38b/2-3)
> 有初然后有始。(33a/10)
> 而泰一者郤始穷初,得齐之所出,故能北辨而南,与万物相见。

---

① 陈鼓应:《老庄新论》,第 4~14 页。

(33b/2)

《鹖冠子·环流》篇阐述宇宙生成论，概括为一、气、意、图、名、形、事、约八者（10a/7 – 10b/4）。[1] 陆佃注："八者具矣而浑沦未离，所谓混沌者也。"（10a/9）又说："混沌开矣，于是四时行焉，百物生焉。"（10a/10）

陆佃说道是天地之母，"太虚含天地"，那么，道与太虚的内涵相同。元气、太虚、鸿蒙三者异名同实。"泰一含元气"即泰一是元气之母，是本体，是宇宙生成的本源。从这一角度来看，"泰一无所不同"（33a/4），万物都来自本体。泰一是本体，其次产生元气。元气的始端"一"，是"泰鸿"，这个阶段也应称为"浑沦"。浑沦阶段后产生四时、百物。陆佃重视人，认为"盖人受天地之中以生形体，保神而众妙悉备"（19a/9）。人接受天地之中而生，进而有形体，最重要的是人类有"神"——这是道家特别重视的。就道家思想言，此说应受《列子·天瑞》篇影响。该篇说人因阴阳交合而生："冲和气者为人。"冲即中，言人得两气之和而生。[2] 另外，陆佃的宇宙生成论受《老子》和《黄帝四经·道原》篇影响，前者认为道生成阴阳两气，再生万物；后者指出道产生天地阴阳两气，天地阴阳产生四时日月、星辰云气、人与动植物。[3]

陆佃提到元气一词，引起现代学者讨论。学界对于元气在哪篇文献中最早出现，众说纷纭。有的根据今本《鹖冠子·泰录》"天地成于元气"一句就认为鹖冠子最早提出元气。[4] 然而《永乐大典》本《鹖冠子》没有元气一词，只有元字，反而元气一词在陆佃注中常常出现，因此，戴卡琳认为可能是陆注窜入的。[5] 根据传世文献记载，元气一词到《春秋繁露·王道》篇才明确使用。[6] 这样，陆佃以后世常用的元气一词来解释《鹖冠子》，本来不造成学术问题，只因《鹖冠子》版本不一，且为《鹖冠子》

---

[1] 有关《环流》篇所述宇宙生成，详本书第十三章。
[2] 杨伯峻：《列子集释》，第 2~4、6~8 页。
[3] 详本书第十三章。
[4] 吴光：《黄老之学通论》，第 158~161 页。
[5] Carine Defoort, *The Pheasant Cap Master (He Guan Zi): A Rhetorical Reading*, State University of New York, Albany, 1997, pp. 84, 87.
[6] 张岱年：《中国古典哲学概念范畴要论》，第 30~33 页。

中的重要概念,因而成为现代学界一个争论点。

由于道生天地,因此天地作为道的直接产物,具有形上之义。陆佃很重视天地、天地之道。说详下文。

2. 道指人生的准则

形上的道不为人直接触摸,但落实到人生方面则产生很大影响。先秦庄子学派把形上的道落实、作用于人生的,称为德。[①] 陆佃在这一层次没有使用"德",仍然使用"道"字:一指政道,一指人道。

(1) 道指政道

传统士人重视政治,希望以政治来影响社会、文化等,移风易俗。陆佃也不例外。他重视政道,说:"圣人之政恃道而不恃耳目。"(8b/2-3)他认为理想人物——圣人施政,除了他的智慧、能力,还根据千年累积下来的理政之道而非凭一些耳目感官之知来推行,因为耳目之知是闻见之知。宋儒一般认为德性之知优于见闻之知,[②] 见闻之知的目的在于提高德性之知。陆佃是王安石的学生,王安石尊崇孟子,重视德性,[③] 陆佃也受此影响。他把耳目之知比喻为云雾、雷霆,如果掌握道、根据道而行,那么"道开者,云雾不能碍其视,雷霆不能乱其听"(8b/5)。他还进一步指出君、民当共循此政道:"与民共之,而上下以道相维,岂容至此哉!屋漏知之在下,船漏知之在上。"(8a/8-9)政策产生的效果好坏,当由在上者与百姓两方面来平衡。

(2) 道指人道

士之在世,特重视得志与否,希望"穷则独善其身,达则兼善天下"。但得志与否,往往受很多因素影响。陆佃指出:"以为成功则天,而得之不得曰有命者,无所期焉,是道也,非事也。"(8b/9-10)他区分天、命、道三者,天指士人得志(入宦)、得到上司重用,而得志与否属于命(命中注定),道则无所企求,超越了命。可见,道最符合自然规律。因此,明白了此道,则对得失就不会介怀,而能淡然处之。

---

① 如《庄子·天地》篇说:"物得以生,谓之德。"《知北游》说:"失道而后德,失德而后仁,失仁而后义,失义而后礼。"
② 周炽成:《德性之知与见闻之知:从宋明儒家到现代新儒家》,《中国哲学史》1996年第6期。
③ 钱穆:《宋明理学概述》,台北:联经出版事业股份有限公司,1982,第18页。

陆佃说:"夫道者天地之母,缩而修身,伸以治国,皆可以长久。"(32b/9-10)这句话可以视为对上文所论的内容的概括:道是天地之母,它是本体,指实存的本体;道可用以修身,则属人道;"伸以治国",则属政道。由修身而治国,是《孟子》《大学》修齐治平的说法。① 可见,陆佃受到其影响,融儒家思想于道家学说之中。

(二) 天、地、人三才观

陆佃说"道者天地之母"(32b/9),并对道的内涵进行阐述,上文已论。陆佃也重视天、地,常常阐述两者的内涵。中国传统思想家都重视天地、天道。② 陆佃也不例外,他重视天、地之道,在《鹖冠子解》中阐述他的天、地观。

1. 陆佃的天论

陆佃所说的天有几种内涵。一是具有形上义的天,来自元气。《鹖冠子·王铁》篇云:"天始于元,地始于朔",陆佃注:"元以气言之,朔以方言之。天运始于玄元,地处始于玄朔。"(28a/1)"元"指元气,则此天出自元气,具有形上义。陆佃说"道者天地之母","天之所以异乎万物者抱一而已"(5a/6),"天受道之英华,以生神明"(37a/10),说明天不仅由道而生,而且是接受道之精华而生,这是天有别于其他万物之处。天具有接近本体道之义,因此,神明也出自天。神、明本分指雷电风雨等神、日月星辰之神,到战国时期合称,指道之神妙作用、人之精神境界。③ 陆佃所说的神明,既指道之妙用,又指能够伸缩之两气(即《太一生水》里的"神明")。虽然天产生神明,但不是所有事物都是由天创造的,因此说:"天不创而万物化,地不作而万物育。"(5a/7)天的一个重要功能是"化"万物,而非"生"万物。天也作为万物的一个依靠:"万物待是而后存者,天也。"(13a/10)

---

① 孟子说:"天下之本在国,国之本在家,家之本在身。"(《孟子·离娄上》)《大学》提出三纲("大学之道,在明明德,在亲民,在止于至善")、八目(格物,致知,诚意,正心,修身,齐家,治国,平天下)说。孟子、《大学》的修齐治平说受周公影响,见拙著《儒家修齐治平思想溯源——论周公对孔、孟及其他儒家的影响》,《共建人类命运共同体——从修身齐家到天下一家学术研讨会论文集》,中国澳门,2017,第166~181页。
② 有关先秦儒家、道家对天的看法,参傅佩荣《儒道天论发微》,第27~147、218~261页。
③ 贾晋华:《神明释义》,《深圳大学学报》2014年第3期。

二是指自然之气。陆佃说:"所谓虹霓也,霜露也,风雨也。积气之成乎天者也。"(41a/1)此天即指自然之天。谈到天,自然谈到地。陆佃常把天、地并列对比。他所说的自然之天、地,具有一些我们熟悉的特点:"运者天道也,处者地道也"(1a/9-10);"天道能覆"(5a/10),"地道能载"(5b/1)。因为天在上,地在下,他指出"天尊而不亲,地亲而不尊"(17a/7),把天、地与伦理关系中的家庭角色联系起来:"天,父道也;地,母道也。"(13b/1)

三指政治领导之道。陆佃说:"天者君道也,可天下之物而莫之胜也"(21a/1);"地者臣道也,平天下之物而莫之乱也"(21a/2)。天君地臣,可见,陆佃把君王的地位推得极高,有强烈的尊君感。他的君臣观与孔孟、庄老的看法不同。

陆佃根据天、地的不同特点,指出天、地有不同的职责:天专职治理,地专任教事:"道无所治,有之者以稽于天所以尔也;教者地事也,治者天事也"(1a/8-9);"道无所住,有之者以稽于地所以尔也;运者天道也,处者地道也"(1a/9-10)。

2. 陆佃论人、三才关系

天人关系是中国传统思想中一极重要的部分,钱穆视之为中国思想对人类的重要贡献。① 陆佃也重视天人关系,他说:"天人一贯,不可解也"(6a/8);"天道一而不二"(5b/9),"人道二而不一"(5b/10)。

陆佃为了强调天、地、人三才关系,引用鹖冠子"天人同文,地人同理"(20b/4)之言。《鹖冠子·夜行》篇说:"天,文也;地,理也。"(3b/7)天文指天上的日月星辰,地理指地貌,都指形下的大自然。这些大自然是人类生存的外在环境,它们与人类同命运。如果一方出问题,则另一方也必受影响:"天文灭矣,地理安可知也!"(36b/6)"天序易于上,地理离于下,则人其有不乱者乎?"(36b/5-6)

陆佃认为人在三才观中占有重要的地位:"天一位,地一位,圣人参于两间以齐齐之,而以彼鉴此,以此教彼,则天下之理得矣,然后万物各遂其生。"(39a/4-5)这是传统的天人观,《中庸》《易传》都主张圣人

---

① 钱穆:《中国文化对人类未来可有的贡献》,《中国文化》1991年第1期。

参与天地化育。① 陆佃这一看法明显受其影响。他进一步认为要从本根出发，根据天人关系，建立理想的君臣关系："将从体起用，和同天人之际，使之无间，故先建立君臣之义。"（33b/9-10）希望把天人关系应用于政治伦理关系，这样也许可以解决不少政治纷争。

谈到人，自然谈及人心、人性。讨论人的心性诸问题是宋儒思想中的重要内容。陆佃这样论述："人心譬如盘木，莫动则平，不挠则清，微风过之则可以得水形之正矣。"（34b/8-9）"盘木"当为"盘水"之误，这样，才有"莫动则平，不挠则清"的情形。人心本来澄明，受外界影响才起变化，因此，要保留本来的澄明之心，就要反对欲望："盖嗜欲之乱人心如此，岂必四周有物障之也哉？"（53b/7）从这一简要表述可见，陆佃认为人心本来澄明，含有性善之意，而欲望则属恶，会影响人心。陆佃的老师王安石提出，性可为善，亦可为恶，性情一体。② 虽属师徒，看法已然迥异。陆佃从人类历史来看，认为人心古今没有什么不同："天下一致，来不异古，往不异今，却而观之，则其业可循。"（36b/3）这也可说是他的历史观：古今人性、人心相同，因此没有什么新奇之事。这是我们学习、借鉴古人的原因。

（三）政治思想

陆佃对道家学说很有研究，上文论述他的道论、宇宙生成论，明显受到《老子》及其他道家学派影响。先秦道家不同学派如《老子》、《庄子》、帛书《黄帝书》、《列子》等都有各自的理想社会论。理想社会论包括理想天人关系论、理想帝王论、理想政府论、普通百姓的理想生活论等内容。陆佃的政治理论包括理想政治论、圣人论，下文详论。

1. 理想政治论

陆佃认为理想政治存在于太古时代，那时：

> 太古无法而治，不立士史，不造书契，而至德玄同，使由之者不能知，知之者不能名，尚何议其咎也哉？（31b/3-4）

---

① 钱穆：《中国学术思想史论丛》（二），第256~282页。
② 钱穆：《中国学术思想史论丛》（五），第11~13页。

君王与百姓之德玄同，即《老子》所谓玄德，因此没有法令、书契，易言之，法令、书契没有存在的必要，君民关系极其融洽，同心同德。相反，法令与书契的产生，则已不是至德之世。

陆佃又指出，理想帝王施政应该效法天道：

> 古之圣人不下席而天下治，颜如渥丹，肌肤若冰雪者，用此道也。而世之枯槁者昧此，以为黄帝肌色皯黣而尧舜如腊，此墨子之道也。（11a/4－6）

所谓用此道，是指君王效法天道，效法北斗，这是根据《鹖冠子·环流》篇的说法："斗柄东指，天下皆春。斗柄南指，天下皆夏。斗柄西指，天下皆秋。斗柄北指，天下皆冬。"在鹖冠子和陆佃看来，北斗犹如帝王。帝王效法北斗以施政，就能做到"斗柄运于上，事立于下"。帝王若能如此，则不下席而天下之治可运于掌上。可见，陆佃主张帝王学天道而无为，强烈反对墨子"日夜不休，以自苦为极"（《庄子·天下》篇）的做法。

陆佃推崇鹖冠子所说的素皇内帝法，认为那是理想君王的统治方法：

> 帝者，天号；王者，人称；皇者，天人之总、美大之名，谓之素皇内帝则又其至者也。盖至人神矣，由是而在下则玄圣外王之道也，由是而在上则素皇内帝之法也。（31a/9－10）

他特别称誉皇号，认为皇包囊了"天人之总"，是帝、王的总和，涵盖了天、人。皇比帝层次更高，更何况兼皇与帝的"素皇内帝"呢？因此，素皇内帝是最理想的君王。所谓素皇内帝，是鹖冠子的理想帝王，他推行鹖冠子所说的成鸠氏"制邑理都""啬万物""与天地总"等各种措施，使民无贰心，与天合则，法制一万年才变更一次。其治国，夷貉万国来归，四海一家。因此，素皇内帝并非无为而治，而是有为而施。[①] 这样，陆佃视素皇内帝为其理想君王，未免与上述"太古无法而治"的看法有所

---

① 萧汉明：《论〈鹖冠子〉的素皇内帝之法》，《江汉论坛》2003年第3期。

出入。

由上可见，陆佃的理想政治有两种，一是太古之世，没有法令，君民同于玄德；一是素皇内帝，虽然年代亦在远古，但帝王仍用法令。陆佃这两种理想帝王论应该受到鹖冠子影响：鹖冠子也提出两种理想帝王论，一是无为而治的"天正论"，一是推行各种措施（包括重用法令）的成鸠氏之治。① 陆佃的思想有些地方与鹖冠子相同，这也许是他注解《鹖冠子》的一个原因吧。

2. 圣人论

有理想政治，其背后必有理想帝王——圣人。陆佃较重视圣人保养精神，认为内圣比外王重要，他说："精神之外皆其绪余土苴者也"（39b/4）；"外王者皆其（精神）绪余土苴，则内圣者精神之原也"（39b/5）；"精欲啬，神欲养，气欲专"；（39b/6）"明太用则昏，精太用则竭"（39b/7–8）。强调保养精神的重要性。

陆佃还希望圣人的精神境界、修养与神（明）相合："圣人心外无法，而气合于神，神合于无。天地之大，万物之多，动作出入，反在于胸中，则事岂有不成？物岂有不利哉？"（40a/5–6）神出自天，圣人养气而能达到与神相合，则无事不成、无往不利。

另外，陆佃主张圣人要效法天道、北斗："圣人法天之节，循度以断之。"（5b/6）又说："古之圣人不下席而天下治……用此道也。"（11a/4–6）即指圣人施政要根据自然规律而为。

圣人治理好天下，因为他掌握道，心与神相合。圣人的心起着极重要的作用："尧舜三代诰命未尝不称天者，盖以倚威立命而已。若夫致治之自，则岂可以取赖于天哉？是在我者也。"（38b/5–6）圣人掌握天道，与天道合为一体："圣也者，天道也；贤也者，地道也。"（24b/1）他依道而治，不依感官而施政："圣人之政恃道而不恃耳目。"（8b/2–3）圣人顺应天道，即从民之所欲："民之所未安，圣人不强行；民之所未厌，圣人不强去。"（8b/10）天道体现于民欲中，不把自己的想法强加在百姓身上。因此，圣人也不以仁义之目去治天下："言仁义之治，故行其道者有其名，

---

① 详本书第十四章。

为其事者有其功。若夫圣人无名，神人无功，乘于道德而游乎万物之上，则岂局于仁义之域哉？"（38a/10－38b/1）圣人治理多方，而仁不过是人生道德中的一见，如此就不必拘泥于仁义道德。

当然，圣人也要重用人才，以辅助他推行政策："治之污隆顾我所以招之如何，未有囿于管晏之卑而可以招尧舜之高者也。"（38b/7－8）陆佃认为圣人招、用的人才很重要，若是杰出人才，则能帮助他治理好天下，否则就产生流弊。这就是黄老学派所提倡的君无为而臣有为说。

圣人所起的作用如此重要，陆佃认为他能参与天地之化育："天一位，地一位，圣人参于两间以齐，齐之而以彼鉴此，以此教彼，则天下之理得矣，然后万物各遂其生。"（39a/4－5）

3. 因任论

黄老学派主张理想政治是君王无为、臣下有为。要做到这点，帝王明择贤臣、建立法制很重要。陆佃深受黄老学影响。他在《博选》篇"君也者，端神明者也"注云："因人则逸，任己则劳。"（1b/2）又说："无为而尊。"（1b/1）意帝王要挑选贤明守法的大臣，自己总其纲要，责成大臣即可，如此就可"因人则逸""无为而尊"。关于这点，陆佃有详说："因任原省之要，在于知人，而知人在于有以观之。"（16a/2－3）因任之道要成功，在于君王要知道臣下的才、智、学，并知道他们在这几方面能力的大小；要知道他们的真才实学，在于平时多加观察。选择得人，施政就顺畅有效。

陆佃又说："因任之道，此其大略也。尝试论之，古之明王无为而用天下也，岂特使仁使勇使辩使智使谦使礼使贤使信使圣哉？"古时身体有残缺者也尽其才，"上无遗事，下无弃才，三代之所以安且久者用此道也"（15a/3－6）。

陆佃强调，明君能使臣下人尽其才，而不必斤斤囿于一些专才如仁者、义者、智者、勇者等之用（上文"岂局于仁义之域哉"之意同此），凡有才能者都使他们发挥所长，就能收到长治久安之效。

另外，陆佃还主张要视乎人才的具体情况，加以任用："虽然知所使仁而不知其仁有大小，知所使知而不知其智有远近，未可也。"（15a/6－7）才能有大小，发挥的作用亦有大有小。陆佃指出，像孔子弟子"雍也可使南面""赤也可使与宾客""由也千乘之国可使治其赋也"等,都是"则此书所云亦因任之大凡而已"(15a/8-9)。冉雍(仲弓)、公西赤、仲由(子路)都是以政事闻名的孔门弟子,陆佃认为孔子根据这些弟子的不同才能而赋予其不同治国责任,这也是因任之道。因任之道可反映儒、道两家的政治理念与实践。

陆佃还主张明君在特殊环境下破格用人、用人唯人。《宋史》本传记:"天下多事,须不次用人;苟安宁时,人之才无大相远,当以资历序进。"可见,天下多事之秋,政治、社会、经济等矛盾突出,更需破格重用人才,这样才能尽快解决问题。君王如此才能高枕无忧。

以上是陆佃对"因人则逸"的注解。对陆佃来说,儒、道两家既然都主张"因任"之道,当有共同思想来源。追本溯源,儒家所崇拜的周公强调因循之治,且付诸实践,而黄老学吸收周公因任之道而加以整合、转化、阐释,则周公与儒家、道家在因任之治上一脉相承。[①] 陆佃认为因任之道是儒、道的共同思想,深有洞见。

陆佃继承黄老之学,认为帝王能择任贤明大臣依法施政,自己就可无为:"无为也,故能用天下而有余。"(39b/8)"化坐自端,言恭己正南面而已。"(14b/2)这也即上文所说"无为而尊"。黄老学派主张明君重用贤能,既委以权力,又时加考察,分清君臣的职责,这样就能做到君尊臣卑、君逸臣劳。《管子》《黄帝书》都有相同说法。

4. 法论

因任之道的一个重点是贤臣守法、执法以治天下。法起着重要作用。黄老学一直重视法。帛书《黄帝书》说:"道生法,法者引得失以绳,而明曲直者也。"[②] 陆佃对道、法关系的看法继承了黄老学,他说:"一阴一阳之谓道,制而用之谓之法。"(48b/8-9)阴阳相和产生道,道具有形上义,运用此道加以落实则为法,故此法也有形上义。因此,陆佃说:"夫法种种差别,稽之天道,岂得已哉?姑以应世而已,甚不自是也。"(7b/

[①] 杨兆贵、赵殷尚:《从周公"明德慎罚"与治殷措施看周公与黄学政治思想的关系》,载杜勇主编《叩问三代文明——中国出土文献与上古史国际学术研讨会论文集》,北京:中国社会科学出版社,2014,第581~604页。

[②] 余明光:《黄帝四经与黄老思想》,第240页。

9) 法可稽之于天道，依此天道以应世，这是"一阴一阳之谓道，制而用之谓之法"的另一说法。

法有形上义，在至治之世也有法："夫太上无法而治，安有受封之制哉？"（6a/10－6b/1）太上之世即理想世界，也即道家的至德之世或至治之世，只有先有法存在，才有受封之制。这一看法跟陆佃"太古无法而治"的说法相矛盾。陆佃对至治之世有没有法有两种说法，互相矛盾，可能他自己对此现象没有一贯看法，也可能是他随文注解《鹖冠子》之故。《鹖冠子》中有儒、道、兵、法等诸家思想，往往有些篇章观点不一致，陆佃受其影响而不自知。

那么，法产生于什么时期？陆佃对此有两种看法：一是认为出于太上之世；二是认为出于仓颉创造文字之时，"苍（颉）虽造字，不道士史，然而文墨之萌由从是起矣。此百法之端也"（19b/6－7）。有了文字，就因各种因素而产生法。陆佃这一看法跟《鹖冠子·近迭》篇"然非苍颉，文墨不起"（19b/6）相同。法产生于文字出现之后，进入文明社会后成为国家机器的一部分。陆佃虽然主张以法治国，但与韩非子"以刑去刑"、提倡峻法严刑不同，认为不可用法严苛，否则适得其反。他更指出法令须有内在诚实之心，诚实恻怛是本，法令是末："法令不行，小人敢为负谩而无忌惮也。虽然，秦以苛察相高，其弊徒文具耳，而至于土崩，更甚乎无法者，无恻怛之实故也。由是观之，内无至诚恻怛之实，欲以一切从事于法，则将以考真也，适足以起伪；将以稽治也，适足以招乱。"（7a/10－7b/2）陆佃强调重视诚实，这与他推崇天道有关，因为"无妄，天之道也"（7b/5）。陆佃重本实，与孔子、儒家重本的看法相同。孔子重内在之仁多于外在之礼乐（《论语·八佾》）。这也是我国传统文化的一大特征。

陆佃重视法，更重视内在诚实之心，实则重视人，认为人比法重要。《宋史》本传记他回答王安石说："法非不善，但推行不能如初意，还为扰民。"王安石变法的初心是要改革北宋社会、政治、经济等方面的积弊，目的之一在于改善民生。然而新法推行不得其人，因人滋法，其弊在于用法扰民。这是陆佃反对的。

陆佃主张官员必须守法："主出于理一而不可变令者，所以守法。"（22a/10）他又说："法度至足，无欠无余，规不可增，矩不可益，非特使人信之，虽质诸鬼神而无疑也。盖圣人之法，譬诸身乎？增之则赘，割之则亏。"(29b/6-7)法出于理一，至足圆满，不可随意增损，一切当顺其自然而为。

最后，陆佃区别了法、令之不同："令使为之，禁使勿为也"（17b/10）；"法者守于分域之内"（22a/8），"令者所以行法也"（22a/9）。法的层次比令高，令是执行法的。陆佃认同《鹖冠子》对法的作用的看法："法者使去私就公。"他的注解是："法者将以有所去也，非以有所取也。"（24b/3-4）有所去，即克去个人一些私欲，因此就没有"有所取"，从其他地方捞到好处。

5. 赏罚论

黄老学派重视法，也重视赏罚之用。黄老学派主张帝王无为而臣有为，无为指建立法制后，臣下依法处理各种事务，帝王只需虚静谨听以掌握对大臣的赏罚生杀之大权即可。① 法家特别重视赏罚，韩非视之为二柄，《商君书·赏罚》篇更主张君王紧紧抓住赏刑二柄，提出"壹赏""壹刑""壹教"。② 陆佃虽重视赏罚，但反对法家专任法制，主张以厚德为主："夫专任法制，不以厚德将之，而欲以持久，难哉！"（1a/5）如果君王一味以法为政，而不重视厚德，则政权很难长久。

陆佃指出赏罚各有其积极的作用："赏所以约之使赴功，罚所以约之使辟咎。"（4a/1）提出罚是为了"辟咎"，带有避凶趋吉之意，而非法家韩非只强调用以惩罚、处罚之意。陆佃又说："庆赏者，励世磨钝之器也。然而赏不能劝不胜，罚不能必不可，若砥砺不用之材而责有于无，玉帛虽诎，有不效者矣。"（8a/3-4）可见，陆佃对赏罚的看法与先秦法家有所不同，强调其积极作用，以鼓励后进，避凶趋吉。

不独如此，陆佃对公、私的看法也与法家迥异。公、私是我国传统哲学思想里一对重要的概念。③ 诸子百家都有不同看法。法家认为一切公私是以君王利益为断，凡符合君王利益的即是公，反之为私。陆佃主张公，反对私："不以私恩废天下之公义。"（9a/10）"古之治天下者，方其申至恩也，公义不得夺；方其申大义也，私恩不得干，犹之水火焉相济而不相

---

① 有关《黄帝书》这方面的思想，详余明光《黄帝四经与黄老思想》，第38～41页。
② 高亨：《商君书注译》，第126页。
③ 张岱年：《中国古典哲学概念范畴要论》，第172～176页。

入也。虽然，凡此人道而已。若夫天道，则又不在此域也。"（9b/1-2）他所说的公指天下之公义，当不指君王一人一家之私。陆佃的公私观与周公、儒家相同，[①] 而与法家不同。

6. 兵论

谈政治思想，往往离不开军事思想，因为军事也是政治的重要组成部分。陆佃对军事的看法基本上继承先秦兵家的看法，比较重要的见解有三方面。第一，对战争性质的看法："萧萧，斧也。干谓之楯。萧以戮人，楯以卫己，如此则知兵矣。戎之字，从戈从甲，盖兵之道如此而已。"（55b/8）他认为战争性质犹如萧与楯，一攻一守。任何国家都应该具有这两种能力，无论攻守，都足以保卫家国，立于天下。

第二，认为用兵制胜之道是掌握制胜要领，即"一"："知一则简"（42a/7），"一制胜之道。夫岂一端而已"（42a/8）。所谓"一"不是指一种方法，而包括多种取胜之方，"不达事变物化故辄败北"（48a/6），如果不能掌握事情变化、事态发展，就不能取胜。取胜之道包括得天时、地利、人和："天时故有胜"，"地利故有维"（56a/3），"人和故有成"（56a/3）；"尽兵之事则人道得矣"（56a/2）。得人道即得人心，这也是取胜的关键。陆佃这方面的思想受鹖冠子重三才的军事思想影响。[②]

第三，强调战胜之道要有气："古人有言，战犹博也，钱多则气豪而胜，资少则心怯而输，然则将之吉凶在气。兵法曰：朝气锐，昼气惰，暮气归，善用兵者避其锐气，击其惰归。"（12b/3-4）"善用兵者避其锐气，击其惰归"出自《孙子兵法·军争》篇。他又说："兵一鼓作气，再而衰，三而竭，故善战者常缮其怒，使再不至于衰，三不至于竭，此黄帝之所以百战而兵不败。"（54b/5-6）可见，陆佃对《孙子兵法》有研究，并强调气在作战取胜中起着重要的作用。

（四）其他思想

1. 家庭伦理论

陆佃出身大家族，十分重视家族的生存与发展。传统思想素重家庭伦

[①] 有关周公、儒家的公私观念，可参杨兆贵、曹娜《先秦思想总结视域下的周公形象——论〈吕氏春秋〉对周公的评论》，《天中学刊》2019年第5期。

[②] 有关鹖冠子的军事思想，详本书第五章。

理中父子两伦，如《孟子·滕文公上》说："教以人伦，父子有亲。"把父子放在第一位。《中庸》第十三章也把父子放在第一位；第二十章"五达道"把五伦次序列为君臣、父子、夫妇、兄弟、朋友。大家族为求绵延，重孝道，尚兄友。陆佃重视父子兄弟，说："父子，天性也；兄弟，天伦也，恩信素足，非自外至，故蹴市人之足则辞以脱，误兄则以姬，大亲而已矣。今德下衰，而至于父子相犹，兄弟相愈者，岂其性固异于古也哉？盖治之之过也。"(46a/2-4)他认为父子、兄弟这两伦是五伦中最自然、最内在者，属于天伦，"非自外至"，彼此恩信素足，这是理想的状态。后来家庭伦理发生变化，父子相疑，兄弟不和，陆佃将其归咎于统治者。结合上文所言，他认为帝王若不是明君，不能提高其精神修养，便不能因任臣下而多欲多为，会破坏天伦。易言之，陆佃认为理想家庭伦理与理想政治应是同步一致的，两者互相影响。这间接说明了他认为修身与治国有密切与必然的关系，则他受周、孔、孟、《大学》影响。

2. 养生论

陆氏家族素学道家，重视养生。陆佃亦然。上文提过他重视神明、帝王无为以养神。陆佃对养生有这样的说法（21a/5-6）：

> 夫偏养其本，至于过理，而不及会通之适，则自为太多，其德失夫物矣。岂足语卫生之经哉？故曰：善养生者若牧羊然，视其后者而鞭之。

养生要像牧羊一样，跟随羊群，在必要时才加一鞭，即养生虽求固本，但不能求之过甚，自求太多，反而用物过多，对身寿、物质都没好处。所以，他反对一味追求外在物质以补身体，"区区外慕，逐物丧己，常为造化负之而走，岂能挈天地而游哉？"（52a/8-9）身体固然重要，但精神更加重要。圣人追求提高精神境界，欲与天地同游，若太重视物质，岂不舍本逐末？他又说：

> 不能相与于无相与，相为于无相为，故其弊至。（所谓相与于无相与，如）郭象曰：夫体天地，宜变化者，虽手足异任，五藏殊管，

未尝相与，而百节同和，斯相与于无相与也，未尝相为而表里俱济，斯相为于无相为也。若乃役其心志以恤手足，运其股肱，以营五藏，则相营愈笃，而内外愈困矣，盖知此也。(46a/5-7)

要知道身体各器官有不同功能，适当地运用这些器官，发挥其正常功能，如此才是"相与于无相与，相为于无相为"。否则，器官就会渐失其功能，则要养生延寿，从何谈起？"形不病燥，神不病湿，则生理修矣。"（21a/4）这一看法是根据鹖冠子神燥形湿的说法而来的。鹖冠子认为天燥能生水，即火生水；天为神，"天燥而水生"，则神燥也生水。相反，神湿则天亦湿，天湿则不生水。形不病燥则湿，湿能生火；神不病湿则燥，燥则生水。此即水火相生之义。养生能循此形神的特性，就能使阴阳调和。[1] 最后，陆佃强调养生要重视情绪管理："喜不过予，怒不过夺。"（26a/7）不能喜怒无常，喜怒过度，如此不利于健康。

3. 受儒家思想影响

综观中国社会史，凡大家族都重视孝道，秉持儒家礼法教训，深受儒学影响。[2] 陆佃固然对黄老学深有研究，也受儒家影响。试举数例说明。

一是陆佃《鹖冠子解》引儒家经典解释。如《著希》引"攘鸡"（2b/2），是出自《孟子·滕文公下》："孟子曰：'今有人日攘其邻之鸡者，或告之曰：'是非君子之道。'曰：'请损之，月攘一鸡，以待来年然后已。'如知其非义，斯速已矣，何待来年？"同篇引"绐兄"（2b/2），出自《孟子·告子下》："任人有问屋庐子礼与食孰重章。"又如"君子克己复礼，盖充此而已"（2b/10）是出自《论语·颜渊》"颜渊问仁"章。陆佃在《著希》篇注云"死义故难却"（2b/8）、"义然后取"（2b/9）、"信犹任也，君子克己就义，盖充此而已"（3a/1），不仅提出克己复礼，而且提出克己就义、为义而死。

二是陆佃对礼乐制度提出看法，主张随时而变，不应胶柱刻舟。他说："礼义法度，应时而变，时命不停，法亦随故。而昧者胶柱刻舟，守

---

[1] 详本书第十三章。
[2] 钱穆：《中国学术思想史论丛》（三），台北：东大图书股份有限公司，1980，第159~169页。

先王之腐余,其道虽备而只益困穷,此犹枕卧刍狗而更以遭魇,岂易怛也哉?"(12a/3-4)

陆佃对礼学颇有造诣。《宋史》本传记宋神宗封他为集贤校理,进讲《周官》。又记他在哲宗时反对在太庙用牙盘食。另,他在徽宗时回访辽国,回程途中听说辽道宗耶律洪基去世,护送陪伴的人奔赴哀悼后返回,讥讽陆佃说:"国哀如是,汉使殊无吊唁之仪,何也?"陆佃反驳说:"始意君匍匐哭踊而相见,即行吊礼;今偃然如常时,尚何所吊?"对方无言以对。

三是陆佃很重恕。恕是儒家的重要德目,曾子说孔子"一以贯之"之道即忠、恕(《论语·里仁》)。《宋史》本传记:"佃执政与曾布比,而持论多近恕。"因为他重恕,所以他反对那些"且欲更惩元祐余党"的言论,"为徽宗言不宜穷治"。他认为"今天下之势,如人大病向愈,当以药饵辅养之,须其安平"。可见他能洞悉当时局势,看清其本质,对症下药,提出以恕治国。

四是陆佃尊师重道。他曾师事王安石,"安石卒,佃率诸生供佛,哭而祭之,识者嘉其无向背"。他被贬知江宁府,"甫至,祭安石墓"。

结 论

陆佃著《鹖冠子解》是目前可见《鹖冠子》最完整的注本,它对研究《鹖冠子》之版本有重要价值。虽然字数不多,但它也是研究陆佃思想的一本代表性著作。通过注解《鹖冠子》,陆佃阐述了他的道论、宇宙生成论、圣人论、理想政治论、因任论、法论、赏罚论、家庭伦理论及养生论等。陆佃的思想明显受到黄老学影响,某些地方也吸收了儒家学说。可见,儒、道在宋代合流是一大趋势。陆佃花了较多篇章论述法,与他的老师王安石推行新政、重视法有密切关系。研究陆佃的思想,对进一步研究宋代陆氏家族思想文化乃至两宋思想文化,具有一定的价值。

参考文献

一 《鹖冠子》版本、注释

影明刻本《子汇》本,香港中文大学图书馆馆藏。

明刻《十子全书》本,嘉庆甲子(1804)姑苏聚文堂印。

李宝洤:《诸子文粹》卷四六,据民国6年(1917)上海商务印书馆排印版校印,香港中文大学图书馆馆藏。

魏征编纂《群书治要》卷三四,张元济等辑《四部丛刊》初编子部,上海:商务印书馆,1919。

《百子全书》本,扫叶山房民国4年(1915)石印,香港中文大学图书馆馆藏。

《景印文渊阁四库全书》本,台北:台湾商务印书馆,1986。

《正统道藏》本,台北:新文丰出版公司,1988。

《子书二十八种》本,育文书局,宣统三年(1911)印行,香港中文大学图书馆馆藏。

傅增湘:《跋唐人〈鹖冠子〉上卷卷子》,《国立北平图书馆月刊》第3卷第6号,1929。

张海鹏辑《学津讨原》,扬州:江苏广陵古籍刻印社,1990年影印本。

张之纯:《评注诸子菁华录》,上海:商务印书馆,1925。

孙人和:《鹖冠子举正》,《国立北平图书馆月刊》第3卷第2号,1929。

张金城:《鹖冠子笺疏》,《国文研究所集刊》第19期,1975。

《鹖冠子》,浦伟忠译,中外名人研究中心编《白话先秦诸子》,合肥:黄山书社,1992。

黄怀信:《鹖冠子汇校集注》,北京:中华书局,2004。

二 古籍与出土文献

陈鼓应：《黄帝四经今注今译》，台北：台湾商务印书馆，1995。

陈奇猷：《吕氏春秋校释》，上海：学林出版社，1984。

陈奇猷：《韩非子集释》，台北：世界书局，1991。

陈振孙：《直斋书录解题》，上海：上海古籍出版社，1987。

戴望：《管子校正》，《诸子集成》第5册，北京：中华书局，1954。

费振刚、胡双宝、宗明华校辑《全汉赋》，北京：北京大学出版社，1993。

高亨：《商君书注译》，北京：中华书局，1974。

高明：《帛书老子校注》，北京：中华书局，1996。

高似孙：《子略》，《景印文渊阁四库全书》第674册，台北：台湾商务印书馆，1983。

公羊寿传，何休解诂，徐彦疏《春秋公羊传注疏》，北京：北京大学出版社，1999。

《汉书》，北京：中华书局，1962。

《后汉书》，北京：中华书局，1965。

郭庆藩：《庄子集释》，北京：中华书局，1961。

《国语》，上海：上海古籍出版社，1978。

胡应麟：《少室山房笔丛》，北京：中华书局，1958。

黄怀信：《逸周书校补注释》，西安：三秦出版社，2006。

黄震：《黄氏日抄》，《景印文渊阁四库全书》第708册，台北：台湾商务印书馆，1983。

贾谊撰，阎振益、钟夏校注《新书校注》，北京：中华书局，2000。

蒋礼鸿：《商君书锥指》，北京：中华书局，1986。

荆门市博物馆：《郭店楚墓竹简》，北京：文物出版社，1998。

《旧唐书》，北京：中华书局，1975。

孔安国传，孔颖达疏《尚书正义》，北京：北京大学出版社，1999。

黎翔凤：《管子校注》，北京：中华书局，2004。

李道平：《周易集解纂疏》，北京：中华书局，1994。

李昉等：《太平御览》，北京：中华书局，1960。

李兴斌、邵斌：《孙膑兵法新译》，济南：齐鲁书社，2002。

刘宝楠：《论语正义》，北京：中华书局，1990。

刘文典：《淮南鸿烈集解》，北京：中华书局，1997。

刘武：《庄子集解内篇补正》，北京：中华书局，1987。

刘向撰，向宗鲁注《说苑校证》，北京：中华书局，1987。

刘勰著，范文澜注《文心雕龙注》，北京：人民文学出版社，1958。

柳宗元：《柳河东集》，上海：上海人民出版社，1974。

〔日〕泷川资言：《史记会注考证》，台北：文史哲出版社，1993。

娄熙元、吴树平：《六韬译注》，石家庄：河北人民出版社，1992。

楼宇烈：《王弼集校释》，北京：中华书局，1980。

卢文弨：《书〈鹖冠子〉后》，《抱经堂文集》第3册卷一〇，《抱经堂丛书》，北京：直隶书局，民国12年（1923）。

马承源主编《上海博物馆藏战国楚竹书》（二），上海：上海古籍出版社，2002。

马端临：《文献通考》，《景印文渊阁四库全书》第614册，台北：台湾商务印书馆，1986。

马其昶编《韩昌黎文集校注》，上海：上海古籍出版社，1986。

欧阳修：《新唐书》，北京：中华书局，1975。

屈守元：《韩诗外传笺疏》，成都：巴蜀书社，1996。

阮元等：《经籍籑诂》，北京：中华书局，1982。

《慎子》，钱熙祚校，《诸子集成》第5册，北京：中华书局，1954。

施丁主编《汉书新注》，西安：三秦出版社，1994。

《隋书》，北京：中华书局，1973。

孙武撰，曹操等注，杨丙安校理《十一家注孙子校理》，北京：中华书局，1999。

《史记》，北京：中华书局，1982。

宋濂：《文宪集》，《景印文渊阁四库全书》第1224册，台北：台湾商务印书馆，1983。

《宋史》，北京：中华书局，1985。

孙宝瑄：《忘山庐日记》，上海：上海古籍出版社，1983。

孙希旦：《礼记集解》，北京：中华书局，1989。

孙诒让：《墨子间诂》，北京：中华书局，1986。

王弼注，孔颖达疏《周易正义》，北京：北京大学出版社，1999。
王夫之：《庄子解》，《船山全书》第13册，长沙：岳麓书社，1993。
王闿运：《题〈鹖冠子〉》，《湘绮楼全集》卷三，宣统庚戌年（1910）上海国学扶轮社重刊。
王利器：《新语校注》，北京：中华书局，1986。
王利器：《文子疏义》，北京：中华书局，2000。
王楙：《野客丛书》，北京：中华书局，1987。
王先谦：《庄子集解》，北京：中华书局，1987。
王先谦：《荀子集解》，北京：中华书局，1988。
王先慎：《韩非子集解》，北京：中华书局，1998。
王尧臣：《崇文总目》，《景印文渊阁四库全书》第674册，台北：台湾商务印书馆，1986。
王应麟：《汉书艺文志考证》，《景印文渊阁四库全书》第675册，台北：台湾商务印书馆，1986。
王应麟：《玉海》，《景印文渊阁四库全书》第944册，台北：台湾商务印书馆，1986。
王洲明、徐超校注《贾谊集校注》，北京：人民文学出版社，1996。
魏达纯：《韩诗外传译注》，长春：东北师范大学出版社，1993。
吴小强：《秦简日书集释》，长沙：岳麓书社，2000。
萧统编，李善注《文选》，上海：上海古籍出版社，1986。
许慎：《说文解字》，北京：中华书局，1998。
杨伯峻：《列子集释》，北京：中华书局，1979。
杨伯峻：《春秋左传注》，北京：中华书局，1981。
杨朝明、宋立林：《孔子家语通解》，济南：齐鲁书社，2013。
银雀山汉墓竹简整理小组编《孙膑兵法》，北京：文物出版社，1975。
应劭撰，王利器注《风俗通义校注》，北京：中华书局，1981。
袁梅：《屈原赋译注》，济南：齐鲁书社，1984。
张清常、王延栋：《战国策笺注》，天津：南开大学出版社，1993。
张震泽：《孙膑兵法校理》，北京：中华书局，1984。
郑樵：《通志略·氏族略》，王云五主编《国学基本丛书》第69册，台北：商务印书馆，1968。

郑玄：《毛诗郑笺》，台北：新兴书局，1961。

郑玄注，贾公彦疏《周礼注疏》，北京：北京大学出版社，1999。

郑玄注，孔颖达疏《礼记正义》，北京：北京大学出版社，1999。

中国人民解放军军事科学院战争理论研究部《孙子》注释小组：《孙子兵法新注》，北京：中华书局，1977。

朱熹：《四书章句集注》，北京：中华书局，1983。

朱熹：《楚辞集注》，上海：上海古籍出版社，2001。

三　专著

白奚：《稷下学研究——中国古代的思想自由与百家争鸣》，北京：生活·读书·新知三联书店，1998。

北京天文馆编《中国古代天文学成就》，北京：北京科学技术出版社，1987。

晁福林：《霸权迭兴——春秋霸主论》，北京：生活·读书·新知三联书店，1992。

晁福林：《先秦社会形态研究》，北京：北京师范大学出版社，2003。

晁公武撰，孙猛校证《郡斋读书志校证》，上海：上海古籍出版社，1990。

陈鼓应：《老庄新论》，上海：上海古籍出版社，1992。

陈梦家：《尚书通论》，石家庄：河北教育出版社，2000。

陈其泰等编《二十世纪中国礼学研究论集》，北京：学苑出版社，1998。

陈伟主编《秦简牍合集：释文注释修订本》（壹、贰），武汉：武汉大学出版社，2016。

陈寅恪：《金明馆丛稿初编》，北京：生活·读书·新知三联书店，2001。

陈正炎、林其锬：《中国古代大同思想研究》，上海：上海人民出版社，1986。

丁原明：《黄老学论纲》，济南：山东大学出版社，1997。

傅佩荣：《儒道天论发微》，台北：学生书局，1985。

高亨：《文史述林》，北京：中华书局，1980。

葛志毅、张惟明：《先秦两汉的制度与文化》，哈尔滨：黑龙江教育出版社，1998。

顾颉刚：《顾颉刚古史论文集》第3册，北京：中华书局，1996。

顾颉刚：《顾颉刚全集》第1册，北京：中华书局，2010。

顾实：《庄子天下篇讲疏》，台北：台湾商务印书馆，1980。

顾实：《汉书艺文志讲疏》，上海：上海古籍出版社，1987。
郭沫若：《青铜时代》，香港：香港今代图书公司，1958。
郭沫若：《十批判书》，北京：东方出版社，1996。
何新：《中国远古神话与历史新探》，哈尔滨：黑龙江教育出版社，1988。
何新：《诸神的起源——中国远古太阳神崇拜》，北京：光明日报出版社，1996。
胡家聪：《管子新探》，北京：中国社会科学出版社，1995。
胡家聪：《稷下争鸣与黄老新学》，北京：中国社会科学出版社，1998。
胡美琦：《中国教育史》，台北：三民书局，1995。
胡玉缙撰，王欣夫辑《四库全书总目提要补正》，上海：上海书店，1998。
黄怀信：《〈逸周书〉源流考辨》，西安：西北大学出版社，1992。
黄云眉：《古今伪书考补正》，济南：齐鲁书社，1980。
黄中业：《战国盛世》，郑州：河南人民出版社，1998。
蒋伯潜：《诸子通考》，台北：中正书局，1975。
金景芳：《周易讲座》，长春：吉林大学出版社，1987。
金景芳：《周易系辞传新编详解》，沈阳：辽海出版社，1998。
孔令元：《春秋曹刿形象之研究》，台北：万卷楼图书有限公司，2016。
李零：《吴孙子发微》，北京：中华书局，1997。
李零：《郭店楚简校读记》，北京：北京大学出版社，2002。
李硕之、王式金：《吴子浅说》，北京：解放军出版社，1986。
李学勤：《李学勤集——追溯·考据·古文明》，哈尔滨：黑龙江教育出版社，1989。
李学勤：《古文献丛论》，上海：远东出版社，1996。
李学勤：《失落的文明》，上海：上海文艺出版社，1997。
梁启超：《古书真伪及其年代》，北京：中华书局，1955。
刘家和：《古代中国与世界——一个古史研究者的思考》，武汉：武汉出版社，1995。
刘家和：《史学、经学与思想：在世界史背景下对中国古代历史文化的思考》，北京：北京师范大学出版社，2005。
刘起釪：《尚书学史》，北京：中华书局，1989。
刘笑敢：《庄子哲学及其演变》，北京：中国人民大学出版社，2010。

罗宗强：《魏晋南北朝文学思想史》，北京：中华书局，1996。

吕思勉：《吕思勉读史札记》，上海：上海古籍出版社，1982。

吕思勉；《经子解题》，上海：华东师范大学出版社，1995。

马达：《列子真伪考辨》，北京：北京出版社，2000。

毛礼锐、沈灌群主编《中国教育通史》第1卷，济南：山东教育出版社，1985。

蒙文通：《古学甄微》，成都：巴蜀书社，1987。

蒙文通：《经史抉原》，成都：巴蜀书社，1995。

缪文远：《战国制度通考》，成都：巴蜀书社，1998。

欧明俊：《宋代文学四大家研究》，北京：人民出版社，2013。

庞进编著《八千年中国龙文化》，北京：人民日报出版社，1993。

庞朴：《一分为三》，深圳：海天出版社，1995。

钱穆：《中国学术思想史论丛》（一）（二）（三）（五），台北：东大图书有限公司，1976、1977、1980、1981。

钱穆：《宋明理学概述》，台北：联经出版事业股份有限公司，1982。

钱穆：《两汉经学今古文平议》，台北：东大图书股份有限公司，1983。

钱穆：《庄老通辨》，台北：东大图书股份有限公司，1991。

钱穆：《先秦诸子系年考辨》，上海：上海书店，1992。

钱穆：《中国思想史》，台北：学生书局，1995。

钱穆：《国史大纲》，北京：商务印书馆，1996。

钱穆：《钱宾四先生全集》第6、18、19册，台北：联经出版事业股份有限公司，1998。

钱穆：《论语新解》，北京：生活·读书·新知三联书店，2002。

裘锡圭：《古代文史研究新探》，南京：江苏古籍出版社，1992。

裘锡圭：《文史丛稿》，上海：上海远东出版社，1996。

屈万里：《书佣论学集》，台北：联经出版事业股份有限公司，1984。

屈万里：《屈万里先生文存》第1册，台北：联经出版事业股份有限公司，1985。

饶宗颐：《饶宗颐二十世纪学术文集》卷3、卷4，北京：中国人民大学出版社，2009。

宋会群：《中国术数文化史》，开封：河南大学出版社，1999。

孙昌武：《柳宗元传论》，北京：人民文学出版社，1982。
孙福喜：《〈鹖冠子〉研究》，西安：陕西人民出版社，2002。
陶汉章：《孙子兵法概论》，北京：解放军出版社，1984。
万光治：《汉赋通论》，成都：巴蜀书社，1989。
王晖：《古史传说时代新探》，北京：科学出版社，2009。
王蘧常：《诸子学派要诠》，香港：中华书局，1987。
王应麟著，翁元圻注《困学纪闻》，北京：商务印书馆，1935。
王重民：《敦煌古籍叙录》，北京：商务印书馆，1958。
韦政通：《荀子与古代哲学》，台北：台湾商务印书馆，1992。
魏启鹏：《德行校释》，成都：巴蜀书社，1991。
吴光：《黄老之学通论》，杭州：浙江人民出版社，1985。
邢文：《帛书周易研究》，北京：人民出版社，1997。
徐复观：《两汉思想史》第1卷，上海：华东师范大学出版社，2001。
徐勇：《尉缭子浅说》，北京：解放军出版社，1989。
徐中舒：《先秦史论稿》，成都：巴蜀书社，1992。
许倬云：《西周史》，北京：生活·读书·新知三联书店，1994。
叶舒宪：《中国神话哲学》，北京：中国社会科学出版社，1992。
叶舒宪、田大宪：《中国古代神秘数字》，北京：社会科学文献出版社，1998。
于孔宝：《东周齐文化》，济南：山东人民出版社，2004。
余嘉锡：《古书通例》，上海：上海古籍出版社，1985。
余明光：《黄帝四经与黄老思想》，哈尔滨：黑龙江人民出版社，1989。
余英时：《士与中国文化》，上海：上海人民出版社，1987。
张岱年：《中国古典哲学概念范畴要论》，北京：中国社会科学出版社，1987。
张岱年：《张岱年全集》第2册，石家庄：河北人民出版社，1996。
张连伟：《〈管子〉哲学思想研究》，成都：巴蜀书社，2008。
张舜徽：《汉书艺文志通释》，武汉：湖北教育出版社，1990。
张舜徽：《汉书艺文志释例》，氏编《二十五史三编》第3分册，长沙：岳麓书社，1994。
张西堂：《荀子真伪考》，台北：明文书局，1994。
张振犁：《中原神话研究》，上海：上海社会科学院出版社，2009。
郑良树：《商鞅及其学派》，上海：上海古籍出版社，1989。

朱伯崑：《易学哲学史》上册，北京：北京大学出版社，1988。

四　论文

白奚、岳贤雷：《"或"还是"域"——上博简〈恒先〉"或"概念与宇宙万物生成的起点》，《哲学动态》2016 年第 12 期。

曹旅宁：《〈鹖冠子〉述评》，《青海师范大学学报》1988 年第 4 期。

柴永昌：《试论〈管子〉"四篇"的君道论》，《管子学刊》2014 年第 1 期。

晁福林：《论老子思想的历史发展》，《孔子研究》2002 年第 1 期。

晁福林：《子华子考析》，《史学月刊》2002 年第 1 期。

晁福林：《从上博简〈诗论〉看〈关雎〉的主旨》，《中国文化研究》2008 年春之卷。

晁福林：《〈曹沫之陈〉军事思想及简章研究》，《军事历史研究》2016 年第 2 期。

陈鼓应：《〈系辞传〉的道论及太极、大恒说》，《道家文化研究》第 3 辑，上海：上海古籍出版社，1993。

陈克明：《试论〈鹖冠子〉与黄老思想的关系》，《哲学史论丛》，长春：吉林人民出版社，1980。

陈来：《马王堆帛书〈易传〉的政治思想——以〈缪和〉〈昭力〉二篇之义为中心》，《北京大学学报》2008 年第 2 期。

陈启云：《从〈庄子〉书中有关儒家的材料看儒学的发展》，《中国文化与中国哲学（1987）》，北京：生活·读书·新知三联书店，1988。

陈启云：《中国古代思想发展的认识论基础——先秦诸子哲学思想发展的三阶段》，《学丛》第 4 期，1996。

陈松长：《帛书〈系辞〉释文》，《道家文化研究》第 3 辑，上海：上海古籍出版社，1993。

陈松长、廖名春：《帛书〈二三子问〉、〈易之义〉、〈要〉释文》，《道家文化研究》第 3 辑，上海：上海古籍出版社，1993。

陈张婉莘：《追求道家形而上学的中心思想——希腊形而上学和道家形而上学的比较》，《道家文化研究》第 4 辑，上海古籍出版社，1994。

陈志峰：《屈万里先生对今文〈尚书〉著成年代之考定——兼论对疑古思潮之继承与修正》，《台大中文学报》第 53 期，2016。

杜宝元：《〈鹖冠子〉研究》，《中国历史文献研究集刊》第 5 集，长沙：岳麓书社，1985。

范春媛：《陆佃〈埤雅〉评述》，《宁夏大学学报》2005 年第 3 期。

何柄棣：《"克己复礼"真诠——当代新儒家杜维明治学方法的初步检讨》，《二十一世纪》1991 年第 8 期。

何凤奇、王洪生：《唐人写本〈鹖冠子〉残卷跋》，《文献》1987 年第 4 期。

胡家聪：《〈尹文子〉并非伪书》，《道家文化研究》第 2 辑，上海：上海古籍出版社，1993。

胡家聪：《〈列子·天瑞〉中"天、地、人"一体的常生常化论》，《道家文化研究》第 15 辑，北京：生活·读书·新知三联书店，1999。

黄怀信：《〈鹖冠子〉源流诸问题》，《文献》2001 年第 4 期。

黄新强：《论陆佃〈埤雅〉的训诂学价值及其训释特色》，《濮阳职业技术学院学报》2010 年第 1 期。

贾晋华：《道和德之宗教起源》，《中国文化研究》2012 年夏之卷。

贾晋华：《神明释义》，《深圳大学学报》2014 年第 3 期。

靳腾飞：《楚"柱国"及相关问题研究》，《人文论丛》2016 年第 1 辑。

李定生：《文子其人考》，《道家文化研究》第 4 辑，上海：上海古籍出版社，1994。

李定生：《〈文子〉非伪书考》，《道家文化研究》第 5 辑，上海：上海古籍出版社，1994。

李冬英：《陆佃〈尔雅新义〉管窥》，《信阳师范学院学报》2009 年第 4 期。

李纪祥：《柯之盟与曹沫》，《中国文化研究》2006 年春之卷。

李零：《说"黄老"》，《道家文化研究》第 5 辑，上海：上海古籍出版社，1994。

李零：《读郭店楚简〈太一生水〉》，《道家文化研究》第 17 辑，北京：生活·读书·新知三联书店，1999。

李零：《为什么说曹刿和曹沫是同一人——为读者释疑，兼谈兵法与刺客的关系》，《读书》2004 年第 9 期。

李零：《上博楚简〈恒先〉语译》，《中华文史论丛》2006 年第 1 期。

李学勤：《马王堆帛书与〈鹖冠子〉》，《江汉考古》1983 年第 2 期。

李学勤：《〈鹖冠子〉与两种帛书》，《道家文化研究》第 1 辑，上海：上海古籍出版社，1992。

李学勤：《太一生水的数术解释》，《道家文化研究》第 17 辑，北京：生活·读书·新知三联书店，1999。

梁韦弦：《释帛书易传〈要〉篇之"六府"、"五官"》，《古籍整理研究学刊》2003 年第 3 期。

廖名春：《马王堆帛书周易经传释文》，杨世勇等编《易学集成》，成都：四川大学出版社，1998。

林启屏：《〈荀子·正论〉及其相关问题》，《汉学研究集刊》第 3 期，台湾云林科技大学汉学应用研究所，2006。

刘殿爵：《秦讳初探》，《中国文化研究所学报》第 19 卷，1988。

刘刚、金宝：《先秦两汉的"太一"崇拜与屈宋辞赋中"太一"的考释（上）》，《湖北文理学院学报》2019 年第 1 期。

刘子健：《宋初改革家——范仲淹》，刘纫尼等编译《中国思想与制度论集》，台北：联经出版事业股份有限公司，1971。

罗新慧：《〈容成氏〉、〈唐虞之道〉与战国时期禅让学说》，《齐鲁学刊》2003 年第 6 期。

马昕：《〈史记·曹沫传〉史源分析与事迹考实》，《中华文史论丛》2014 年第 1 期。

蒙文通：《略论黄老学》，《道家文化研究》第 14 辑，北京：生活·读书·新知三联书店，1998。

米靖：《论先秦道家黄老学派教化观的特点和影响》，《内蒙古社会科学》（汉文版）2002 年第 6 期。

庞朴：《竹帛五行篇比较》，《中国哲学》第 20 辑，沈阳：辽宁教育出版社，1999。

庞朴：《"太一生水"说》，《中国哲学》第 21 辑，沈阳：辽宁教育出版社，2000。

庞朴：《话说"五至三无"》，《文史哲》2004 年第 1 期。

彭浩：《郭店一号墓的年代与简本〈老子〉的结构》，《道家文化研究》第 17 辑，北京：生活·读书·新知三联书店，1999。

彭华：《"生成"与"变化"——郭店楚简〈太一生水〉研究之三》，《中原文化研究》2019 年第 1 期。

彭裕商：《禅让说源流及学派兴衰——以竹书〈唐虞之道〉、〈子羔〉、〈容成氏〉为中心》，《历史研究》2009 年第 3 期。

钱宝琮：《太一考》，《燕京学报》第 12 期，1932。

钱穆：《中国文化对人类未来可有的贡献》，《中国文化》1991 年第 1 期。

饶宗颐：《楚帛书与〈道原篇〉》，《道家文化研究》第 3 辑，上海：上海古籍出版社，1993。

邵先锋：《论管子寓军于政、平战一体的军事思想》，《管子学刊》2009 年第 2 期。

沈尚武、袁岳：《论〈管子〉的内圣外王之道》，《管子学刊》2014 年第 3 期。

孙福喜：《陆佃〈鹖冠子解〉研究》，《齐鲁学刊》2000 年第 3 期。

谭宝刚：《近十年来国内郭店楚简〈太一生水〉研究述评》，《史学月刊》2007 年第 7 期。

谭宝刚：《上博藏战国楚竹书〈恒先〉研究述评》，《长江大学学报》2010 年第 3 期。

谭家健：《〈鹖冠子〉试论》，《江汉论坛》1986 年第 2 期。

唐兰：《马王堆出土〈老子〉乙本卷前古佚书的研究——兼论其与汉初儒法斗争的关系》，《考古学报》1975 年第 1 期。

仝卫敏：《周氏〈涉笔〉考》，《古籍整理研究学刊》2007 年第 1 期。

王葆玹：《西汉国家宗教与黄老学派的宗教思想》，《道家文化研究》第 2 辑，上海：上海古籍出版社，1992。

魏启鹏：《楚简〈老子〉柬释》，《道家文化研究》第 17 辑，北京：生活·读书·新知三联书店，1999。

席泽宗：《"淮南子·天文训"述略》，《科学通报》1962 年第 6 期。

夏广兴：《陆佃的〈埤雅〉及其学术价值》，《上海师范大学学报》1994 年第 1 期。

夏长朴：《尧舜其犹病诸——论孔孟的圣人论》，中国孔子基金会编《孔孟荀之比较》，北京：社会科学文献出版社，1994。

萧汉明：《论〈鹖冠子〉的素皇内帝之法》，《江汉论坛》2003 年第 3 期。

谢祥皓：《曹刿、曹沫辨》，《齐鲁学刊》1995 年第 3 期。

邢文：《〈鹖冠子〉与帛书〈要〉》，《道家文化研究》第 6 辑，上海：上海古籍出版社，1995。

徐汉峰：《〈管子·立政〉篇经济思想对中国会计文化的贡献》，《晋城职业技术学院学报》2009 年第 2 期。

徐少华：《楚竹书〈民之父母〉思想源流探论》，《中国哲学史》2005 年第 4 期。

许抗生：《略谈帛书〈老子〉与帛书〈易传·系辞〉》，《道家文化研究》第 3 辑，上海：上海古籍出版社，1993。

许抗生：《初读〈太一生水〉》，《道家文化研究》第 17 辑，北京：生活·读书·新知三联书店，1999。

阎文儒：《关于唐代残卷〈鹖冠子〉及其他》，《文献》1987 年第 4 期。

杨儒宾：《道家的原始乐园思想》，《中国神话与传说学术研讨会论文集》，台北：汉学研究中心，1996。

杨兆贵：《论陆贾的仁义观》，《中国语文论译丛刊》第 26 辑，首尔：中国语文论译学会，2010。

杨兆贵：《论汉儒对宋伯姬的评论》，《中国文化研究所学报》第 58 期，2014。

杨兆贵：《老学早于孔子说商榷》，《管子学刊》2015 年第 3 期。

杨兆贵：《儒家修齐治平思想溯源——论周公对孔、孟及其他儒家的影响》，《共建人类命运共同体——从修身齐家到天下一家学术研讨会论文集》，中国澳门，2017。

杨兆贵：《先秦思想总结视域下的周公形象——论〈吕氏春秋〉对周公的评论》，《天中学刊》2019 年第 5 期。

杨兆贵：《论周公对〈黄帝四经〉政治思想的影响》，《儒道研究》第 5 辑，社会科学文献出版社，2020。

杨兆贵、梁健聪：《诸子思辨视野下的孔子形象——庄子及其后学对孔子的论述》，《南都学坛》2014 年第 5 期。

杨兆贵、沈锦发：《先秦诸子思辨视野下的孔子形象——以论孟子对孔子的论述为中心》，《暨南史学》第 10 辑，桂林：广西师范大学出版社，2015。

杨兆贵、吴学忠：《〈春秋〉三传"孔子曰"研究》，《人文论丛》2018 年第 1 辑。

杨兆贵、吴学忠、李坚:《论庄子学派的理想社会说》,《南都学坛》2017年第5期。

杨兆贵、赵殿尚:《从周公"明德慎罚"与治殷措施看周公与黄学政治思想的关系》,杜勇主编《叩问三代文明——中国出土文献与上古史国际学术研讨会论文集》,北京:中国社会科学出版社,2014。

叶平:《郭店楚简〈语丛〉〈太一生水〉的"身体隐喻"》,《中州学刊》2019年第5期。

易家言:《仰陆佃其人》,《学理论》1996年第4期。

于孔宝:《稷下学风与百家争鸣》,《齐鲁学刊》2002年第6期。

于孔宝:《简论稷下诸子学说》,《东方论坛》2002年第6期。

于孔宝:《稷下学宫与黄老之学述论》,《管子学刊》2008年第4期。

余明光:《帛书〈伊尹·九主〉与黄老之学》,《道家文化研究》第3辑,上海:上海古籍出版社,1993。

俞兆鹏:《评陆佃对王安石新法的态度》,《抚州师专学报》2001年第2期。

张岱年:《论易大传的著作年代与哲学思想》,黄寿祺编《周易研究论文集》第1辑,北京:北京师范大学出版社,1987。

张岱年:《试谈〈文子〉的年代与思想》,《道家文化研究》第5辑,上海:上海古籍出版社,1994。

张丰乾:《"治道"与"玄德"》,《关东学刊》2016年第7期。

张政烺:《马王堆帛书〈周易·系辞〉校读》,《道家文化研究》第3辑,上海:上海古籍出版社,1993。

赵诚、康素娟:《陆佃与〈埤雅〉》,《陕西教育学院学报》1999年第4期。

赵建伟:《郭店楚简〈老子〉校释》,《道家文化研究》第17辑,北京:生活·读书·新知三联书店,1999。

周炽成:《德性之知与见闻之知:从宋明儒家到现代新儒家》,《中国哲学史》1996年第6期。

周凤五:《〈孔子诗论〉新释文及注解》,上海大学古代文明研究中心编《上博馆藏战国楚竹书研究》,上海:上海书店出版社,2002。

朱伯崑:《帛书本〈系辞〉文读后》,《道家文化研究》第3辑,上海:上海古籍出版社,1993。

庄斐乔:《〈埤雅〉、〈尔雅翼〉异同论》,《东吴中文线上学术论文》第35

期，台北：东吴大学，2016。

五　汉译论著

〔英〕安东尼·弗卢（Antony Flew）主编《新哲学词典》，黄颂杰等译，上海：上海译文出版社，1992。

〔比利时〕戴卡琳（Carine Defoort）：《解读〈鹖冠子〉》，杨民译，沈阳：辽宁教育出版社，2000。

〔美〕杜维明：《儒家思想新论——创造性转换的自我》，曹幼华、单丁译，南京：江苏人民出版社，1991。

〔美〕顾立雅（H. G. Creel）：《孔子与中国之道——现代欧美人士看孔子》，高专诚译，太原：山西人民出版社，1992。

〔美〕郝大维（David L. Hall）、〔加〕安乐哲（Roger T. Ames）：《孔子哲学思微》，蒋弋为、李志林译，南京：江苏人民出版社，1996。

罗浩（Harold D. Roth）：《郭店〈老子〉对文中一些方法论问题》，《道家文化研究》第17辑，北京：生活·读书·新知三联书店，1999。

罗浩（Harold D. Roth）：《郭店〈老子〉对文研究的方法论问题》，〔美〕艾兰（Sarah Allan）、〔英〕魏克彬（Crispin Williams）原编《郭店老子：东西方学者的对话》，邢文编译，北京：学苑出版社，2002。

卫德明（Helmut Wilhelm）：《学者的挫折感：论"赋"的一种型式》，刘纫尼等编译《中国思想与制度论集》，台北：联经出版事业股份有限公司，1971。

〔日〕西田几多郎：《善的研究》，何倩译，北京：商务印书馆，1965。

〔日〕重泽俊郎：《〈管子·立政〉"九败"臆解》，路英勇译，《管子学刊》1994年第2期。

六　外文论著

A. C. Graham, "A Neglected Pre-Han Philosophical Text: *Ho-kuan-tzu*," *Bulletin of the School of Oriental and African Studies*, Vol. 52, No. 3, 1989.

A. C. Graham, "The Way and the One in *Ho-kuan-tzu*," in *Epistemological Issues in Classical Chinese Philosophy*, ed. by H. Lenk and G. Paul, New York: State University of New York, 1993.

A. C. Graham,"A Chinese Approach to Philosophy of Value：*Ho-kuan-tzu*," in *Unreason within Reason*：*Essays on the Outskirts of Rationality*，1992.

Carine Defoort，*The Pheasant Cap Master（He Guan Zi）：A Rhetorical Reading*，State University of New York，Albany，1996.

R. P. Peerenboom，"*Heguanzi* and Huang Lao Thought," *Early China*，No. 16，1991.

Peerenboom，"Natural Law in the Huang-Lao Boshu," *Philosophy East & West*，Vol. 40，No. 3，1990.

大形徹「『〔カツ〕冠子』——不朽の国家を幻想した隠者の書」『東方宗教』第59号、1982。

大形徹「『〔カツ〕冠子』の成立」『大阪府立大学紀要』第31号、1983。

小倉芳彦『中国古代政治思想研究：「左伝」研究ノート』青木書店、1970。

七　学位论文

杨兆贵：《先秦古籍关于孔子论、述的分析》，台湾清华大学硕士学位论文，1999。

门田典子：《〈乐记〉的现代简释》，北京师范大学硕士学位论文，2002。

吴自力：《陆佃研究》，暨南大学硕士学位论文，2006。

禄书果：《〈鹖冠子〉研究》，郑州大学硕士学位论文，2008。

余琼霞：《陆佃及〈陶山集〉考述》，华东师范大学硕士学位论文，2010。

孟鸥：《〈文子〉新探》，山东大学博士学位论文，2011。

张敏：《〈列子〉哲学思想研究》，武汉大学博士学位论文，2011。

姜秉熙：《"不违自然所好"：〈列子〉思想研究——从宇宙论到境界论》，山东大学博士学位论文，2014。

李轩：《〈鹖冠子〉词汇研究》，西北师范大学硕士学位论文，2015。

韩影：《〈鹖冠子〉文学性研究》，山东师范大学硕士学位论文，2016。

卢会艳：《陆佃诗文研究》，山东师范大学硕士学位论文，2016。

朱如意：《陆佃诗歌研究》，西南交通大学硕士学位论文，2017。

刘丽琴：《〈鹖冠子〉单音节实词同义词研究》，四川师范大学硕士学位论文，2018。

八　网络论文

董珊:《〈曹沫之阵〉中的四种"复战"之道》,2007 年 6 月 6 日,简帛网,http://www.bsm.org.cn/show_article.php?id=577。

陵骞:《读书札记一则——从包山楚简看〈鹖冠子〉成书的时代特征》,2011 年 8 月 20 日,简帛网,http://www.bsm.org.cn/show_article.php?id=1553。

后　记

《鹖冠子甄论》即将出版，先说说本书"前生今世"的事。我的博士学位论文《〈鹖冠子〉研究》大概20万字，2012年澳门大学出版中心接收出版时，书名改为《〈鹖冠子〉新论》，近24万字。因一些原因，该版的流行量极少。本书在《〈鹖冠子〉新论》的基础上，又新增第十章、第十一章与5篇附录。所以，这本书是在我的博士学位论文、《〈鹖冠子〉新论》的基础上不断修改、完善，一步步丰富起来的。

值此书出版之际，感谢在我的人生、学术道路上一直帮扶我的师友亲故。

感谢晁福林老师。1999~2000年是我大学毕业以后的人生低谷期。我因1998年香港金融风暴而失业，虽于1998~1999年考上某一流大学博士班，但先则录取，后则被拒。当时在学业、工作兼失的倒悬困境之下，是晁师录取我成为他的博士，使我有机会忝列门墙。在此之前，我只看过他的两本专著《霸权迭兴：春秋霸主论》《夏商西周的社会变迁》，当时看书里老师的照片，感觉他是位温良恭俭让的学者。2000年，我第一次到眼想心思的北师大求学，慷慨激昂。能在晁师门下读书，是我人生的大造化！晁师学博识卓，跟随老师学习，我一直有"博我以文，约我以礼，欲罢不能""虽欲从之，末由也已"之慨。以前研读老师的论著，总感到每篇皆能别出心裁，读完有意出望外之感。近来重温，尤感其深稽博考，钻坚研微，论点推陈出新。晁师为人淡泊宁静，不求闻达，笃信好学，北师大历史系图书馆论著，皆已寓目。他研究先秦史，孜孜不倦，锲而不舍，常常凌晨5点多已开始工作。他是我们学习的典范。

感谢刘家和先生。刘先生曾师从钱穆先生、唐君毅先生，精研小学、经学、史学、子学，贯通古今中外，是现当代国学大家。他读《诗》《书》，韦编三绝，翻烂几套。我读博时，曾有幸听过先生关于《史记·五帝本纪》、史学史的两个小型讲座，受益终生。毕业前，先生虽尺璧寸阴，仍然为我写了一封推荐信，对我不吝赞赏，我铭感五内。

感谢罗新慧教授。我读博时上过她的课。她为人沉实，严于修身，脚踏实地，大方慷慨，不喜浮言虚论。她做学问必先对原典、今典了然于胸，旧学商量加邃密。她也极措意海外的相关理论、研究，后来有机会到海外交流，参阅不少汉学成果，新知涵养转深沉。她必有独到的见地，才发表论文。这些年来她对我多番帮助，我感激不尽。

我的同门白国红教授、吴高歌教授、赵雅丽研究员，现已在各自的研究领域独当一面。他们时常与我交流切磋，使我免于画地为牢。感谢杜勇教授、王晖教授、张双庆教授、王青光教授、易宁教授、（武汉大学）陈伟教授和杨华教授、方光华教授、彭邦本教授、杨朝明教授、洪本健教授、欧明俊教授、顾永新教授、金诚教授、徐公喜教授、陈进国教授、张宏斌教授、史少博教授、王威威教授、刘永连教授、曾光光教授、李山教授、李锐教授、黄国辉教授、王进锋教授、蒋秋华研究员、蔡长林研究员、颜世铉研究员、林聪舜教授、林宏明教授、陈恒嵩教授、车行健教授、徐道彬教授、詹海云教授、李京廉教授、张登德教授、孔德立教授、来国龙教授、陈金华教授、包秉龙教授、于孔宝先生、张杰先生、岳岭老师、猪股晃先生、前森田博义先生等，举办学术研讨会时常常邀请我参加，使我夕寐宵兴，搦朽磨钝，尽心竭力撰写小文。我的每一步成长，都离不开各位学术界师友的厚爱与鼓励。我也感谢师门马汝军博士、（曲阜师大）刘伟教授、刘洁教授、仝卫敏博士、谢乃和教授、张利军教授、高婧聪教授等在我的学术生涯中给予我的关心和支持。

感谢我的大学同学、现香港浸会大学高级讲师吴学忠博士。自大学时起，他一直在学术、交友、工作等方面帮助、指点我，期于玉成，成我之美。我攻读硕、博士学位时，他花了很多宝贵的时间，到香港几所公立大学图书馆收集、影印了很多我不能拿到的材料。十几年来，风雨同舟，深情厚意，铭记在心。

感谢我的硕士班同学、现韩国培材大学赵殷尚教授。我们相识已逾四分之一世纪。自从清大毕业后，我们各回家乡，为前程奔忙。虽然金飞玉走，天各一方，但是我们仍然不时交流、合作，也常常在相同的学术研讨会上碰面，友谊不减。

感谢澳门大学同人——教育学院前院长范息涛教授、徐杰教授、朱寿桐教授、施议对教授、邓骏捷教授、龚刚教授、张泽珣教授、李坚教授、邵朝阳教授、郑宁人博士、王思豪教授、张月教授、张立明教授、贾晋华教授等。他们有的为将澳大建成世界一流大学而辛勤耕耘，有的为弘扬我国传统优秀文化而孜孜不倦，是我工作、生活中的良师、益友。

感谢我的亲人。我有幸生在中国，生在闽南一个华侨大家族。我排行最小，既受到祖父母、父母、伯叔，以及兄、嫂、姐、姐夫的疼爱，又接受长辈的耳提面命、谆谆教诫，做个有责匹夫。祖父母、父母虽已仙逝，但他们的嘉言懿行，永存心中。感谢内子、岳父母在我生活、工作等方面给予了极大的照顾和支持。我的儿女乐乐陶陶，使生活更有兴味。

感谢晁福林老师为本书作序、吴高歌兄为本书题字，使本书顽铁生辉。感谢王和先生把拙著介绍给社会科学文献出版社，社长郑庆寰先生慨然应允，责任编辑赵晨、郑彦宁兢兢业业，一丝不苟，可敬可佩。

本书出版后，希望学界赐正。是为至幸。

图书在版编目(CIP)数据

鹖冠子甄论 / 杨兆贵著. -- 北京：社会科学文献出版社，2023.7
 ISBN 978-7-5201-9967-4

Ⅰ.①鹖… Ⅱ.①杨… Ⅲ.①先秦哲学②《鹖冠子》-研究 Ⅳ.①B220.5

中国版本图书馆CIP数据核字（2022）第054928号

鹖冠子甄论

著　　者 / 杨兆贵
出 版 人 / 冀祥德
责任编辑 / 赵　晨　郑彦宁
责任印制 / 王京美

出　　版 / 社会科学文献出版社·历史学分社（010）59367256
　　　　　 地址：北京市北三环中路甲29号院华龙大厦　邮编：100029
　　　　　 网址：www.ssap.com.cn
发　　行 / 社会科学文献出版社（010）59367028
印　　装 / 三河市龙林印务有限公司
规　　格 / 开本：787mm×1092mm 1/16
　　　　　 印张：24.25　字数：395千字
版　　次 / 2023年7月第1版　2023年7月第1次印刷
书　　号 / ISBN 978-7-5201-9967-4
定　　价 / 128.00元

读者服务电话：4008918866

版权所有 翻印必究